第一卷

天津慈善法治研究报告

主编 肖强

TIANJIN CISHAN FAZHI YANJIU BAOGAO

DIYIJUAN

天津社会科学院出版社

图书在版编目（CIP）数据

天津慈善法治研究报告. 第一卷 / 肖强主编. -- 天津 : 天津社会科学院出版社，2024.12
ISBN 978-7-5563-0957-3

Ⅰ. ①天… Ⅱ. ①肖… Ⅲ. ①慈善事业－法律－研究报告－天津 Ⅳ. ①D927.210.218.234

中国国家版本馆 CIP 数据核字(2024)第 029708 号

天津慈善法治研究报告. 第一卷
TIANJIN CISHAN FAZHI YANJIU BAOGAO.DIYIJUAN
选题策划：沈　楠
责任编辑：沈　楠
装帧设计：高馨月
出版发行：天津社会科学院出版社
地　　址：天津市南开区迎水道 7 号
邮　　编：300191
电　　话：(022) 23360165
印　　刷：高教社（天津）印务有限公司
开　　本：787×1092　　1/16
印　　张：24.25
字　　数：380 千字
版　　次：2024 年 12 月第 1 版　　2024 年 12 月第 1 次印刷
定　　价：88.00 元

前　言

　　《天津慈善法治研究报告》是天津工业大学与天津市慈善协会联合开展的研究项目。本书以习近平新时代中国特色社会主义思想为指导,深入贯彻习近平总书记关于慈善事业重要论述的具体举措,立足于天津慈善与社会救助法治的发展,深入研究立法修法及其实施、政策制定及其实施过程中的理论和实证问题,为党政机关、社会机构的慈善和社会救助工作提供法律和政策的可行性论证。

　　本书聚焦天津慈善与社会救助法治开展调查和学术研究,主要为四大部分:一是天津慈善事业发展概况。这部分由天津慈善组织的建设和发展、天津慈善事业的发展和创新,以及天津慈善法治建设状况三部分构成。二是法治改革与理论研究。这部分重点编发围绕天津慈善与社会救助法治实践中发现的问题的学术研究成果。三是典型案例与经验评析。这部分对年度内全市慈善与社会救助活动中发生的典型案例进行归类和评析。四是附录中的事业发展大事记。这部分刊载年度内全市慈善和社会救助领域重要的资讯、人物和事件,起到一个天津慈善与社会救助历史年表的作用。为了便于资料的统计和研究,本书选材时间跨度从天津市慈善协会第一届理事会开始到第五届理事会结束。本书的编辑出版,是这一阶段慈善事业发展的总结与回顾,也是天津慈善法治建设不断走向高质量发展的现实写照。

　　本书的编写由天津慈善与社会救助法治研究中心组织开展。天津慈善与社会救助法治研究中心由天津市慈善协会与天津市工业大学共同举办,立足天津,致力于慈善与社会救助法治事业的研究探索。天津慈善与社会救助法治研究中心依托天津工业大学法学院教学科研队伍,通过整合高校、科研机构和社会各界慈善与社会救助专家学者及其科研资源,围绕天津慈善与社会救助法治实践,开展理论研究和实践研究、决策咨询、学术交流、人才培养、人员培训等工作,把中心打造成为法律政策综合研究平台、决策咨询和社会服务的高端智库以及慈善与社会救助人才培养基地,为天津地方慈善与社会救助立法修法及其实施、政策制定及其实施提供理论和实证支持,为天津以及国内其他地区慈善与社会救助队伍的法治化、专业化提供人才。

经过队伍磨合和持续调研,中心形成了较为稳定的科研团队和学术方向,并围绕天津慈善与社会救助历程积累了丰富的文献资料,为本书的编写奠定了坚实的基础。今后,以研究报告的编辑出版为抓手,天津慈善与社会救助法治研究中心将对这一领域的相关工作成效进行归纳总结,以问题为导向进行理论研究,深入挖掘有价值、有意义的做法和案例,为完善慈善事业的法治环境努力求索。

本书在编写过程中,得到了天津市慈善协会、天津工业大学、天津市法学会等单位领导和同仁的大力帮助。编写中,我们还通过网络公开渠道检索了诸多部门对外公开的大量数据资料和相关文献,包括政府、协会、基金会和社会组织的大量网站。没有这些宝贵的资料和数据,以及各个部门的鼎力相助,本书的完成是难以想象的。在此我们特向这些文献的贡献者和创作者致以衷心的感谢和崇高的敬意。本书的编写时间跨度大,尽管力求严谨,但是其中可能还存在着诸多的问题和不足,在未来我们定当时刻保持着虚心、严谨的态度来逐渐改进。因此,我们真诚地希望社会各界人士能够提出宝贵的意见,使慈善法治研究工作更加完善。

编者

2023 年 12 月 20 日

目　录

·第一编·
天津慈善事业发展概况

慈善之光 点亮津城

1

天津慈善组织的建设和发展

一、天津市的慈善组织概况

（一）天津市慈善协会

天津市慈善协会成立于 1995 年 11 月,是国内较早成立的慈善组织,是经天津市人民政府批准、天津市民政局登记注册的公募慈善组织,5A 级社会组织,中华慈善总会团体会员。近年来,天津市慈善协会荣获中共中央、国务院颁发的"全国脱贫攻坚先进集体"荣誉称号;被天津市委市政府评为"天津市扶贫协作和支援合作工作先进集体";首届天津慈善优秀慈善组织奖;脱贫攻坚东西部对口扶贫项目获得国家民政部第十一届"中华慈善奖";获得由国家十一部委联合授予的"全国农村留守儿童关爱保护和困境儿童保障工作先进集体"荣誉称号等。作为天津市最具代表性的慈善组织之一,天津市慈善协会的成立和发展具有重要的历史地位和突出的社会作用。

1. 天津市慈善协会的组织机构

当前,天津市慈善协会已经形成了健全的组织机构。其中,会员代表大会是最高权力机构,会员代表从会员中推举产生;理事会是会员代表大会的执行机构,对会员代表大会负责,会长办公会经理事会授权负责理事会闭会期间的日常工作。会长办公会采取全体会议和工作会议两种形式召开。会长、副会长和秘书长是协会的负责人。协会设立监事会,监事会由三名监事组成,设监事长一名,监事长由监事会选举产生或罢免。此外,协会还设有高级顾问、顾问、法律顾问。

为了开展日常工作,天津市慈善协会设有办公室、财务募捐部、项目部、宣传部等部门。其中,办公室负责协会的行政、人事、后勤以及团体会员联络等工作;筹募财务部负责筹集慈善捐款、财务工作以及社会捐款的财务管理等工作;项目部负责慈善项目的设立、实施和管理等工作;宣传部负责信息收集、新闻宣传、政策理论研究等工作。为了联合全市慈善力量,协会还建立了天津市慈善服务中心,下设法务服务中心、文化艺术中心、志愿服务中心和培训中心,面向协会会员、志愿服务团队、各驻津商会协办处、全市慈善公益组织和单位提供法律咨询、文化艺术教育、志愿服务、学习培训等。

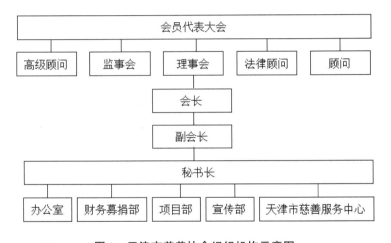

图1 天津市慈善协会组织机构示意图

2. 天津市慈善协会的工作职责

天津市慈善协会坚持在"党委领导,政府推动,民间运作,社会参与,各方协作"的工作格局下开展各项业务。协会的业务范围和工作职责主要有如下几方面:

(1)广泛普及慈善文化、弘扬慈善精神、宣传慈善典型,激发社会各界参与慈善事业的热情,在全社会形成人人心怀慈善、人人参与慈善的浓厚氛围,共同为构建社会主义和谐社会作出应有的贡献。

(2)组织开展多形式、多渠道的募集活动,包括面向社会公众的公开募捐和面向特定对象的定向募捐。接受国内外依法登记注册的机构、企业和自然人的捐赠款物。

（3）按照本会宗旨和捐赠者意愿，围绕扶贫、济困、扶老、救孤、恤病、助残、优抚、灾害及突发事件救援、促进教育、科学、文化、卫生、体育等事业的发展、防治污染和其他公害、保护和改善生态环境等多方面精准实施开展各类救助项目。

（4）协助或受政府委托开展赈灾募捐和救助工作；接收、分配、调拨社会各界通过本会捐赠的赈灾款物。

（5）加强同国内外及港、澳、台地区慈善机构和有关部门、民间团体及个人的慈善交流与合作。

（6）组织热心支持和参与社会慈善事业的志愿者队伍，开展多种形式的慈善公益活动。

（7）支持会员依法开展各种有利于社会慈善事业的活动，维护会员合法权益。

（8）向政府或有关部门反映社会各界对慈善事业发展的意见与建议，为政府制定有关方针、政策、法规提供咨询性意见。

（9）对区县及基层慈善组织进行业务指导，推动和促进地方慈善事业发展。

（10）开展符合《中华人民共和国慈善法》规定的其他慈善公益活动。

3. 天津市慈善协会的法律地位

天津市慈善协会成立时，正值我国社会团体快速发展时期。当时，我国慈善组织的主要法律依据主要是国务院1988年发布的《基金会管理办法》和1989年新的《社会团体登记管理条例》。1992年邓小平南方讲话以后，民政部召开了建国以来首次全国社会团体管理工作会议。1995年9月世界妇女大会在北京召开，其中非政府组织论坛产生了特别的社会影响。1997年10月，党的十五大报告提出要培育和发展社会中介组织，并以此作为促进经济和政治体制改革的一项重要措施。1998年国务院发布了最新的《社会团体登记管理条例》。2016年《中华人民共和国慈善法》颁布施行以来，慈善事业日益呈现法治化、规范化、专业化的发展趋势，慈善协会的发展总体上实现了有法可依。

　　天津市慈善协会作为我国地方的慈善协会,是在政府支持下服务于社会公益事业的慈善组织,并在社会保障体系中起到政府补充作用的社会力量。从法律主体地位来讲,慈善组织的范围非常广泛,包括了慈善公益类社会团体、慈善公益类非企业社会团体、慈善公益基金会、社区社会组织等。根据我国法律的规定,慈善公益组织可以注册为社会团体法人、基金会和民办非企业单位。其中,社会团体法人和基金会拥有法人资格,民办非企业单位可以是法人或非法人的其他组织形式。因此,天津市慈善协会属于社会团体法人。

　　随着我国慈善事业发展,慈善协会的救助范围得到了进一步的明确。根据《中华人民共和国慈善法》规定,除了扶贫、济困;扶老、救孤;恤病、助残、优抚以及救助自然灾害、事故灾害和公共卫生事件等传统慈善领域外,还新扩展了教育、科学、文化、卫生、体育、防治污染、保护和改善生态环境等内容。三十多年来,慈善协会系统在募集社会资金、满足社会需求、推动社会力量参与慈善、促进社会和谐发展等方面均发挥着政府救助的补充作用。

　　天津市慈善协会的建立与发展,对天津市慈善组织的发展起到了重要作用。协会由民政部门登记管理,主要领导大部分都有政府工作经历。这一模式,对于慈善会系统的发展产生了深远影响,由此也被视为政社联动的主渠道之一。天津市慈善协会的地位随着我国对慈善事业发展的新要求而逐渐增强和完善的。从国家政策和现实需求来看,天津市慈善协会的地位伴随着慈善事业在党和国家事业发展中的重要性的提升而日渐增强,作用日益重要和突出。2004 年,党的十六届四中全会提出要健全社会保险、社会救助、社会福利和慈善事业相衔接的社会保障体系,并且"要加强社会建设和管理,推进社会管理体制创新"。2007 年 10 月,党的十七大报告中指出"要以社会保险、社会救助、社会福利为基础,以基本养老、基本医疗、最低生活保障制度为重点,以慈善事业、商业保险为补充,加快完善社会保障体系","发挥社会组织在扩大群众参与、反映群众诉求方面的积极作用, 增强社会自治功能"。2012 年 11 月党的十八大报告指出,应"加快形成党委领导、政府负责、社会协同、公众参与、法治保障的社会管理体制,加快形成政府主导、覆盖城乡、可持续的基本公共服务体系，加快形成政社分开、权责明确、依法自治的现代社会组织体制"。我国国民经济和社会发展十四五规划纲要也提出要"促进慈善事业发展""发挥慈善等第三次分配作用""规范发展网络慈善平台""鼓励民营企业积极履行社会责任、参与社会公益和慈善事业""培育规范化行业协会商会、公益慈善组织、城乡社区社会组织"。党的二十大报告提出要"引导、支持有意愿有能力的企业、社会组织和个人积极参与公益慈善事业""发展壮大群防群治力量""建设人人有责、人人尽责、人人享有的社会治理共同体"。

4. 天津市慈善协会的作用

（1）为天津市慈善事业的发展奠定了重要的组织基础。慈善机构是慈善事业存在和发展的依托，担负着动员、组织、管理、服务的职能。天津市慈善协会的成立，使得天津慈善事业的发展在组织层面逐渐形成了健全的体系结构。它使慈善的动员能力更具有说服力、号召力，在组织上形成规模效应并日益健全，在管理上更加规范和成熟，在服务上更加贴近现实生活人们的实际需求，引导着企业和公民个人投入慈善事业的热情。

（2）实现了慈善事业从政府主导到社会职能的转变。新中国成立后至20世纪80年代，社会救济和社会福利事业主要是由政府通过行政手段实施的。济贫帮困活动也主要通过行政手段进行，而募捐往往是以单位动员和摊派的方式进行。1995年天津市慈善协会的成立，公益基金会逐渐发展起来，政府组织和实施的慈善事业逐渐转向了以社会组织为主的慈善力量。

（3）营造了精神文明与和谐社会的良好氛围。慈善事业展现了人性中"善"的一面，有助于形成相帮互助、相互关爱、助人为乐的社会主义道德新风尚。以奉献爱心为宗旨的慈善事业是我国进行公民道德教育，也是提高公民素质的一个重要载体。志愿服务是慈善事业的核心价值形式，也是社会主义精神文明建设的重要组成部分。慈善文化是社会主义先进文化的重要组成部分。天津市慈善协会的成立，对于推动社会主义精神文明建设和构建和谐社会具有重要作用。

（4）丰富和完善了天津的社会保障体系。健全的社会保障体系，由社会保险、社会救助、社会福利和慈善事业等方面组成，共同支撑着社会保障体系这座大厦。慈善事业主要来源于人们的自愿捐助,其资金和财物不是直接来自社会生产和再生产环节的必要扣除,受惠者不以进入生产过程就业为前提,它是富者和一切有能力捐助者在慈善心驱使下的自觉行为,困难群体是其主要的受益对象。因此,天津市慈善协会的成立使得慈善事业作为社会保障体系的补充作用更加突出。

5. 天津市慈善协会的历次会员代表大会

(1)天津市慈善协会第一次会员代表大会

1995年11月21日上午9时,天津市慈善协会第一次会员代表大会暨天津市慈善协会成立大会在市干部俱乐部举行。大会审议并通过了关于"市慈善协会筹备及工作情况"报告、《天津市慈善协会章程》;聘请了名誉会长、顾问;选举了理事、常务理事;选举陆焕生为会长,王戊寅、王述祖、张绍宗、孟宪硕、庞金华、赵玉衡(常务)、航鹰、曹秀荣、董树义等9人为副会长,王笑为秘书长。

(2)天津市慈善协会第二次会员代表大会

2000年5月25日,天津市慈善协会在市政协俱乐部举行第二届会员代表大会。大会审议并通过了关于协会成立四年来的工作报告和财务收支情况报告;听取和审议了《天津市慈善协会章程》修改情况报告;通过了修订的协会章程;选举了第二届理事会理事、名誉会长、顾问、名誉理事和法律顾问。选举陆焕生为会长,王戊寅、李金元、张建星、赵玉衡(常务)、侯永明、航鹰(女)、高孝德、郭长久、郭金侯为副会长,郭金侯兼秘书长。

(3)天津市慈善协会第三次会员代表大会

2005年7月12日,天津市慈善协会第三次会员代表大会在市民政局召开。大会审议并通过了由市慈善协会第二届理事会工作报告、财务收支情况报告;审议通过了修改后的《天津市慈善协会章程》。第三届理事会第一次会议选举了常务理事、会长、副会长、秘书长。陆焕生当选为市慈善协会会长,王树生、李金元、吴廼峰、张建星、张雪松、张森仪、赵玉衡(常务)、侯永明、航鹰(女)、高孝德、贾长华、郭金侯为副会长,佟树海为秘书长。选举王戊寅为新建立的监事会的监事长。

(4)天津市慈善协会第四次会员代表大会

2010 年 12 月 24 日,天津市慈善协会第四次会员代表大会暨协会成立 15 周年纪念大会在天津大礼堂隆重举行。大会听取和审议了市慈善协会第三届理事会工作报告、财务收支情况报告和监事会工作报告,审议通过了《天津市慈善协会章程》(修改草案),选举产生了新一届理事会和监事会。原市政协副主席曹秀荣同志在第四届理事会第一次会议上当选为会长。原天津市慈善协会会长陆焕生同志被聘为第四届理事会名誉会长。选举马鹤亭、王学富、王树生、白智生、佟树海、吴迺峰、妙贤、李庆云、李金元、侯胜昌、航鹰为副会长,佟树海兼任秘书长,选举金海龙为新一届监事会监事长。

(5)天津市慈善协会第五次会员代表大会

2018 年 6 月 28 日,天津市慈善协会第五次会员大会暨慈善表彰大会在天津大礼堂召开。会议听取和审议了第四届理事会工作报告、2011—2017 年度财务收支情况报告,审议通过了《天津市慈善协会章程》(草案)。聘请了第五届理事会顾问、法律顾问。选举了第五届理事会理事、监事会监事。在第五届理事会第一次会议上,市人大常委会原副主任散襄军当选为天津市慈善协会第五届理事会会长。选举王树生、付玉刚、兰国樑、李占通、李金元、吴迺峰、沈家燊、妙贤、侯云昌为副会长,兰国樑兼任秘书长。选举高德高为新一届监事会监事长。聘请肖怀远、曹秀荣为高级顾问。

6. 天津市慈善协会获得的主要荣誉(按照时间先后排序)

1998 年天津市民政局:十佳社会团体(1995—1998)

2003 年 9 月天津市人民政府:天津市先进社会团体

2006 年 11 月天津市人民政府:天津市先进民间组织

2007 年 1 月中华慈善总会:中华慈善事业突出贡献奖

2007 年 6 月中共天津市民政局机关委员会:先进党组织

2008 年 12 月民政部:2008 年度中华慈善奖

2009 年 6 月中共天津市民政局机关委员会:先进党组织

2009 年 7 月中华慈善总会:中华慈善先进机构奖;中华慈善突出贡献项目奖

2009 年 12 月天津市人民政府:天津市先进民间组织

2010 年 2 月民政部:全国先进社会组织

2010 年 6 月中共天津市民政局机关委员会:先进党组织

2014 年 5 月天津市民政局:天津市 2013 年市属社会组织评估等级 5A 级社会组织

2015 年 12 月民政部:第九届"中华慈善奖"

2018 年 11 月天津市民政局:天津市先进社会组织

2020 年 10 月中共天津市委、天津市人民政府:天津市扶贫协作和支援合作工作先进集体

2020 年 12 月天津市民政局:天津市 2019 年度市属社会组织评估等级公益类社会团体唯一 5A 级社会组织

2021 年 2 月中共中央、国务院:全国脱贫攻坚先进集体

2021 年 9 月民政部:第十一届"中华慈善奖"

2021 年 10 月国家十一部委联合授予:全国农村留守儿童关爱保护和困境儿童保障工作先进集体

2022 年 2 月天津市民政局:天津市先进社会组织

2022 年 9 月天津市民政局:首届"天津慈善奖"

(二) 天津市各区慈善协会

天津市市、区两级慈善组织在不断探索和实践中,逐步建立起"上下联动、整体推进、优势互补、协调发展"的工作机制,通过召开会长联席会议、联合开展救助项目等方式,实现了天津慈善事业的不断创新发展。

1. 天津市各区慈善协会的成立

1994 年 12 月 31 日,和平区慈善协会召开第一次会员代表大会,天津市和平区慈善协会成立。

1995 年 8 月 18 日,红桥区慈善协会召开第一次会员代表大会,天津市红桥区慈善协会成立。

1995 年 12 月 21 日,东丽区慈善协会召开第一次会员代表大会,天津市东丽区慈善协会成立。

1996 年 1 月 10 日,蓟县慈善协会召开第一次会员代表大会,天津市蓟县慈善协会成立。蓟县撤县设区之后,更名为天津市蓟州区慈善协会。

1996年6月18日,河北区慈善协会召开第一次会员代表大会,天津市河北区慈善协会成立。

1996年12月18日,河东区慈善协会召开第一次会员代表大会,天津市河东区慈善协会成立。

1997年4月,宁河县慈善协会召开第一次会员代表大会,天津市宁河县慈善协会成立。宁河撤县设区之后,更名为天津市宁河区慈善协会。

1998年11月8日,南开区慈善协会召开第一次会员代表大会,天津市南开区慈善协会成立。

2000年9月,武清县慈善协会召开第一次会员代表大会,天津市武清县慈善协会成立。武清撤县设区之后,之后更名为天津市武清区慈善协会。

2001年11月23日,塘沽区慈善协会召开第一次会员代表大会,天津市塘沽区慈善协会成立。滨海新区设立之后,2012年成立天津市滨海新区慈善协会。

2003年12月16日,汉沽区慈善协会召开第一次会员代表大会,天津市汉沽区慈善协会成立。滨海新区设立之后,2012年成立天津市滨海新区慈善协会。

2004年7月10日,大港区慈善协会召开第一次会员代表大会,天津市大港区慈善协会成立。滨海新区设立之后,2012年成立天津市滨海新区慈善协会。

2004年9月28日,津南区慈善协会召开第一次会员代表大会,天津市津南区慈善协会成立。

2005年11月8日,西青区慈善协会召开第一次会员代表大会,天津市西青区慈善协会成立。

2006年9月28日,宝坻区慈善协会召开第一次会员代表大会,天津市宝坻区慈善协会成立。

2006年10月19日,静海县慈善协会召开第一次会员代表大会,天津市静海县慈善协会成立。静海撤县设区之后,更名为天津市静海区慈善协会。

2007年6月25日,河西区慈善协会召开第一次会员代表大会,天津市河西区慈善协会成立。

2007 年 12 月,北辰区慈善协会召开第一次会员代表大会,天津市北辰区慈善协会成立。

2012 年 4 月 13 日,滨海新区慈善协会召开第一次会员代表大会,天津市滨海新区慈善协会成立。之后,塘沽区、汉沽区和大港区慈善协会注销。

2. 天津市街镇和基层慈善协会

天津全市的街镇和基层慈善协会呈现动态的变化。根据历史资料的记载,全市 242 个街、镇中有 69 个建立了基层慈善组织,并建立了 86 家慈善超市。这些慈善协会组织,已经发展成为政府可以信赖、社会各界大力支持、推进慈善事业发展的有生力量。近些年随着慈善事业的蓬勃发展和日益成熟,慈善协会的组织体系逐渐朝着规范化、专业化的方向发展,一些区慈善协会的街、镇分会或者街、镇慈善协会逐渐注销。根据全国社会组织信用信息公示平台的最新统计,全市已经注销、撤销的慈善协会共有 33 家,目前仅存的基层慈善组织共 3 家,即 2011 年 6 月 28 日成立的天津开发区慈善协会、2013 年 6 月 25 日成立的天津市武清区王庆坨镇慈善协会、2018 年 12 月 17 日成立的天津市武清区京津科技谷企业慈善协会[①]。

(三) 天津市其他社会慈善机构(团体)

从全市慈善事业发展的现状来看,在市、区两级慈善协会之外,大量的慈善组织也是重要的慈善力量。

1. 专业慈善社团组织(法人)

全市专业慈善社团组织(法人)主要分为两大类:一类是与政府的公共职能存在较大关联性的组织,另一类则是民间慈善力量。

(1)与政府公共职能存在较大关联的组织主要包括:

①天津红十字会:天津红十字会成立于 1911 年 11 月 10 日,天津红十字会以"保护人的生命健康"为宗旨,开展救死扶伤、扶危济困的人道行动,是中国特色社会主义事业的重要组成部分,红十字会是党和政府在人道领域联

---

① 全国社会组织信用信息公示平台,网址:https://xxgs. chinanpo. mca. gov. cn/gsxt/newList,最后访问日期:2022 年 9 月 27 日。成立日期以全国社会组织信用信息公示平台为准。

系群众的桥梁和纽带。

②天津市青少年发展基金会:天津市青少年发展基金会于 1994 年 7 月 5 日成立,隶属于共青团天津市委员会。天津市青少年发展基金会实施的主要资助项目有希望工程品牌项目"希望小学"建设,资助本市困难学生完成学业的"爱心助学"项目,关爱天津地区学习、生活的青少年眼睛健康的"爱眼基金",关爱本市外来务工人员家属健康的"海河慈善基金"以及帮扶本市困难青年实现婚嫁梦想的"助福基金"等。

③天津市妇女儿童发展基金会:天津市妇女儿童发展基金会源于 1981 年经市委批准注册成立的儿童少年福利基金会,于 2004 年更为现名。天津市妇女儿童发展基金会围绕"关爱妇女儿童,促进全面发展"的宗旨,通过社会化运作方式,开展"单亲困难母亲救助""困难妇女儿童救助""今晚助学""健康与我同行"等慈善救助活动。

④天津市残疾人福利基金会:天津市残疾人福利基金会业务主管单位是天津市残联。天津市残疾人福利基金会成立于 1990 年,秉持"践行社会主义核心价值观,弘扬中华民族传统美德,助残济世、扶贫解困、全心全意为残疾人服务"的宗旨,募集和使用残疾人福利基金,服务各项残疾人福利事业,开展国内外合作交流。

⑤天津市联合助学基金会:天津市联合助学基金会成立于 2005 年 7 月,业务主管单位是天津市教育委员会。天津市联合助学基金会全部注册及开办资金来自于理事个人的捐赠,是天津市第一家民营公募型基金会。基金会主要救助对象是农村义务教育阶段的学校及贫困学生。

⑥天津市光彩事业促进会:天津市光彩事业促进会成立于 2005 年 9 月,在市委统战部的直接领导下,在市工商联的支持推动下,天津市光彩事业促进会引导本市广大非公有制经济人士深入践行光彩事业核心理念和"同心"思想,推动贫困地区扶贫开发事业和经济社会发展。

(2)民间慈善力量。根据全国社会组织信用信息公示平台的统计,天津市慈善组织共有 173 个[①],各类具有公益慈善性质的基金会、各种服务中心

---

① 全国社会组织信用信息公示平台,网址:https://xxgs. chinanpo. mca. gov. cn/gsxt/newList,最后访问日期:2023 年 8 月 2 日。

等,已成为慈善组织的补充,积极参与本市社会组织脱贫攻坚、乡村振兴和慈善救助。据不完全统计,2018—2021 年,慈善组织承接脱贫攻坚项目 398 个,投入资金 1.4 亿元,在社会组织总投入中所占比重较大。扶贫项目涉及甘肃、新疆、青海、西藏、河北、贵州、云南、内蒙古等多个省的贫困地区,帮扶领域包括:扶贫助困、支教助学、扶老助残、医疗卫生等诸多领域。①

2. 兼做慈善的其他企事业单位

随着社会的进步与发展,慈善事业也在不断地发展。本市慈善活动越来越多,这既反映了构建和谐社会的发展需要,也体现了社会文明、社会责任感的发展方向。天津市诸多企业单位尽管并未成立专业的慈善机构,但是仍然在通过自身的努力来践行"人人可慈善 人人皆慈善"格局。总体来看,天津企业单位从事慈善活动重要具有如下几个特点:

一是以公共部门岗位促进就业和公益事业。最典型的是天津两大彩票销售机构。它们通过设立彩票销售网点,带动了就业岗位,筹集公益金,并常年持续践行慈善。以 2022 年为例,天津体彩总销售额 61.73 亿元,较去年增长 31.77%,筹集公益金 14.59 亿元,带动实体店从业人数 5000 人②;天津福彩总销售额 13.82 亿元,筹集公益金 4.46 亿元,直接解决就业岗位 5000 余个,资助全市各类社会福利和公益事业项目 19 个,使用公益金 2.23 亿元。③

二是以履行社会责任为主体的企业推荐活动。自觉履行社会责任是企业践行慈善理念、促进慈善事业发展的重要方式,同时也是增强企业竞争力、形成良好的商业信誉、赢得利益相关者的信任和支持的重要途径。自 2011年以来,天津市每年举办"榜样天津"社会责任大型主题推选活动。十余年来,"榜样天津"始终坚守社会责任,带动更多的责任企业、团体和个人弘扬

---

① 《天津市民政局召开基金会脱贫攻坚总结会》,天津市民政局网站,网址:https://mz. tj. gov. cn/XWZX289/MZXW1235/202103/t20210311_5382413. html,最后访问日期:2021 年 12 月 13 日。

② 《一份满意的答卷 2022 年天津体育彩票销量创历史新高》,天津市体育局,网址:https://ty. tj. gov. cn/jmty/tycy/tycydt/202301/t20230102_6066570. html,最后访问日期:2023 年 8 月 2 日。

③ 《天津福彩发布 2021 年责任彩票报告》,天津福利彩票网,网址:http://www. tjflcpw. com/news/news. aspx? newsId=3929,最后访问日期:2023 年 8 月 2 日。

榜样之风,身体力行,践行"榜样"精神。

三是以实际行动奉献爱心的企事业单位。天津众多企业在疫情防控、抢险救灾和社会救助等不同的领域不但捐款捐物,还在不断地主动参与到慈善活动之中,用实际行动奉献爱心。这里面既有大中型企业,也有小微型企业;既有国有企业,也有民营企业。在困难、病痛、灾害、苦难面前,总是涌现出一些爱心企业,他们的行动总是令人们格外感动。

四是以志愿服务为主的志愿服务团队。诸多企业和个人往往通过一种自发的力量,主动地参加到志愿服务行列,不为任何物质报酬的情况下,为改善社会、促进社会进步而提供服务。截至 2023 年 8 月 2 日,天津注册志愿者达到 2934237 人,志愿服务团队达到 19306 支。[①] 志愿服务团队也成为天津慈善力量的一个重要来源。

二、天津市慈善组织的发展

(一)1995 年以来各类慈善组织的增长

2012 年党的十八大召开之前,天津市慈善组织的总数为 52 个[②],其历年数量变化如图所示。

1995 年天津市慈善协会的成立是一个显著的分界点。在此之前,天津仅有个别一些慈善组织,且成立间隔时间跨度较大,例如 1982 年 10 月成立的天津市妇女儿童发展基金会、1990 年 2 月成立的天津市残疾人福利基金会、1992 年 7 月成立的天津市老年基金会、1995 年 6 月成立的天津市东丽区慈善协会、1995 年 8 月成立的天津大学北洋教育发展基金会。但是这些组织主要是依托政府成立并在一定程度上承担着公共服务的职能。

1995 年 11 月天津市慈善协会的成立则直接带动了慈善组织的发展。自天津市慈善协会成立以来,每年慈善组织成立的数量得到了显著的变化和

---

① 天津志愿服务网,网址:http://www.tjzyfw.com/,最后访问日期:2023 年 8 月 2 日。

② 全国社会组织信用信息公示平台,网址:https://xxgs.chinanpo.mca.gov.cn/gsxt/newList,最后访问日期:2022 年 9 月 27 日。

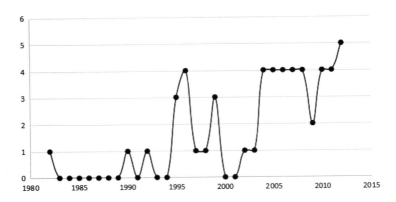

图2 1995年天津市慈善协会成立前后慈善组织的数量变化

提升。由原来每年数量的零星1个且多年数量空缺的状态,达到了每年数量达到5个且任何年份均不存在数量空缺。总体来看,这一时期慈善组织发展的主要特点有如下几个方面。

一是慈善协会发挥着慈善的主导和主体力量。在52个慈善组织中存在17个慈善协会,天津市各区县全部都已经陆续成立了慈善协会。慈善协会代表着全体成员的共同利益,作为政府与企业之间的桥梁,向政府传达企业的共同要求,协调、规范慈善事业的经营行为。在慈善事业发展的初期,慈善协会的作用更加重要,它往往起到行业整合、规范梳理、组织服务的重要作用,甚至在一定程度上需要承接政府的部分职责。

二是教育领域的基金会成为慈善活动的重要内容,助学成为这一时期慈善活动的重要主题。从这一阶段慈善组织的构成来看,教育领域的基金会较多,达到16家。这也足够说明在发展教育方面,慈善组织具有较大的潜力和动力。公益慈善领域对人才规模和质量的需求,以及政府、高校、社会及市场等相关方对慈善教育事业的关注不断提升。

三是以不同群体分类为特征的慈善组织逐渐增加,涵盖了儿童、青少年、妇女、老年、残疾人等群体。这一类慈善组织共有7个。这在一定程度上说明我国慈善组织在发展的初期,已经充分关注到了以人的发展为核心的社会发展公平性问题。通过对不同特定弱势群体的帮助,一方面能够改善他们的学习和生活状况,达到社会救助的效果;另一方面,慈善组织的建立有助于逐渐形成长效机制,明确他们未来发展的问题,最后促进社会实质正义的实现。

(二) 近年来慈善组织的建设和完善

党的十八大以来,天津慈善组织健康有序发展,不断取得新成效、新进展,天津慈善事业迈入高质量发展新阶段。

1. 积极培育各类慈善主体,慈善组织的规模和力量不断壮大

慈善组织作为捐赠人与受益人之间的桥梁纽带,是我国慈善事业最重要的主体。近年来,各类主体在慈善事业中的作用日渐显现。通过培育慈善多元主体、推动慈善活动创新、推进慈善融合发展,充分发挥慈善事业作为第三次分配在推进共同富裕过程中的价值与作用。

慈善组织数量显著提升。天津社会慈善组织发展迅速,全市基金会、慈善协会等慈善组织数量翻了一番,由 2012 年的 71 家发展至目前的 173 家;全市慈善组织总资产逐年增长,截至 2022 年年底增长到 30.2 亿元;年度公益支出迅猛放量,从 2012 年到 2021 年累计公益支出 53.4 亿元,其中全市109 家基金会累计公益支出 36 亿元。全市慈善信托备案 43 单,财产规模达 3518 万元。社区志愿服务体系不断完善,依托全市社区综合服务设施建立的社区志愿服务点已达 4142 个,覆盖率达 85.44%。[①] 党的十八大以来,天津市成立的慈善组织达到 97 家,占据慈善组织总数的 65%。[②] 这十年成立的慈善组织总数已经大幅度超过了过去近 20 年间成立的慈善组织数量。从历年成立的数量来看,每年成立最多的达到 20 家,平均每年成立 9 家(如下图所示)。这与党的十八大之前的慈善组织数量形成了鲜明的对比。

社区社会组织的体系日益健全。社区社会组织是由本社区为主的社区居民、驻区单位发起成立,在城乡社区开展为民服务、公益慈善、邻里互助、平安建设、文体娱乐和农村生产技术服务等活动的社会组织。早在 2016 年,天津全市 242 个街道(乡镇)就已经全部建立了"枢纽型"社区社会组织,备案

---

① 王晓旭:《天津——慈善成果"津"彩纷呈》,《中国社会报》2023 年 5 月 19 日第 4 版。天津市民政局网站,网址:https://mz.tj.gov.cn/XWZX289/MZXW1235/202305/t20230523_6246405.html,最后访问日期:2023 年 8 月 2 日。

② 最新慈善组织的数量采纳了全国社会组织信用信息公示平台的统计数据,即 173 家,网址:https://xxgs.chinanpo.mca.gov.cn/gsxt/newList,最后访问日期:2023 年 8 月 2 日。

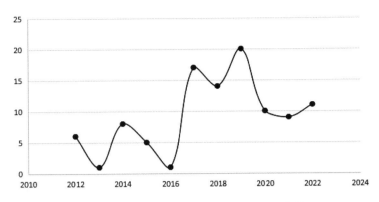

党的十八大以来天津市慈善组织的数量变化

社区社会组织达到2.6万个,比2012年翻了一番多,并已经初步形成1(枢纽型)+n(基本型)+x(特色型)天津模式,为促进"三社联动"、发展社区公益提供了有力支撑。2021年天津市民政局出台了《天津市培育发展社区社会组织十条措施》,进一步推动社区社会组织高质量发展,在创新基层社会治理中更好地发挥了作用。从2021年以来,天津高度重视社区工作,不断培育社区社会组织、动员社区志愿者、吸纳社区公益慈善资源、培养社工人才,以"五社联动"为基层社会治理赋能,坚持以社区为阵地,以项目化运行为路径,输入并促进"五社"即"社区""社会工作者""社区社会组织""社区志愿者""社区公益慈善资源"的互联互动,探索社区治理新模式。[①]

　　慈善力量发展壮大。全市慈善组织总资产逐年增长,由2012年的13.5亿元增长到30.2亿元;年度公益支出迅猛放量,由2012年的2.7亿元到2021年的6.1亿元,十年累计公益支出53.4亿元,其中全市109家基金会十年累计公益支出就占36亿元,成为我市慈善组织的骨干力量。全市慈善信托备案43单,财产规模达3518万元。全市社会工作专业人才总量达到3.92万人,全市已建成了街道(乡镇)社会工作服务站203个,覆盖率达到80.55%。社区志愿服务体系不断完善,依托全市社区综合服务设施建立的的社

---

①　《天津社会工作以"五社联动"为基层社会治理赋能　探索社会治理模式》,天津市人民政府网站,网址:https://www.tj.gov.cn/sy/zwdt/bmdt/202203/t20220318_5832695.html,最后访问日期:2022年9月20日。

区志愿服务点已达 3992 个,覆盖率达 82.34%。[①] 党的十八大以来,慈善项目和志愿服务内容已涵盖扶贫帮困、助学支教、医疗卫生、文化体育、科学技术、创业就业、助老助残、妇幼福利、青少年发展、社区治理、便民服务等诸多领域。

2. 完善慈善组织体系,奠定慈善事业发展的重要基础

作为慈善事业的主要载体,慈善组织的专业能力和治理水平是慈善事业高质量发展的基石。慈善事业不断发展进步,人才不可或缺,慈善组织制度建设至关重要。天津市慈善协会在天津慈善组织建设中发挥着带动作用,是全市慈善救助工作体系建设的主要协同机构,是慈善事业的重要服务平台和引擎。

强化系统布局,完善慈善组织体系。随着天津市慈善协会的成立和发展,天津市辖十六个区已全部建立慈善组织,并逐步形成全市三级慈善网络全覆盖。2007 年天津市首家社区慈善工作站——和平区慈善协会小白楼街分会树德里社区工作站在全市率先成立,开启了天津市区、街、社区三级社会长效救助机制。以解决群众身边大小事为目标,创新社区与社会组织、社会工作者、社区志愿者、社会慈善资源的“五社联动”机制。全面推进街镇社工站全覆盖建设,鼓励引导基金会等慈善组织捐资支持社工站建设。以社工站为载体,实施一批基层“五社联动”创新项目汇聚更多资源和力量共同推动慈善事业高质量发展。

建立慈善协会协办处和志愿服务队,拓宽慈善组织覆盖面。市慈善协会积极创新,在行业协会、外省驻津商会设立慈善协办处,为驻津企业回馈社会、履行企业社会责任搭建慈善公益合作平台。截至目前,已设立慈善协办处 27 家,协办处在宣传慈善文化、动员会员单位参与慈善公益等方面发挥了积极作用。市慈善协会广泛联系社会各界,共同组建志愿服务团队,总数达到 44 支。以北房建“微慈善”志愿服务队、渤海银行总行志愿服务队等为代表的一批志愿服务队,充分发挥志愿服务队组织优势,走进社区,深入群众,

---

① 《社会慈善力量壮大、作用凸显……慈善事业“津”彩这十年!》,北方网,网址:http://news.enorth.com.cn/system/2022/09/05/053085239.shtml,最后访问日期:2022 年 10 月 18 日。

开展经常性的慰问帮扶、文艺演出、心理培训、陪伴照护、社区治理等各类志愿服务活动1万余次，为弘扬志愿服务精神发挥了示范作用。

加强与其他社会组织等各界密切合作，扩大慈善组织影响力。市慈善协会加强与人民团体的协作与联系，争取对慈善事业的支持。与民主党派建立工作机制，密切联系与合作。为凝聚各界慈善力量，与市拍卖协会、市餐饮文化促进会、市老区建设促进会、天津医科大学总医院、天津市第一中心医院、海河传媒中心、西青区联商创新发展促进会、天津市律师协会签订战略协议，依托项目合作普及慈善文化。与天津工业大学联合创建"天津慈善和社会救助法治研究基地"，共同开展理论研究和专题培训活动，推动慈善事业向广度延伸、深度发展。

3. 加强内部建设，提升慈善组织科学化、专业化服务水平

慈善事业是全民事业。协会坚持政治站位，主动围绕中心，自觉将慈善工作纳入党政工作大局，争取社会各界的广泛参与，促进慈善组织的社会化、制度化、法治化。

建立健全规章制度，加强慈善组织内部治理。市慈善协会根据《中华人民共和国慈善法》，修订《天津市慈善协会章程》，使我市慈善事业发展有法可依、有章可循；修订《接受捐赠实施办法》《专项基金管理办法》《捐赠款物管理办法》等，规范审批程序，及时公开账目，使财务工作严谨有序，不花错一分钱，不发错一件物。认真贯彻落实中央八项规定精神，控制会议规模、精简办公开支、降低行政成本。制定《关于加强慈善宣传工作的意见》，完善《市慈善协会部门工作职责》，保障协会工作高效有序运转。制定《项目管理实施办法》《协办处实施办法》《志愿者管理办法》《信息公开制度》《内务管理工作若干规定》《档案管理制度》等，内部制度进一步完善，管理更加规范。

落实决策制度，健全运行管理机制。市慈善协会充分发挥集体领导作用，定期召开会员代表大会、理事会、常务理事会，报告和部署工作，决定重大事项。在理事会、常务理事会闭会期间，定期召开会长办公会议，研究理事会决议执行情况和工作安排，解决实际问题，保证经常性工作顺利进行。严格办公会议制度，每周召开会长办公会议、秘书处工作会议，每年召开理事会，推进决策的科学化、民主化和法治化。坚持会员走访制度，加强与会员间的

联络交流,为会员群众做好服务办实事,增强协会凝聚力。在秘书长主持下处理协会日常工作,通过聘请退休人员、借调在职人员及社会招聘等方式实现从业人员的多元化。

抓好慈善队伍建设,促进专业化、职业化。天津市慈善协会注重加强思想政治工作,充分调动全体人员干事创业的热情和积极性。加强廉政建设和作风建设,做到用最廉洁的行为从事崇高的慈善事业,提升自身的社会公信力。注重中青年工作骨干的培养,完善协会人事晋升制度,公开选聘中层管理人员,定期组织开展业务学习和培训,及时掌握国家和我市有关慈善工作的方针、政策和知识。根据岗位用人需求,面向全社会公开招录工作人员。开展全员年度考核工作,进一步强化岗位责任制,明确履职要求,完善考核标准,健全考评体系,员工的思想政治觉悟、业务水平和工作能力进一步提升,高素质慈善工作者队伍建设取得显著成效。

4.组织建设和法治保障增强,慈善组织的发展环境持续向好

党的十八大以来,"慈善天津"优良传统不断发扬光大,慈善理念更加深入人心,慈善生态环境步入内生良性循环,以政府体制内引领发起成立慈善组织为主已逐步过渡到民间多元主体内生自发为主,慈善力量结构更加回归民间本源。

党组织建设的重要性日益凸显。党的领导在慈善组织建设中的作用日益增强。在包括慈善组织在内的社会中,天津不断创新社会组织党建工作模式,并形成了"三同、三推、两规范"社会组织党建工作模式。天津社会组织党建经验相继得到中央综治办、民政部的充分肯定,并已经走在全国前列。[1]当前,天津市已经建立党委常委或政府分管负责同志牵头的社会组织协调机制。党委政府高度重视社会组织,天津市将社会组织工作列入了地方党委政府绩效考核内容或社会治安综合治理考评体系。[2]

---

[1] 《天津市举办首次社会组织党建理论研讨会》,北方网,网址:http://news.enorth.com.cn/system/2013/11/05/011428273.shtml,最后访问日期:2022年10月28日。

[2] 《民政工作这十年·社会组织篇》,天津市社会组织公共服务平台,网址:https://mz.tj.gov.cn/TJSHZZGGFWPT8299/XWZX7600/ZWXW7258/202209/t20220913_5986538.html,最后访问日期:2022年10月18日。

慈善组织的法治保障日益增强。2016 年《中华人民共和国慈善法》的出台和实施,给天津慈善事业的发展带来了重要的发展和契机。天津慈善组织的数量得到了显著的提升,法律实施以来的近三年,天津慈善组织的成立数量进入了一个新的高潮时期,彰显了立法对慈善组织的促进作用。在《中华人民共和国慈善法》的引领下,天津慈善组织进入到了规范化、标准化的高质量发展阶段。早在 2016 年,天津市就已经在全国率先出台了地方标准——《社会组织法人治理结构准则》,旨在规范社会组织内部组织机构设置以及组织机构的运行,在社会组织权力机构、决策机构、监督机构、执行机构间形成权责明确、相互制约、运转协调和决策科学的统一机制。近年来,天津市还先后制定印发《关于促进我市慈善事业健康发展实施意见的通知》《关于慈善力量参与社会救助的实施办法》等一系列制度规定,并在全国率先由省级人大立法出台《天津市志愿服务条例》,为慈善组织的健康发展保驾护航。

慈善组织的广泛性日益显著。党的十八大以来,民间多元主体内生自发形成的慈善组织发展成效日益显著。仅以慈善组织基金会为例,企业履行社会责任发起成立基金会的逐年递增,这其中有"航母级"大型企业,也有小型公司企业,还有由爱心个人发起或联合发起的活跃在基层的"草根性"慈善组织。天津通过公益创投、政府购买社会组织服务等方式,大力培育扶持慈善组织发展,参加深圳全国慈展会,开展"天津公益行"系列活动和天津公益慈善"云展会",开展首届"天津慈善奖"评选表彰活动,引导感召更多社会力量积极投身社会慈善事业。我市"全国社区志愿者组织发祥地"优良传统不断发扬光大,"老三送"升级为"新三送"[1]。

---

[1] 《天津慈善事业 精彩十年》,慈善公益网,网址:https://www.csgyb.com.cn/news/cishan/20220914/34846.html,最后访问日期:2022 年 11 月 15 日。

附:天津市慈善组织一览表(按照成立时间先后排序)①

名称	成立时间	组织标识
天津市妇女儿童发展基金会	1982 年 10 月 12 日	慈善组织;公开募捐资格
天津市残疾人福利基金会	1990 年 2 月 8 日	慈善组织;公开募捐资格
天津市老年基金会	1992 年 7 月 1 日	慈善组织;公开募捐资格
天津市东丽区慈善协会	1992 年 7 月 1 日	慈善组织;公开募捐资格;志愿服务组织
天津大学北洋教育发展基金会	1995 年 8 月 16 日	慈善组织
天津市慈善协会	1995 年 11 月 21 日	慈善组织;公开募捐资格
天津市蓟州区慈善协会	1996 年 1 月 10 日	慈善组织;公开募捐资格
天津市南开区慈善协会	1996 年 4 月 23 日	慈善组织;公开募捐资格;行业协会商会
天津市河北区慈善协会	1996 年 6 月 1 日	慈善组织
天津市河东区慈善协会	1996 年 12 月 4 日	慈善组织
天津市青少年发展基金会	1997 年 8 月 20 日	慈善组织;公开募捐资格;志愿服务组织
天津市和平区慈善协会	1998 年 3 月 31 日	慈善组织
天津市武清区慈善协会	1999 年 10 月 20 日	慈善组织;公开募捐资格
天津市宁河区慈善协会	1999 年 12 月 1 日	慈善组织;志愿服务组织
天津市网球发展基金会	1999 年 12 月 22 日	慈善组织;公开募捐资格
天津武清和平之君儿童福利院	2002 年 4 月 5 日	慈善组织
天津市王克昌奖学基金会	2003 年 2 月 17 日	慈善组织
天津南开大学教育基金会	2004 年 6 月 2 日	慈善组织
天津市津南区慈善协会	2004 年 8 月 31 日	慈善组织;公开募捐资格
天津宝坻桑梓助学基金会	2004 年 11 月 22 日	慈善组织;公开募捐资格
天津市冯骥才民间文化基金会	2004 年 12 月 31 日	慈善组织
天津市佛教慈善功德基金会	2005 年 1 月 25 日	慈善组织;公开募捐资格

① 全国社会组织信用信息公示平台,网址:https://xxgs. chinanpo. mca. gov. cn/gsxt/newList,最后访问日期:2022 年 9 月 27 日。

续表

名称	成立时间	组织标识
天津市联合助学基金会	2005 年 7 月 7 日	慈善组织;公开募捐资格
天津外国语大学教育发展基金会	2005 年 10 月 14 日	慈善组织
天津市西青区慈善协会	2005 年 11 月 8 日	慈善组织;公开募捐资格
天津市北辰区慈善协会	2006 年 2 月 15 日	慈善组织;公开募捐资格
天津市宝坻区慈善协会	2006 年 4 月 28 日	慈善组织;公开募捐资格
天津中国民航大学教育发展基金会	2006 年 8 月 1 日	慈善组织
天津市静海区慈善协会	2006 年 10 月 17 日	慈善组织
天津市鹤童老年公益基金会	2007 年 3 月 5 日	慈善组织
天津市冬朋助学基金会	2007 年 4 月 27 日	慈善组织
天津市河西区慈善协会	2007 年 6 月 18 日	慈善组织;公开募捐资格
天津市华夏器官移植救助基金会	2007 年 11 月 22 日	慈善组织
天津市第二中学教育发展基金会	2008 年 2 月 25 日	慈善组织
天津理工大学教育发展基金会	2008 年 2 月 25 日	慈善组织
天津市滨海社区公益基金会	2008 年 6 月 26 日	慈善组织
天津市福老基金会	2008 年 12 月 28 日	慈善组织;公开募捐资格
天津市青年创业就业基金会	2009 年 7 月 1 日	慈善组织;公开募捐资格
天津市海河文化发展基金会	2009 年 7 月 27 日	慈善组织;公开募捐资格
天津桃李源文化基金会	2010 年 1 月 28 日	慈善组织
天津市景华公益基金会	2010 年 5 月 27 日	慈善组织
天津市南开中学教育基金会	2010 年 7 月 27 日	慈善组织
天津市社会救助基金会	2010 年 8 月 9 日	慈善组织;公开募捐资格
天津市杨兆兰慈善基金会	2011 年 4 月 12 日	慈善组织
天津开发区慈善协会	2011 年 6 月 28 日	慈善组织;公开募捐资格
天津市宏志教育基金会	2011 年 9 月 28 日	慈善组织
天津市南开菁英教育基金会	2011 年 11 月 21 日	慈善组织
天津广播电视大学教育发展基金会	2012 年 2 月 6 日	慈善组织
天津市翔宇教育基金会	2012 年 4 月 10 日	慈善组织

续表

名称	成立时间	组织标识
天津市滨海新区慈善协会	2012 年 4 月 13 日	慈善组织;公开募捐资格
天津市孙洪森助学基金会	2012 年 8 月 16 日	慈善组织
天津市力高慈善基金会	2012 年 9 月 26 日	慈善组织
天津市赵以成医学科学基金会	2012 年 11 月 26 日	慈善组织
天津市武清区王庆坨镇慈善协会	2013 年 6 月 25 日	慈善组织
天津城建大学教育发展基金会	2013 年 12 月 13 日	慈善组织
	2014 年 2 月 27 日	慈善组织
天津市海湾慈善基金会	2014 年 3 月 13 日	慈善组织;
天津市尚赫公益基金会	2014 年 3 月 25 日	慈善组织
天津市海河科技金融发展基金会	2014 年 4 月 11 日	慈善组织
天津市和富文化发展基金会	2014 年 7 月 15 日	慈善组织
天津市滨海新区新滨海义工协会	2014 年 7 月 21 日	慈善组织;公开募捐资格;志愿服务组织
天津市胸科医院医学事业发展基金会	2014 年 9 月 12 日	慈善组织
天津市关心下一代基金会	2014 年 12 月 24 日	慈善组织
天津市天津大学建工学院大海助学基金会	2015 年 1 月 15 日	慈善组织
天津市天后妈祖文化发展基金会	2015 年 1 月 15 日	慈善组织
天津市新华中学教育发展基金会	2015 年 4 月 2 日	慈善组织
天津生态城中福乐龄服务社	2015 年 10 月 21 日	慈善组织
天津市荣程普济公益基金会	2015 年 12 月 25 日	慈善组织
天津市滨海新区助残志愿者协会	2016 年 6 月 21 日	慈善组织;志愿服务组织
天津市春晖孝慈公益基金会	2017 年 5 月 27 日	慈善组织
天津市光明慈善基金会	2017 年 6 月 19 日	慈善组织
天津市北洋益山助学基金会	2017 年 7 月 21 日	慈善组织
天津市河北工业大学教育发展基金会	2017 年 8 月 14 日	慈善组织

名称	成立时间	组织标识
天津市凯尔翎公益基金会	2017 年 8 月 17 日	慈善组织;公开募捐资格
天津市西青区妙妙公益服务中心	2017 年 9 月 14 日	慈善组织
天津星星闪耀自闭症康复研究中心	2017 年 9 月 15 日	慈善组织
天津合众罕见病关爱帮扶中心	2017 年 9 月 28 日	慈善组织
天津市慈举教育基金会	2017 年 10 月 19 日	慈善组织
天津市蓝盾基金会	2017 年 10 月 19 日	慈善组织
天津市北辰区善心善缘志愿帮扶中心	2017 年 10 月 23 日	慈善组织;志愿服务组织
天津市蓟州区于学艳爱心志愿者服务协会	2017 年 10 月 23 日	慈善组织
天津市天朗关爱慈善基金会	2017 年 11 月 21 日	慈善组织
天津市崔玉璞慈善基金会	2017 年 11 月 22 日	慈善组织
天津市和众社会工作服务中心	2017 年 12 月 15 日	慈善组织
天津市于根伟青少年足球俱乐部	2017 年 12 月 20 日	慈善组织
天津市大疆公益基金会	2017 年 12 月 29 日	慈善组织
天津赛迈斯紧急救援服务中心	2018 年 1 月 15 日	慈善组织
天津市九和教育发展基金会	2018 年 2 月 24 日	慈善组织
天津市滴水公益志愿服务中心	2018 年 4 月 18 日	慈善组织;志愿服务组织
天津市爱心联志愿服务中心	2018 年 5 月 3 日	慈善组织;志愿服务组织
天津市金桥慈善基金会	2018 年 6 月 4 日	慈善组织
天津市融创公益基金会	2018 年 8 月 8 日	慈善组织
天津市澳朗助学基金会	2018 年 8 月 14 日	慈善组织
天津市天津工业大学教育发展基金会	2018 年 9 月 6 日	慈善组织
天津市心羽公益基金会	2018 年 9 月 25 日	慈善组织;公开募捐资格
天津市益民公益基金会	2018 年 10 月 9 日	慈善组织
天津市鸿英医疗救助基金会	2018 年 11 月 22 日	慈善组织

续表

名称	成立时间	组织标识
天津市天津科技大学教育发展基金会	2018 年 12 月 7 日	慈善组织
天津市天地仁慈善基金会	2018 年 12 月 12 日	慈善组织
天津市和平社区公益基金会	2018 年 12 月 18 日	慈善组织
天津市恒银慈善基金会	2019 年 1 月 8 日	慈善组织
天津市石学敏中医发展基金会	2019 年 1 月 8 日	慈善组织
天津市永相随救助基金会	2019 年 2 月 22 日	慈善组织
天津市潮汐公益服务中心	2019 年 3 月 7 日	慈善组织
天津市滨海新区慧德公益协会	2019 年 3 月 11 日	慈善组织
天津市天士力公益基金会	2019 年 3 月 29 日	慈善组织
天津市瑶华公益基金会	2019 年 4 月 17 日	慈善组织
天津市北方医学发展基金会	2019 年 4 月 18 日	慈善组织
天津市博爱星空社会工作服务中心	2019 年 4 月 22 日	慈善组织
天津市滨海新区德懿公益服务中心	2019 年 4 月 28 日	慈善组织;志愿服务组织
天津市赛恩正屹慈善基金会	2019 年 6 月 24 日	慈善组织
天津市滨海新区中优退役军人创业就业孵化中心	2019 年 7 月 18 日	慈善组织;志愿服务组织
天津市国民慈善基金会	2019 年 8 月 8 日	慈善组织
天津市天津财经大学教育发展基金会	2019 年 9 月 3 日	慈善组织
天津市至善公益助困帮扶中心	2019 年 9 月 29 日	慈善组织
天津市益众医学事业发展基金会	2019 年 10 月 11 日	慈善组织
天津市伯苓公能体育基金会	2019 年 10 月 14 日	慈善组织
天津市滨海新区小白鸽社区公益服务发展中心	2019 年 11 月 26 日	慈善组织
天津市天津师范大学教育发展基金会	2019 年 12 月 24 日	慈善组织
天津自贸试验区中滨社会服务创新中心	2020 年 2 月 20 日	慈善组织

续表

名称	成立时间	组织标识
天津市滨海新区美好社区服务中心	2020 年 2 月 20 日	慈善组织
天津市优乃如教育发展基金会	2020 年 3 月 30 日	慈善组织
天津市小爱公益基金会	2020 年 4 月 15 日	慈善组织
天津渤海善行帮扶服务中心	2020 年 4 月 17 日	慈善组织
天津市诸君平安大病救助基金会	2020 年 9 月 3 日	慈善组织
天津递爱之家困难家庭帮扶中心	2020 年 9 月 25 日	慈善组织
天津茉莉亚学院教育发展基金会	2020 年 9 月 29 日	慈善组织
天津市幡然慈善基金会	2020 年 10 月 27 日	慈善组织
天津市源初公益基金会	2020 年 11 月 5 日	慈善组织
天津市方先之医学发展基金会	2021 年 7 月 12 日	慈善组织
天津市新氧公益基金会	2021 年 7 月 16 日	慈善组织
天津市百花公益基金会	2021 年 7 月 20 日	慈善组织
天津市友发公益基金会	2021 年 8 月 9 日	慈善组织
天津市滨海新区爱心义聚汇公益服务中心	2021 年 9 月 16 日	慈善组织;志愿服务组织
天津市天津美术学院教育发展基金会	2021 年 12 月 13 日	慈善组织
天津市盛业公益基金会	2021 年 12 月 14 日	慈善组织
天津市新益心公益服务中心	2021 年 12 月 21 日	慈善组织
天津市渤海善行公益基金会	2021 年 12 月 31 日	慈善组织
天津市滨海新区微米公益服务中心	2022 年 3 月 29 日	慈善组织
天津经济技术开发区光艺文化传播与交流中心	2022 年 4 月 27 日	慈善组织
天津市北辰区天眷公益服务中心	2022 年 5 月 11 日	慈善组织;志愿服务组织
天津市诺达慈善基金会	2022 年 5 月 12 日	慈善组织
天津市赵连泉慈善基金会	2022 年 5 月 24 日	慈善组织
天津市武清区英华第四幼儿园	2022 年 6 月 6 日	慈善组织
天津市和平区艺公益社会服务中心	2022 年 7 月 15 日	慈善组织

续表

名称	成立时间	组织标识
天津市豫见津青公益基金会	2022 年 7 月 19 日	慈善组织
天津市和平区志愿服务联合会	2022 年 7 月 25 日	慈善组织;志愿服务组织
天津滨海高新区渤海公益服务中心	2022 年 8 月 3 日	慈善组织;志愿服务组织
天津市滨海新区一起学公益服务中心	2022 年 8 月 18 日	慈善组织;志愿服务组织
天津市海棠公益基金会	2022 年 10 月 8 日	慈善组织
天津市天津中医药大学教育发展基金会	2022 年 10 月 14 日	慈善组织
天津市红十字基金会	2022 年 12 月 8 日	慈善组织
天津市福祉养老咨询服务评估中心	2022 年 12 月 22 日	慈善组织
天津市静海区启航公益服务中心	2022 年 12 月 30 日	慈善组织
天津市岚山禹阳公益基金会	2023 年 1 月 12 日	慈善组织
天津经济技术开发区宇辉公益服务中心	2023 年 1 月 18 日	慈善组织
天津市武清区泗村店镇商会	2023 年 2 月 28 日	慈善组织
天津市东丽区善启公益服务中心	2023 年 3 月 16 日	慈善组织
天津市北辰区至善公益援助中心	2023 年 3 月 23 日	慈善组织;志愿服务组织
天津佳美之地助残服务中心	2023 年 3 月 28 日	慈善组织
天津市北辰区大愿海公益服务中心	2023 年 4 月 4 日	慈善组织
天津市西青区德馨公益服务中心	2023 年 5 月 24 日	慈善组织;志愿服务组织
天津市北辰区众志乐善公益援助中心	2023 年 6 月 14 日	慈善组织;志愿服务组织
天津市北辰区贝壳儿公益服务中心	2023 年 6 月 14 日	慈善组织;志愿服务组织
天津自贸试验区灰鲸公益服务中心	2023 年 6 月 14 日	慈善组织;志愿服务组织
天津市北辰区慈雨公益服务中心	2023 年 6 月 29 日	慈善组织;志愿服务组织
天津市北辰区伟铭公益援助中心	2023 年 6 月 29 日	慈善组织;志愿服务组织
天津市北辰区恩慈公益援助中心	2023 年 6 月 29 日	慈善组织;志愿服务组织
天津市东丽区益德公益服务中心	2023 年 7 月 4 日	慈善组织;志愿服务组织

续表

名称	成立时间	组织标识
天津市西青区思源公益服务中心	2023 年 7 月 4 日	慈善组织;志愿服务组织
天津市职业大学教育发展基金会	2023 年 7 月 10 日	慈善组织
天津市西青区乐悠公益服务中心	2023 年 7 月 12 日	慈善组织
天津普善众禾公益服务中心	2023 年 7 月 31 日	慈善组织

2

天津市慈善事业的发展和创新

一、1995—2012 年天津市慈善事业的发展

在天津,慈善事业有着优良的传统和深厚的基础。计划经济时代,人们的生产和生活由国家和集体统一安排已随着改革开放的不断发展,社会主义市场经济体制的建立,贫富差距逐渐拉大。尽管政府不断出台政策给予帮助解决,但在市场经济条件下,政府不可能把这些人的困难全部包下来,因而迫切需要通过民间的慈善活动进行有效的补充。这期间,为贫困地区募集衣被,为残疾人募集基金为"希望工程"捐款等成为慈善救助的主要形式,均收到良好的社会效果。

随着天津市各类慈善活动的不断开展和广大群众的积极参与,急切需要建立一个民间组织,在政府与公民(企业)之间搭建一座平台,以推进慈善事业的发展。1994 年,中华慈善总会的成立和部分兄弟省市慈善协会的相继建立,为天津市建立慈善组织提供了经验和借鉴。经过精心筹备,天津市慈善协会于 1995 年 11 月 21 日正式成立。天津市慈善协会成立后,在中共天津市委、市政府的关怀下,在中华慈善总会和市民政局的指导下,与逐步建立的区县慈善协会共遇难相助的传统美德,组织并发动社会力量同遵循"发扬人道主义精神,弘扬中华民族扶贫济困、为孤寡老人、孤儿、残疾人、贫困户及不幸者提供救助"的宗旨,积极开展各种募捐和救助活动,为各类困难群体提供有效帮助。

(一) 天津市慈善协会引领慈善事业发展

天津市慈善协会的成立为天津慈善事业的发展带来了重大的契机。它使得慈善事业从政府主导的社会救济功能中逐渐分离出来,转向了以社会组织开展社会服务为主的运行模式。随着政府改革放权,社会力量逐渐进入公共服务领域,让公众有机会参与公共事务,同时也在一定程度上弥补了社会发展领域国家财政投入不足的缺陷。在天津市慈善协会的引领下,天津慈善事业得到了稳步的发展,在项目设计、公众参与和社会监督等方面做得卓有成效,在学习借鉴世界慈善经验和模式方面也很有成效。

1. 确立了慈善事业发展的基本原则和格局

天津市慈善协会的成立,实现了社会组织与政府职能的分离,为慈善事业的发展指明了基本方向。基于专业化慈善组织的定位,天津市慈善协会的发展为慈善事业发展确立了基本方针和路线。1995 年建会初期,天津市慈善协会经过认真调查研究,明确了建会初期的工作方针:"认清使命,艰苦创业,积极探索,努力进取。"同时,建会初期,由于募集资金较少,而社会上一些困难群众急需解决实际问题。为此,确定了救助工作初始阶段"坚持以社会救助为中心,尽力扶贫帮困"的工作指导方针。在募集资金上明确了三项原则:一是依靠社会各界捐赠为主;二是自愿捐赠;三是善款使用尊重捐赠者捐赠意愿。在资金运作上,确定了两项原则:一是边募集、边教助、边积累;二是募集的善款与管理经费严格分开,善款全部用于救助活动。建会初期的这种准确的定位,为慈善事业的发展奠定了重要的基础,也顺应了改革开放背景下推进社会发展的现实需求。

2. 带动了社会各界对慈善事业的热情和投入

天津市慈善协会的成立,使得专业化的慈善组织成为慈善事业的核心力量。这极大地带动了企业和企业家对慈善事业的热情和持续的投入。这种影响持续至今,成为天津慈善事业发展的一种内生动力,更是天津企业社会责任的一种传承。天津市慈善协会通过广泛发动、个别发动、确定慈善项目定向发动以及书画义卖等多种方式募集款物等,成立五年之内就已经累计收入 2114.62 万元,有金桥焊材公司、天狮集团公司、天津经济技术开发区管委会、王朝葡萄酿酒有限公司、顶益国际食品有限公司、牧津企业有限公司、华鹰面粉厂、中国石油物资天津分公司以及美国环球祝福行动(OBI)、美国霍尼威尔(天津)有限公司、日本长崎县立谏早高等学校等170多个单位和侯立尊、郭长林等28156人捐款捐物。天津市慈善协会成立时,就接受了香港水新企业有限公司董事长曹光彪先生捐赠的300万港元(折合325.18万元人民币),以其夫人的名义建立了"曹徐望月爱心基金";此后,将"曹徐望月爱心基金"连同其它捐款400万元,共计725.18万元建立了"慈善基金",基金产生的利息开展救助活动;1999年9月26日,建立了"侯立尊慈善助困专项基金",该基金由金桥焊材公司董事长侯立尊分3次向市慈善协会捐款1000万元建立。

3. 推动了社会救助力量的深层次发展

天津市慈善协会的成立推动了社会救助力量的深层次发展,慈善救助的领域逐渐拓展、慈善项目日渐丰富,为慈善事业的发展形成了良好的社会效应。建会五年之内,天津市慈善协会通过"助困、助医、助学、支持公益"等开展慈善救助活动,共出资886.05万元,实施了15项10万元以上的救助项目,如:为帮助困难家庭过好春节,每年开展的"迎新春慈善助困活动",出资117万元;为帮助家庭困难的学生正常就读,开展了"慈济助学""资助特困大学生入学"等活动,出资122.53万元;为支持22个公益福利单位开展各项公益活动,出资153.95万元,这些救助活动使本市18800多人受益。此外,天津市慈善协会还支援外埠的部分贫困地区,如:将价值10多万元的10000余件衣被支援四川省凉山彝族自治州布拖县贫困地区,通过市青年联合会向甘肃省甘南藏族自治州捐赠衣物126箱等。1998年,长江、嫩江、松花江地区发生特大洪水灾害,天津市慈善协会将社会各界捐赠的493.68万元,连同与市邮政局等单位联合发行的抗洪赈灾明信片5万套的收入,全部用于支援灾区。

(二) 天津慈善事业发展的全面推动

进入21世纪以来,党和政府更加重视慈善事业的发展。2001年,《国民经济和社会发展第十个五年计划纲要》提出"发展慈善事业"。2000年12月

25 日,国务院在《关于完善城镇社会保障体系建设试点》方案中要求:"大力发展慈善机构、服务于贫困家庭的基金会等非营利机构"。2002 年 1 月 14 日,天津市委在"天津市保障困难群众生活"会议中也特别强调,动员全社会开展一个"人人为困难群众做贡献"的活动,形成扶贫济困、互帮互助的新型人际关系和社会氛围,巩固和发展天津的大好形势。2003 年天津市政府工作报告中首次提出"发展社会慈善事业,做好社会救济、优抚安置工作"。2005 年国务院政府工作报告第一次提出"支持慈善事业发展"。为贯彻党和政府的这些方针政策,天津市慈善协会确定了"巩固原有基础,加大工作力度,努力开拓创新,提高整体水平的工作思路"。在全国和地方政策的大力支持和倡导之下,天津慈善事业的发展得到了全面的推动。

1. 慈善宣传增强了慈善事业的社会影响力

天津市各级慈善协会先后组建和发展,开展慈善宣传推广活动,使慈善深入人心,形成良好的发展势头。多年来,市与区县慈善协会还把广泛开展慈善宣传作为发展慈善事业的重要任务来抓。特别是市慈善协会,借助新闻媒体的优势,大力宣传慈善文化,在天津市各主流媒体以及人民日报、新华社、中央人民广播电台、中央电视台、中国社会报、教育报等媒体刊登稿件、发布报道;与主流媒体紧密合作,共同打造募捐救助项目,形成慈善与媒体相互促进,相得益彰的宣传网络格局。召开理论研讨会,交流慈善理论;建立"天津慈善网",借助网络宣传慈善文化;评选"慈善之星",在社会上树立慈善典型,弘扬中华民族扶贫济困,遇难相助的民族精神;1998 年 5 月,天津市慈善协会和中华慈善总会还共同创办了全国首家《慈善》杂志(双月刊)在天津出版。

2. 慈善事业发展的长效工作机制日渐形成

天津市慈善协会以组织建设推动慈善事业发展的长效机制,广泛地带动了慈善组织的发展和慈善事业的繁荣。市与区县慈善协会不断创新募捐工作机制,使得慈善救助工作得到了全面推动。如,与天津大田集团有限公司、天津福光投资集团、天津森氏精密仪器有限公司等单位签订了协议书,建立长期定向捐赠关系;与天津城市快报、天津人民广播电台新闻台、交通台签订协议,发挥其公益性栏目的优势,建立长期合作募捐集资关系;以"手拉手"

"一帮一"的形式确立捐赠者对受助者(如特困学生、孤儿等)单项长期资助，以及与一贯热心慈善的单位和个人保持经常性的联系，通过每年定期组织现场募捐、现场拍卖等方法募集资金，上述形式初步形成了固定的捐资渠道。同时，各级慈善协会组织还坚持依据章程规定，按期换届，不断加强组织建设和财务管理，严格内部管理，定期进行年检和审计，自觉接受捐赠者和社会的监督，不断提高慈善组织的公信力，受到天津社会各界的好评。

3. 慈善事业发展的覆盖面、影响力显著提升

天津市慈善协会推动慈善事业的领域愈发深入、作用日渐增强，已经成为社会救助的重要补充力量。一是开展社会募捐，支援抗击非典斗争。2003年，为支援抗击非典斗争，天津市慈善协会通过社会募集善款 823.96 万元，有 64 个单位、2702 名个人参与捐赠；与《今晚报》社联合开展"抗击非典，慈善关爱"活动，将募集的 823.96 万元款物分别捐给市肺科医院、传染病医院、武警医学院等 18 家防治"非典"的医疗机构；还资助部分在抗击"非典"斗争中牺牲的医务人员的子女完成学业。二是持续增设慈善基金，慈善事业影响力日渐突出。如 2001 年，由天津大田集团有限公司出资 12.4 万元，设立了"大田慈济助学专项资金"，以后按每年资助情况逐年注入资金；2002 年，由天津森氏精密仪器有限公司分 3 次捐赠 23.4 万元，设立了"森氏慈爱助孤基金"；2004 年 11 月，天津华琛散热器公司出资 5 万元建立了"华琛救助基金"。三是慈善救助规模、项目和领域持续拓展。通过"迎新春慈善助困活动""真情助孤活动"、资助天福集团下岗残疾职工、河东区下岗职工等；通过"慈济育才助学""森氏慈济助学""大田杯慈济育才奖学""爱心成就梦想"、资助市儿童福利院在学孤儿以及"手拉手"等形式，使家庭贫困的大量大、中、小学生得到资助；开展助医活动，通过为唇腭裂患者实施免费手术、资助白血病患者、资助市儿童福利院残疾孤儿等，使万余人受益；支持公益出资，数十个公益社会福利单位软硬件环境得到改善。此外，按照捐赠者的意愿，资助河北、宁夏、甘肃、安徽等贫困地区兴建学校，支援内蒙古、新疆、湖南、广西、四川等灾区，为解决当地的急需发挥了一定作用。

(三) 天津慈善事业的多元化发展

2005 年，党的十六届五中全会通过的《中共中央关于制定国民经济和社

会发展第十一个五年规划的建议》指出,建设社会主义和谐社会,必须加强社会建设和完善社会管理体系,健全党委领导、政府负责、社会协同、公众参与的社会管理格局,支持社会慈善、社会捐赠、群众互助等社会扶助活动。同年11月,民政部颁布了《中国慈善事业指导纲要》(2006~2010);天津市委也提出了"发展以扶老助残,救孤济困为重点的社会福利事业和慈善事业"的要求。2006年,党的十六届六中全会通过的《中共中央关于构建社会主义和谐社会若干重大问题的决定》,把创新社会管理体制、整合社会管理资源、提高社会管理水平、健全社会管理格局,作为构建社会主义和谐社会的重要内容,具有十分重要的战略意义。天津市慈善协会为了贯彻和落实党和政府这一系列指示精神,确定了"加快步伐、扎实推进、全面发展"的工作思路。经过奋力拼搏,各项工作逐步实现新的突破,天津慈善事业多元化发展的基本格局已经形成。

1. 慈善事业的参与主体呈现多元化格局

1995年天津市慈善协会成立以来,慈善组织日益壮大,天津市18个区县在2007年底就已经全部建立了慈善协会,全市有69个街道、乡镇建立了基层慈善组织,为慈善事业可持续发展奠定了组织基础。慈善协会网络体系的发展,极大促进了慈善参与主体的广泛参与,慈善事业发展的参与主体多元化的格局已经形成。区县慈善协会在当地党委、政府的关怀下,除与市慈善协会上下联动,共同开展全市性慈善活动外,都结合本地区实际,广泛发动群众,创造出许多独具特色的活动方式,推动募捐和救助工作不断攀升新水平,为本地区经济发展和社会稳定作出贡献。如,塘沽等区县为救助困难群体,年年坚持开展"慈善一日捐"、河东区建立"名家励志慈善奖学金"奖励资助困难学生、蓟县建立"乔通慈善基金会蓟县慈善基金",资助困难学生和孤儿完成学业;津南区每年坚持开展"圆大学梦"活动;东丽区实施"孤儿救助工程";大港为帮助老年人治疗白内障开展"夕阳声光"活动;武清区开展"育英助学"活动;河西区开展"共享蓝天 慈善助残"活动;塘沽在各街道开设社区互助家园;红桥区举行"夏令慈善救济系列"活动等等,均取得良好社会效果。截至2010年6月,各区县慈善协会已累计募集款物5.84亿元,发放救灾救助款物4.25亿元。由于工作出色,河西、南开、塘沽、汉沽、大港、西青、津南、武清、宝坻等九个慈善协会荣获市民政局授予的 2009 年"天津市先进社会组织"荣誉称号。

2. 慈善系统的工作机制日益丰富和完善

天津慈善协会网络体系日益健全,全市 18 个区县已经全部建立慈善协会,工作制度、组织建设和工作方式日渐成熟,慈善协会网络及其工作机制已经多元化的发展格局。市慈善协会与全市 18 个区县慈善协会,经过多年探索和实践,逐步形成了"上下联动、整体推进、优势互补、协调发展"的工作机制,通过召开会长联席会议,联合开展救助项目等方式,以"助困、助孤、助医、助学、支持公益"等项目活动为载体,积极探索创新募捐方式,拓展募捐渠道,善款收入不断增加,为持续深入开展经常性救助活动和应急开展大型救灾活动提供了资金支持。长期以来,天津市慈善协会采取多元化的形式开展慈善活动,例如广泛宣传发动、对热心慈善企业重点发动、提出社会普遍关注的救助项目定向发动,开展经常性募捐工作,取得良好效果。随着形势的发展,为了使慈善组织每年有稳定的收入,以便有计划地开展更多的救助活动,天津市慈善协会在巩固原有做法的同时,积极推行募捐工作长效机制,如与企业签订长期捐赠协议,建立专项基金等,并进一步完善了一系列措施。天津市慈善协会继续与天津大田集团有限公司、天津福光投资集团、天津森氏精密仪器有限公司、华琛散热器有限公司等单位签订协议书,巩固了长期定向捐赠关系。

3. 慈善事业的社会参与范围日渐广泛

在天津慈善协会的引导和推动下,天津慈善事业得到了多元化的发展,在慈善项目、救助方式和慈善内容上日益呈现多元化的特点。在捐赠的主体上,除了企事业单位之外,还包括各社会各界的爱心人士,在捐赠者当中有九旬高龄的老人,也有不足 4 个月的婴儿;有养老院的老人,也有福利院的孤儿;有下岗工人、出租车司机,也有巴蜀之乡在津务工人员;还有学生、孕妇、住院患者、残疾人、公安干警、艺术家、社会团体、宗教团体、民主党派、外国友人和一贯热心慈善事业的协会会员。同时,慈善救助活动多元化发展,部分项目已经形成品牌,"迎新春慈善助困活动""大田杯"慈济育才奖学活动、2007 年设立的"急难救援行动"等各种项目影响力日渐突出,慈善救助的力度和广度均有新发展。各项救助项目先后推出,日趋成熟和完善,部分救助项目已产生较大的社会影响,形成了品牌,多次荣获中华慈善总会的奖励。此外各区县开展慈善救助活动丰富多样。和平区每年开展两次慈济助学活动,大港区连续 3 年开展"夕阳生光"老年救助活动,为困难家庭老人和孤老治疗白内障,配置助听器。津南区为资助困难大学生开展"圆大学梦"项目。塘沽区开设了社区互动家园,按月为低保困难家庭免费提供生活必需品。

4. 社会救助不拘一格满足多样化需求

在灾害救助面前,天津市慈善协会启动应急机制,全力以赴广泛深入地发动支援灾区。由于措施有力,激发了社会各界的慈善热情,从而推动募捐工作得以顺利开展。一是响应号召,按照全市统一部署和中华慈善总会要求,积极投入灾害救助。2005 年,为支援印度洋地震海啸灾区,将市慈善协会和各区县慈善协会及部分民政账户募集的专项救灾款 616.57 万元,交由中华慈善总会统一用于救灾。二是建立救灾反应机制,实行全天候接受捐赠。2008 年上半年,中国南方部分地区发生严重冰雪灾害,各级慈善组织接受社会各界捐赠款物 875 万元,其中市慈善协会接收 286 万元,各区县慈善协会接收 589 万元。2008 年"5.12"汶川大地震后,天津市慈善协会迅速建立起救灾反应机制,实行全天候接受捐赠,取得了显著效果。5 月 12 日至 6月 12 日,仅一个月个人捐款 5272 笔,共计 360 万元,人均捐款 683 元,捐万元以上的 58 人;单位捐赠 1027 笔,共计 5295 万元,单位捐赠占捐赠总额的 93.6%,捐百万元以上的单位达 13 个。这一阶段全市各慈善协会共募集救灾款物 2.88 亿元。二是专款专用,统筹全局抗震救灾。2008 年"5.12"汶川大地震后,区县慈善协会所募集的救灾款全部迅速交有关部门用于抗震救灾;市慈善协会所募集的救灾款物中,除了 1556 万多元的定向捐款对口支援了陕西省宁强和略阳两县等受灾地区外,其余均以电汇款、物资发送及转入天津市财政专户统一安排用于抗震救灾的形式,全力支援汶川抗震救灾。三是加强组织联系,款物直接送达灾区。2008 年年初,市和各区县慈善协会为支援南方冰雪灾害募集的 875 万款物,通过贵州、广西、安徽、江西、湖北、湖南、浙江等地的慈善协会组织和市有关部门送达灾区。仅 2010 年一年期间,天津慈善协会系统的募捐收入就达 1.5 亿元,比 2009 年增长了 20%,用于救灾和救助共支出 1.28 亿元,仅本市就有 31.5 万人次直接受益。①

二、十八大以来天津市慈善事业的发展和创新

党的十八大以来,在以习近平同志为核心的党中央坚强领导下,在天津市委、市政府的领导下,在天津市民政局的指导下,全市慈善事业蓬勃发展,特别是天津市慈善协会坚持以习近平新时代中国特色社会主义思想为指导,落实市委、市政府对慈善工作的批示精神,不断创新慈善事业理念和格局,大力发扬干事创业精神,有效动员引导慈善力量服务党和国家大局,天津慈善事业取得长足发展,慈善事业第三次分配的作用得到有效发挥。

(一) 天津市慈善事业的理念与格局创新

天津市慈善协会坚持理念先行,引领格局创新,在慈善事业发展中确立了一系列的基本理念,主要包括"四个主动""三个转变""四个拓展",并形成了"党委领导、政府推动、社会参与、民间运作、各方协作"的发展格局。

1. 天津慈善事业发展的"四个主动":在全国率先提出将慈善纳入党政工作大局

为贯彻习近平总书记提出的"慈善是一项全民的事业,激发全社会各界参与慈善事业的热情"的慈善发展理念,落实市委、市政府对慈善工作的批示精神,天津市慈善协会散襄军会长率先提出将慈善工作纳入党政工作大局的工作思路。天津市慈善协会提高政治站位,增强使命责任,牢固树立"四个意识"、坚定"四个自信",落实"两个维护",在工作中践行"四个主动",即:主动"围绕中心、服务大局";主动服务第三次分配、助力共同富裕;主动弘扬社会主义核心价值观;主动服务于全市精神文明建设。

第一,主动"围绕中心、服务全局",自觉将慈善事业纳入党政工作大局。天津市慈善协会认真贯彻落实党中央、国务院打赢脱贫攻坚战的重要战略部署,按照天津市委、市政府升级加力,精准帮扶,做好对口支援工作的要求,自

① 《2011 年天津慈善工作开展助医 助学等 12 个项目》,北方网,网址:http://news. enorth. com. cn/system/2011/03/21/006215628. shtml,最后访问日期:2022 年 11 月 12 日。

党提高政治站位,全力以赴、全员参与、全体动员,主动将对口扶贫作为社会组织的政治责任,有效地发挥了社会组织在动员社会参与脱贫攻坚中的积极作用。天津市慈善协会充分认识党中央国务院关于乡村振兴战略的重大意义,以高度的政治责任感,诚心诚意开展乡村振兴帮扶工作。协会组织全体工作人员学习习近平总书记关于打赢脱贫攻坚战的重要论述,学习市委主要领导的讲话精神,明确对口扶贫工作的政治意义,确定了资金、科技、教育、产业和健康五个方面动员社会对口帮扶的工作任务。向全体会员发出了"东西部扶贫——天津慈善在行动"倡议书,组织召开多层次、多种形式的推动会,对东西部扶贫协作和支援合作进行广泛发动。

第二,主动服务第三次分配,助力共同富裕,为全面建成小康社会、实现中国梦的伟大目标团结奋斗。党中央明确要求创新我国慈善事业制度,动员全社会力量广泛参与脱贫事业。脱贫攻坚贵在精准,重在精准,这就离不开慈善的参与。《中华人民共和国慈善法》将扶贫济困写进总则,位列六大类慈善活动之首,既是对中华民族传统美德的弘扬,又为慈善事业助推精准扶贫赋予了新的历史使命。天津市慈善协会全力践行慈善宗旨的最新使命,充分发挥慈善事业在脱贫攻坚战中的重要作用,在脱贫攻坚战中对扶贫对象实施精确识别、精确帮扶、精确管理,以慈善凝聚全社会之力,对慈善救助的全过程进行监管,为扶贫开发"补短板""救急难""兜底线"。

第三,主动弘扬社会主义核心价值观,普及大慈善理念,逐步形成新时代中国特色社会主义慈善体系。《中华人民共和国慈善法》明确把六类公益活动纳入到慈善的范畴,体现了现代大慈善的理念。现代大慈善是基于志愿精神的利他活动,是对全社会的道德引领和个体公益力量的组织化过程,也是对社会的自我净化和再造。现代大慈善具有社会联动性、视野广阔性、领域多样性、成效显著性的特点,完全不同于单一怜悯施舍的传统小慈善。天津市慈善协会通过开展一系列的慈善活动,让全体公民置身于互助、友爱、和谐的氛围中,,通过对慈善文化和慈善精神、慈善事业的宣传,激励更多人为慈善发展做出力所能及的贡献,从而形成助人为乐、助人为荣的社会风尚。

第四,主动服务于全市精神文明建设,积极宣传慈善文化、树立慈善榜样,为把天津建设成为"慈善之都"作出贡献。历史经验证明,宣传工作是一项极为重要的工作。宣传舆论关系党和国家长治久安,关键时刻更加凸显宣传思想工作的极端重要性。现代社会,宣传舆论的社会影响力越来越大。打造现代大慈善,宣传必须先行,加大慈善宣传力度刻不容缓。天津市慈善协会积极宣传慈善文化,丰富宣传形式,抓住慈善宣传的新媒体和主特征,调动多方资源,扩大慈善宣传的覆盖面和影响力,多年树立了大量的慈善榜样,营造了良好的慈善氛围。

2. 天津慈善事业发展的"三个转变":在全国率先提出大慈善的理念

为适应新时期慈善事业发展新要求,天津市慈善协会坚持以人民为中心的发展思想,积极构建"党委领导,政府推动,民间运作,社会参与,各方协作"的大慈善格局,在全社会树立"人人心怀慈善,人人参与慈善,人人投身慈善"的大慈善理念,为慈善工作的创新发展奠定了坚实的基础。天津市慈善协会率先树立起大慈善工作理念,努力实现"三个转变":一是变少数人参与的慈善为全社会人人参与的慈善事业;二是变单一的慈善形式为全社会多元捐助的慈善体系;三是变单向施受的慈善为双向受益的慈善。

第一,变少数人参与的慈善为全社会人人参与的慈善事业。慈善组织要在民政局的指导下,在社会各界的参与下,积极弘扬慈善文化,宣传慈善理念,培育全民慈善意识,让慈善公益理念深入人心,进而形成人人参与慈善、投身慈善的良好社会氛围。近年来,天津市慈善事业的发展极大地激发了社会成员的慈善意识和参与热情,促进了大众参与的社区慈善与网络慈善,推进了慈善组织与慈善活动的不断规范,提升了包括款物捐献与志愿服务在内的社会资源动员能力,也开创了各种新型慈善活动形态及其与社会救助、社会福利及公共服务等相融合的创新性局面。为构建大慈善格局,普及大慈善理念,天津市市慈善协会拓展多渠道爱心捐款渠道,通过微信、公益宝、支付宝、邮局汇款、银行专码等方式搭建人人参与的爱心平台,让支持公益事业的爱心企业、爱心个人,通过最快捷、最安全的方式完成捐赠。特别是对路途较远、年龄较大人士的爱心捐赠,协会开辟的线上捐款渠道,一键完成的捐赠,解决了后顾之忧,足不出户地完成了自己的心愿。如今,通过上述渠道捐款的数额已占市慈善协会总捐款量的50%以上,而参与捐款的人数与人次所占比例更是大幅增长。

第二，变单一的慈善形式为全社会多元捐助的慈善体系。要改变捐钱捐物的单一、有形的慈善模式，捐钱捐物固然重要，但是困难群体不只需要物质上的有形的救助，也有精神关怀、心理救助、就创业指导等无形的、更广泛的帮扶。所以，全方位的慈善需要我们开辟除钱物之外的第三个慈善行为，包括捐赠知识、智慧、技能、专业服务等，扩展更多慈善捐赠方式和服务内容。天津市慈善协会围绕项目拓宽募捐渠道，募捐总量持续增长，促进多元化捐助体系的形成。2018 年换届后，首先按照慈善组织公开募捐方案备案流程，完成慈善组织认定，取得公开募捐资格。以项目为抓手，在保持原有募捐途径的基础上，加大项目推介力度，加强线上公益平台募捐等，扩大了募捐范围，增加了募捐总量。与天津市轨道交通集团、中国银行天津分行等单位共同开展"爱心出行助力慈善项目"，调动广大市民献爱心、助慈善的热情和积极性。天津市慈善协会持续以建立长效募捐救助机制为重点，逐步扩展慈善基金规模，形成了留本捐息、协议定额、项目冠名、专项救助、小额爱心、个人万元等 6 种形式的基金，与多家单位和个人签订了捐赠基金协议，建立救助基金，为长效救助奠定了资金基础。联合天津市旅游协会在全市 70 家星级酒店和 A 级景区放置乡村振兴宣传牌，捐赠资金直接进入乡村振兴专项账户。

第三，变单向施受的慈善为双向受益的慈善。与单向施受的方式相比，双向受益的慈善更能促进慈善事业的健康持久发展。天津市慈善协会注重以双向受益的方式推动慈善工作。慈善的双向性首先体现在双向受益。很多人认为慈善只是单向的施受关系，捐赠者施助，受助者受益。但其实许多的企业家、慈善家、长年支持慈善的爱心人士之所以坚持做慈善的原因，正是因为帮助别人所获得的内心世界的极大富有和精神世界的无比充实都是无法用金钱来衡量和给予的。这说明了在慈善行为中，捐赠者同受助者都在不同层面受益。另一方面，慈善救助也是双向互动的。参与志愿服务也是一种公益慈善行为。作为慈善组织，也应关注志愿者群体，根据规定，在为慈善事业作出贡献的志愿者遇到生活急难时，优先考虑救助，体现救助行为的双向性。

3. 天津慈善事业发展的"四个拓展":探索慈善事业发展的新动向

天津市慈善协会不断加强组织建设,积极建设专业化的慈善队伍,扩大慈善公益的社会参与,全面实现"四个拓展",即:一是在理念视野中实现拓展;二是在组织格局中实现拓展;三是在慈善工作阵地中实现拓展;四是在网络平台建设实现拓展,进一步扩大慈善公益的社会参与。

第一,在理念视野中实现拓展。天津市慈善学会不断拓展慈善活动的视野,汇聚社会各方力量,加强慈善志愿服务力量。以志愿服务团队为例,天津市慈善协会广泛联系社会各界,共同建立慈善志愿服务队伍。组建了一批涵盖教育、医疗、社会服务、科技、青少年发展、文化艺术等领域的志愿服务团队。志愿服务团队以走进社区、走进基层,为他人送温暖、为社会作贡献为主要内容,广泛开展志愿服务关爱行动,丰富了慈善服务内容,延伸了慈善服务触角。志愿服务团队仅在 2021 年开展各类活动就达到 200 余次。各志愿服务团队逐步开展丰富多彩的志愿服务活动,在津沽大地弘扬着奉献、友爱、互助、进步的志愿精神。联合天津中医药大学成立了"名中医志愿服务队",并开展了多次义诊活动。联合市卫健委建立更广泛的医疗志愿者队伍,为医务人员搭建服务社会的慈善公益平台。"爱心联"志愿服务队迎建党百年百场慈善文化宣传活动,北房建"微慈善"志愿服务队为困难家庭献爱心活动,"妙妙微公益"志愿服务队陪伴慰藉孤寡老人活动,取得良好效果。

第二,在组织格局中实现拓展。天津市慈善协会扩大慈善组织网络,在商会、协会设立慈善协办处。天津市慈善协会积极探索、开拓创新,在全国率先提出在行业协会、商会设立慈善协办处,充分发挥行业协会、商会组织动员优势,调动企业参与公益慈善的积极性,改变以往一对一募捐模式,与各地商会合力搭建慈善公益平台,把少数企业、企业家参与转变为众多企业、企业家共同参与的大众慈善,着力构建天津大慈善工作格局,营造全民慈善的良好社会氛围。同时,天津市慈善协会积极和已挂牌的协办处对接慈善公益活动,充分发挥协办处职能,稳步扩大协办处规模,为驻津企业更好地回馈社会、履行企业社会责任搭建平台和提供服务。天津市慈善协会首批协办处已在 2018 年 12 月完成试点挂牌,截至目前,协办处达到 27 家。协办处发挥组织优势,凝聚慈善力量,在动员会员单位广泛参与慈善活动方面起到了积极作用。

第三,在慈善工作阵地中实现拓展。天津市慈善协会不断寻求慈善工作阵地的突破。2019年,在侯台集团的大力支持下,天津市慈善服务中心落成。依托市慈善服务中心建立法务服务中心、志愿服务中心、文化艺术中心、培训中心,构建科学、系统、高效的服务体系。中心接待各类会议、签约、工作洽谈,开展协办处走访、座谈,志愿服务团队活动等,为集合社会资源、扩大慈善覆盖面,搭建了平台。面向市慈善协会的理事和会员单位、志愿服务团队和全市慈善公益组织,提供法律咨询、文化艺术教育、志愿服务、学习培训等,极大地丰富和完善了协会阵地建设。

第四,在网络平台建设实现拓展。互联网是慈善事业发展新的渠道。天津市慈善协会在网络平台建设中不断促进慈善事业的发展。除了建设"天津慈善网"和微信公众号之外,天津市慈善协会还依托项目开展网络众筹。在协会网站新增慈善募捐宣传视频,2021年的"迎新春慈善助困"活动、"津门抗疫,天津慈善在行动"等活动,以短视频的形式在抖音、微信公众号等平台开展社会募捐。同时增加了微信收款单、银行聚合码以及公益宝"一起捐"功能。虽然线上募捐款额还不多,但这是今后公众参与慈善救助和慈善募捐的一个重要渠道。

4. 天津慈善事业发展的基本格局:慈善事业高质量发展的根本保障

党的十八大以来,天津市慈善协会深入学习贯彻习近平总书记关于慈善工作的重要论述,坚定不移贯彻落实党中央方针政策和工作部署,落实中共天津市委、市政府对慈善事业的重要指示,以高质量工作服务慈善事业高质量发展,逐步形成"党委领导、政府推动、社会参与、民间运作、各方协作"的基本格局。全社会的慈善意识普遍增强,慈善行为日益兴盛,慈善工作稳步推进,天津慈善事业进入了快速发展期。

第一,党委领导。天津市慈善协会始终将党的建设作为慈善工作的重要内容。中国特色社会主义最本质的特征是中国共产党的领导。慈善必须受党的领导,慈善力量是政府政策的重要补充,慈善事业只有跟着党和政府走才能有效发挥作用。党的十九届四中全会强调,要统筹完善社会救助、社会福利、慈善事业、优抚安置等制度。这就决定了慈善事业是中国特色社会主义制度的重要组成部分，也是国家治理体系的重要内容。慈善事业必须在党的领导下，主动融入党和政府的工作大局，才能借势借力发挥出更大的作用①。

第二，政府推动。现代慈善事业是政府支持引导的结果。党的十八大以来，天津慈善事业得到了充分的发展，呈现了专业化的发展趋势，以基金会为代表的慈善组织成为天津慈善事业发展的重要力量。而基金会等慈善组织的产生，又是政府政策推动的结果。政府制定和不断完善的税收制度如所得税、遗产税等法律制度抑制了贫富的分化，通过税收减免、财政补贴和服务购买等方式直接支持慈善事业发展。近年来天津市先后出台一系列促进慈善事业发展的规范性文件，包括了慈善信托、基金会诚信建设、基金会内部管理、慈善组织章程示范文本、慈善组织认定、慈善募捐、慈善捐助失信问题治理、慈善医疗救助等领域，切实保障了慈善事业的法治化发展。

第三，社会参与。慈善事业的发展需要社会力量的广泛参与。天津市慈善协会自成立以来，就发挥枢纽型慈善组织的作用，促进社会参与慈善事业的广泛性。促进社会力量广泛参与慈善事业，能够形成上下联动、全员动员、公众参与、社会监督、队伍扩展和建设体制的良好局面，促进慈善发展格局的不断完善；能在扩大社会组织和个人广泛参与中，构建慈善福利服务体系，促进慈善组织网络的不断健全；能营造在社会上人人关心慈善、参与慈善、崇尚慈善的良好氛围，促进公民慈善观念的不断增强，引导公民履行社会义务和责任担当，促进慈善社会的不断发展。

第四，民间运作。从运作方式来讲，慈善事业并非由政府来运作。慈善是社会财富流向社会贫弱群体的再分配过程，属于资源的第三次分配。由此，慈善活动首先具有非政府性。在慈善事业中，社会力量是主体，政府只起引导、协调和监督的作用。天津市慈善协会自成立以来，就是将社会组织从政府运作的社会救助职能中分离出来，实现了社会化的运作方式。常年以来，天津市慈善协会一直坚持民间运作的基本方式，为党和政府与基层慈善

---

① 池善言：《正确认识和处理政府与慈善的关系》，《中国社会报》2020年2月13日第A02版。

组织之间搭建桥梁,不断促进慈善事业的发展。

第五,各方协作。随着三次分配以及相关配套制度的建立健全,慈善事业将成为深度参与社会治理、助力推进共同富裕的重要角色。但是慈善事业的发展并不是一个局部事情,而是需要具有全局性的视野。发展慈善事业需要全社会的参与,需要政府组织、社会公益团体、民间力量和个人的积极投入。这一事业的推进需要有立法的保障和政策鼓励,更需要来自于民间社会的热情。因此,天津市慈善协会在发展慈善事业的进程中,始终坚持"各方协作"的基本思路,才能为帮扶弱势群体、巩固脱贫成果、助力乡村振兴、促进共同富裕凝聚力量。

(二) 天津市慈善事业发展的主要业绩

天津市慈善协会和其他社会团体、基金会、社会服务机构等各类慈善组织协同发展,推动天津慈善事业的高质量发展。随着经济社会发展,天津慈善项目和志愿服务内容,从传统的扶危济困向多领域需求拓展,已涵盖扶贫帮困、助学支教、医疗卫生、文化体育、科学技术、创业就业、助老助残、妇幼福利、青少年发展、社区治理、便民服务等诸多领域,慈善的足迹遍布津沽大地、大江南北,乃至走出国门参与国际慈善行动,天津的慈善成果呈现精彩纷呈的局面。

1. 主动融入国家发展战略,积极投身全面小康社会建设,助力脱贫攻坚、乡村振兴成效显著

脱贫攻坚和乡村振兴是党中央国务院的决策部署,是国家发展战略。助力脱贫攻坚和乡村振兴既是慈善组织的重要职责,也是服务国家、服务社会、服务人民群众的重要体现。按照市委市政府的工作要求,天津市慈善协会自觉提高政治站位,将对口帮扶工作作为社会组织的政治责任,在市委统战部、市政府合作交流办公室的大力支持下,全力以赴,投身脱贫攻坚和乡村振兴。

凝聚慈善力量,积极参与脱贫攻坚。2018 年,脱贫攻坚的号令响起,天津市慈善协会第一时间成立以散襄军会长为组长的扶贫专项工作领导小组,制订实施方案,明确目标任务,广泛开展社会动员。三年脱贫攻坚期间,募集接收云账户(天津)共享经济信息咨询有限公司、天津美伦医药集团有限公

司、天津市佛教慈善功德基金会、天津铸源健康科技集团有限公司、天津市新津建设有限公司、天津天士力大健康产业投资集团有限公司等全市社会各界捐赠的扶贫款物4239.46万元(包括物资874.03万元)。协会主动与对口帮扶地区慈善会对接,紧紧围绕"两不愁三保障",开展"津沽有爱·助力脱贫攻坚"系列项目,与甘肃省、河北省承德市、新疆、西藏、青海等地共计对接项目200余个。温暖过冬、养老院援建、圆梦助学等项目,改善民生,解决了当地群众的燃眉之急;建设津慈路、津慈桥,实施点亮工程,改善基础设施,为当地脱贫雪中送炭,为贫困地区面貌的改变做出了贡献。

全力投身乡村振兴,助力共同富裕。脱贫攻坚任务胜利完成后,党中央国务院作出巩固拓展脱贫攻坚成果同乡村振兴有效衔接的决策部署。天津市慈善协会将乡村振兴作为工作的重中之重,通过动员部署,深入基层走访等形式,宣传引导社会各界参与乡村振兴。三年来,募集接收全市单位和个人捐赠的款物4630.19万元(包括物资1360.22万元)。滨海新区慈善协会、西青区慈善协会、津南区慈善协会、宝坻区慈善协会等16个区慈善协会和天津市侯台商贸集团有限公司、天津市宏达热力有限公司、天津市眼科医院视光中心有限公司、天津荣程祥泰投资控股集团有限公司、天津市新天钢钢铁集团有限公司等一批企事业单位做出了突出贡献。散襄军会长三次带队赴甘肃考察对接,工作组七次赴甘肃落实项目,与甘肃省慈善总会共同开展"津陇慈善情·助力乡村振兴"系列项目。协会立足民生,聚焦一老一小,在我市帮扶协作甘肃省的34个县,建设"老年人活动站""关爱儿童之家""电子阅览室"和"光明小屋"四小项目,投入款物3154余万元,2021年至2023年,三年建设项目300个,留守儿童进入温馨的"关爱儿童之家"度过课余时光;老人在宽敞舒适的"老年活动站"谈笑风生、切磋棋艺;大山里面的农民在先进的"电子阅览室"学习新知识掌握新技能;"光明小屋"在保障着当地中小学生的眼健康。甘肃舟曲地处川甘陕三省交界处,属于地质灾害高易发区,协会将对口帮扶舟曲县作为援助重点,向舟曲县捐赠近300万元的款物,用于购置救护车、部分移民搬迁困难家庭购置家具;捐赠医疗物资、儿童用品等。天津慈善用心、用力、用情的精准帮扶,在当地赢得了很好的社会反响。

基金会是天津市社会组织承接乡村振兴帮扶项目与任务的骨干力量。

2021 年全市基金会投入乡村振兴帮扶项目资金总计 1709 万元,全市基金会 2018 年至 2021 年助力脱贫攻坚和乡村振兴捐赠款物达 1.57 亿元,连续多年超额完成助力脱贫攻坚和乡村振兴任务,帮扶项目涵盖教育、医疗、文化等领域,帮扶地区主要为西藏、新疆、甘肃、青海等西部地区乡村。[①]

尽职尽责,做好社会款物接转工作。脱贫攻坚期间和乡村振兴以来,协会主动与本市有关方面进行对接,先后接收机关、企事业单位定向捐款 1.23 亿元,按照捐赠者的意愿,分别拨付给我市对口支援地区。结合我市乡村振兴实际需要,积极主动对接,做好帮扶工作。天津市慈善协会针对甘肃、新疆、西藏、青海、重庆万州及本市等地的需求,拨付脱贫攻坚和乡村振兴款物合计 1.91 亿元,得到受援地区党政领导和人民群众的广泛赞誉。

强化动员与合作,广泛发动社会为对口支援地区筹募款物。创新募捐方式,加大募集力度,精心做好服务,采取深入企业动员、召开会议专题动员、结合项目线上募捐、探索市民便捷方式、自身做起主动捐款等方式募集资金。协会主动和本市有关区和单位进行对接,积极做好定向对口扶贫捐款的接转工作。协会多次召开动员部署会,研究制定方案,广泛动员社会各界积极参与乡村振兴;做好全市扶贫款接转工作。天津市慈善协会与市合作交流办共同召开天津市社会力量助力挂牌督战总结会,对 326 家社会组织和企业进行表彰。协会与甘肃省慈善总会密切合作,共同推进项目建设;协会多渠道为对口支援地区筹募扶贫款物。广泛发动会员、理事和社会各界筹募扶贫款。

2. 响应党和政府号召,切实发挥慈善组织优势,在应对突发事件和灾害救援中积极作为

近年来,我国陆续发生了新冠疫情、地震、暴雨等灾害,给人民群众造成了生命和财产损失。天津市慈善协会按照市委市政府救援工作部署,天津市慈善协会充分发挥市级社会组织优势,与其他各类慈善组织,在抗击新冠肺炎疫情和防汛救灾等历次大灾大难中,响应号召,挺身而出,敢于担当,发挥积极作用,经受了考验。

抗击新冠疫情,彰显慈善责任担当。庚子年春节,新冠疫情突袭而至。

---

① 《天津市基金会为乡村振兴注活力》,网址:https://www.moa.gov.cn/xw/qg/202208/t20220803_6406170.htm,最后访问日期:2022 年 9 月 28 日。

大年初一,协会召开会议专题研究部署;初二,全员上岗,传达贯彻中央政治局常委会和天津市委常委会会议精神,启动应急工作机制。广泛发动社会筹募款物,天津金城银行股份有限公司、天津光明梦得乳品有限公司、天津久日新材料股份有限公司等众多企事业单位积极响应,广大市民踊跃参与,共接收全市社会各界捐赠抗疫款物5542.65万元(包括物资1933.21万元)。武汉胜则湖北胜,湖北胜则全国胜。正月初四,协会将首款200万元第一时间拨付武汉抗击疫情定点医院,将爱心企业捐赠的呼吸机和空气净化器极速送往武汉火神山、雷神山医院,协调运输企业克服困难向湖北省捐赠医用酒精消毒液31吨。将定向捐赠款物及时拨付恩施州,用于当地医院、妇幼保健院疫情防控工作。市慈善协会向湖北省拨付社会捐赠资金4048.57万元,物资全部拨付用于疫情防控工作。湖北省疫情防控指挥部,湖北省慈善总会,天津对口支援湖北恩施前方指挥部,恩施州委政府,湖北省襄阳市等分别向市慈善协会发来感谢信,对天津人民守望相助的大爱之举表示感谢。三年疫情期间,天津市慈善协会先后共募集款物1.03亿元,用于支援湖北、甘肃、河北和本市疫情防控,其中款物5511.68万元(包括物资1472.9万元),支持我市抗击疫情一线的医疗机构和全市16个区的重点疫情防控工作,向天津人民交上了一份温暖答卷。

在2021年新冠疫情防控工作中,天津社会组织及所属会员单位慈善捐赠达9.5亿元。其中,全市基金会、红十字会、慈善协会等慈善组织,接受社会慈善捐赠收入总计达6.3亿元(本市基金会筹集社会慈善捐赠2.37亿元,市、区两级红十字会和慈善协会接受社会慈善捐赠3.93亿元。本市另有1单抗击疫情慈善信托备案,信托财产共计50万元),其他社会组织自身捐赠支出9000万元,社会组织动员所属会员单位直接捐赠2.3亿元。[①]

2022年初,奥密克戎病毒引发的本土疫情袭击津门。市慈善协会把人民至上、生命至上落实于具体行动,第一时间发出支援疫情防控工作倡议书。天津九安医疗电子股份有限公司捐款2000万元,仁爱控股集团有限公司和

---

① 《市民政局持续深入贯彻落实<慈善法>推进天津慈善事业高质量发展》,网址:https://www.tj.gov.cn/sy/zwdt/bmdt/202109/t20210922_5605291.html,最后访问日期:2022年9月28日。

天津市新宇彩板有限公司分别捐款 1000 万元,众多爱心单位和个人纷纷积极捐款抗疫,共同谱写了一曲守望相助的赞歌。我会从市疫情防控指挥部得知,一线工作人员 24 小时社区值守,又逢天津降温降雪,急需御寒保暖内衣和帐篷。协会积极协调各有关单位,紧急购置价值近 500 万元保暖内衣、12.5 万元帐篷,第一时间送到津南区抗疫一线,解决燃眉之急。

驰援河南防汛救灾,展现海河儿女大爱。 2021 年,河南省遭遇极端强降雨天气,灾区救援迫在眉睫,天津社会组织第一时间集结专业救灾队伍、募集救灾物资、筹集救灾资金,向灾区受困群众伸出援助之手。天津市慈善协会发出驰援河南等地防汛救灾《倡议书》后,天津爱心企业和市民积极捐赠,以实际行动为河南受灾地区奉献爱心。天津市新宇彩板有限公司向灾区捐款 100 万元和价值 200 万元彩钢板 250 吨,为灾后重建工作发挥了重要作用。协会共接收款物 736.73 万元,款物全部拨付用于河南救灾及灾后重建。

天津市荣程普济公益基金会向郑州等灾区群众捐赠救援叉车、冲锋舟、食品等救援物资 2000 万元;天津市天士力公益基金会向郑州、新乡等地受困群众捐赠药品、营养水等物资 300 万元;天津市凯尔翎公益基金会向新乡等地受困群众捐赠 140.5 万元生活物资;天津市小爱公益基金会向新乡市受困群众捐赠食品、救援用品等物资 100 万元;天津市心羽公益基金会为新乡市牧野区北干道街受困群众捐助药品、食品等物资 35 万元;天津市河南南阳商会向新乡市受困群众捐赠食品、消毒品等物资 30 万元;天津市纯懿公益帮扶服务中心为赶赴灾区实施救援的部分天津社会组织救援队伍捐赠冲锋舟、航机、船用拖车等救援装备物资 20 余万元。①

主动参与其他救灾活动,切实履行社会责任。 四川甘孜泸定、甘肃甘南州夏河县、土耳其和叙利亚发生地震,甘肃甘南州舟曲县因暴雨引发泥石流灾害,山西发生暴雨灾害,协会募集社会资金 509.6 万元支援灾区;先后拨付资金 600 余万元用于四川九寨沟地震灾区重建,彰显了天津人民对灾区人民的大爱之心。近五年来,协会拨付资金 1000.37 万元用于 8·12 天津滨海新

---

① 《市民政局持续深入贯彻落实<慈善法>推进天津慈善事业高质量发展》,网址:https://www.tj.gov.cn/sy/zwdt/bmdt/202109/t20210922_5605291.html,最后访问日期:2022 年 9 月 28 日。

区爆炸事故中,参与抢险牺牲公安、消防人员的遗属和受伤公安、消防人员的救助,充分体现了本市人民对消防英雄的感激和关爱之情。

3. 践行为民宗旨,实施精准救助,全方位、多层次帮扶体系逐步完善

天津市慈善协会紧贴困难群众的实际需求,坚持精准帮扶,精准选项,形成慈善助困、助学、助医、助老、助孤、助残、支持公益、灾害救援等八大类、四十余个慈善项目。与此同时,不断扩大帮扶救助范围,形成全方位、多层次的慈善帮扶体系,本市受益群众突破300万人次。

扎实推进品牌及重点项目,服务本市筑基工程。天津市慈善协会积极做好我市社会保障体系的补充,聚焦百姓急难愁盼,深耕优化传统项目。充分发挥枢纽型社会组织桥梁纽带作用,注重与中华慈善总会、各区慈善协会纵向联动,与各兄弟社会组织横向联合,不断设立开发新的项目,在全市形成家喻户晓、深入人心的10个品牌项目和18个重点项目。"慈善情·暖万家"迎新春慈善助困项目,近五年来为我市4万余户家庭发放慰问款物超过4000万元;"爱心成就梦想"慈善助学项目,每人5000元的助学金帮助我市千余名寒门学子圆大学梦;"有爱,不再孤单"慈善助孤项目,为我市百余名散居孤儿与社会爱心人士结成帮扶对子,传递温暖与关爱;生命之光·重特大疾病患者援助项目,针对癌症、罕见病患者发放格列卫、多吉美、特罗凯等11种援助药品总价值6.585亿元,服务患者4万余人次;"拜科奇/科跃奇"血友病患者援助项目,为我市血友病患者援助药费千万余元,彻底解决患者用药经济负担;老年人白内障、耳鼻喉病、结石病、胃肠息肉、疝气等常见病援助项目,减免手术及治疗费用3000余万元,受益患者超过5万人;"为了明天"关爱留守、困境儿童项目、贫困家庭儿童大病救助项目、"恶性肿瘤基因检测"慈善援助项目、"微笑列车"唇腭裂患儿援助项目、"急难救援行动"项目、"微尘基金"儿童先心病援助项目、国家能源爱心行动、手拉手慈善助学项目,开展时间长、救助效果好、社会认知度高。天津大学爱尔眼科医院、天津鑫裕房屋智能制造股份有限公司、天津市金桥焊材集团股份有限公司、天津贻成实业集团有限公司、天津狗不理食品股份有限公司、天津市桐菲娅服装有限公司、天津威鹏投资有限公司等一批爱心单位为我市的筑基工程做出积极贡献。

开展形式多样的主题活动,促进项目多元发展。近年来,天津市慈善协会克服疫情等不利因素的影响,积极开展各类慈善公益主题活动,扩大品牌项目、重点项目的社会影响力,从而带动项目的整体稳步提升。组织孤儿、留守困境儿童、血友病患儿观影、游学、参观科技馆、海洋馆、游览海河等丰富多彩的活动,让孩子们开阔眼界,感受温暖;组织召开全国血友病援助项目专题论坛,分享经验,博采众长,促进发展;与我市著名书画家联合开展"盛世情暖、与爱同行"大型书画展暨义卖活动,为对口帮扶项目进行定向募捐;与市卫健委、中医药大学联合,调动我市优质医疗资源,十六区联动,同时开展大型义诊活动,让老年朋友在家门口享受到名医问诊服务;与春晖孝慈公益基金会联合开展"感动津门"孝亲学子评选表彰活动、"新时代榜样少年"主题活动,践行社会主义核心价值观,弘扬中华传统文化;组织爱心志愿者深入老旧社区安装扶手、慰问孤寡老人,让捐助人深度参与,为民服务。多形式全方位的主题活动、地面宣传、入户慰问,切实将党和政府的温暖送到千家万户,以此来提升慈善品牌的知名度,从而带动更多人参与其中。

结合现代慈善发展理念,拓展项目辐射领域。《中华人民共和国慈善法》的颁布,将慈善组织的服务范围进行了拓展,按照新的发展思路,市慈善协会与时俱进,及时调整帮扶救助范围,扩大项目覆盖领域,近年来不断扩大,在促进教育、科学、文化、卫生、体育等事业发展,保护和改善生态环境中都有所作为。与爱心机构合作,为困境儿童进行心理辅导、兴趣特长培养,帮助他们提升身心健康,全面发展;与市教委联合,为我市教学特色学校添置乐器、体育器材、电子设备等支持教育事业发展;与信托机构合作,开展慈善信托,实施滨海新区生态环境保护、七里海湿地保护等环保项目;与我市各三甲医院建立战略合作,团结优质医疗资源,更好地服务于困难群体及慈善捐赠人;设立"群星荟萃·慈善双循环"项目,依靠本土社会名人的影响力与感召力,壮大慈善队伍;幸福家园·村社互助项目,为村委会赋能,设立社区基金,充分调动社会资源,解决村社民生、基建、公共服务等实际问题。通过项目多元化的发展,拓展了项目覆盖领域,使更多需要帮助的群体纳入到慈善帮扶范围,扩大了慈善帮扶的维度与广度。

扩大慈善基金规模,创新多样化的募捐方式。慈善冠名基金具有长期性、稳定性的特点,是慈善协会动员社会力量,开展帮扶活动的重要载体。协会宣传引导、鼓励吸纳更多的爱心单位、爱心人士设立慈善冠名基金。连续两年举办个人万元基金设立者联谊会,增进捐助者和慈善组织的感情,为捐赠方搭建实现社会责任平台。截至目前,已建立各类基金 170 个,其中单位基金 108 个,个人万元基金 62 个,为建立筹募基金增长机制奠定了基础。不断丰富捐赠方式,新增微信、支付宝二维码,微信收款单,银行聚合码等捐赠形式,全部公募品牌项目均在互联网平台开设众筹渠道,方便捐赠者线上捐赠,创造互联网+慈善新模式。与中国银行天津市分行、天津轨道交通集团共同发行"爱心帮扶卡";联合中石化天津石油分公司 500 家加油站办理"1+1 爱心卡";联合市旅游协会在全市 70 家星级酒店和 A 级景区放置乡村振兴宣传牌,捐赠资金直接进入专项账户。以科技赋能,与南开大学校友会、思源堂科技有限公司共同开发"天津慈善数字公益小程序",实现自动开票,提升捐赠服务水平。

4. 规范慈善项目管理,提升慈善组织专业化服务水平

项目管理是慈善组织的核心运作内容,对慈善组织完成使命、解决社会问题和实现持续发展具有重要意义。天津市慈善协会等慈善组织按照党和政府扶贫帮困的要求,紧贴困难群众需求,积极探索慈善救助对象、救助项目救助方式的新途径,积极与政府救助相衔接,不断完善传统救助项目,结合新情况赋予新内涵。

立足社会救助重点领域,深入开展助困、助医、青少年帮扶和安老助孤等慈善项目。与政府救助相衔接,开展助困项目。天津市、区两级慈善协会上下联动,共同开展"急难救援行动",帮助这些困难家庭解决燃眉之急。元旦春节期间开展的慈善情暖万家·迎新春慈善助困活动,把党和政府的关怀和社会各界的温暖送到困难家庭,使他们与全市人民一起共度欢乐祥和的传统节日。减轻困难家庭看病就医负担,做好助医项目。为助力解决因病致贫因病返贫问题,充分发挥慈善救助在社会救助体系中的补充作用,开展实施重特大疾病、罕见病药品援助项目,儿童白血病、先心病、血友病、唇腭裂等儿童大病救助项目,白内障、骨病、结核病、耳鼻喉病等单病种合作医疗项目,为贫困家庭大病儿童实施援助。关注困难学生、困境儿童,实施青少年帮扶项目。

为帮助家庭生活困难的大学生顺利入学,开展"爱心成就梦想"慈善助学活动,为我市低保、低收入家庭中以优异成绩考入大学的寒门学子资助大学入学费用;关注留守、困境儿童,在我市涉农的蓟州、宝坻、宁河等区建立关爱儿童之家。招募志愿服务团队组织开展绘本阅读、课业辅导、安全教育、心理咨询、互助帮扶、亲情连线、康体娱乐、参观学习等一系列适合留守、困境儿童参与的关爱活动及社会活动。广泛发动社会,推进安老助孤项目。为了弘扬中华民族尊老敬老的传统美德,进一步营造爱老助老社会氛围,开展"九九重阳慈善助老"系列活动,表彰慰问热心慈善老人、为杰出贡献老人赠送保健药品、为社区老人举办大型名中医义诊活动、为全市75周岁以上老人免费验配花镜,同时为帮助广大白内障患者,提高他们的生活质量,开展"慈善光明行"白内障复明援助行动。为了充分体现全社会对孤儿的关爱,开展以资助散居孤儿和奖励优秀孤儿为主要内容的"有爱不再孤单"慈善助孤项目。

总结经验,推出品牌,赋予传统品牌项目新内涵。2019年天津市慈善协会推出十大品牌项目。这些项目一直持续至今,不断丰富和完善内容,社会认同度较高,取得了较好的社会效果。这些项目分别是:有爱不再孤单·慈善助孤项目;爱心助飞梦想·慈善助残项目;九九重阳·慈善助老项目;为了明天·关爱留守、困境儿童项目;生命之光·重特大疾病、罕见病药品援助项目;守护希望·贫困家庭儿童大病救助项目;爱心成就梦想·慈善助学项目;情暖万家·慈善助困项目;关爱金色童年·血友病患儿援助项目;慈善光明行·老年白内障患者援助项目。"迎新春慈善助困"项目,帮扶对象侧重因病致贫、因病返贫家庭;"有爱,不再孤单"慈善助孤项目,与首届慈善摄影展联动,提升了知名度和参与度;"爱心成就梦想"慈善助学项目,选择优秀困难学子进行宣讲,激励当代青少年对慈善的感恩及传承;"九九重阳·慈善助老"项目,重点对为共和国作出过贡献的困难老党员、老劳模进行义诊,提供全额或部分援助;"关爱金色童年"血友病患儿援助项目,共为120名患者发放援助款333.84万元,"慈善光明行"白内障复明援助项目实施手术1466例,援助资金289.73万元。

努力拓展慈善救助新项目。与企业、信托机构合作,探索设立绿色环保慈善信托基金,信托资金总额达到1500万元。将困难家庭的需求作为创新拓展着眼点,与团市委、春晖孝慈基金会联合开展"喜庆建党百年华诞·树立时代榜样少年""感动津门十大孝亲爱心学子评选"活动;拓展医疗援助项目,与嘉合医院等三家民营医院开展合作,为患有翼肉、耳鼻喉、结石病等疾病的困难患者援助手术费用;与养老机构合作,开设慈善养老床位,探索解决困难家庭老人养老难问题新模式。做好与中华慈善总会联合联动援助项目。"生命之光·重特大疾病患者援助项目"针对癌症患者、戈谢病、地中海贫血等罕见病患者提供 14 个药品援助项目。通过联合联动援助项目,获得全国优质的医疗救助资源,切实为患者减轻治疗负担。此外,天津不断创新慈善项目,取得突破进展。为本市 70 周岁以上失能老人上意外保险,为我市涉农地区困难翼肉患者援助手术费用,慰问家庭生活困难癌症患者等,完善项目领域覆盖面;天津市慈善协会与市拍卖协会、市餐饮文化促进会、市科技馆等签订战略协议,依托项目合作普及慈善文化;与春晖孝慈公益基金会共同开展"津门十大孝亲学子"评选表彰活动,与畅想艺术剧院共同开展"爱生活·送温暖"新春慰问活动,与华润医药集团共同开展"鲁冰花·让爱回家"润YAO 行动,推动慈善活动横向联动;实施"幸福家园"村社互助项目,在"公益宝"平台创建项目众筹链接,互联网+慈善全新模式初见成效。

慈善品牌形象日益彰显,政府与社会的认可度显著增强。在民政部"中华慈善奖"表彰中,天津市慈善协会("迎新春慈善助困"项目、"津沽慈善情"东西部对口扶贫项目)、天津宝坻桑梓助学基金会(品学兼优特困大学生助学项目)、天津市心羽困难儿童帮扶服务中心(心羽爱心家园项目)、融创房地产集团有限公司、天津荣程祥泰投资控股集团有限公司等组织受到表彰(或提名)。2021 年 2 月 25 日,全国脱贫攻坚总结表彰大会上,陈继红(天津开发区慈善协会秘书长)、于学艳(天津市蓟州区于学艳爱心志愿者服务协会党支部书记、会长)、戴建良(天津市蓟州区出头岭食用菌产销协会党支部书记、会长)等 3 人和天津市慈善协会、天津市光彩事业促进会、天津市妇女儿童发展基金会等三个社会组织,分别获得全国脱贫攻坚先进个人和全国脱贫攻坚先进单位称号。

5.着眼全民参与,加强宣传工作,慈善文化传播广泛深入

慈善宣传工作既是传播慈善文化的有效手段,也是树立协会形象,赢得

社会支持的方式之一。天津市慈善协会高度重视慈善宣传工作，采取多种形式，积极宣传慈善文化，普及慈善理念，努力营造良好的慈善文化氛围，形成具有天津慈善特色的宣传体系。

依托主流媒体，宣传慈善工作。注重加强与本市主流媒体、中央在津媒体及行业媒体的互动合作，努力实现宣传效果最大化。近年来，在天津日报、今晚报、天津政法报、津云、天津广播电视台广播新闻中心、天津广播电视台电视新闻中心、天津支部生活网、掌上天津、人民政协报、慈善公益报、中国网、《慈善》杂志等媒体发表稿件700余篇（次），报道慈善活动，展示慈善项目。与生活广播《公益天津》栏目合作举办直播节目，广泛深入宣传大慈善理念。充分借助中老年时报媒体宣传优势，开辟"津门慈善"专版，每月推出一期，截至2023年8月底，发布十六期，成为社会各界了解协会工作重要宣传窗口。

用好网络媒体，讲好慈善故事。在爱心企业奇点大数据的大力支持下，对原有网站进行了提升改造，重新规划设计了"天津慈善网"，共发表各类稿件1800余篇，图片3500余张。微信公众号增加发布频次，每月发布四次，发表文章近900篇次，图片2500余张。为适应新时期媒体传播的快速发展，协会专门成立新媒体传播和网络募捐部门，组织力量专司视频制作，先后制作视频近60条（次），在微信视频号、抖音号发布，视频以丰富的内容，生动的画面，讲慈善人说慈善事，打造网络公募新的平台，受到社会各界广泛关注。制定新媒体发稿审批制度，严格审发稿程序，确保稿件发布及时、准确。协会还组建了区级慈善协会通讯员队伍，形成组织健全，上下联动的慈善文化传播网络，为促进慈善事业发展提供舆论支持。

加强阵地建设，宣传慈善典型。设立天津市慈善服务中心，面向市慈善协会会员、志愿服务团队和全市慈善公益组织，提供法务、文化艺术和培训服务。依托长虹公园建成本市首家"慈善园"，让休闲娱乐的人们感受慈善文化氛围。在建党100周年之际，市慈善协会联合市摄影家协会、天津美术馆共同主办天津市首届慈善公益摄影展，350幅作品生动展现了我市慈善事业发展成就及慈善先进人物。每年的"中华慈善日"开展主题鲜明、形式多样的特色活动，倡导崇德向善的社会风尚。评选表彰"慈善之星""东西部扶贫爱心捐赠""慈善行为楷模""优秀慈善项目"等，广泛宣传百岁老人魏丰、"老共产党员"王燕玺等慈善人物，学树先进典型，扩大社会影响，近五年来先后有近400人(次)、集体(次)受到表彰。举办"唐诗宋词 千古回响"古诗词经典金曲慈善演唱会、"最美志愿红 奋进新征程"慈善暨张鹤和她的朋友们公益汇演，慈善文化进企业、进机关、进社区、进公园、进校园、进乡村等活动取得实效，促进慈善文化扎根于群众，慈善事业落实在基层。

(三) 天津市慈善事业的工作特色

党的十八大以来，天津慈善事业得到了迅猛的发展和壮大，天津慈善组织得到了显著增加，各项工作得以稳步推进，逐渐形成了自己的工作特色，成为持续推动天津慈善事业发展的精神内核与重要标识。

1. 始终坚持党的领导，将慈善工作置于党政工作全局，构建大慈善格局

我国的慈善事业是党领导下的慈善事业。天津市慈善协会在第五届理事会履职初始就提出慈善必须在党的领导下，要构建"党委领导、政府推动、民间运作、社会参与、各方协作"的大慈善格局。天津市慈善协会自觉接受市民政局领导，始终坚持政治站位，在大格局下展开工作，每周会长办公会都将政治学习作为首项内容，传达学习党中央和市委重要会议精神，紧紧围绕党和政府中心工作开展慈善工作，无论是在助力脱贫攻坚、乡村振兴，还是抗击疫情，市慈善协会都是在第一时间积极响应，全程参与。实践证明，只有将慈善事业置于党的领导下，纳入党政工作大局，慈善组织才能坚持正确政治方向，实现高质量发展。

2. 坚持以人民为中心的发展思想，牢固树立大慈善理念，使慈善成为全社会的共同事业

"人人心怀慈善、人人参与慈善、人人投身慈善"是慈善事业发展的根本力量所在，只有把以人民为中心的发展思想贯彻在大慈善理念之中才能实现慈善事业健康发展。天津市慈善协会深入学习贯彻习近平总书记关于慈善事业的重要指示精神，主动"围绕中心、服务大局"；主动服务第三次分配、助力共同富裕；主动弘扬社会主义核心价值观；主动服务于全市精神文明建设。

努力变少数人参与的慈善为全社会人人参与的慈善事业,变单一的慈善形式为全社会多元捐助的慈善体系,变单向施受的慈善为双向受益的慈善。在理念视野、组织格局、工作阵地和网络信息平台上实现拓展。天津慈善事业之所以实现健康快速发展,得益于大慈善理念的普及,得益于全社会的积极踊跃参与。

3. 坚持依法依规,提高社会公信力,努力打造阳光慈善

随着慈善事业的发展与公众慈善意识的提升,来自社会、媒体、公众等多方面的监督将越来越严格,越来越细致。慈善组织能否长期稳定健康发展将取决于公信力建立与否、牢固与否。协会在工作中做到"四严",即:严格法律、严格纪律、严格制度、严格程序,时刻将公信力建设与维护置于工作之首,建立公开、透明工作机制,重大事项由会长办公会议集体决定,重大决定由理事会审议通过,重要工作上报市民政局。对内不断完善监督体系,对外不断拓宽信息发布渠道,使捐赠者、受助者、社会公众及相关管理部门及时准确获得协会信息,以做到让捐赠者放心,让受助者满意,让全社会认可。

4. 创新思路和方式方法,实现慈善的转型升级,提升救助帮扶精准度

近年来,天津慈善事业发展实现了新的突破。在东西部对口帮扶上,改变以往款项拨付了之的传统做法,深入实地调查研究,实施看得见、摸得着、用得上的惠民项目。在资金的使用上,经过国家和天津市的多次审计,所有款物分毫不差,多次受到国家审计部门、上级主管单位的高度评价。在开展项目活动上,主题鲜明,形式多样,注重影响和效果。创新开展的"大家帮大家、温暖你我他"慈善拼多多拼捐活动,以全新的形式,调动爱心市民参与慈善的积极性。慈善协办处、志愿服务队从无到有,逐渐发展壮大,形成了一批骨干队伍和外围组织。实践证明,只有不断创新思路,用新的理念和方式方法组织慈善工作,慈善事业才能聚集更多的社会资源,为人民群众办好事,办得好、办得实。

(四)天津市慈善事业的未来展望

党的二十大为建设中国式现代化描绘了美好发展蓝图,习近平总书记在

党的二十大报告中指出,必须在发展中保障和改善民生,要采取更多的惠民生、暖民心举措,着力解决好人民群众的急难愁盼问题。要引导支持有意愿、有能力的企业、社会组织和个人积极参与慈善公益事业。这些重要论述寄托着总书记对发展慈善事业的殷切期望,为慈善组织履行新时代使命任务,更好地服务民生保障指明了方向,提供了遵循。

天津市慈善事业始终高举习近平新时代中国特色社会主义思想伟大旗帜,牢固树立以人民为中心的发展思想,不断深化对慈善工作的规律性认识,主动适应新时代新要求,充分发挥慈善事业第三次分配作用,在服务全市经济社会发展大局中展现更大作为。把党的领导贯穿于慈善工作的全过程,坚定拥护"两个确立",坚决做到"两个维护",保持正确的发展方向,做到"四个主动",实现"三个转变""四个拓展",构建大慈善格局,树立大慈善理念。随着中国特色社会主义进入新时代,慈善事业的发展迎来了空前的绝佳机遇,天津市慈善事业的高质量发展将得到充分的保障。

第一,党建引领慈善事业发展的优势和特色将更加鲜明和突出,成为天津慈善事业发展的强劲驱动力量。当前,天津慈善事业正在快速健康地发展,党和政府对慈善事业的重视程度日益提高,社会各界参与慈善的热情不断高涨。在这种形势下,天津市慈善协会以加强党建工作为核心,以促进各项工作高效运转为基准,将党建工作贯穿于慈善工作的始终,这已经成为推动慈善事业发展的重要保障。进入新时代,中国特色社会主义持续焕发新的生机,未来慈善事业的发展将充分发挥党的领导的政治优势,坚持以人民的主体地位,充分调动人民参与慈善事业的积极性。随着我国社会主要矛盾的变化,新时代慈善事业以人民为中心的根本立场将更加深入,未来党的建设将成为统领天津慈善事业发展和建设的精神内核与前进动力。

第二,慈善组织的发展政策将持续优化,特别是以社区社会组织为主体的基层慈善组织将迎来较大的发展机遇。近年来天津陆续出台了一系列促进慈善组织发展的社会政策,慈善事业的协同性和整体效果将会逐渐提高。未来慈善组织提供的服务逐步走向基层、走向公众,慈善资源将逐步向基层倾斜。因此,以社区社会组织为主的基层慈善组织逐步实现高质量发展,在创新基层社会治理中将发挥更大的作用。未来,天津市有必要大力培育扶持公益性、服务性、互助性社区社会组织发展,引导社区社会组织在社区服务供给领域、社区协商共治领域、平安社区建设领域、社区精神文明领域发挥作用,重视社区社会组织的群众性,做到需求由群众提出、活动由群众参与、成效让群众评判。

第三,天津慈善事业在法治轨道上行稳致远。2016 年《中华人民共和国慈善法》实施以来,民政部和财政部等部门出台了慈善组织认定登记、公开募捐管理、慈善信托管理、慈善活动支出、互联网公开募捐平台、慈善信息公开、非营利组织免税资格认定管理、公益性捐赠税前扣除等规章或政策性文件,为慈善事业的发展提供了基本的法律依据。通过完善慈善领域的法治建设,能够进一步满足慈善事业的发展需要。随着法治化建设的不断完善,规范化、专业化水平的不断提升,天津慈善事业必将发挥更大作用,更好服务国家和社会。在全国主要省市已经陆续出台地方慈善条例的背景下,天津未来将有必要适时出台慈善条例,以进一步有效整合地方慈善资源,促进慈善事业的高质量发展。

第四,互联网为慈善事业的发展注入了新的活力,带来公益事业的重大变革。慈善在网络世界的发展壮大,为构建良好网络秩序、滋养文明网络空间提供了强大助力。2023 年 4 月,国家互联网信息办公室发布《数字中国发展报告(2022 年)》,在对中国发展水平进行评估后显示,天津数字化综合发展水平位居全国第八位。[1] 天津互联网行业的发展潜力为慈善事业提供了重要的契机。随着互联网、大数据、云计算等数字技术的发展,未来天津众多慈善组织将逐渐利用互联网平台推进慈善事业发展,使互联网与慈善公益行业的跨界融合更加广泛深刻,不断创造新的行业生态,释放慈善数字化转型的无限潜力,为慈善事业注入蓬勃活力。

---

[1] 《国家互联网信息办公室发布<数字中国发展报告(2022 年)>》,国家互联网信息办公室网站,网址:http://www.cac.gov.cn/2023-05/22/c_1686402318492248.htm,最后访问日期:2023 年 5 月 29 日。

3

天津市慈善法治建设状况

一、天津市地方性法规

慈善法的主要内容为规范慈善主体、调整慈善活动,推进慈善服务的法律制度。志愿服务是慈善活动的重要形式,因此志愿服务的规范化是促进慈善活动开展,提升慈善社会效果的重要一环。

天津为全国社区志愿服务发祥地。1988 年,天津市和平区新兴街朝阳社区 13 名社区志愿者自发组织了服务小组,开展义务包户服务,也开启了社区志愿服务活动的先河。1989 年,新兴街成立了"社区服务志愿者协会",这是全国第一个社区志愿者组织,被民政部确认为全国志愿者组织发祥地。良好的志愿服务氛围为志愿服务立法创造了现实可能,相较于全国天津志愿服务的立法较早。

《天津市青年志愿服务条例》于 2007 年 12 月 19 日由天津市十四届人民代表大会常务委员会第 41 次会议通过,自 2008 年 3 月 5 日起施行。该《天津市青年志愿服务条例》共计二十八条,涉及青年志愿服务、青年志愿者和青年志愿组织的界定、明确了青年志愿者的申请注册的条件、权利义务;青年志愿组织的主要职责以及保障青年志愿者合法权益、促进青年志愿活动的相关措施等。该条例基本明确了志愿服务活动中的志愿者、志愿服务组织各方法律关系,也明确了如各级政府及相关部门的责任与定位。填补了天津市在志愿服务领域内无规可依的制度空白,是促进、规范和保障志愿服务事业发展的重要地方性法规。该条例的实施,为天津市志愿服务活动的广泛开展与质量提升起到巨大的推进作用,在促进行业发展、规范服务行为和保障主体权益等方面发挥了非常重要的作用,也为志愿服务立法法制化建设积累了丰富的经验。

随着社会的进步,慈善观念越来越深入人心,志愿活动越加活跃,《天津市青年志愿服务条例》的规范的主体、内容已不能适应实际需要。天津2017年初就将制定《天津市志愿服务条例》纳入当年市人大的立法计划,而且恰逢2017年6月7日国务院第175次常务会议通过了《志愿服务条例》,并自2017年12月1日起施行,也正是在前期大量的调研、多次修改、审议,开门立法和集体智慧的基础上,在遵循国务院《志愿服务条例》的前提下,《天津市志愿服务条例》于11月28日经天津市十六届人民代表大会常务委员会第39次会议审议通过。12月1日《天津市志愿服务条例》(以下简称《条例》)在天津市与国务院颁布的《志愿服务条例》同步施行。这也是国务院颁布《志愿服务条例》这一行政法规后全国出台的第一个志愿服务地方性法规。

《天津市志愿服务条例》在立法内容、规范表达、立法体例等方面严格遵守不得与上位法《志愿服务条例》冲突、抵触的情形下,紧密结合天津志愿服务发展水平和特点,以及制度需求,优化法律结构,细化规范内容,制定了一部高质量地方性法规。

第一,激发志愿者的主体意识与志愿服务组织的能动性。志愿者的积极自主参与、志愿服务组织的有效组织力是志愿服务活动蓬勃开展的基础。《条例》在第二章和第三章以专章的形式细化志愿者的权利和义务,以及志愿组织的主要职责;志愿者可在"在国家志愿服务信息系统自行注册",也可"通过志愿服务组织注册";志愿服务组织可采取社会团体、社会服务机构、基金会等多种形式;志愿服务组织可根据自身条件登记成立或备案成立。这些规定为志愿者和志愿组织提供充分的选择权和决定权,同时强调"市、区志愿服务联合会、协会和青年志愿者协会等志愿服务组织,应当发挥枢纽作用"。

第二,以列示辅以一般规定方式全面覆盖志愿服务类型,并凸显志愿服务的社会功能。志愿服务概括划分为两大类,一类是社会公益活动,包括重大活动秩序维护等；一类为社会保障尤其是针对弱势群体的救助行为。《条例》第 20 条陈述了共计 20 类志愿服务项目，是对以上两个类别的具体化；《条例》第 23 条特别强调"鼓励志愿者、志愿服务组织优先为未成年人、老年人、残疾人和其他有特殊困难的群体提供志愿服务；优先在公共文化设施、交通枢纽场站、旅游景区等人口密集的公共场所提供志愿服务。"可以看出《条例》坚持社会主义公平价值观的指导思想，并结合社会经济发展水平在重点领域、重大活动中更有效利用社会资源，提升社会文明水平。

第三，明确政府支持志愿服务、促进志愿服务事业不断发展之责。志愿服务作为一项社会工作，不仅需要志愿者和志愿服务组织的努力，其规范发展也离不开政府及各个部门的大力支持。再者志愿服务法律制度本身作为社会法，其法律规范的特点就是以大量激励、引导和保障性规定，通过多种形式的物质、制度保障和奖励措施鼓励公民参与志愿服务活动，并有效降低志愿服务的风险。如《条例》中第 5 条明确要求将志愿服务事业纳入市、区两级政府国民经济和社会发展规划，"将志愿服务事业发展经费纳入本级财政预算，"为其提供资金保证；第 37 条"区人民政府可以设立公益岗位，招聘社会工作者，从事志愿服务运营管理工作"；第 41 条明确"本市建立志愿服务时间储蓄制度"等等。

《条例》还强化志愿服务信息平台建设，完善志愿服务供需对接功能，保障志愿服务水平提高，亦可显著提高其社会认可度。

总之，《条例》对志愿服务中志愿者、志愿服务组织以及政府等参与者定位准确、权利义务职责安排合法妥当、精准对标天津市志愿服务需要，能够显著提升社会治理水平，并为具体任务落实、工作安排提供了明确的法律依据与保障。

慈善行为的实质是宣扬一种仁慈之心、助人之举，每一位有识之士皆可以自己力所能及之方式为之。天津市慈善事业始终秉持"大慈善"的理念，将"人人心怀慈善，人人参与慈善"的精神具体落实在立法与活动中，如我市于 2012 年 12 月 24 日经天津市第十五届人民代表大会常务委员会第三十七次会议通过了《天津市人体器官捐赠条例》（以下简称《捐赠条例》），此条例共六章三十一条，自 2013 年 3 月 1 日起施行。是在全国范围内第二部就人体器官捐赠的专门地方法规。《捐赠条例》明确以"倡导人体器官挽救生命的人道主义精神,推动社会文明进步"为宗旨;确立了"自愿、无偿原则"。具体内容主要体现在以下几个方面:首先,科学配置、专业分工人体器官捐赠组织责任。《捐赠条例》第二章根据对人体器官捐赠工作的特点,规定由卫生行政管理部门负责监督管理,市红十字会负责日常全过程工作,并要选定人体器官捐赠协调员具体落实,并为保证工作效率由市人体器官捐赠委员会负责组织协调和推动工作。第二,规范人体器官捐赠行为,建立器官捐献登记制度。一般情况下,应当由本人以书面形式表示捐献意愿,并办理登记手续;其相关亲属,包括配偶、成年子女、父母只有在捐献人生前未做出过明确不捐赠意思表示的前提下,方可以书面形式捐献死者的人体器官,且要求一致表示同意。第三,权利保障。《捐赠条例》赋予了捐赠者的一定范围内的亲属在需要人体器官移植时的优先排序权,捐献者家庭经济困难时红十字会可通过专门设立的救助基金给予救助。

二、天津市地方政府规范性文件

以追求社会公平为目标的第三次分配的慈善行为,其发展进程与市场资源的配置机制,以及强制性为基础的税收为主的二次分配密切相关,需适时调整,以达到发展之最佳状态。由此具有灵活性、时效性不断调试作用的地方性规范文件体现了强有力的积极效果。天津市政府非常重视以地方性规范文件表现形式以阶段目标为内容制定发布落实,通过具体的步骤安排落实慈善法律制度规定,不断推进了天津市慈善事业的发展,取得了最佳的社会效果、经济效果和法律效果。

改革开放以来,我国公益事业捐赠活动快速发展,在促进我国社会公共事业和福利事业发展的同时,也出现了因制度供给不足造成捐赠相关人权益保护不力等急需解决的问题,1999 年 6 月 28 日《中华人民共和国公益事业捐赠法》经由中第九届全国人民代表大会常务委员会第十次会议于通过,共六章、32 条,自 1999 年 9 月 1 日起施行。该法根据公益事业捐赠的公益性特点明确界定了捐赠主体和受赠主体、各方的权利义务,以及对捐赠款物的管理和监督机制。

2000年9月13日天津市人民政府结合我市公益捐赠特点和实际情况，根据《中华人民共和国公益事业捐赠法》及有关法律、法规规定，出台了《天津市华侨捐赠管理办法》(以下简称《管理办法》)，后于2004年6月30日进行了修订。现《管理办法》共计23条，涉及捐赠主体界定、捐赠受赠程序以及监督管理制度等多个方面。

第一，拓展华侨捐赠主体范围。《管理办法》第2条规定捐赠人既包括华侨、华侨团体，还包括华侨投资企业，即可以是自然人、社会组织，亦可为华侨出资的企业，相较于一般理解的具有华侨身份的自然人，范围明显扩大。且第22条进一步规定："港澳同胞和外籍华人及其兴办的社团、企业在本市行政区域内的捐赠行为，参照本办法执行。"

第二，限定受赠人范围，《管理办法》明确规定接受捐赠的机构为依法成立的公益性社会团体和公益性非营利的事业单位，且考虑捐赠人为华侨特定身份，遵循捐赠公益性、社会性特征，未将政府机关列入受赠人，体现了转变政府职能，彰显捐赠"第三次分配"的社会功能。

第三，针对捐赠财产的使用和管理，建立了全方位的监督机制。《管理办法》对捐赠财产的监督管理从三个方面作了规定：一是受赠人的管理。受赠人接受捐赠后，应当向捐赠人出具合法、有效的收据，将受赠财产登记造册，专项管理。二是政府监督。《管理办法》规定"市或区、县侨务部门负责本市华侨捐赠财产的归口管理工作"，负责备案协调及"依法检查、监督捐赠财产的使用与管理情况"等职责。三是捐赠人的监督。捐赠人对捐赠财产的使用管理情况及捐赠项目的建设情况有权查询并提出意见和建议。

2008年3月7日天津市人民政府办公厅转发市民政局《关于进一步促进我市慈善事业发展意见》(以下简称《意见》)，该《意见》是认真贯彻党的十七大和市第九次党代会"慈善事业在加快我国社会保障体系中的重要地位和作用精神，全面落实科学发展观基础上，进一步促进我市慈善事业的发展，根据民政部发布的《中国慈善事业发展指导纲要(2006-2010年)》(民发〔2005〕205号)精神，结合我市实际，认识充分、目标明确、内容全面、措施得当的决策。《意见》首先肯定了我市自1995年慈善协会成立以来，慈善事业在慈善组织网络建设、基金筹集渠道、扶贫助困活动方面取得的成效,在帮助困难群众、调节利益分配、化解社会矛盾、促进社会和谐、推动社会进步等方面发挥了积极的作用。同时也指出由于我市的慈善事业尚处于发展的初级阶段,还存在着宣传工作力度不足,慈善理念普及程度不高,社会参与不够广泛,慈善组织的管理体制和运作机制不完善等问题。

为此《意见》从"发展慈善事业的指导思想、基本原则和工作目标"入手,强调在慈善事业发展应通过确立和坚持"以人为本,互助互济"l、"政府推动,社会协同""民间运作、志愿参与"的基本原则,在社会各界和公民的慈善意识普遍增强的基础上,加强慈善组织建设,以普及志愿服务理念推进志愿服务活动的规模扩大和形式多样;有效整合政府、民间、社会等各方力量,发挥机制的作用丰富慈善救助活动,特别是提高为困难群众服务水平等促进我市政治、经济、文化和社会事业的协调发展做出贡献。《意见》从"完善机制,积极营造发展慈善事业的良好社会氛围"和"加强领导,规范管理,促进慈善事业加快发展"两个方面具体安排部署,其中不乏亮点和天津特色。如在慈善资金支持方面,提出通过政府转变职能、开发社会慈善资源、宣传落实并便利慈善捐赠税收优惠措施等等方面筹集善款,保障慈善事业发展。

《意见》指出"慈善组织是慈善事业发展的重要载体",并强调慈善组织对慈善事业发展的示范作用,因此在慈善组织培育、制度建设和加强监督管理方面思路清晰、重点突出、要求全面。首先,明确要求各级人民政府创造条件,对慈善组织加大扶持力度,培育一批公益信誉好、服务能力强、业绩突出的慈善组织,以最大限度地发挥慈善组织的优势。同时各有关部门要积极研究制定有关慈善组织的准入、退出、评估监督和公益产权转让等方面的政策,逐步规范慈善组织的性质、形式、运作程序,促进慈善组织依法、独立、健康发展。第二,慈善组织自身应强化组织建设。要健全以组织章程为核心的管理制度,加强人员、财务、项目、信息等管理,提高慈善组织的社会公信力,扩大社会影响力。要切实履行报告、公示义务。第三,加大政府监督和社会监督力度。《意见》规定各级人民政府和有关部门应依法对慈善组织实施有效监管。慈善组织的主管部门要委托有资质的评估机构、社会调查机构或组织人大代表、政协委员、专家学者、社会知名人士等,定期对慈善组织开展的社会互助活动进行鉴定与评估,并将结果向社会公布。总之,该《意见》后虽然随着法律政策环境的变化,已经失效,但是其对天津慈善事业发展的推进作用不可忽视,尤其是天津慈善协会组织建设奠定了坚实的制度基础,为之后规范化建设提供了经验。

随着"加快发展慈善事业"纳入全国"十二五"规划,天津市"十二五"规划也强调要"大力发展慈善事业",为实现此目标,市政府对慈善组织自身建设提出了更高标准和要求。2011 年 7 月 13 日,天津市民政局转发《天津市慈善协会关于加强区县慈善协会自身建设的指导意见》(简称《指导意见》)。《指导意见》共包括加强组织建设、健全各项制度、严格资金管理和完善监督机制等四个方面。其中突出强调慈善协会要坚持集体领导、以定期会长会议形式保证经常性工作落实,并建立具有相关人员经费保证的办事机构,处理日常性事务;提出积极推进设立街乡镇慈善分会。《指导意见》对慈善协会的人财物均提出了制度化要求,慈善协会要将资金管理列入协会工作重点,以"既能够满足开展慈善活动的需要,又经得起检验"的标准,遵守公募基金会不少于 400 万元的标准设立区县慈善协会,运行规制。应建立对慈善协会内部自律、政府监督、社会监督等全方位监督机制。

2015 年 6 月,为贯彻落实《国务院关于促进慈善事业健康发展的指导意见》(国发〔2014〕61 号)精神,进一步加强和改进我市慈善工作,更好地保障和改善民计民生,天津市人民政府办公厅转发市民政局《关于促进我市慈善事业健康发展实施意见》(简称《实施意见》。)《实施意见》明确了天津慈善事业工作目标:到 2020 年,基本形成慈善氛围浓厚、政策落实到位、慈善信息公开透明、慈善行为规范有序、志愿服务队伍更加壮大、具有天津特色的慈善事业发展新格局。

《实施意见》强调要通过组织领导、政策扶持实现包括打造慈善天津、透明慈善等 8 项重点任务。为了切实落实工作任务,突出实施战略特色。《实施意见》不止规定了重点任务和落实措施与领导机制,还具体制定了工作任务分工,将工作任务内容分解,细化为 22 项重点任务,由各级政府及相关部门包括民政、发改委、财政等分工负责。做到分工明晰、权责清晰、考核规范的慈善事业具体化发展路径与目标。工业和信息化、教育、卫生计生、人力社保、金融、文化广播影视等部门要各司其职,做好督促检查。各区县人民政府研究建立针对慈善工作的考评机制,结合实际制定具体实施办法,确保责任到位、任务落实,并定期将本区县推进慈善事业发展工作情况报市人民政府。

为进一步完善天津慈善建设,工作推进扎实、目标具体落实,显著提升天津社会文明水平。2015 年 9 月 28 日天津市民政局发布《关于慈善力量参与社会救助的实施办法》(以下简称《实施办法》),将以财政税收为基础的政府社会救助与自愿捐赠为前提的慈善救助有机结合,形成二次分配与三次分配的有效衔接和优势互补,减少了真空和错位现象。《实施办法》建立在政府承担社会救助主要责任的基础上,充分发挥慈善救助的重要补充作用,增强了社会公平的广度与深度。

首先,《实施办法》在强调慈善组织"按照积极、自主决定、量力而行的原则"下,慈善救助对象为"政府救助后仍有特殊困难的家庭或个人"和"政府救助政策无法覆盖的特殊困难家庭或个人"两类。并给出了具体的标准或认定方法,细致确定,避免了因模糊不清带来的缺乏可操作的问题。

第二,在救助方式多样,包括资金救助、实物支援、法律援助、心理帮扶、志愿服务等等。且强调形式可行,讲究实效。如对救助对象可通过热线电话、个案服务、现场讲座等形式,为有需要的慈善救助对象提供心理危机干预、心理健康咨询等专业化辅导。

第三,建立慈善救助与社会救助对接机制,做到对救助人群的全覆盖。打通基层社会救助与慈善救助服务网络,及时转介;鼓励慈善组织通过常态化走访等等建立主动帮扶机制。为此市民政局启动建设市、区(县)、街道(乡、镇)统一规范、分级管理、信息共享的天津市慈善信息网。还要健全由民政部门牵头相关政府部门支持,慈善组织、企事业单位、爱心人士等积极参与的慈善帮扶协调机制。并以扶贫济困类项目为重点,加大政府财政资金向社会组织购买服务力度。

《实施办法》还进一步提出加强组织领导、壮大慈善队伍、拓宽慈善救助资金来源渠道、强化监督检查和加强舆论宣传等五个方面的工作要求。

2017 年 7 月 10 日,中国银行业监督管理委员会(以下简称"银监会")、民政部联合印发《慈善信托管理办法》(银监发[2017]37 号),此次《慈善信托管理办法》的施行,对以往《中华人民共和国信托法》中有关公益信托的规定,以及《中华人民共和国慈善法》中慈善信托的章节所涉及的内容,并结合银监会和民政部联合印发的《关于做好慈善信托备案有关工作的通知》中行之有效的措施,进行了一次梳理和细化,从而使得慈善信托在中国更具可操作性。标志着我国慈善信托规制体系基本建立。

为能够更好地筹集和高效、规范使用慈善信托资金,并具体落实国务院部门规章内容,天津市民政局、天津银监局于 2017 年 12 月 22 日发布《天津市慈善信托管理办法》(以下简称《管理办法》),《管理办法》全文共计 7 章、58 条,涵盖了总则、慈善信托的设立、慈善信托的备案、财产的管理与处分、慈善信托的变更和终止、监督管理和信息公开、法律责任、附则等七个方面的内容。该《管理办法》除突出强调了《慈善信托管理办法》中银监会和民政部门根据各自法定职责对慈善信托实施的监督管理、允许慈善信托的多受托人模式等等以外,最大的亮点就是更加细化受托人的禁止行为和对其的常态化监管。如第 35 条明确规定受托人不得利用信托财产从事以下活动:(一)提供担保;(二)借款给非金融机构;(三)进行可能使本慈善信托承担无限责任的投资;(四)进行违背慈善信托目的的投资;(五)为自己或他人牟取私利;(六)国家法律、行政法规和信托文件禁止的其他行为。第 31 条具体要求"慈善信托的受托人应当每年至少 1 次将信托事务处理情况及财务状况向其备案的民政部门报告,并向社会公开。"第 55 条还规定了受托人违反规定应承担的资格责任。"民政部门应当建立受托人信用记录,将违规受托人列入不良记录名单,并予以公示;进入名单者,2 年内不得担任新慈善信托的受托人。"

三、其他规定

在慈善活动规制中,还有一部分涉及慈善的具体管理流程、技术安排等等内容,如税收、财务审计制度等,以及具体慈善组织证照管理活动公告等等,也是不可或缺的。其中具有突出地位的是《天津市慈善协会章程》,前文不断提到慈善组织具有慈善活动事业的枢纽作用,即连接慈善活动中的主体及相关人,又要有序安排社会公益和社会救济等等样态繁多的慈善活动。由此不言自明,作为慈善事业中具有一定组织法位置的章程之重要。《天津市慈善协会章程》共九章六十二条,涵盖协会宗旨、党的组织领导、会员权利义务以及协会财产权利安排与治理体制。

(本部分内容由焦麦青撰稿)

附:天津市慈善领域主要法规、政策和其他规范性文件 一览表

效力级别	名称	发布部门	发布日期	实施日期	时效性
省级地方性法规	天津市青年志愿服务条例	天津市人大（含常委会）	2007.12.1	2008.03.05	失效
	天津市志愿服务条例	天津市人大（含常委会）	2017.11.28	2017.12.1	现行有效
	天津市人体器官捐献条例	天津市人大（含常委会）	2012.12.24	2013.03.01	现行有效
地方规范性文件	天津市华侨捐赠管理办法	天津市人民政府	2004.06.30	2004.07.01	现行有效
	关于进一步促进我市慈善事业发展意见	天津市人民政府	2008.03.07	2008.03.07	失效
	天津市慈善协会关于加强区县慈善协会自身建设的指导意见	天津市民政局	2011.07.13	2011.07.13	现行有效
	关于促进我市慈善事业健康发展实施意见	天津市人民政府	2015.06.15	2015.06.15	现行有效
	关于慈善力量参与社会救助的实施办法	天津市民政局	2015.09.28	2015.09.28	现行有效
	天津市慈善信托管理办法	天津市民政局 中国银行业监督管理委员会天津监管局	2017.12.22	2017.12.22	现行有效
其他	天津市慈善协会章程		2020.09.05		现行有效

·第二编·
法治改革与理论研究

慈善之光 点亮津城

1

论慈善备案制度及其完善

杨鸿雁[①]

摘　要：慈善备案的实质是行政备案。我国慈善备案制度由备案管辖机关、备案申请人、报备事项、备案审查方式、备案类型及时限构成。目前我国慈善备案制度存在公开募捐方案备案性质不明、慈善信托的备案审查方式不恰当等问题。为此应当在法律条文中明示公开募捐方案备案的许可性质，并增加召开听证会、申请行政复议或提起行政诉讼等法律救济内容；明确规定对慈善信托备案实施实质审查，对慈善信托的目的、是否满足公共利益要求以及慈善信托财产及收益是否全部用于公益目的进行审查，剔除混杂在慈善信托中的私益信托，以保障慈善信托的纯粹性，保障真正的慈善信托能充分享受受国家的税收优惠。

关键词：慈善组织，民政部门，备案制度

2016 年，在经历了 11 年的立法进程后，《中华人民共和国慈善法》正式公布实施，并于 2023 年进行了修改。这部法律有许多亮点，而本文的关注点在于其中多个环节的慈善备案规定。

备案是相对于审批而言的一种行政管理方式，因此本文所说的慈善备案实质就是行政备案。目前我国还没有对备案、行政备案或慈善备案概念的立法界定，只有学界进行的理论探讨。按照学者的研究，行政备案是指"有关

---

①　作者简介：杨鸿雁，女，法学博士，天津工业大学法学院教授，天津市法学会法理学分会副会长、中国法律思想史专业委员会常务理事。

个人和组织,依法将规定事项的情况及有关材料向行政机关报送,行政机关依法对其进行认可、公示或审查存档的一种行政行为。""按照性质不同,行政备案可分为许可性行政备案、确认性行政备案和监督性行政备案。"①应当说这一界定与分类是符合法律与行政实践的。本文将在此界定范围内,通过对分散在《中华人民共和国慈善法》及相关配套法规中有关慈善备案法条的整理,让慈善备案以制度的形式完整呈现出来,并对其中尚需完善的地方提出自己的建议。

一、慈善备案制度由审批制向备案制的转变

中华人民共和国成立以来,我国的经济模式经历了计划经济向市场经济转变的过程。慈善事业作为社会生活的重要组成部分,经历了同样的历程,计划经济时代留下的烙印至今依然存在。在中华人民共和国成立初期的计划经济时代,是由国家主导慈善事业,几乎没有民间慈善活动。当时为了大力推动和发展慈善事业,全国成立了自上而下的各级慈善机构,比如中国红十字会及各地方红十字会、中华慈善总会及各地方慈善协会。这些官办慈善机构都是由国家财政拨款,编委按事业单位制定人员编制及工资标准,属于国家事业单位,具有很强的行政性。有研究评价这些机构"与政府部门一套人马、两块牌子,其行政化或官方性占主导地位。"②政府既是慈善组织经费的主要资助者,又是慈善活动的组织者、参与者及管理者,这一时期的慈善活动因而也具有强烈的行政色彩,因此,从组织的成立、到慈善活动开展与结束的各环节,都有大量事项需要进行行政审批。

政府主导在慈善事业起步阶段具有重要意义,它使得我国的慈善事业在强大的行政力量推动下迅速发展起来。随着社会的不断发展,国家对慈善事业的过强干预则成为慈善事业发展的障碍。因为政府既要从社会管理者角度,又从投资所有者的角度对慈善机构及其活动进行严格的审批。审批制的

---

① 刘云甫、朱最新:《行政备案类型化与法治化初探——一种基于实在法视角的探讨》,《湖北行政学院学报》2010 年第 2 期。

② 于学廉:《中国慈善事业研究报告》,中华慈善年鉴 2001 年版。

核心当然是"审"，因为既涉及在慈善活动中的工作职责，又涉及国家财政对慈善事业的拨款，因而审批的环节细密，且审批程序繁琐。而"审"的结果当然有批准与不批准，这使得审批成为权力集中的路径，具有很大的寻租风险。严格的审批制度使大批民间草根慈善被拒之门外。民间慈善组织要登记成立，就必须找到相应的业务主管部门挂靠，由业务主管部门审查同意后，再向民政部门申请审批。而业务主管部门因不愿意担责，往往会拒绝挂靠，或设置种种障碍。这导致了大量的民间组织无法登记注册成为慈善组织，只有以自然人的形式存在，或者注册一个企业，以营利企业的名义来开展慈善活动。①

慈善事业最重要的特点之一应当是民间性。正如学者所言："慈善事业本质上是民间社会基于人道主义精神、道德追求或者社会责任感、公益意识等开展的善行义举，有其自身的规律和特点。慈善的主体是民间力量，区别于政府机构。慈善奉行自愿原则，不能采取强制措施和义务导向"②"民间性是现代慈善持续发展的活水源泉""现代慈善事业应明确定位为民间救助事业……明智的政府应该在慈善领域扮演监管者和培育者的角色。"③

民间性决定了中国的慈善事业发展到一定阶段后，必须要回归主要由民间办慈善这一规律上来。只有这样，慈善事业才具有活力，具有发展后劲。在这样的背景下，慈善法律制度的改革提上了议事日程。从 2005 年人大代表提议制定一部慈善法开始，审批制成为了在慈善法的起草制定过程中，学者们集中讨论的问题之一。随着慈善组织应被主要界定为民间组织的认识不断清晰，许多研究者认为，作为计划经济产物的慈善审批制度不能与慈善的民间性、自主性相适应，应在慈善法中将原来各项审批事项修改为备案事项。

与审批制相比，备案制下，除了行政认可备案具有一定的强制效力而外，行政确认备案与行政监督备案并不具备强制的法律效力，也就是说后两种类型的备案往往是一种事后行为，备案与否并不影响申请事项的成立，只要按

---

① 邹世允:《中国慈善事业法律制度完善研究》,法律出版社,2013,第 129 页。
② 金锦萍:《慈善法:以慈行善之法》,《检察日报》2011 年 10 月 14 日第 5 版。
③ 邓丽:《论慈善事业的民间性与法治化》,《法学杂志》2014 年第 9 期。

要求向备案机关提供符合条件的相关材料就完成备案行为。很显然,实行备案制必然克减政府的行政权力,慈善组织的自主权相应得以尊重与扩大。这对于开门办慈善,鼓励更多的自然人、法人投入到慈善事业中来,具有重要意义。

综观《中华人民共和国慈善法》,备案的要求在慈善募捐、慈善捐赠、慈善信托几个慈善活动的重要环节集中出现,涉及备案的法条有第二十三、二十四、四十三、四十五、四十八、四十九、五十六、七十三、七十六、一百零二、一百一十条,共 11 条,占全部法条总数 125 条的 8.8%。另外,有关各部委也对慈善备案的具体实施出台了相关文件。如 2009 年国务院国有资产监督管理委员会发布了《关于加强中央企业对外捐赠管理有关事项的通知》,其中第五点专门要求对中央企业对外捐赠事项实行备案管理制度;2016 年 8 月 25 日民政部、银监会联合发布了《关于做好慈善信托备案有关工作的通知》,从确定备案管辖机关、明确程序和要求、依法管理和监督、加强信息公开几方面进行了规范;2016 年 8 月 31 日民政部发布了《慈善组织公开募捐管理办法》,2018 年 7 月 6 日民政部社会组织管理局发布了《关于改进公开募捐方案备案工作的通知》,对慈善募捐方案备案工作进行了改进。

上述法律法规构成了慈善备案制度依据,使慈善备案管理有章可循,有法可依。

二、慈善备案制度的构成

根据《中华人民共和国慈善法》《中华人民共和国信托法》及相关配套法规的规定,慈善备案制度由备案管辖机关、备案申请人、报备事项、备案审查方式、报备类型及时限等构成。

(一) 备案管辖机关

1. 慈善组织登记所在地的各级民政部门

《中华人民共和国慈善法》中规定,以下慈善备案的管辖机关为慈善组织登记所在地的各级民政部门:管辖区内的公开募捐、跨管辖区的现场公开募捐备案、变更募捐方案规定的捐赠财产用途备案。其中,跨管辖区的现场公开募捐备案比较特殊,不仅要向慈善组织登记地的各级民政部门报备,还要向开展募捐活动现场所在地的民政部门报备。

2. 现场公开募捐活动所在地的民政部门

当慈善组织在其登记的民政部门管辖区域外进行公开募捐时,则不仅应当其登记地的民政部门,还应向其开展募捐活动所在地的县级以上人民政府民政部门备案。结合二十四条第二款的规定:"募捐方案应当在开展募捐活动前报慈善组织登记的民政部门备案。"则当慈善组织在其登记的民政部门管辖区域外进行公开募捐时,先要向慈善组织登记地的民政部门报备其募捐方案,然后再向其开展募捐活动所在地的县级以上人民政府民政部门备案。在这种情形下,慈善组织要报备两次,而备案管辖机关一为慈善组织登记地的民政部门,一为异地现场公开募捐活动所在地的民政部门。

3. 国务院国资委

这是针对央企对外捐赠的特别规定。《中华人民共和国慈善法》第四十三条规定:"国有企业实施慈善捐赠应当遵守有关国有资产管理的规定,履行批准和备案程序"。条文中所谓有关国有资产管理的规定,主要是指国资委下发的《关于加强中央企业对外捐赠管理有关事项的通知》。该通知明确规定央企在履行严格的捐赠内部审批程序后,还要向国务院国资委报备。因此,此种情况下的备案管辖机关为国务院国资委。

4. 慈善信托受托人所在地的民政部门

《中华人民共和国慈善法》第四十五条规定:"设立慈善信托、确定受托人和监察人,应当采取书面形式。受托人应当在慈善信托文件签订之日起七日内,将相关文件向受托人所在地县级以上人民政府民政部门备案。"这里明确规定设立慈善信托,要由受托人向其所在地的民政部门报备。按照《中华人民共和国慈善法》的规定,能作为慈善信托受托人的有两类组织,一是慈善组织,一是信托公司。因此,对四十五条规定的"受托人所在地县级以上人民政府民政部门"正确的理解应当是,当受托人为慈善组织时,则该慈善信托备案的管辖机关为作为受托人的慈善组织登记地民政部门;当受托人为信托公司时,则该慈善信托备案的管辖机关为该信托公司所在地的民政部门。

(二) 备案申请人

1. 慈善组织

除了慈善信托备案而外,大多数慈善备案的申请人均为慈善组织。按照《中华人民共和国慈善法》规定,除了慈善信托备案、央企对外捐赠备案而外,其余几种备案包括管辖区内的公开募捐备案、跨管辖区的现场公开募捐备案、变更募捐方案规定的捐赠财产用途备案,都由慈善组织作为备案申请人,向相应的民政部门申请备案。

2. 慈善信托的受托人

在慈善信托中,备案申请人为受托人,由受托人而非设立信托的慈善组织向受托人所在地的民政部门报备。之所以这样规定,是因为按照《中华人民共和国慈善法》的规定,设立慈善信托的目的必须符合公益性原则,所得的收益必须全部用于慈善目的,这是慈善事业得以发展的重要支撑,因此规定对慈善信托进行税收优惠以资鼓励。

慈善信托是由受托人管理信托财产,因此针对慈善信托的税收优惠必然要在受托人项下的应税科目中计算,如果该慈善信托不由受托人向所在地的民政部门报备再由作为委托人的慈善组织向其登记地的民政部门报备,且委托人与受托人不在同一管辖区域时,就会出现征税地并不了解该慈善信托的相关情况,无法判断是该信托是否为慈善信托,是否该给予税收优惠的情况,势必增加慈善信托税收优惠落地的运行成本。

3. 中央企业

一般而言,营利企业要进行对外捐赠时,只需经企业决策机构进行内部审批就可以进行,无须履行报备程序。但中央企业由于是中央财政投资或控股的企业,所以从实质来说,央企的财产属于全民,而不属于企业自身。为了确保国有资产的安全,国资委专门下发了《关于加强中央企业对外捐赠管理有关事项的通知》,要求央企进行对外捐赠时,必须向国资委报备。

（三）报备事项

根据《中华人民共和国慈善法》规定，以下事项需要履行报备手续。

1.管辖区内的公开募捐

《中华人民共和国慈善法》第二十四条规定，开展公开募捐，应当制定募捐方案。本条第二款规定："募捐方案应当在开展募捐活动前报慈善组织登记的民政部门备案。"

关于公开募捐的具体事项，2016年9月1日起施行的《慈善组织公开募捐管理办法》有详细规定。当具有公开募捐资格的慈善组织要开展公开募捐，必须先制定募捐方案，并将记载有募捐目的、起止时间和地域、活动负责人姓名和办公地址、接受捐赠方式、银行账户、受益人、募得款物用途、募捐成本、剩余财产的处理等内容的募捐方案，在开展募捐活动前10日内报慈善组织登记的民政部门备案。

为使慈善组织在公开募捐方案备案工作中"少跑路"，2018年7月6日，民政部社会组织管理局发布《关于改进公开募捐方案备案工作的通知》，"慈善中国"平台对备案流程进行了改版，简化了备案流程。改版后，慈善组织可以在网上登录"慈善中国"进行公开募捐方案备案填报后，登记管理机关直接通过平台进行备案发布或退回操作。慈善组织不需再打印纸质表单送交登记管理机关。

2.跨管辖区的现场公开募捐

《中华人民共和国慈善法》第二十三规定，慈善组织开展公开募捐，可以采取下列方式：

（一）在公共场所设置募捐箱；

（二）举办面向社会公众的义演、义赛、义卖、义展、义拍、慈善晚会等；

（三）通过广播、电视、报刊、互联网等媒体发布募捐信息；

（四）其他公开募捐方式。

慈善组织采取前款第一项、第二项规定的方式开展公开募捐的，应当在其登记的民政部门管辖区域内进行，确有必要在其登记的民政部门管辖区域外进行的，应当报其开展募捐活动所在地的县级以上人民政府民政部门备案。捐赠人的捐赠行为不受地域限制。

本条中,在公共场所设置募捐箱;或举办面向社会公众的义演、义赛、义卖、义展、义拍、慈善晚会等方式开展的公开募捐,在全国人民代表大会常务委员会法制工作委员会组织编写的《中华人民共和国慈善法释义》(中华人民共和国法律释义丛书中的一本)中被称为"现场募捐"。①

在《中华人民共和国慈善法》起草过程中,对于在异地的现场公开募捐规定存在争议。《慈善法(草案)》对现场公开募捐进行了严格限制,不允许在慈善组织登记地以外进行。有人大常委会委员和人大代表在审议时对此提出意见,认为这样的规定不利于经济落后地区的慈善事业发展。因为经济落后地区经济发展相对滞后,人们的经济能力有限,不少人还在为吃饱肚子奔忙,慈善募捐相对困难。如果不允许这些地区的慈善组织向其登记地以外的地区开展现场公开募捐的话,这些地区的慈善组织有效募捐渠道将会更加萎缩,势必严重威胁其生存与慈善事业的发展。正式出台的《中华人民共和国慈善法》吸收了这一意见,允许开展确有必要在登记地以外进行的现场公开募捐,但要向开展现场募捐活动所在地的县级以上人民政府民政部门报备。

《慈善组织公开募捐管理办法》对于慈善组织在其登记的民政部门管辖区域外开展现场公开募捐活动的,规定除向其登记的民政部门备案外,还应当在开展公开募捐活动 10 日前,向其开展募捐活动所在地的县级人民政府民政部门备案,提交募捐方案、公开募捐资格证书复印件、确有必要在当地开展公开募捐活动的情况说明。

可知,对于跨管辖区的现场公开募捐方案的备案,实行的是双备案。即既要在慈善组织登记地又要在募捐活动开展地的民政部门进行备案。

3. 国有企业实施慈善捐赠

《中华人民共和国慈善法》第四十三条规定了第三种慈善备案情形,即"国有企业实施慈善捐赠应当遵守有关国有资产管理的规定,履行批准和备案程序。"

---

① 阚珂:《中华人民共和国慈善法释义》,法律出版社,2016,第 72 页。

在中国,国有企业既有中央投资或参与控制的企业,也包括由地方政府投资或参与控制的企业。与一般企业相比,国有企业因为资金来源的特殊性,因而同时具有营利法人和公益法人的特点。所承担的企业社会责任更大、更多,既要追求国有资产的保值和增值,还要承担国家调节经济目标的使命。由于它们的资金主要来源于政府的税收,因此实际上,国企的资产并非属于企业自身,而是属于全体人民的。当国企要对外捐赠,开展慈善活动时,就应当格外慎重,不然就有"慷他人之慨"的嫌疑。[①]

尤其是国有企业中的央企,规模体量往往很大,而且都布局在重要的国计民生领域。为了在树立企业勇于承担社会责任良好形象的同时,避免国家财产在假借慈善捐赠的名义下流失,立法对国企尤其是央企的慈善捐赠行为进行了特别规范。国企的慈善捐赠行为既要受《中华人民共和国慈善法》的约束,也要符合国资委相关文件的要求。2009 年,国资委下发了《关于加强中央企业对外捐赠管理有关事项的通知》,明确规定国有企业进行对外捐赠必须履行严格的捐赠内部审批程序,央企则还要向国务院国资委报备。

按照上述通知的要求,央企的对外捐赠有明确的范围限定,即向受灾地区、定点扶贫地区、定点援助地区或者困难的社会弱势群体的救济性捐赠,向教科文卫体事业和环境保护及节能减排等社会公益事业的公益性捐赠,以及社会公共福利事业的其他捐赠等。同时还规定,净资产小于一百亿元的企业,捐赠项目超过一百万元的;净资产在一百亿元至五百亿元的企业,捐赠项目超过五百万元的;净资产大于五百亿元的,捐赠项目超过一千万元的,应报国资委备案同意后,才能实施。对于突发性重大自然灾害或者其他特殊事项超出企业每年的对外捐赠预算的,不论金额大小,均须在履行内部决策程序之后,及时逐笔向国资委备案。

应当说,国企尤其是央企,在对外捐赠方面是受严格管控的,不是企业想怎样就怎样的。公众对此的了解认识有限,因此在 2013 年四川雅安地震发生后,几家国有商业银行的捐赠总额不如一家制造企业捐赠得多,招致广泛诟病。这需要在今后的《中华人民共和国慈善法》宣传中加强宣讲,以消除

---

① 杨思斌:《中华人民共和国慈善法实用问答》,法律出版社,2016,第 62 页。

公众对央企对外捐赠的一些误解。

4. 设立慈善信托

"慈善信托是当代慈善事业发展的基本运作模式,我国慈善的发展离不开慈善信托。"[1]"慈善信托是实施慈善事业的重要工具,但是长期被忽视。"[2]"如果不研究慈善信托和其他的慈善机制的关系,就无法把握慈善信托制度在慈善事业当中的核心功能。"[3]

基于慈善信托对于慈善事业发展的重要性,《中华人民共和国慈善法》在第五章用8个条文对慈善信托进行了专章规定。2016年8月25日由民政部与中国银行业监督管理委员会共同发布了关于《做好慈善信托备案有关工作的通知》(以下简称《通知》),就慈善信托备案做了专门规定。

《中华人民共和国慈善法》第四十五条规定:"设立慈善信托、确定受托人和监察人,应当采取书面形式。受托人应当在慈善信托文件签订之日起七日内,将相关文件向受托人所在地县级以上人民政府民政部门备案。"第二款进一步强调,"未按照前款规定将相关文件报民政部门备案的,不享受税收优惠。"

按照四十五条的规定,慈善信托的设立实行备案制。相比之前的《中华人民共和国信托法》,这是《中华人民共和国慈善法》的一大变化。《中华人民共和国慈善法》出台以前,要设立慈善信托,应按照《中华人民共和国信托法》中公益信托设立的要求,采取审批制。也就是说,获得公益事业管理机关的批准是慈善信托设立的生效要件。审批制必然意味着更严的审核条件、更复杂的审批程序,直接导致了我国慈善信托设立的数量一直在低位徘徊。针对这一问题,《中华人民共和国慈善法》做了重大改变,将慈善信托的设立由之前的事前审批制改为事后备案制。慈善组织不再需要为了设立慈善信托而一定要挂靠一个公益事业管理机关并经该机关审批了。显然,《中华人民共和国慈善法》中的慈善信托备案不是慈善信托的成立要件,备案与否不影响慈善信托文件的法律效力,不影响慈善信托的成立。在这里,备案除了

---

① 杨思斌:《中华人民共和国慈善法实用问答》,法律出版社,2016,第65页。
② 赵廉慧:《中国慈善信托法基本原理》,中国社会科学出版社,2020,第3页。
③ 赵廉慧:《中国慈善信托法基本原理》,中国社会科学出版社,2020,第3页。

具有存档备查的基础功能外,更重要的是对受托人是否享受税收优惠起决定作用。也就是说如果受托人不履行备案义务,则不能享受关于慈善的税收优惠。慈善信托备案制的出台,大大刺激了慈善信托的发展。以天津市而言,截至 2021 年 9 月底,统计数据显示的备案慈善信托项目为 34 单,[①]超出《中华人民共和国慈善法》出台以前全国公益信托数量的总和数。[②]

《通知》对《中华人民共和国慈善法》中关于慈善信托备案的规定进行了细化,明确了受托人提出备案申请时应提交的书面材料。

另外,《中华人民共和国慈善法》第四十八条规定,对于慈善信托设立后,出现受托人违反信托义务或者难以履行职责的,委托人可以变更受托人。但是变更后的受托人应当自变更之日起七日内,将变更情况报原备案的民政部门重新备案。

5. 变更募捐方案规定的捐赠财产用途

《中华人民共和国慈善法》第五十六条规定,慈善组织开展慈善活动,应当依照法律法规和章程的规定,按照募捐方案或者捐赠协议使用捐赠财产。慈善组织确需变更募捐方案规定的捐赠财产用途的,应当报民政部门备案;确需变更捐赠协议约定的捐赠财产用途的,应当征得捐赠人同意。

本条之所以要求慈善组织在变更募捐方案规定的捐赠财产用途时,要求向慈善组织登记地或慈善活动现场所在地的民政部门备案,是因为慈善组织与捐赠人之间通过募捐方案建立起来的是一种民事合同关系。募捐方案是一种要约,当慈善组织公开发布募捐方案后,捐赠人认同此募捐方案并实施了捐赠行为,表明双方就此募捐方案达成一致,合同成立,并且捐赠人已经实际履行。接受捐赠的慈善组织就应当履行合同义务,按照募捐方案使用捐赠财产。由于慈善活动的受益人是不特定的,因此,慈善募捐天然缺乏来自受益人的监督,为此,我国法律规定由民政部门行使对慈善募捐的监督权,因而要求慈善组织在开展公开募捐前,要将募捐方案向民政部门报请备案,以便民政部门按照募捐方案监督整个募捐过程及募得财产的使用过程。

---

① 刘超:《天津共登记(认定)慈善组织 150 家》,《今晚报》2021 年 9 月 6 日。
② 据统计,到 2015 年末,11 家信托公司发行的完全符合信托法要求的公益信托共 15 只。参见赵廉慧:《中国慈善信托法基本原理》,中国社会科学出版社,2020,第 1 页。

不过由于现实生活是复杂多变的,可能出现合同履行不能的各种情况,需要变更募捐方案规定的捐赠财产用途。如募捐方案原本确定的募捐项目是要在受灾地区建设一座医院,但在募捐结束前,政府已动用财政预算开始在此地区重建医院了。因此该募捐所得资金需要改变募捐方案规定的捐赠财产用途,改为将募得资金用于该医院的医疗设施购买。这种情形下,慈善组织必须将这一改变报原备案的民政部门备案。

(四) 备案审查方式

备案审查方式有两种。一为形式审查,一为实质审查。

1. 形式审查

备案形式审查主要审查申请主体是否准确、手续是否完备、材料是否齐全、格式是否标准、时限是否合规等。从理论上讲,形式审查应主要适用于存档备查类型的备案。这类备案的功能在于为将来可能需要的核查保留原始底档,对于主体是否具有某种资格、法律行为是否成立不构成前提条件。

目前,《中华人民共和国慈善法》对于 5 个备案环节中,哪些实行形式审查,哪些需要实质审查没有明确规定。只是对于国有企业实施慈善捐赠的,《中华人民共和国慈善法》第四十三条规定:"国有企业实施慈善捐赠应当遵守有关国有资产管理的规定,履行批准和备案程序。"明确国有企业实施慈善捐赠必须履行特别程序,向国有资产管理申请批准和备案。显然,这里报批和备案是两个独立环节,由此推知,此时的备案不具有行政许可功能,而只具有归档备查的功能。因此,从逻辑推理的角度,可以明确《中华人民共和国慈善法》第四十三条规定的备案是实行形式审查的。国有企业实施慈善捐赠时,要报国资委审查批准,同时将相关文件材料报送国资委备案。

2. 实质审查

实质审查是指备案时不仅要审查必备的形式要件,还要审查材料内容的真实性、有无瑕疵等,并结合法律规定做出某种决定。因为实质审查在要求申请人提交所有符合要求的文件材料的基础上,还要做进一步的审查工作,比如关于慈善组织的登记证书是否是真实的;某项慈善募捐活动除了提供各种必备材料而外,还要根据这些材料判断该项活动是否真的是以慈善为目的,而不是打着慈善的幌子,隐藏私益目的;募捐方案中所得捐款是否将全部用于慈善项目;受益人是否符合不特定性要求等。

与形式审查相比,实质审查更复杂,更严格,对申请人的影响也更大。为审慎起见,实质审查一般应明确审查范围、审查标准和审查程序,对实质审查不合格的,应有相应的救济手段,比如申请召开听证、申请行政复议直至提起行政诉讼等。

如前所述,目前《中华人民共和国慈善法》对于哪些备案环节应实行实质审查没有明确规定。从《慈善组织公开募捐管理办法》《做好慈善信托备案有关工作的通知》等配套法规来看,关于公开募捐与慈善信托涉及的四个备案环节均被理解为形式审查,加上已知的国有企业对外捐赠备案环节的形式审查,也就是说目前我国《中华人民共和国慈善法》中规定备案的审查方式均为形式审查。

(五) 备案类型及时限

《中华人民共和国慈善法》对备案类型有不同的规定。主要分为两种,一为事前备案,一为事后备案。

1. 事前备案

需要事前备案的主要是第二十四条第二款规定的,募捐方案需要事前报备,与此相关的,第五十五条规定的慈善组织变更募捐方案的备案,虽然没有规定是事前备案还是事后备案,但按立法的内在逻辑,应当也是事前备案。《慈善组织公开募捐管理办法》第十一条对备案时限进行了明确,规定慈善组织应当在开展公开募捐活动的 10 日前将募捐方案报送登记的民政部门备案。材料齐备的,民政部门应当即时受理,对予以备案的向社会公开;对募捐方案内容不齐备的,应当即时告知慈善组织,慈善组织应当在 10 日内向其登记的民政部门予以补正。

对于慈善组织为应对重大自然灾害、事故灾难和公共卫生事件等突发事件,无法在开展公开募捐活动前办理募捐方案备案的,《慈善组织公开募捐管理办法》也做了特别规定,要求在公开募捐活动开始后 10 日内补办备案手续。

2. 事后报备

这种情形主要是指《中华人民共和国慈善法》第四十五条规定的设立慈善信托后,受托人应当在慈善信托文件签订之日起七日内,将相关文件向受托人所在地县级以上人民政府民政部门备案。第四十八条规定,慈善信托的委托人依法变更受托人后、变更后的受托人需要自变更之日起七日内,将变更情况报原备案的民政部门重新备案。这种情况下的备案时限是自变更之日起七日之内。

至于变更募捐方案规定的捐赠财产用途时,《中华人民共和国慈善法》第五十五条只规定,应当报民政部门备案,至于是事前报备还是事后报备,期限如何则没有规定。

三、慈善备案制度存在的问题

相比之前的法律规定,《中华人民共和国慈善法》将之前需要审批的环节改为备案,削弱了慈善活动中的行政权力,减轻了政府对慈善事业的过度干预,对于激发慈善组织的活力,促进慈善事业的发展具有重要意义。不过,慈善备案制度并非完美无缺,在运行过程中逐渐暴露了一些问题。

(一) 公开募捐方案备案性质不明

如前所述,公开募捐方案是需要在开展募捐活动前报慈善组织登记的民政部门备案。虽然本条未规定不报备或不按规定报备是否就不能开展公开募捐活动,但这里明确要求报备需要"在开展募捐活动前"。如果备案不是许可性备案,而只是确认性或监督性备案的话,不会要求必须在活动开展前备案,从时间上来分类,这属于事前备案。之所以要求事前备案,就是要让备案管辖机关对该募捐活动目的、募款使用方向等重要事项进行审查后,认为符合《中华人民共和国慈善法》相关要求,则予以备案,慈善组织才能合法地开展公开募捐活动;反之,审查不合格,备案不成功,则意味着慈善组织的此次公开募捐活动不能开展。

结合《中华人民共和国慈善法》第十二章"法律责任"中的相关规定,关于公开募捐方案备案的性质就能看得更清楚了。第一百一十条规定："由县级以上人民政府民政部门责令限期改正,予以警告,并没收违法所得;逾期不改正的,责令限期停止活动并进行整改。"其中第(八)项所列为未依法报送年度工作报告、财务会计报告或者报备募捐方案的。说明公开募捐方案的备案是强制性的,不备案的公开募捐是不合法的,会产生相应的法律后果,即被民政部门责令限期停止活动并进行整改。

很明显,公开募捐方案备案管辖机关对备案事项进行实质审查,并非是按要求提交相关材料就能备案成功。备案审查决定着申请人能否取得从事公开募捐活动的资格。这种备案实质上是以备案形式出现的行政许可,对于慈善组织的权利、义务有限制,公权力介入程度也相对较深。对于公开募捐方案,《中华人民共和国慈善法》未明示其行政许可属性,而且只规定公开募捐方案必须备案,但对备案不成功时,申请人能否寻求行政复议或行政诉讼的法律救济没有作出任何规定。这对于慈善组织是不公平的,因为它既要承受备案管辖机关事实上的行政许可审查,却不必然能以行政许可相对人的身份获得法律救济。

(二)慈善信托的备案审查方式不恰当

在我国,《中华人民共和国慈善法》实施以前,要设立慈善信托,必须按《中华人民共和国信托法》上的"公益信托"相关要求,经有关公益事业管理机构批准才能设立,采取的是审批制。但是"公益事业管理机构"是谁,《中华人民共和国信托法》没有规定。由于公益事业管理机构不明确,导致公益慈善信托因无法找到主管机关而无法设立,增加了设立难度。《中华人民共和国慈善法》确立了备案制,同时还确立了备案和税收优惠的联动关系,体现了对行政审批权的削减和对慈善事业的支持。[①]

实行备案制后,按照《中华人民共和国慈善法》第四十五条规定:"慈善信托的受托人应当在慈善信托文件签订之日起七日内,将相关文件向受托人所在地县级以上人民政府民政部门备案",但未规定"相关文件"包括哪些。

---

① 赵廉慧:《中国慈善信托法基本原理》,中国社会科学出版社,2020,第74—75页。

2016 年 8 月 25 日民政部、银监会联合发布了《关于做好慈善信托备案有关工作的通知》,对"相关文件"进行了明确,即包括:备案申请书、委托人身份证明复印件、担任受托人的信托公司的金融许可证或慈善组织的社会组织法人登记证书(复印件)、信托合同、遗嘱或者法律、行政法规规定的其他书面信托文、开立慈善信托专用资金账户证明、商业银行资金保管协议。

　　该《通知》还规定信托文件至少应载明以下内容:(1)慈善信托的名称;(2)慈善信托的慈善目的;(3)委托人、受托人的姓名、名称及其住所;(4)不与委托人存在利害关系的不特定受益人的范围;(5)信托财产的范围、种类、状况和管理方法;(6)受益人选定的程序和方法;(7)信息披露的内容和方式;(8)受益人取得信托利益的形式和方法;(9)受托人报酬;(10)如设置监察人,监察人的姓名、名称及其住所。

　　正如研究者指出的那样:"从已经出台的《关于做好慈善信托备案有关工作的通知》来看,民政部门在备案环节主要是进行形式性审查,即主要是审核受托人提交的包括备案申请书、信托合同、专用资金账户开立证明等在内的一系列书面申请材料。"①

　　在立法设置了对慈善信托进行税收优惠的前提下,对慈善信托进行实质审查是必要的。如果我国《中华人民共和国慈善法》将民政部门对慈善信托备案审查设置为形式审查的话,那就意味着实质审查的义务将落到税务机关头上。这样的责任分配也不是不可以,美国的做法就是先例。但问题是我国目前还没有关于慈善税收的相关立法,同时税务机关除了在税收优惠方面与慈善产生有限联系而外,再无其他关联。让一个对慈善事业如此陌生的税务机关来判断一个信托项目设立目的是否符合公共利益的要求是有困难的,因为对"公共利益以及绝对公益性的判断则相对复杂,尤其是公益性方面,必须要同时满足目的公益性、效果公益性以及绝对公益性的要求。"②

　　基于上述考虑,如果将慈善信托备案设置为形式审查,那么我国的慈善信托将面临没有实质审查,或者将实质审查交给不具备实质审查能力的税务机关的困境,最终可能导致一些私益信托打着慈善信托的幌子,享受国家给

---

① 中国信托业协会:《慈善信托研究》,中国金融出版社,2016,192—193 页。
② 中国信托业协会:《慈善信托研究》,中国金融出版社,2016,第 193 页。

予慈善信托的税收优惠,导致国家税收的流失。

四、慈善备案制度的完善建议

(一) 明确公开募捐方案行政许可备案性质

目前,《中华人民共和国慈善法》对公开募捐方案的备案要求的时间节点是公开募捐开展前,它意味着如果备案不成功,则不能开展公开募捐。并在法律责任一章中,将未依法报备募捐方案的行为,列为应受到民政部门予以警告、责令限期改正;逾期不改正的,责令限期停止活动并进行整改等行政处罚的情形之一。充分证明了公开募捐方案备案具有强制性,而且会导致申请人是否具有公开募捐资格的法律后果,为督促备案,还设定了不依法报备的行政责任。这是很典型的行政许可,《中华人民共和国慈善法》对此不用避忌,但应当在法律条文中明示这种备案的许可性质。同时,既然这是一种许可性备案,对于申请人的权益有直接影响,因此,《中华人民共和国慈善法》或《慈善组织公开募捐管理办法》应增加法律救济的内容,规定如果申请人对不准许备案的决定或对因未依法报备而受到行政处罚的决定有异议时,可以要求召开听证会、申请行政复议或提起行政诉讼。

(二) 慈善信托备案应改为实质审查

慈善信托是社会各界参与慈善事业的载体之一,是推动慈善事业创新发展的重要方式。为了鼓励慈善信托的设立,保障慈善信托能正常健康地发展,各国立法均对慈善信托设置税收优惠及相应的监管。因此,慈善信托监管的重要内容就是要对该慈善信托是否是为了慈善目的而设立、是否满足公共利益要求以及慈善信托财产及收益是否全部用于公益目的。监管的目的就是要将慈善信托与一般的私益信托或商业信托区别开来,甄别出来,让纯粹从公共利益出发,为不特定人群的利益而设置的慈善信托得到国家立法的鼓励,享受国家的税收优惠。显然,这样的监管方式是实质审查,而非形式审查。

对于将慈善信托的实质审查交由哪个机关负责,各国的做法不尽相同。英国成立了专门的慈善委员会,负责与慈善相关的管理与监督,所以当然也是慈善信托的监管机构。该委员会负责对慈善信托在登记环节进行实质审查,对该项信托是否符合慈善性质进行判断,以便确定该信托能否登记为慈善信托,防止给予慈善信托的税收优惠政策被利用或滥用。

在美国,大数州的慈善信托监管责任则是由各州的总检察长承担,但登记设立慈善信托时,总检察长不作实质性审查,而只进行形式审查。受托人在信托成立后6个月内向总检察长提交登记申请,并附上信托设立文件的副本,表明设立信托的意图就可以设立。总检察长在慈善信托登记环节只进行形式审查,实质审查则由税务部门承担。因为美国对于涉及慈善组织的税收政策有专门立法进行非常详细规定,税务机构既有专业知识储备,又有明确的法律规定作为依据,因此由税务机构对慈善信托进行实质审查更为合适。

我国的制度设计在借鉴国外经验的基础上,又结合国情做了相应的创制。在《中华人民共和国慈善法》出台以前,各级民政部门的工作内容一直就包含对慈善工作的指导、管理。《中华人民共和国慈善法》更明确了各级民政部门作为慈善工作主管部门的地位,明确由其负责对慈善组织的登记、慈善活动的管理与监督。应当说民政部门对于慈善事业的理解,对于慈善的核心要素如公共利益等的理解应该是到位的,加之有长期的慈善工作经验,因此针对《中华人民共和国慈善法》中对慈善信托备案缺乏实质审查的问题,可行的办法就是将目前民政部门对于慈善信托备案的形式审查改为实质审查。由民政部门在慈善信托设立的备案环节对慈善信托的目的、是否满足公共利益要求以及慈善信托财产及收益是否全部用于公益目的进行审查,剔除混杂在慈善信托中的私益信托,以保障慈善信托的纯粹性,保障真正的慈善信托能充分享受国家的税收优惠。

2

促进第三次分配的财税法治保障机制研究

马立民　　沙世珹　　潘宇婷①

摘　要：广大非政府性主体自发自愿的无偿性物质或劳务转移支持的第三次分配的价值追求目标是促进社会实现共同富裕。构建第三次分配的财税法治保障机制是构建三次分配协调配套的基础性制度的重要内容。促进第三次分配的财税法治保障制度包括第三次分配财税法治运行的基础性法律制度和财税法律制度。当前的财税法律制度中，支持公益性社会组织的少；支持志愿劳务服务的少；鼓励人人捐赠的少；鼓励金融与财政融合的少。因此，财税法治中，应该构建人人参与、创新创业致富支持、以劳务捐赠为内容的志愿者支持型和利于第三次分配的公益性社会组织培育的财税法治保障机制。

关键词：第三次分配，财税法，捐赠，慈善

习近平总书记在 2021 年撰文指出："坚持以人民为中心的发展思想，在高质量发展中促进共同富裕，正确处理效率和公平的关系，构建初次分配、再分配、三次分配协调配套的基础性制度安排。"②在 2022 年又撰文指出，要把

---

① 作者简介：马立民，男，法学博士，河北工业大学人文与法律学院副院长、教授，河北省法学会劳动法学研究会常务副会长、河北省法学会财税法学研究会副会长、河北省法学会社会法学研究会副会长；沙世珹，女，河北工业大学人文与法律学院法学专业本科生；潘宇婷，女，河北工业大学人文与法律学院法学专业本科生。

② 习近平：《扎实推动共同富裕》，《求是》2021 年第 20 期。

"蛋糕"做大做好,然后通过合理的制度安排把"蛋糕"切好分好①。因此,第三次分配是社会主义初级阶段的重要分配制度,是社会主义分配制度体系中的重要支柱之一,是实现共同富裕的重要保障,必须构建促进第三次分配的法律制度体系。本文分析第三次分配的价值追求及基础性制度保障,立足第三次分配的现状,剖析第三次分配财税法治保障中存在的问题,梳理第三次分配的财税法治保障体系,提出进一步完善相关财税法律制度的建议。

一、第三次分配的价值追求

随着社会主要矛盾的认识和调整,共同富裕的社会主义本质目标必然会随着中国特色社会主义现代化建设的进程而稳步实现。尤其是伴随社会主要矛盾方面从"落后的社会生产"向"不平衡不充分的发展"的转变,分配也逐步从生产领域的初次分配和国家治理领域的再分配向社会领域的第三次分配方面转变。习近平总书记也在 2021 年撰文指出:"坚持以人民为中心的发展思想,在高质量发展中促进共同富裕,正确处理效率和公平的关系,构建初次分配、再分配、三次分配协调配套的基础性制度安排。"②效率与公平关系的处理是关键,必须处理好分配关系,把第三次分配与共同富裕的实现相衔接。可以说,社会主义初级阶段,在公有制为主体、多种所有制经济共同发展和按劳分配为主体、多种分配方式并存的基本经济制度框架中,第三次分配是社会主义初级阶段的重要分配制度。

1997 年,我国著名经济学家厉以宁教授发文指出,"当我们谈到市场经济中的收入分配的时候,往往把人们向市场提供生产要素所取得的收入称为第一次分配。政府再把人们从市场取得的收入,用税收政策或扶贫政策进行再分配,这就是第二次分配","第三次分配是在道德力量影响下的收入分配。第三次分配是指人们完全出于自愿的、相互之间的捐赠和转移收入,比如说对公益事业的捐献,这既不属于市场的分配,也不属于政府的分配,而是

---

① 习近平:《正确认识和把握我国发展重大理论和实践问题》,《求是》2022 年第 10 期。
② 习近平:《扎实推动共同富裕》,《求是》2021 年第 20 期。

出于道德力量的分配"①。党的十九届四中全会召开后,中央政治局委员、国务院副总理刘鹤撰文提出,"第三次分配是在道德、文化、习惯等影响下,社会力量自愿通过民间捐赠、慈善事业、志愿行动等方式济困扶弱的行为,是对再分配的有益补充。随着我国经济发展和社会文明程度提高,全社会公益慈善意识日渐增强,要重视发挥第三次分配作用,发展慈善等社会公益事业"②。关于三次分配关系,综合多方视角、多种方式的分析、评价和论断,笔者以下表进行展示。

表1 三次分配比较

	主导机制	分配原则	本质目的	实施主体	形式来源	蛋糕比拟	依赖环境	发生场域	博弈逻辑	分配范围
第一次分配	市场机制	效率原则	价值交换	企业	收入	做蛋糕	有效市场	经济	市场机制	生产要素
第二次分配	政府机制	公平原则	维持稳定	政府	财政	分蛋糕	有为政府	政治	公共政策	公共产品
第三次分配	社会机制	自愿原则	共生共存	社会个体	个体财产	送蛋糕	有爱社会	道德	情感需要	个体需要

(本表为笔者自制)③

综上所述,第三次分配的特点和核心要义是分配主体的非政府性;分配目标的公益性;分配行为的自愿性;物质利益表达的道德性。因此,第三次分配的价值追求目标是通过广大非政府性主体自发自愿的无偿性物质或劳务

---

① 厉以宁:《关于经济伦理的几个问题》,《哲学研究》1997 年第 6 期。

② 刘鹤:《坚持和完善社会主义基本经济制度》,《人民日报》2019 年 11 月 22 日。

③ 除了厉以宁教授、刘鹤同志的论述外,多位学者发文挖掘第三次分配的内涵,如周星:《贾康:不要误读"第三次分配"》,《宁波经济(财经视点)》2021 年第 11 期;唐任伍、李楚翘:《共同富裕的实现逻辑:基于市场、政府与社会"三轮驱动"的考察》,《新疆师范大学学报(哲学社会科学版)》2022 年第 1 期;张银平:《重视发挥第三次分配作用助推实现共同富裕》,《求知》2021 年第 11 期;苏京春:《客观认识第三次分配》,《金融博览》2021 年第 11 期;马雪松:《第三次分配在新时代的新变化、新利好》,《人民论坛》2021 年第 28 期;江亚洲、郁建兴:《第三次分配推动共同富裕的作用与机制》,《浙江社会科学》2021 年第 9 期;吴海江:《三种分配方式协调联动是实现共同富裕的关键》,《人民论坛》2021 年第 28 期;孙春晨:《第三次分配的伦理阐释》,《中州学刊》2021 年第 10 期;傅帅雄:《厉以宁关于第三次分配的思考与论述》,《群言》2021 年第 12 期,等等。

转移支持而促进社会共同富裕实现的公益性增长。

二、第三次分配财税法治运行的基础性法律制度

第三次分配与前两次分配截然不同,但又紧密相连。构建第三次分配的财税法治保障机制是构建三次分配协调配套的基础性制度的重要内容。所谓第三次分配财税法治基础性法律制度,是指发挥第三次分配财税法治保障作用的基础性制度,这些法律制度是第三次分配财税保障法治运行和目标实现的基础。

一是民商为慈善和捐赠行为提供了基础性的法律保障,是慈善和捐赠基本的主体和行为法。《中华人民共和国民法典》第十六条规定表明,接受赠与是每个人天然的基本利益来源,是一个人的最基本的民事权利组成部分,为接受捐赠以及其他慈善受益对象的界定提供了法律制度基础。与《中华人民共和国民法典》第六百五十七条至六百六十六条所规定的赠与合同相联系,直接关涉慈善和捐赠一般主体财产和经济利益的保护,为慈善和捐赠行为提供了具体行为规范。此外,《公司法》第五条规定,公司承担社会责任。公司承担社会责任的规定为公司开展捐赠和慈善活动提供了责任压力和制度保障。承担义务,就要享受权利,公司在承担了慈善捐赠的社会责任和义务的同时,也享受与此义务相应的权利,其中之一就是相应的税收减免权。

二是有关第三次分配的专门立法。当前,我国有关第三次分配的专门法律法规主要有《中华人民共和国慈善法》《公益事业捐赠法》《红十字会法》《社会团体登记管理条例》《基金会管理条例》《救灾捐赠管理办法》《慈善组织公开募捐管理办法》《公益事业捐赠票据使用管理暂行办法》,等等。此外还陆续出台了一些志愿服务的规范性文件等,为中国现阶段实施第三次分配奠定了良好的制度基础。第一,第三次分配的"龙头法"。《中华人民共和国慈善法》对慈善组织、慈善募捐、慈善捐赠、慈善信托、慈善财产、慈善服务、信息公开、促进措施、监督管理等方面进行了详细规定。《中华人民共和国慈善法》是一部集组织法和行为法于一体、集规制监督和促进保障于一体的德

法相融互促的慈善总则,是促进和保障第三次分配的"龙头法"。第二,第三次分配的综合性支柱法。《公益事业捐赠法》是第三次分配的支柱法。对捐赠、受赠、捐赠财产的使用和管理以及捐赠的优惠措施等方面提供了法律保障。第三,第三次分配的特殊主体法。中国红十字会是从事人道主义工作的社会救助团体。《红十字会法》对红十字会的组织、职责、名称、财产与监管等问题进行规范。《红十字会法》是第三次分配的特殊主体法。

三是慈善和捐赠促进法。地方立法促进捐赠和慈善事业发展,推进捐赠和慈善事业数字化转型。如《广州市数字经济促进条例》第七十六条规定,人力资源社会保障、民政部门应当建设社会保障信息平台,应用数字化技术提高慈善、救助、福利、志愿服务等社会工作服务水平。

三、促进第三次分配的财税法律制度体系

为了鼓励个人、企业积极开展慈善活动和捐赠事业,《个人所得税法》《企业所得税法》都有相关税收优惠条款。此外,《关于公益性捐赠支出企业所得税税前结转扣除有关政策的通知财税》《财政部、国家税务总局关于非营利组织企业所得税免税收入问题的通知、扶贫、慈善性捐赠物资免征进口税收暂行办法》以及其他相关财会制度和规范性法律文件也作出了具体规定。

一是《个人所得税法》的相关规定。第一,个人所得税法直接规定对涉及公益事业和民生的个人所得予以税收减免。《个人所得税法》第四条和第五条详细列举了予以税收减免的相关情形,涉及科学、教育、文化、卫生、体育、环保、民政等业务领域的人和事。除此之外,国务院可以规定其他减税情形,报全国人民代表大会常务委员会备案。第三,对民生等社会公益性税收减免的协助。《个人所得税法》第十五条规定,公安、人民银行、金融监督管理等相关部门应当协助税务机关确认纳税人有关信息,用于以落实公益性税收减免。第三,个人捐赠个人所得税扣减。《个人所得税法》第六条第二款规定,个人将其所得对教育、扶贫、济困等公益慈善事业进行捐赠,捐赠额未超过纳税人申报的应纳税所得额百分之三十的部分,可以从其应纳税所得额

中扣除;国务院规定对公益慈善事业捐赠实行全额税前扣除的,从其规定。

二是《企业所得税法》的相关规定。第一,企业或依法取得公益性捐赠税前扣除资格的公益性社会组织或者县级(含县级)以上人民政府及其组成部门和直属机构,用于慈善活动、公益事业的捐赠支出,《企业所得税法》从免收比例扣除年限等层面给出了详细规定。第二,关于非营利组织企业所得税免税收入的规定。根据《财政部、国家税务总局关于非营利组织企业所得税免税收入问题的通知》的规定,符合条件的非营利组织企业所得税免税收入范围明确如下:(一)接受其他单位或者个人捐赠的收入;(二)除《中华人民共和国企业所得税法》第七条规定的财政拨款以外的其他政府补助收入,但不包括因政府购买服务取得的收入;(三)按照省级以上民政、财政部门规定收取的会费;(四)不征税收入和免税收入孳生的银行存款利息收入;(五)财政部、国家税务总局规定的其他收入。

三是《扶贫、慈善性捐赠物资免征进口税收暂行办法》的相关规定。为促进公益事业的健康发展,规范对扶贫、慈善事业捐赠物资的进口管理,《扶贫、慈善性捐赠物资免征进口税收暂行办法》规定,对非营利的扶贫济困、慈善救助等社会慈善和福利事业的境外捐赠人无偿向受赠人捐赠的直接用于扶贫、慈善事业的物资,免征进口关税和进口节增值税。

四是慈善和捐赠资金运行规范和监管。财会法为捐赠和慈善活动提供了资金运行制度保障。《企业财务通则》第二十九条第二款规定了企业对外捐赠应当符合法律、行政法规及有关财务规定;审计法为捐赠和慈善活动提供审计监督制度保障,《审计法》第二十三条规定了审计机关对政府部门管理的和其他单位受政府委托管理的社会保障基金、社会捐赠资金以及其他有关基金、资金的财务收支进行审计监督。

此外,针对疫情,财政部税务总局关于支持新型冠状病毒感染的肺炎疫情防控有关捐赠税收政策的公告。公告针对新冠疫情防控工作期间,企业和个人向国家机关、公益性社会组织和承担疫情防控任务的医院的捐赠物资免征增值税、消费税、城市维护建设税、教育费附加、地方教育附加免税等内容进行了专门规定。国家机关、公益性社会组织和承担疫情防控任务的医院接受的捐赠,应专项用于应对新型冠状病毒感染的肺炎疫情工作,不得挪作他用。

当前,我国已形成了由所得税法为主其他财会制度和规范性法律文件为辅的促进第三次分配的财税法律制度体系。

四、促进第三次分配的财税法保障存在的问题

改革开放以来,特别是进入新世纪,第三次分配在收入调节中的作用日益增大,慈善事业发展迅猛,但也起伏不定。2019 年,我国慈善捐赠占 GDP 的比重仅为 0.15%,不仅低于 2017 年的 0.18%,更低于 2016 年的 0.2%[①]。根据《2020 年民政事业发展统计公报》,截至 2020 年底,全国共有经常性社会捐赠工作站点和慈善超市 1.5 万个(其中:慈善超市 4655 个)。全年共有 2401.4 万人次在民政领域提供了 5741.1 万小时志愿服务。全国志愿服务信息系统中汇集的注册志愿者 1.9 亿人。全国社会组织捐赠收入 1059.1 亿元,比上年增长 21.3%。全国备案慈善信托 482 单,慈善信托合同规模 24.7 亿元。系列数字表明,慈善捐赠和志愿者活动作为第三次分配的重要内容发展很不稳定,第三次分配在全社会范围内还有待发展和提高,除了强化理论和政策共识外,重点发挥政府引导作用,特别是在发挥第二次分配对第三次分配作用基础上,通过财税手段促进第三次分配的发展。当前,第三次分配财税法治保障存在的问题。

从支持的方式看,支持慈善或者公益性活动实施的多,支持公益性社会组织的少。当前问题是对企业和个人税收减免谈的多,对财政税收鼓励支持成立公益性社会组织发展的少。应该促进公益性社会组织的成立,这是核心,而非只是慈善或者公益性活动的实施。2020 年,社会组织总量增长速度持续放缓,民政部数据显示,截至 2020 年底,全国共有社会组织 89.4 万个,比上年增长 3.2%[②]。2020 年新冠肺炎疫情的洗礼,让中国的志愿服务总量达到 2.31 亿人,其中有 8649 万名活跃志愿者通过 79 万家志愿服务组织提供志愿服务时间 37.19 亿小时,贡献人工成本价值 1620 亿元,所面临的主要

---

① 邓国胜:《第三次分配的价值与政策选择》,《人民论坛》2021 年第 24 期。

② 2020 年民政事业发展统计公报。

挑战则是志愿服务组织缺乏基础保障与认可①。从所支持的标的形式方面看,重财物捐赠税收减免支持,轻志愿劳务服务财政支持。《中华人民共和国慈善法》明确规定了捐赠财产或者提供服务是慈善活动的两种方式,两种方式都应得到充分的税收支持,尽管 2016 年出台的《财政部 国家税务总局关于全面推开营业税改征增值税试点的通知》和 2019 年发布的《中华人民共和国增值税法(征求意见稿)》中,都将服务捐赠和货物捐赠税收优惠政策同等对待②。但是,由于志愿服务活动的灵活性所致,现行财政税收支持仍难以给予及时支持。2020 年,疫情防控和应急救援志愿服务成为一道亮色,所面临的主要挑战则是志愿者缺乏基础保障与认可③。从捐赠与接收机制方面看,重鼓励捐赠的制度建设,轻构建接收的实施制度。现行立法更多里对企业和个人的捐赠进行税收减免或者优惠,但在制度实施方面,轻捐赠物制度实施方面的建设。如公立医院接受的捐赠物资,财务部门应按照政府会计准则对相关捐赠物资进行准确计量、确认、披露和管理,制定本单位的捐赠管理制度和有效的评估机制,避免不正当利益输入④。此外,从支持路径上看,还存在重税收减免支持和轻财政支出支持的问题;从激励捐赠主体角度,重高收入群体税收激励,轻中低收入群体税收捐赠激励;重财税单独减免支持,轻财税与金融协同;重慈善捐赠的无偿性,轻有偿性;重消极的贫困救助,轻积极的创新创业致富,等等。

---

① 杨团、朱健刚主编《慈善蓝皮书:中国慈善发展报告(2021)》,社会科学文献出版社,2022。

② 2016 年的《财政部 国家税务总局关于全面推开营业税改征增值税试点的通知》第十四条规定,单位或者个体工商户向其他单位或者个人无偿提供服务或者无偿转让无形资产或者不动产,视同销售,但用于公益事业或者以社会公众为对象的除外。2019 年《中华人民共和国增值税法(征求意见稿)》第十一条规定,单位和个体工商户无偿赠送货物,或者单位和个人无偿赠送无形资产、不动产或者金融商品,视同应税交易,应当依照该法规定缴纳增值税,但用于公益事业的除外。

③ 杨团、朱健刚主编《慈善蓝皮书:中国慈善发展报告(2021)》,社会科学文献出版社,2022。

④ 于蔚、李倩:《〈政府会计制度〉下公立医院接受捐赠的会计处理》,《财务与会计》2021 年第 3 期。

五、第三次分配财税法治保障的完善建议

针对当前促进第三次分配的财税法律制度体系存在的问题,应该在以下方面继续完善相关财税法律保障制度。

第一,构建体现群众路线、人人参与的第三次分配财税法治保障机制。慈善捐赠绝对不要成为少数社会富豪的义务,因为高收入是相对的,不同区域、不同时期,任何人都可以在贫富间转换,成为第三次分配的施与受主体。施与受主体的绝对化,达不到第三次分配的终极目的。第三次分配的内在驱动力是道德文化,道德强调自律和自觉。因此,激发自觉性,是提高捐赠文化和志愿行为的关键。数字化时代,通过大数据,对自发自觉的捐赠互助活动进行统计。利用数字平台,收集善行信息,构建善行捐赠、使用、反馈于一体的善行信息收集平台以及财政性表扬平台,并进一步将此机制纳入财税法律制度体系,尤其是纳入个人所得税法的规范之中。以财税法制提供保障,全面激发善意,全面促进善行,全方位培育善人。

第二,构建创新创业致富支持型的第三次分配促进的财税法治保障机制。第三次分配源于慈善,目的是共同富裕,其理论基础是实现共同富裕的社会主义本质,与消极的贫困救助型的慈善不同,新型的慈善要与创新创业联系起来,以创新创业促进共同富裕。一方面通过财税法治鼓励个人和单位志愿创新创业支持;二是鼓励个人和单位,尤其金融企业,对创新创业致富实施金融支持进行财税法治鼓励和保障,如注重财税与金融协同,对政策性金融的支持,实施财政补贴与金融有机结合。

第三,构建以劳务捐赠为内容的志愿者支持型的财政法治鼓励机制。第三次分配要坚持财物支持与志愿服务并重。随着第三产业的发展,服务在国民经济中的比重越来越高,律师事务所、专业咨询机构以及其他非营利机构实施的志愿者劳务捐赠活动越来越多,也能满足社会的多种需要,这些以劳务捐赠为内容的志愿服务活动应该得到相应的财政税收支持,实施对志愿者的补贴、对行善者的奖励等,进而将与此相关的机制纳入财税法治保障鼓励机制。

第四,构建利于第三次分配的公益性社会组织培育的财税法治保障机制。第三次分配的推动中,公益性社会组织是接受规模化和持续性捐赠并实现捐赠目的的组织,因此要注重接受捐款的社会组织的培育。培育的方式包括财政补贴支持和相关活动税收减免,进而将与此相关机制纳入财税法治保障鼓励机制。

总之,随着数字经济时代的迅猛发展,尤其是随着共同富裕为目标的社会治理的推进,充分发挥第二次分配对第三次分配的促进作用,构建与时代和社会发展以及国家治理相适应的第三次分配促进财税法治保障机制越来越急迫,其价值也越来越大。

3

第三次分配视角下公益性捐赠税前扣除资格认定制度的改革与完善

阎　愚①

摘　要:公益性捐赠税前扣除资格认定制度是衔接慈善法体系与税法体系、帮助税务机关评判捐赠人能否享受税前扣除优惠政策的关键制度。但该制度在立法基点上存在理论争议,实践中也与票据管理、信息公开等制度衔接不当,很可能成为阻碍捐赠的制度壁垒。在当前重视发挥第三次分配作用,发展慈善事业的政策背景下,应对该制度查缺补漏,进行完善,使其充分发挥鼓励慈善与审慎监管的双重价值。

关键词:税前扣除资格,公益性捐赠,间接捐赠,第三次分配

党的十九届四中全会通过《中共中央关于坚持和完善中国特色社会主义制度、推进国家治理体系和治理能力现代化若干重大问题的决定》(下称《决定》)首次明确在我国收入分配制度体系中增加"第三次分配"作为重要组成部分,提出"重视发挥第三次分配作用,发展慈善等社会公益事业"的重要指示。第三次分配是以捐赠等公益慈善方式对社会财富进行分配,强调分配调节时的"自愿性",体现社会成员更高的精神追求,是社会主体"自愿的济困扶弱行为,是对再分配的有益补充"②。然而"自愿"不等于毫无干预,有益的政策推动和完善的制度扶持能够更好地激发企业与个人的公益捐赠热

---

① 作者简介:阎愚,女,法学博士,南开大学法学院副教授,北京中伦文德(天津)律师事务所兼职律师。

② 杨斌:《第三次分配:内涵、特点及政策体系》,《学习时报》2020年1月1日第A6版。

情。因此,有必要在现有制度框架下梳理公益捐赠的法律环节,补足其中的制度缺陷。这其中直接影响捐赠人利益的制度与规则尤为重要,"公益性捐赠税前扣除资格认定制度"就是其一。

一、公益性捐赠税前扣除资格认定制度概说

尽管《中华人民共和国慈善法》第八十七条规定慈善捐赠可以依法享受税收优惠,但如何享受优惠,享受哪些税收优惠,是由税收法律法规确定的。以企业捐赠为例,《中华人民共和国企业所得税法》(以下简称《企业所得税法》)第九条将可以享受税收优惠政策的捐赠限于"公益性捐赠",规定"企业发生的公益性捐赠支出,在年度利润总额12%以内的部分,准予在计算应纳税所得额时扣除"[①]。而实践中则是通过引入"公益性捐赠税前扣除资格认定制度"对企业是否可以实际享有该优惠政策进行评判。

(一) 公益性捐赠税前扣除资格认定制度的概念和立法沿革

公益性捐赠税前扣除资格认定制度是评判受赠人是否符合一定的标准,从而可以获得公益性捐赠税前扣除资格的制度。理解该制度的关键是明确何为"公益性捐赠税前扣除资格"。

如前所述,企业的公益性捐赠方可享受税前扣除的优惠政策。"公益性捐赠"不同于《中华人民共和国慈善法》中的慈善捐赠,具有较强的限定性。仍以企业捐赠为例,《中华人民共和国企业所得税法实施条例》第五十一条规定:"公益性捐赠,是指企业通过公益性社会组织或者县级以上人民政府及其部门,用于符合法律规定的慈善活动、公益事业的捐赠。"由此可见,公益性捐赠有两个重要的特征:其一,公益性捐赠是用于公益事业的捐赠;其二,公益性捐赠限于间接捐赠,只能通过公益性受赠人进行。

理论上讲,符合上述两个条件的公益性捐赠均可享受税前扣除的优惠政策,但实践中企业需对此进行申报,由税务机关审核认定后方可准予。这就

---

① 本文仅在企业捐赠的话语背景中进行探讨,但我国对个人捐赠等也有类似的规定,参见《中华人民共和国个人所得税法》第六条。

产生了一个实践难题:企业所捐赠的财物,可能经由受赠人在不同时间用于不同的公益事业领域,这个范围非常庞大驳杂①,税务机关很难逐一审核企业捐赠的实际用途,并评判其是否符合"用于公益事业"的要求。因此,税务机关将审核的重点放在"受赠人"之上,并假设合格的受赠人能够将所获捐赠主要用于公益事业,而通过合格受赠人进行的捐赠就可以视为"公益性捐赠"。在此基础上,能够通过税务机关及其他主管部门审核,满足合格受赠人条件的公益性受赠人即可取得"公益性捐赠税前扣除资格",而判断受赠人是否合格并予以确认的制度就是"公益性捐赠税前扣除资格认定制度"。

关于合格的公益性捐赠受赠人的规定,2007 年以前散见于部分规范性文件之中②,主要是对特定受赠人取得税前扣除资格的确认。2007 年 1 月,国家税务总局和财政部颁布《关于公益救济性捐赠税前扣除政策及相关管理问题的通知》(财税〔2007〕6 号)首次系统性地规定了社会团体和基金会取得税前扣除资格的条件及申请方式,但由于 2008 年起正式施行的《企业所得税法》对公益性捐赠支出的税收优惠政策进行了调整③,故该号文在一年后即停止执行,相关内容由财政部、国家税务总局、民政部联合发布的《关于公益性捐赠税前扣除有关问题的通知》(财税〔2008〕160 号)④取代。后历经 2010 年⑤、2015 年⑥、2020 年三次更新、修改,目前有效的是《财政部、税务总

---

① 根据我国 1999 年出台的《中华人民共和国公益事业捐赠法》第三条,公益事业包括救灾扶困、科教文卫事业、环保、社会公共设施建设等社会公共和福利事业,但并无更为清晰的认定标准。

② 如《国家税务总局关于纳税人通过中国光彩事业促进会的公益救济性捐赠税前扣除问题的通知》(国税函〔2003〕78 号)、《财政部、国家税务总局关于中国华侨经济文化基金会等 4 家单位公益救济性捐赠所得税前扣除问题的通知》(财税〔2006〕164 号)等。

③ 在《企业所得税法》正式颁布之前,该领域的主要法律渊源是《中华人民共和国企业所得税暂行条例》,《暂行条例》第六条第二款第(四)项规定:"纳税人用于公益、救济性的捐赠,在年度应纳税所得额 3%以内的部分,准予扣除。"2008 年正式施行的《企业所得税法》将这一条调整为第九条:"企业发生的公益性捐赠支出,在年度利润总额 12%以内的部分,准予在计算应纳税所得额时扣除。"

④ 已被《公告》废止。

⑤ 《财政部、国家税务总局、民政部关于公益性捐赠税前扣除有关问题的补充通知》(财税〔2010〕45 号),已被《公告》废止。

⑥ 《财政部、国家税务总局、民政部关于公益性捐赠税前扣除资格确认审批有关调整事项的通知》(财税〔2015〕141 号),已被《公告》废止。

局、民政部关于公益性捐赠税前扣除有关事项的公告》(财政部公告 2020 年第 27 号,以下简称《公告》)。

(二) 公益性捐赠税前扣除资格认定制度的基本框架

《公告》自 2020 年 1 月 1 日起施行,全文共十五条,以获得公益性捐赠税前扣除资格的主体范围、公益性要求、资格取消情形三大主要问题搭建起该制度的基本框架。

1. 厘定"合格受赠人"的主体范围

《公告》第一条将公益性捐赠的合格受赠人范围规定为"公益性社会组织、县级以上人民政府及其部门等国家机关",其中,资格确认的对象主要是指前者"公益性社会组织"。根据《公告》第三条,公益性社会组织的范围包括慈善组织、其他社会组织和群众团体,主要是各种慈善基金会、社会团体及社会服务机构等。同时,《公告》第四条第(一)项通过直接援引《企业所得税法实施条例》第五十二条第一项到第八项[1],进一步明确了"合格受赠人"的设立条件。

2. 明确"合格受赠人"的公益性要求

合格受赠人应满足将其吸收的捐赠用于公益事业的要求,对此《公告》主要通过三个条件予以确认:第一,受赠人用于公益慈善事业的支出占比[2];第二,受赠人用于管理费用的支出占比[3];第三,受赠人应取得"非营利组织免税资格"。[4]

---

[1] 《企业所得税法实施条例》第五十二条:本条例第五十一条所称公益性社会组织,是指同时符合下列条件的慈善组织以及其他社会组织:(一)依法登记,具有法人资格;(二)以发展公益事业为宗旨,且不以营利为目的;(三)全部资产及其增值为该法人所有;(四)收益和营运结余主要用于符合该法人设立目的的事业;(五)终止后的剩余财产不归属任何个人或者营利组织;(六)不经营与其设立目的无关的业务;(七)有健全的财务会计制度;(八)捐赠者不以任何形式参与该法人财产的分配;(九)国务院财政、税务主管部门会同国务院民政部门等登记管理部门规定的其他条件。

[2] 参见《公告》第四条第(三)项。

[3] 参见《公告》第四条第(四)项。

[4] 参见《公告》第四条第(五)项。

受赠人用于公益慈善事业的支出占比是判断合格受赠人的积极条件。根据《公告》第四条第(三)项,"具有公开募捐资格的社会组织,前两年度每年用于公益慈善事业的支出占上年总收入的比例均不得低于70%"。通过这一规定,受赠人在申请税前扣除资格时即需举证其已按规定将吸收的捐赠用于公益事业。后两项则是判断合格受赠人公益性的消极条件,无论是管理费用支出的要求,还是"非营利组织免税资格"的取得,均要求受赠人在收入分配方面应具有"非营利性",包括要求受赠人的财产及其孳息不用于分配、工作人员工资福利开支控制在规定的比例内,等等。① 这些规定的主旨无疑是要求受赠人不得以任何方式变现使用、分配受赠财产。

3. 规定公益性捐赠税前扣除资格的取消情形

社会组织取得税前扣除资格后不代表可以"一劳永逸",一方面该资格只有三年有效期,有效期满需重新评定;另一方面,即使在有效期内,如受赠人不再具备《公告》第四条的任何一项条件②,该资格就会被取消;如果受赠人的行为违反公益性、非营利性的基本要求,除资格取消外,受赠人还可能承受三年不得重新申请的不利后果③,而从事非法政治活动或从事、资助危害国家安全或者社会公共利益活动的社会组织将被永久取消申请资格。④

公益性捐赠税前扣除资格认定制度以《公告》为制度依托,以资格的申请、评定标准和取消为核心内容,以信息公开等程序性要求为辅助,形成了一套完整的制度框架。该制度的成形与适用,具有重要的理论价值和实践意义。

二、公益性捐赠税前扣除资格认定制度的价值

公益性捐赠税前扣除资格认定制度为慈善法体系与税法体系的衔接提

---

① 参见《财政部、税务总局关于非营利组织免税资格认定管理有关问题的通知》(财税〔2018〕13号)第一条。

② 参见《公告》第七条。

③ 参见《公告》第八条。

④ 参见《公告》第九条。

供了有效的制度供给。如前所述,该制度解决了税务机关评判捐赠用途的实践难题,将个别零散的捐赠人税收优惠取得问题转化为统一集中的受赠人税前扣除资格评判问题,不仅实现了操作上的简化和可控,而且有助于对整个公益捐赠事业的管理。特别是《公告》出台之后,我国对公益性社会组织的监管形成了从社会组织登记到税务登记,再到非营利组织免税资格取得,最后公益性捐赠税前扣除资格取得的管理链条。以此为依托,将更可能引导社会捐赠走向规范化的路径,并降低捐赠人不当利用税收优惠政策的可能。

这一制度更深层的价值在于通过其适用实现的引导、鼓励"间接捐赠"的外部效果。从捐赠效果上讲,无论直接捐赠还是间接捐赠,最终都能使受益人获益,但间接捐赠更容易帮助到被公众忽略的人群与事业。直接捐赠是面向需求的捐赠,但不可否认,有很多弱势群体不能有效地利用公共资源,也无法发出需求的声音,也有很多公共产品与公共事业,其投资与建设难以在短时间内得到回报。对于这些被忽略的人群与事业,只有专业的、致力于此的公益性组织能够有效地予以发现、识别和帮助。另一方面,间接捐赠除施惠于受益人外,还承载了施惠于社会整体的目标,当社会捐赠流向政府或具有公共职能的公益性社会组织,就可以形成合力促使更多的公共产品和公共服务得以提供,以弥补市场失灵和政府失灵,促进资源的实质性公平分配。因此,我国税收法律制度将给予税收优惠的条件限定在通过"合格受赠人"进行的间接捐赠上,并通过税前扣除资格认定制度对受赠人进行评判与监管,自然有助于引导捐赠善款流向国家与社会更为需要的领域。

三、当前我国公益性捐赠税前扣除资格认定制度的不足

公益性捐赠税前扣除资格认定制度以"以小博大"的方式既解决了税务机关评判捐赠人应否享受税收优惠政策的实践难题,又为公益性捐赠的体系化监管提供了可能,并实现了鼓励间接捐赠的社会效应,显然具有重要的作用。但该制度仍然存在明显的不足之处,尚有较大的完善空间。

(一) 该制度与捐赠票据的管理制度衔接不当

根据我国法律规定,捐赠人申请公益捐赠税前扣除需具备两项条件,一是向有税前扣除资格的合格受赠人进行捐赠;二是取得捐赠票据。[①] 目前我国关于公益事业捐赠票据管理的主要法律依据是 2010 年财政部颁布的《公益事业捐赠票据使用管理暂行办法》[②](以下简称《暂行办法》),但依据该文规定,只要是公益性单位,就可以领购捐赠票据[③];只要是公益性捐赠,就应该向捐赠人开具捐赠票据。[④] 无论是捐赠票据的领购还是开具,均不与公益性捐赠税前扣除资格挂钩。此外,根据《暂行办法》,捐赠票据的核销、销毁仅在保存期满和公益性单位撤销、改组、合并时发生[⑤],同样不与公益性捐赠税前扣除资格挂钩,也即意味着,即使某公益性组织在领购捐赠票据后被取消资格,其仍可保有之前获取的票据,仍应在捐赠人向其进行捐赠时开具捐赠票据。

这种票据与税前扣除资格脱钩的制度模式对于捐赠人而言是"不够友好"的,因为绝大多数企业都清楚资金出入需有票据支持,但并非所有的企业都能够清楚地理解税前扣除资格这一专业性较强的规定。然而,除非企业主动查询相关公开信息,否则税前扣除资格一事不会干预到整个捐赠的任何过程。根据我国当前法律规定,在捐赠前,受赠人没有任何法定义务主动"告知"捐赠人其不具备税前扣除资格或被取消了资格,而捐赠后,企业也会如常获得相应的捐赠票据。直到捐赠人去税务机关申报时,才会出现因受赠人不合格而无法通过税务机关审核并最终无法享受税前扣除优惠政策的情形。

这种情况集中出现在曾经有资格,但随后资格被取消的受赠人之上。根据《公告》的规定,取消受赠人资格的原因包括未按规定时间和要求向登记管理机关报送专项信息报告、用于公益慈善事业的支出没有达到要求或者支

---

① 参见《公益事业捐赠票据使用管理暂行办法》第三条。
② 《公益事业捐赠票据使用管理暂行办法的通知》(财综〔2010〕112 号)。
③ 参见《公益事业捐赠票据使用管理暂行办法》第十二、十三、十四、十五条。
④ 参见《公益事业捐赠票据使用管理暂行办法》第二条。
⑤ 参见《公益事业捐赠票据使用管理暂行办法》第二十五、二十六条。

出的管理费用不符合要求、受到登记管理机关行政处罚、列入严重违法失信名单等,都指向受赠人的失职或违法行为,取消资格是对这种违法行为的一种处罚。然而,对于受赠人,税前扣除资格尚可重新申请,但企业却承受了"预期利益"的损失,而企业对此却并无过错。这很有可能打击企业进行公益性捐赠的意愿,与我国拟通过税收政策鼓励公益性捐赠的立法初衷相违。

(二) 该制度与信息公开制度的衔接不当

如前所述,当前捐赠领域的税收优惠政策在立法倾向上鼓励的是以间接捐赠为基本形式的公益性捐赠。但间接捐赠因为引入了公益性受赠人作为中间环节,因此本身是不够透明的捐赠机制,需以明确可执行的信息公开规则作为保障。目前我国本领域的主要法律文件是民政部 2011 年发布的《公益慈善捐助信息公开指引》[1],但该文件并未要求可以接受捐赠的公益性组织公开其是否取得税前扣除资格的信息。

同样,作为直接规定税前扣除资格制度的《公告》,在税前扣除资格取得与取消的信息公开时间和途径上也并不清晰。《公告》中规定的公开途径是"省级以上财政、税务、民政部门的官方网站"[2],这种公告对普通捐赠人来说并不容易查询,且《公告》中并未明确公告的时间,仅以"及时"二字做简单要求。[3] 笔者通过专业数据库进行查询,发现 2020 年度至 2022 年度第一批公益性社会组织捐赠税前扣除资格名单发布于 2020 年 12 月 30 日[4],第二批发布于 2021 年 2 月 20 日[5],关于中国红十字总会等群众团体 2020 年度的资格名单则发布于 2020 年 8 月 20 日。[6] 复杂混乱的公布时间加上不易查询的公

---

① 该文件仅为指导性规范,目的是为地方政府主管部门制定相关政策法规提供参考性文本。

② 参见《公告》第十四条。

③ 参见《公告》第十条。

④ 《财政部、国家税务总局、民政部关于 2020 年度——2022 年度公益性社会组织捐赠税前扣除资格名单的公告》(财政部、国家税务总局、民政公告 2020 年第 46 号)。

⑤ 《关于 2020 年度——2022 年度第二批公益性社会组织捐赠税前扣除资格名单的公告》(财政部、国家税务总局、民政公告 2021 年第 5 号)。

⑥ 《关于确认中国红十字会总会等群众团体 2020 年度公益性捐赠税前扣除资格的公告》(财政部、国家税务总局公告 2020 年第 37 号)。

开途径,使得企业即使了解税前扣除资格制度,也有意主动查询,可能也无法准确获知相关的信息。

事实上,从企业的立场出发,在直接捐赠与间接捐赠之间,直接捐赠才是更为便利高效,公开透明地使受赠人获益的方式,更能令捐赠人直接获得成就感。[①] 特别是当郭美美事件暴发后,红十字会等社会组织的公信力受到严重质疑,捐赠人出于对善款用途的担忧,也愿意选择直接向看得见、摸得着的受益人进行捐赠。正是基于此,国家才出台税收优惠政策鼓励公益性的间接捐赠。然而,这种鼓励先是受到税前扣除资格认定制度的限制,使得企业不得不在捐赠之前主动对此进行学习,又因信息公开得不及时、不可得而阻碍企业了解相关信息的可能,这自然就形成了真正意义上的制度壁垒,进一步违背了国家的立法初衷。

(三) 该制度存在理论上的合理性问题

税前扣除资格认定制度的确有鼓励公益性捐赠、引导善款流向的作用,但其形成主要还是基于税务机关监管与审核的实践需求。不得不说,该制度的"实用主义"属性在一定程度上掩盖了它在理论基础上的缺陷。

第一,公益性捐赠税前扣除资格认定制度巧妙地规避了我国当前立法中对"合格受赠人"范围的异同性规定问题,试图以"税前扣除资格"的取得与否解决立法上的混乱。然而由于该制度本身的复杂性与信息公开的障碍,并不能在实践中减少捐赠人辨别受赠人的难度,反而掩盖了修订立法的紧迫性与必要性。

公益性捐赠"合格受赠人"的范围在多个法律文件中均有规定,但各个规定不尽相同。例如,《公益事业捐赠法》将受赠人定为"公益性社会团体和公益性非营利的事业单位";民政部《公益慈善捐助信息公开指引》用"公益慈善类的社会团体、基金会和民办非企业单位"和"其他公益性群众团体、公益性非营利的事业单位等组织和机构"进行界定;前述财政部《暂行办法》使用了"各级人民政府及其部门、公益性事业单位、公益性社会团体及其他公

---

① 曲顺兰、王丛、崔红霞:《国外慈善捐赠税收激励政策取向及我国优惠政策的完善》,《经济与管理评论》2016 第 5 期。

益性组织"的表述;《企业所得税法实施条例》虽然也采用了"公益性社会组织"的概念,但仅将其分解为"慈善组织以及其他社会组织",并未将公益性社会服务机构包含在内。这些规定的不同,给理论界和实践界均造成了不小的困扰。然而,尽管法律法规层面的修改,程序繁琐、需要大量的论证;规范性文件的清理与统一更非一日之功,但仅依靠《公告》的出台,以税前扣除资格去统一前述规定,在法理上是不够充分的。《公告》仅为法律位阶较低的部门规章,其适用本身也存在与上位法冲突的问题。及时厘清各种法律法规对合格受赠人的定义,废除或修订已经过时或重复的文件才是应有之义。

第二,公益性捐赠税前扣除资格认定制度对"合格受赠人"设置了非常多的要求,严重抬高了受赠人的门槛,使得捐赠主要流向有限的、多数有政府背景的受赠人,而其他慈善组织则难以发挥作用,从长远看不利于慈善事业的多元化发展。

《公告》第四条规定了社会组织取得公益性捐赠税前扣除资格的条件,从该条规定入手,慈善组织申请税前扣除资格前需逐一满足如下要求:第一,在设立上满足《企业所得税法实施条例》第五十二条第一项到第八项的条件,符合"公益性"与"非营利性"的要求。第二,设立后要取得"非营利组织免税资格",因此要符合申请并保有该资格的六大项若干小项要求[1],并及时提交各项材料进行申请。第三,该组织还应取得 3A 及以上的评估等级,即满足民政部制定的各项管理要求[2]。第四,正式运营后要符合公益慈善事业支出和管理费用支出方面的条件。第五,要保证依法合规经营,不受登记管理机关行政处罚,也不被列入严重违法失信名单。第六,每年及时报送经审计的上年度专项信息报告。符合上述条件后还要经过审批程序才能取得税前扣除资格,而任何一个条件的缺失都有可能导致该资格的取消。尽管本文不旨在评价这些条件是否"过于严苛",因为那还涉及税收安全性与税务机关监管的政策考量,但如此繁复的前置条件足以让诸多不同领域的公益性慈

---

① 参见《财政部、税务总局关于非营利组织免税资格认定管理有关问题的通知》(财税〔2018〕13 号)。

② 参见《社会组织评估管理办法》(民政部令第 39 号)。

善组织被排除在资格之外①,使他们难以有效聚集社会捐赠,也难以有效发挥他们在公益事业发展上的价值。更何况,《公告》是以定期通知的方式直接公布取得资格和取消资格的公益性组织名单,这其中并未赋予相关组织提出异议的权利。

第三,公益性捐赠税前扣除资格认定制度的立法基点是保护税基、利于监管,但其传达的政策信号却是只鼓励通过有限"合格受赠人"进行的间接捐赠,其他间接捐赠和所有直接捐赠均不鼓励,这种做法的合理性实在有待商榷。从捐赠人角度讲,直接捐赠才是更受信赖的捐赠途径;从社会角度讲,直接捐赠才是更为有效、直指需求、简单快捷的捐赠途径,但在现有制度体系下,直接捐赠在实质上受到抑制。

这个问题的核心在于,税务机关的监管要求是否足以否定直接捐赠与不"合格"的间接捐赠的可鼓励性,或者更通俗地说,是否难以被税务机关监管和审查的捐赠就不值得肯定与鼓励了。答案应该是否定的。监管与审查的实现完全可以通过多种途径予以保障,比如建立在大数据技术上的资金流监控,再比如捐赠人、受赠人和受益人提供的完整、合规的捐赠凭据。仅以审查与监控的易得与可行而否定捐赠应得到鼓励的基本立场,这至少与"重视发挥第三次分配作用,发展慈善等社会公益事业"的基本理念不符。

四、完善公益性捐赠税前扣除资格认定制度的建议

以公益性捐赠税前扣除资格认定制度衔接鼓励慈善与审慎监管的双重需求有其现实必然性,即使该制度存在理论上与实践上的缺陷,完全抛开它另起炉灶也是不适宜的。因此,当前应该考虑的是如何完善这一制度,查遗补缺。笔者认为,对该制度的完善有从易到难三条思路。

第一,在《公告》中增加公益性组织应在捐赠前如实通报是否具备税前扣除资格的义务性要求。这种做法最为简单,并且不会更改现有制度体系形

---

① 以群众团体为例,2021 至 2023 年度仅有四家群众团体取得税前扣除资格,参见《关于确认中国红十字会总会等群众团体 2021 年度—2023 年度公益性捐赠税前扣除资格的公告》(财政部、国家税务总局公告 2021 年第 26 号)。

成的基本权利义务格局,因为这一信息原本就应是公开的。增加一项告知义务只是使捐赠人原本的主动查询变为无需查询即可得知,但考虑到当前重视发挥第三次分配作用、鼓励捐赠的政策倾向,这种做法实际上起到了增加受赠人公信力,降低捐赠制度障碍的意义,并且能有效避免因捐赠人申报税收优惠政策失败而引发的后续争议。

第二,梳理当前法律法规中公益性捐赠受赠人的差异性规定,清理过时、冗余的规范性文件,将《公告》中提出的"合格受赠人"范围以位阶更高的法律或法规予以确定。当前立法对这一问题的规定过于繁杂,社会团体、群众团体、公益性组织或单位等称谓无形中增加了捐赠人查询并获取信息的难度。从税务机关的角度看,《公告》的规定才是实践中遵循的统一认知,但《公告》位阶过低,常有与《中华人民共和国慈善法》《公益事业捐赠法》等上位法相冲突的质疑。这一难题唯有通过梳理、更新立法方可解决,对此理论界也已呼吁良久。

第三,完善与公益性捐赠税前扣除资格认定制度相关的信息公开制度。有效的信息公开是降低制度壁垒的最好办法之一,但这一改革的确面临较大的现实障碍。单从信息公开的及时性看,必须考虑不同类型的公益性组织在归口监管上的差异。监管标准不同、评估因素不同、定级条件不同,各类组织汇总各种信息的时间不同,这些已经成型的现有规则若要统一修改,工作量巨大,合理性论证的难度也较高。而若考虑分门别类制定信息公开规则,又无形中增加了新的制度障碍。因此,《公告》对此问题仅作出了笼统的规定,有待对该制度的思考更为完善时再做修改。

除上述三条思路外,完善公益性捐赠税前扣除资格认定制度还应当有从税法体系上进行革新的思考。例如,是否可以适当降低公益性组织申请资格的条件,以促进更多的公益性组织吸收捐赠、发挥慈善作用;是否可以适当放宽捐赠人申请税前扣除优惠的条件,只要能够提供合法合规的公益性捐赠证明,就可以享受国家给予的税收激励;或者是否可以以不同的税收激励幅度引导捐赠人向"合格受赠人"捐赠,但同时也肯定其他捐赠的应鼓励性等。这些都要求我们摆正对公益性捐赠,乃至捐赠的认识,正确理解以税收激励促进捐赠的制度价值。

　　这一制度价值以第三次分配理论进行解读最为恰当。第三次分配理论在我国最早由厉以宁教授提出，他认为公益性捐赠是市场初次分配与政府二次分配的补充。① 初次分配以市场为主导，以效率为准则，但会带来收入差距扩大、贫富分化等市场失灵问题，因此需由政府通过税收、社会保障支出等手段进行再次分配，缓解市场失灵的局面。然而市场与政府终究都是有限的，不可能照顾到社会的方方面面，也不可能将公共资源完美地分配到所有有需求的领域，此时，以慈善捐赠为主导的第三次分配的作用就凸显出来。慈善捐赠，特别是其中的公益性捐赠，是以财产形式投入到分配领域，以需求为分配原则，直接调解贫富差距，缓和社会矛盾，因此甚至有学者将其称为社会保障的"最后一道防线"。②

　　正因为意识到公益性捐赠作为第三次分配的重要手段，能够有效解决前两次分配的失衡问题③，增加政府对公共产品的供给，使更多公共利益得以实现，政府才会以税收优惠的方式对其进行激励。这种激励尽管表面上减少了政府的税收收入，但所减少的部分已经通过投向公益领域的捐赠予以补足，甚至大有盈余。如果能够意识到这一点，那么过于强调税收安全与稳定，乃至形成制度壁垒、抑制捐赠发生的制度设计，显然在理念上是有所欠缺的。

　　杨斌同志发表在 2020 年 1 月 1 日《学习时报》上的文章《第三次分配：内涵、特点及政策体系》一文曾指出，充分发挥第三次分配的作用，应建立"健全的捐赠制度和宽松的政策环境，充分发挥税收对社会捐赠的激励作用，能最大限度地激发企业和个人的慈善捐赠热情。"④在提及税收相关的捐赠激励措施时，还特别指出发达国家对免税待遇会使用"具有较强操作性的免税法律法规为保障"。⑤ 笔者深以为然。公益性捐赠税前扣除资格认定制度是我国当前衔接捐赠与税收待遇的核心制度，也发挥着重要的实践作用，但该

----

　　① 　参见厉以宁：《股份制与现代市场经济》，江苏省人民出版社 1994 年版。

　　② 　王占雄、范渊：《完善捐赠税前扣除政策助推公益事业发展》，《中国税务》2017 年第 7 期。

　　③ 　叶珊：《社会财富第三次分配的法律促进——基于公益性捐赠税前扣除限额的分析》，《当代法学》2012 年第 6 期。

　　④ 　杨斌：《第三次分配：内涵、特点及政策体系》，《学习时报》2020 年 1 月 1 日第 A6 版。

　　⑤ 　同上注。

制度在立法手段、基本理念和与其他制度的衔接上,的确还有较大的改进空间。为使其更好地发挥激励捐赠的政策价值,遵循从易到难的改革思路逐渐将其完善才是当前的应有之义。

4

我国慈善捐赠之税收激励研究

黄　卓　付大学[①]

摘　要:我国慈善捐赠事业整体上呈现逐步发展趋势,但其内部还存在整体模式弱小、捐赠主体结构失衡、发展动力不足等多方面问题。为刺激我国慈善捐赠发展,推进慈善体系的完善,本文以人性的部分利他主义切入点,分析慈善捐赠在双重视角尤其是利己主义下的完善路径。进而提出应当以个人为税收激励的主体,通过降低个人的捐赠价格和推行赠与税、遗传税的方式,实现税收对慈善捐赠的正向驱动。

关键词:慈善捐赠,利己主义,税收激励,个人捐赠

一、引言

慈善捐赠作为第三次分配的主要内容,在弥补市场机制不足、调节贫富差距方面存在不容小觑的积极作用。2021 年 11 月 26 日中国慈善联合会发布了《2020 年度中国慈善捐赠报告》,报告中显示在 2020 年我国的慈善力量在积极抗击新冠疫情,战胜自然灾害做出巨大贡献。在我国慈善事业不断取得发展的同时,还应注意到当前国内慈善事业存在发展规模较小、发展动力

---

①　作者简介:黄卓,女,天津工业大学法学院硕士研究生,研究方向:慈善法;付大学,男,法学博士,天津工业大学法学院教授,天津市法学会经济法学分会副会长,研究方向:经济法、财税法、财产法和 PPP 法律问题等。

不足以及结构占比失衡的问题。根据《中国慈善发展报告》、中国慈善联合会以及 Giving USA 公布的捐赠数据显示,在 2009 年,中国捐赠总额 332.78 亿人民币,占当年 GDP 的 0.1%,同年,美国捐赠总额 2803 亿美元,占 GDP 的 1.94%。在 2010 年至 2012 年,中国捐赠总额占 GDP 比例略上升至 0.17%,同时期内,美国在 1.93%到 1.95%之间浮动。在 2013 年,美国捐赠总额占 GDP 比例首次达到 2%,并在此后七年内,整体呈现继续上升趋势。而从 2013 年到 2020 年中,中国这一比例仅在 2016 年和 2020 年达到了 0.2%,是同时期美国比重的十分之一。除了这两年,其余年份中国捐赠总额占 GDP 的比重在 0.16%左右徘徊。据数据表明,目前我国慈善事业仍相对较弱。为改变这一现状,因此,笔者拟通过税收手段来探究其可行性。

二、慈善捐赠的双重视角

人类的思维方式可以宏观地被分为利己主义与利他主义两种,任何一个行为都是在两种思维方式的共同主导下完成。当然,二者并不永恒保持完全对等的比例,而是随着选择内容的不同而不断发生变化。利己与利他是对人性最简单也是最理智的分类,简单在于这种分类仅通过收益方就可界定,而理智在于人性是区别于动物的本能,人在面临多重选择时并非单纯考虑自身的利益,还会在意识的支配下去权衡多方权益。慈善捐赠是以利他主义为主导的行为,应当说明的是,即使是以利他主义为主导,也不能完全忽略其中利己的成分。

一般认为,"慈善是建立在捐赠基础上的一种公益事业"[1]。是在市场经济不断发展下,个人或组织自愿将其部分资产转移给没有利益关系的其他主体,具有自愿性和无偿性,是在仁义道德等高尚情操驱使下所做出的行为。但是,人性本身又是复杂的,具有双重趋利性——利他主义与利己主义。基于人性的双重性提出,任何行为的选择一定是兼顾利他与利己双重效用的产物。对外具有社会意义,对内又存在实现自我价值的可能,以此为动力对外

---

[1] 张奇林:《美国的慈善立法及其启示》,《法学评论》2021 年第 4 期。

界做出的反应。慈善捐赠也不例外,"利他主义和利己主义构成慈善捐赠动机考量的伦理基础"①,是在社会教化与自我舍取后的自由结果。其中,利他主义是捐赠主体在经过社会的道德宣传后,或是对相较于自身处于不利环境下的其他主体产生同情与悲悯,或是怀着学习效仿其他捐赠者的跟随心态,秉持这样的动机,所实施的慈善捐助行为,是对社会公众的价值认同。慈善捐赠行为就是在如此利他主义的思维模式的主导下完成的。虽然利己主义的理性思维对于道德性的慈善捐赠行为来说显得格格不入,但是利己主义的思维却也同时在其中发挥了重要的作用。西方经济学中认为人都是理性的,"理性经济人"在选择时不会忽略自身收益,具体到慈善捐赠中,其收益则是通过慈善捐赠获得的满足感以及正面的社会评价。这些收益也在道德因素之外驱使个体进行慈善捐赠的行为。因此,对慈善捐赠的激励也应当从两个方面着手,其一是强化利他主义思维,其二则是扩大利己主义思维的影响。就前者而言,主要是通过社会教化,强化个人内心的道德感、同情心以及同理心。当前,我国慈善捐赠的社会宣传效果十分显著。在多媒体将多种急需社会捐助的新闻带入普罗大众视野内的同时,更加大了对实施慈善行为主体的高度褒扬与鼓励,充分肯定其内在的社会价值,利他动机随着这些宣传基本已实现最大化。在此背景下,如何继续推动慈善捐赠的发展,更应当考虑从利己主义方面着手,发掘利己主义层面的发展潜力。

在慈善捐赠中,利己主义的动机往往是通过提升个人效益以实现最大化体现的。西方经济学中认为人都是理性的,当"理性经济人"在面临多重选择时,总会选择以最小经济代价去换取自身最大的经济利益。因此,在利己主义的前提下,特定行为能否对个人的慈善捐赠起到激励作用,应当从其成本和收益入手。就收益而言,虽然囊括满足感以及因实施慈善行为所带来的社会正面评价等道德成分的收益难以被量化,但是一般而言,慈善捐赠越多,发挥的作用就越大,进而会带来更大的满足感以及更好的社会评价。因此可以认为,慈善行为的收益与慈善捐赠的数目呈正相关,慈善捐赠越多,产生的收益越多。虽然并未明文规定,但是慈善捐赠大多提倡量力而为,一味强调

---

① 黄晓瑞、吴振华、胡玥:《慈善捐赠、税收激励与政策工具契合研究》,《河南社会科学》2016 年第 5 期。

"多捐"在激励慈善事业发展上仅是尺寸之功,同时也与慈善精神相悖,不利于慈善事业的良性发展。而反观成本方面则似乎大有可为。由于更多的慈善捐赠同时也会带来相应更高的捐赠成本,所以在对慈善捐赠的激励中不能脱离成本谈收益,也不可脱离收益谈成本,二者是有机统一的,应当在两者之间寻找一个协调点,以实现成本与收益的动态平衡。通过控制变量法,在假设成本相等的前提下扩大收益,即扩大个体满足感和正向社会评价的大小,其实际上仍是个人主观层面的内容,应当通过社会教化实现,本质上与强化利他动机的方式如出一辙。因此应当转换思路,在控制收益相等的前提下,降低成本,以实现增大效用的目的。降低成本的方式则需要利用二次分配,通过减免税收的方式达到降低捐赠人捐赠成本的效果。在这种情况下,税收成为一根杠杆,发挥以较小的成本去撬得同等乃至更大收益的功能。

三、税收对慈善的激励作用

税收激励是指"通过税法中的一些法律条款,给予特定纳税人或特定类型活动以各种税收优惠待遇,以引导、扶持某些经济活动以及刺激投资意愿"[1]。一方面,这项激励制度可以同市场条件下社会成员的自由参与相结合,更重要的是能够提升民间资本提供公共产品的数量。联邦税法作为美国主要的经济杠杆和激励方式,对慈善行为和信托关系进行正负两方面的激励。[2]

税收激励于慈善捐助可通过一个例子予以形象化说明,如果当慈善捐赠每增加 100 元,其所获得的满足感与社会褒扬将会增加一个单位时,那么捐赠 600 元将获得六个单位的满足感。这次慈善捐赠所需付出的成本为 600 元,收益为六个单位。当加入税收激励政策,即慈善捐款每增加 100 元,其所应缴纳的税额就减少 40 元,获得的满足感仍然是一个单位,那么实际上来说,只需要捐赠 60 元就能获得和以前要捐赠 100 元的同等满足感。此时,要

---

① 黄晓瑞、吴振华、胡玥:《慈善捐赠、税收激励与政策工具契合研究》,《河南社会科学》2016 年第 5 期。

② 张奇林:《美国的慈善立法及其启示》,《法学评论》2021 年第 4 期。

收获六个单位的满足感,实际上只需要支出 360 元的成本,较税收政策之前降低了 240 元。在存在税收优惠政策下,行为主体捐赠 600 元时将收获十个单位的满足感。其中捐赠主体的成本仍然为 600 元,但是其收益却从六个单位扩大到十个单位,自我收益大大提升。因此,在前面提出"理性经济人"的假设下,对慈善捐赠进行税收相关方面的补贴将大大降低捐赠主体获得原先同等收益的成本,而当付出原先同等成本时,其所享有的收益也较之前大大提升。消极财产的减少也是财产总量的增加,所以无论是"低成本等收益"还是"等收益高成本",实质都是契合"理性经济人"所追逐的利益最大化的期待,这也是税收优惠政策在慈善捐赠中能起到激励作用的重要原因。

降低捐赠主体税收支出的成本在顺应"理性经济人"趋利性的同时,其作为一项间接性工具还具有更强的可操作性。税收激励本身并不需要从国家现有财政中额外再拨出任何资金,因此也不必成立专门机构,现有的税务机制即可实现它的激励功能。这项隐藏于税收条文的政策性工具效果虽不及直接性的政策工具显著,但其多以法律法规的形式存在,对符合条件的主体具有普惠性,所以效果覆盖面较前者是更广的。

四、构建个人税收的正面激励制度

在明确税收对慈善存在正向刺激功能后,应当如何着手以将税收效应转化为现实驱动力?"我国现行慈善税制在内容上由四个板块组成:慈善组织的免税资格与税前扣除资格的取得、慈善组织自身活动的税收优惠、企业个人等捐赠者的税收优惠和受益人的税收优惠。"[1]在分析我国慈善捐赠的主体结构占比后,笔者认为首先应当确定税收优惠的主体。在查阅自 2010 年至 2020 年这十年内中美个人捐赠占比后可以看出,我国除在 2011 年个人捐赠比例达到 31.62%,其余年份都未曾达到 30%,在 2014 年甚至一度降至11.1%。而在同时间段的美国个人捐赠比例在 71% 至 73% 之间,远高于我国现状。由此可得,我国当前个人捐赠内动力较美国明显处于不足。现行我国

---

① 　栗燕杰:《我国慈善税收优惠的现状、问题与因应——以慈善立法为背景》,《国家行政学院学报》2015 年第 6 期。

慈善捐赠以企业捐赠占主力①,个人捐赠内动力缺乏,很大一部分是由我国现行税收制度所导致。我国《企业所得税法》规定企业在年度利润总额12%以内发生的公益性捐赠支出,可以从应纳税所得额中扣除;超过部分可在结转后三年的应纳税所得额中扣除。这一比例略高于国际10%的一般规定,但个人捐赠税前扣除比例为30%的规定却远低于国际50%的一般规定,同时也不存在结转后延期扣除。立法者最初考虑企业相较于个人资金实力更加雄厚,所以对前者的税收优惠力度也更大,这种更大的税收优惠力度也确实激励了更多企业在慈善捐赠做出更大贡献,但是同时也会挤占"个人"这一主体的慈善捐赠,"如果将捐赠的产出视为一种公共产品,人们将不可避免地面临'免费搭车'问题"。② 为避免因税收优惠不平衡导致的企业捐赠对个人捐赠的不良影响,个人的税收政策也应有所变化。

为阐述如何刺激个人捐赠,将个人慈善捐赠总额表达为 M,捐赠主体数量为 n,平均捐赠数额为 x,则得出:$M = n \cdot x$。

为实现个人捐赠的最大化,应当考虑从两方面入手,一个是增加 n 的数量,同时,还应当增加 x 的数值。也就是说既要增加捐赠主体的个数,同时提升平均捐赠额,最终使得个人慈善捐赠总额增加。增加 n 的数量以扩大捐赠主体数量为切入点,通过设置税收激励补偿个人捐赠的机会成本,从而避免个人捐赠对公益产品"搭便车"的效应。为实现平均捐赠额 x 的提升,可以考虑对中高收入阶级的慈善捐赠施以更优惠的税收政策,以激发他们的潜质进而使得平均捐赠额的普遍提升。目前各国对慈善捐赠的税收优惠政策主要是税收扣除与税收抵免两种类型,前者是将捐赠金额从捐赠主体的应纳税收入中扣除,在剩余部分计算应纳税额。税收抵免是"允许捐赠人以相应捐赠金额或其百分比减少其应纳税款"。③ 如果实行累进税率,所得额越高,税率也越高,收入纳税人得到更高比例的减税。高收入纳税人对税率更加敏感,允许扣除而不是减免往往吸引富人捐赠更多。查尔斯提出,影响个人慈善捐

---

① 据《2020 年度中国慈善捐赠报告》显示,我国慈善捐赠的主要力量一直是企业和个人。
② 丁美东:《个人慈善捐赠的税收激励分析与政策思考》,《当代财经》2008 年第 7 期。
③ 丁美东:《个人慈善捐赠的税收激励分析与政策思考》,《当代财经》2008 年第 7 期。

赠的主要税收政策是税前扣除,在通过计量经济分析表明所得税对个人捐赠有强烈影响。①

五、确立赠与税与遗产税的负面激励体系

"如果说对慈善捐赠税收优惠是对第三次分配的推动力,那么赠与税和遗产税的开征就是强大的外界压迫力。"②赠与税与遗产税是完整捐赠税收政策体系不可或缺的重要组成机制。经验表明,当经济发展到一定水平时,调整收入差距便成为国家税收的主要职能之一,开征增与税和遗产税在很大程度上实现这一目的③。发达国家对继承遗产与接受赠与开征高额税率,这些税种的存在能够激发慈善捐赠的最大社会效应,鼓励更多富人以慈善捐赠的方式投入社会公共建设。

在美国、英国、日本等多个国家都开征了赠与税与遗产税课目,这些税收规定在增加税收收入的同时,低起征点配合较高税率和税前扣除在很大程度上鼓励了慈善捐赠,助推了慈善事业的发展。④ 但是,目前我国在这方面仍处空白,所以,慈善捐赠的外界压迫力明显不足。赠与税与遗产税的开征将提升富人代代相传、亲属间财富转移的成本,促进个人通过降低税负为社会做贡献。当前我国个人所得税规模偏小,对慈善的激励作用薄弱,调节居民收入差距作用不显著。适时开征赠与税与遗产税,辅以较高的税前扣除标准等税收激励政策,降低捐赠价格,将会引导更多个人财富流向个人捐赠中。不动产统一登记体系的完成以及我国高收入者较多的分配现状分别提供技术支持和经济基础,所以,赠与税和遗产税开征已具备完善的条件。

① Charles T · Clotfelter. *Federal Tax Policy and Charitable Giving*. The University of Chicago Press,1985,273:288.
② 孟庆瑜、师璇:《慈善捐赠中的税收立法问题研究》,《河北学刊》2008 年第 6 期。
③ 曲顺兰、张莉:《税收调节收入分配:对个人慈善捐赠的激励》,《税务研究》2011 年第 3 期。
④ 曲顺兰、王丛、崔红霞:《国外慈善捐赠税收激励政策取向及我国优惠政策的完善》,《经济与管理评论》2016 年第 5 期。

六、结语

自愿的私人捐赠是慈善赖以存在和发展的经济基础,而私人的自愿捐赠又取决于社会公众的价值认同。正义、善良等人性中温良的部分是慈善的生命线,但仅仅依靠道德驱使也难以保障慈善活力的充分涌动,理性个人的慈善捐赠也需要政策的鼓励。通过税收政策激励个人捐赠,将为公益事业的进步提供重要基础和基本条件,更好地促进市场经济条件下社会公益目标实现和社会和谐发展。

5

慈善服务行为人造成受益人损害的
赔偿责任及其认定

吕姝洁　　肖如月①

摘　要:自然人、法人或其他组织以提供服务方式开展扶贫、济困等慈善活动时造成他人损害的,涉及到行为人损害赔偿责任的承担问题。在国外,有关于慈善豁免相关讨论,我国《中华人民共和国民法典》《中华人民共和国慈善法》等相关法律法规并未将慈善服务侵权作为一种特殊侵权,予以特别规定。但慈善服务行为作为一种典型的利他行为,应当参考好意同乘等利他行为,在特定情形下予以免责。同时,在慈善服务侵权的认定中,行为人的主观可归责性、行为与损害之间的因果关系,受益人的受益情况等,在损害赔偿责任的认定应当予以考虑,合理确定行为的损害赔偿责任。

关键词:慈善服务行为,损害赔偿,限制赔偿责任,受益人

一、引言

慈善活动,是指自然人、法人和其他组织以捐赠财产或者提供服务等方式,自愿开展扶贫、济困等公益活动。慈善组织、捐赠人(以下将慈善活动的实施主体,简称为"慈善行为人")等开展慈善活动,造成他人损害的(以下简

_____

①　作者简介:吕姝洁,女,法学博士,天津商业大学法学院副教授,研究方向:债权法理论与实务研究;肖如月,女,天津商业大学法学院硕士研究生,研究方向:债权法理论与实务研究。

称"慈善侵权"),应当承担一定的损害赔偿责任。慈善行为人开展慈善活动,主要包括两种形式,一种是捐赠财产;一种是提供服务(以下将提供服务的慈善行为人简称为"慈善服务行为人")。前者属于赠与行为,赠与人造成他人损害的适用《中华人民共和国民法典》第六百六十二条的规定,赠与的财产有瑕疵的,赠与人不承担责任。赠与人故意不告知瑕疵或者保证无瑕疵,造成受赠人损失的,应当承担赔偿责任。第二类慈善活动内容较多,性质也较复杂,主要讨论第二类慈善活动中,慈善服务行为人造成受益人损害的赔偿责任问题。

按照侵权法完全赔偿原则,行为人造成他人损害的应当赔偿全部损失。根据《中华人民共和国民法典》第一千一百七十八条的规定,"本法或其他法律对不承担责任或者减轻责任的情形另有规定的,依照其规定。"《中华人民共和国慈善法》中没有具体规定慈善服务行为人在开展慈善活动时造成他人损害的,可以适当减轻或不承担责任的情形。因法律并未作出特别规定,慈善服务行为人在慈善活动中造成他人损害的,只要不存在《中华人民共和国民法典》第一千一百七十三条至一千一百七十七条,减轻或不承担责任的情形,都应当赔偿全部损失。但基于慈善活动的公益性这一特点,有必要对慈善服务行为人在慈善活动中造成受益人损害的赔偿责任进行讨论。

关于慈善侵权,是否可以减轻责任或不承担责任,在我国理论和司法实践中很少进行讨论。在英美等国法院,关于慈善组织是否享有豁免权的态度几经变化。19 世纪英格兰的一些附带意见中认可慈善组织享有豁免权[1],慈善组织造成他人损害的可以不承担损害赔偿责任。但后来上议院认为不能给予慈善者以特权,在判决中否定了慈善组织的豁免权。[2] 随后的判决有支持慈善豁免权,也有反对慈善豁免权的判决。但否定慈善组织豁免权的一方逐渐成为多数。否定慈善组织享有豁免权的观点认为给慈善者特权,打破了

---

[1]　Feoffees of Heriot's Hospital v. Ross, 8 Eng. Rep. 1508(H. L. 1846).

[2]　Mersey Docks & Harbour Board of Trustees v. Gibbs, 111 Eng. Rep. 1500(1866).

风险—效用平衡。① 风险—效用平衡旨在衡量案件的是非曲直,而豁免权阻止对是非曲直的考虑,而且慈善组织往往是具有一定经济实力的组织体,有承担风险的能力。②

虽然否定慈善组织豁免权的观点成为多数,但各国并未完全放弃支持慈善组织一方,英国也对慈善组织的豁免权进行修正。主要有包括以下三个方面:一是慈善组织的受益人不应该从慈善机构获得赔偿,因为受益人必须放弃他们的诉求或承担过失的风险;二是当慈善组织拥有的资产而该资产不构成慈善信托资产的范围,慈善组织应当承担责任;三是对不接受慈善组织慈善行为的人实施的侵权行为,应当承担责任等。③ 法院以排除慈善组织不能享有豁免权的情形的方式,有条件地支持慈善组织在一定的情形下是可以享有豁免权的。

无论是在域外,还是在中国的法治背景下讨论慈善侵权中减轻或不承担责任的情形,主要是考虑到:一方面,如果让慈善服务行为人和一般的侵权行为人承担同样的、无差别的完全损害赔偿责任,可能会影响慈善服务行为人开展慈善活动的积极性,甚至使部分慈善服务行为人因对损害赔偿责任的担心,而不再开展慈善活动;另一方面,如果无条件地赋予慈善服务行为人豁免权,易导致其豁免权的滥用。慈善服务行为人在慈善活动中不用承担合理注意义务,也不用为因其过失而造成的伤害承担法律责任,与现代侵权法自己责任④的理念是冲突的。

----

① ［美］丹・B. 多布斯:《侵权法(上册)》,马静、李昊、李妍、刘成杰译,中国政法大学出版社 2014 年版,第 660 页。或许解除好心被告的责任的冲动产生于对有理性人的标准的理解不足。那个标准本身完全相信被告造成伤害的行为的有用性,规定当他造成伤害的行为总体上更为有用而非更为有害时,他就根本没有过错(并因此不承担法律责任)。他不应该仅仅因为他的行为伴有小的且不可避免的风险而被制止。作为好市民的美德应该使他免于受到法律的约束。

② Kenneth R. Kohlerg. *Modern Reflections on Charitable Immunity*. Mass. L. Rev,2006,163:165.

③ ［美］丹・B. 多布斯:《侵权法(上册)》,马静、李昊、李妍、刘成杰译,中国政法大学出版社,2014,第 660 页。

④ 程啸:《侵权责任法》,法律出版社 2020 年版,第 107 页。自己责任意味着,一个人要对基于自主意思而作出的行为负责,且仅对自己的行为负责。

在决定是否给予慈善服务行为人一定豁免的问题上,支持与反对都有自己不可被说服的理由。但完全抛弃慈善服务行为人减轻或不承担损害赔偿责任的立法与司法思路,是不恰当的。我国《中华人民共和国民法典》编纂时,已考虑到了好意同乘下,驾驶人有责任的,除故意或重大过失外,应当减轻其赔偿责任。可见,立法者已经关注区别对待人们善意行为下造成损害的赔偿责任。那么,对于慈善服务行为人从事慈善活动造成他人损害的,也应当考虑特定情形,限制慈善服务行为人的损害赔偿责任。

二、慈善服务行为的性质及其对不承担责任情形的影响

慈善服务是个人、慈善组织和其他组织基于慈善目的而向他人或社会提供的志愿无偿服务以及其他非营利服务。慈善服务的核心是基于慈善目的而开展的活动,《中华人民共和国慈善法》虽未对慈善目的进行界定,但第三条中明确了慈善活动的内容,因此,符合第三条内容的活动应当被界定为慈善活动。慈善服务行为是为开展慈善活动而实施的行为,对其性质必定关注行为的"慈善目的"。立法上,对部分利他行为规定了减轻或不承担责任的情形,慈善服务行为作为一种有利于社会公共利益的行为,其能否像情谊行为、无偿民事法律行为等利他行为一样,可以在特定情形下不承担或减轻责任,是探究慈善服务行为人造成受益人损害的赔偿责任认定中需首要明晰的问题。

(一) 慈善服务行为的性质

1. 慈善服务行为与情谊行为

情谊行为是以建立、维持或增进与他人的情谊为目的行为,行为人实施情谊行为时,不具有受法律约束的意思。德国权威民法总论等教科书对情谊行为的界定虽有不同,但基本上都包括以下几方面:一是情谊行为是社交领域的生活事实;二是情谊行为的当事人不具有受法律约束的意思;三是情谊

行为的施惠者不能因为自己的承诺不履行承担违约损害赔偿责任。① 从情谊行为的概念来看,产生于特定社会关系中的情谊行为,行为的当事人在帮助他人时,并不希望受到法律的约束,如果其认为或知道要受到法律的约束,未必继续帮助他人。显然,慈善服务行为的行为人,在开展慈善活动时,受到慈善法的调整与规范,是一种不同于情谊行为的利他行为。

慈善服务行为较为复杂,行为人与受益人之间可能会存在合同关系,也可能不存在任何法律关系仅是基于帮助目的而产生。但在基于帮助目的而实施慈善服务行为时,慈善服务行为人和受益人之间,并不像好意同乘的驾驶人与搭乘人之间,有一定的情谊关系。慈善服务行为人实施慈善行为是基于公益的目的而非情谊关系,受到《中华人民共和国慈善法》的调整。因此,慈善服务行为并不同于情谊行为,不能直接依据情谊行为造成他人损害时的一般法律规定和法理认定慈善服务行为人的损害赔偿责任。

2. 慈善服务行为与无偿民事法律行为

民事法律关系强调等价有偿,但并不禁止当事人自愿实施无偿民事法律行为。无偿民事法律行为,通常是指法律行为的行为人在为财产性给付时,没有对价给付的法律行为。在无偿民事法律行为中,一方当事人并未支付对价而获得了民事利益。慈善服务行为是否为一种无偿法律行为,不能一概而论。有的慈善服务行为可以认定为是一种无偿民事法律行为,如《中华人民共和国慈善法》第六十条规定:"慈善组织根据需要可以与受益人签订协议,明确双方权利义务,约定慈善财产的用途、数额和使用方式等内容。受益人应当珍惜慈善资助,按照协议使用慈善财产。"在有慈善服务合同的情形中,慈善组织与受益人系合同双方当事人,受到《合同法》的调整,按照合同约定享有权利、履行义务。在该类慈善活动中,行为人的行为可以参照无偿服务法律行为的相关规定予以调整。有的慈善服务行为并非是民事法律行为,而仅仅是一种事实上的帮助行为,更谈不上属于无偿民事法律行为,此类慈善服务行为是一种非法律行为的利他行为。性质上的不同,决定了慈善服务行为造成他人损害时的赔偿责任,当然不能参照无偿民事法律行为予以认定。

---

① 王雷:《民法学视野中的情谊行为》,北京大学出版社,2014,第8—9页。

(二)慈善服务行为人造成受益人损害 不承担责任情形之思考

慈善服务行为不是情谊行为,亦不是全部属于无偿民事法律行为,但慈善行为与情谊行为和无偿民事法律行为一样,都是利他行为。因此,有必要对慈善服务行为造成受益人损害的赔偿责任进行单独思考与分析,而不是"名不正、言不顺"的类推适用。利他行为的共性在于,都是帮助他人的行为,立法和司法实践可以参照情谊行为、无偿民事法律行为等利他行为造成他人损害不承担或减轻责任的情形,分析与认定慈善服务行为不承担或减轻责任的情形。

1. 参考情谊行为人造成他人损害不承担或减轻责任的情形

在立法上,《中华人民共和国民法典》中没有关于情谊行为减轻或不承担责任的一般性规定,但针对特定情谊行为的损害赔偿责任进行了较为明确的规定。《中华人民共和国民法典》第一千二百一十七条规定,好意同乘情形下,除机动车使用人故意或重大过失的,应当减轻其损害赔偿责任。驾驶人基于亲属、友谊或感情等因素,好意无偿搭乘他人,驾驶人本意上都尽了谨慎、安全驾驶的义务,但由于路况复杂等客观原因,无法杜绝事故的发生,而要求驾驶员承担道义上的法律责任,显然不适宜。[1]《最高人民法院关于审理人身损害赔偿案件适用法律若干问题的解释》(以下简称"人身损害赔偿司法解释")第十三条规定,义务帮工情形下,帮工人仅在故意或重大过失时,才需承担损害赔偿责任。

好意同乘、义务帮工属于情谊行为,但两者在不承担或减轻责任的情形上并不相同。在好意同乘中,行为人故意或重大过失时需要承担损害赔偿责任,在一般过失中减轻责任。[2] 在义务帮工中,帮工人仅在故意或重大过失

---

[1] 张新宝:《中国民法典释评·侵权责任编》,中国人民大学出版社,2020,第181页。

[2] 关于《中华人民共和国民法典》第1217条,部分学者认为,立法不能仅仅是减轻无偿搭乘人的人责任,更为合理的是无偿搭乘人除非是故意或重大过失,都不应当承担损害赔偿责任。好意同乘的驾驶员主观上出于善意,为了利他目的而实施的行为。驾驶员并没有受法律约束意思,而是一种无偿的利他的行为,如果此时法律要求其承担减轻赔偿责任,明显有失公平,不合理,是对驾驶员的道义的法律化。

中承担损害赔偿责任。这两类情谊行为在立法上明确了其不承担或减轻损害赔偿责任的情形。民法中通常认为当事人实施情谊行为时，并没有受法律约束之意思表示，当事人在实施情谊行为造成他人损害的，仅在一定条件下应当承担损害赔偿责任。即行为人仅在故意或重大过失的情形下承担损害赔偿责任，一般过失时，不需要承担损害赔偿责任。情谊行为是一种旨在增进社交情谊的道义行为，是无对价的、无偿的行为，如果强调行为人的责任，必然增添行为人在提供施惠行为时的顾忌，不利于互助互爱良好社会氛围的形成，不为和谐社会所倡导。所以，司法和立法上普遍认为应当适当减轻或免除好意施惠行为人的损害赔偿责任。慈善服务行为虽与情谊行为发生的背景不同，但"利他"共性决定了它们在认定损害赔偿责任上的共性。

2. 参考无偿民事法律行为人造成他人损害不承担责任的情形

在无偿民事法律行为中，确定行为人侵权责任时，基于行为的非对价性，考虑到民事主体的公平以及鼓励无偿民事行为的原则，行为人往往仅对故意或重大过失承担损害赔偿责任。《中华人民共和国民法典》第八百九十七条规定："保管期内，因保管人保管不善造成保管物毁损、灭失的，保管人应当承担赔偿责任。但是，无偿保管人证明自己没有故意或者重大过失的，不承担赔偿责任。"保管人在无偿的情形下，也仅就故意或重大过失承担损害赔偿责任。因此，在无偿民事法律行为中，债务人一般不负标的物的瑕疵担保责任，因给付只对一方有利，对债务人自身无利益，所以仅在故意或重大过失情形下承担损害赔偿责任。[①]从现行立法上来看，无偿民事法律行为人造成他人损害的，不承担或减轻责任的情形与情谊行为一样，并没有一般性规定，而是分散在各类无偿民事法律行为中。虽然并没有关于无偿民事法律行为减轻或不承担责任的共性规定，但对于部分无偿民事法律行为的减轻或不承担责任情形的规定，可以看出法理上对无偿民事法律行为的限制责任的支持。属于无偿民事法律行为的慈善服务行为作为其中一员，当然应当受到同等对待。而不属于无偿民事法律行为的慈善服务行为，因与无偿民事法律行为的共性，亦应当给予同等或相似的限制赔偿责任的情形。

---

① 李永军：《民法总则》，中国法制出版社，2018，第589—590页。

3.慈善服务行为人不承担损害赔偿责任的情形

部分慈善服务行为属于无偿民事法律行为,但没有关于无偿民事法律行为人造成他人损害而不承担责任的情形的一般性规定,仅能通过各项具体规定,推导出在无偿民事法律行为人损害赔偿责任不承担责任的一般性规则,并通过具体规定论证一般性规定的合理性。所以,在认定慈善服务行为人不承担损害赔偿责任情形时,不需要区分该行为是否属于无偿民事法律行为,仅需要从慈善服务行为的性质出发,结合情谊行为、无偿民事法律行为的相关立法分析不承担责任的情形。

慈善服务行为,与情谊行为、无偿民事法律行为都是典型的利他行为,是被社会鼓励的行为。而侵权法自身是一个混合的体系,它在追求威慑、赔偿和正义的目标时,也在尝试实现安全提升和损害赔偿目的的。[①] 为鼓励人们之间互助、友好的社会关系,减轻人们实施帮助行为时的后顾之忧,立法上明确了好意同乘、义务帮工、无偿保管等帮助他人的行为人造成他人损害时不承担或减轻损害赔偿责任的情形。同作为利他行为的慈善服务行为人造成他人损害的,亦应当存在不承担责任的情形,才与现代侵权法的立法理念保持一致。在慈善服务中,行为人为故意或有重大过失的,其侵害他人的主观过错明显,道德可谴责性较强,不宜免除行为人的责任。但如果行为人仅是一般过失,基于其行为的利他性及有益性,应当不承担损害赔偿责任。这一点也与目前我国关于利他行为造成他人损害的赔偿责任的认定保持了一致。

三、慈善服务行为人损害赔偿责任之性质
——"限制责任"还是"限额责任"

"限制"强调不超过一定的范围,在侵权责任的构成上,限制赔偿责任,侧重于从侵权责任的构成要件上减少责任承担的情形,或者在某些特定情形下,排除侵权责任的承担。如好意同乘、义务帮工中无偿搭乘人和义务帮工

---

① [美]肯尼斯·S.亚伯拉罕:《责任的世纪——美国保险法和侵权法的协同》,武译文、赵亚宁译,中国社会科学出版社,2019,第14页。

人的赔偿责任,就是较为典型的限制赔偿责任。"限额"是不要超过一定的额度,强调责任的承担不要超过特定的数额,即使实际的损害远高于特定的额度。限额不关注侵权责任的构成,仅关注侵权责任最终承担是否超过一定的数额。但无论是限制赔偿责任还是限额赔偿责任,都是对传统完全赔偿责任的突破。英美等国的慈善豁免制度,在一定程度上免除慈善行为人的损害赔偿责任,其不仅限制了慈善行为的损害赔偿责任,也限定了损害赔偿的范围。因此,在分析慈善服务行为人的损害赔偿责任时,应当明确其是一种限制赔偿责任还是限额责任,或即是限制又是限额赔偿责任。

(一) 限制损害赔偿责任适用的法理基础及情形

关于侵权损害赔偿范围的确定,目前大致存在两种进路,一种倾向于从主观层面出发将损害的可预见性(或者有责性)作为法技术手段;一种倾向于从客观层面出发将因果关系作为法技术构成。前者被称为限制赔偿模式,以瑞士债务法、奥地利损害赔偿法为代表;后者被称为完全赔偿模式,以德国损害赔偿法为代表。完全赔偿模式虽说是侵权法立法的主流观点,但越来越多的国家开始对完全赔偿模式进行修改,即使是在德国对完全赔偿模式也进行相应的修正。在"二战"后,德国联邦法院已倾向于以"公正性"或"对形势的控制"等理由修正相当因果关系[1],对责任的认定进行一定的限制。在美国,越来越多的法院在认定损害赔偿责任时,朝着更加限制责任的政策方向变化。这种变化一定程度上表明,司法界对于实现大规模的分配正义目标的侵权案件裁判的内在限制认识的提高。[2] 在我国,《中华人民共和国民法典》中也规定了相应的条款,司法实践中的相关裁判也开始关注责任的限制问题,逐渐在突破完全赔偿原则。

《中华人民共和国民法典》第九百九十八条规定了侵害人格权民事责任的参考因素。对于物质性人格权的侵害不需要考虑行为人和受害人的职业、

---

① [美]H. L. A. 哈特、[美]托尼·奥诺尔:《法律中的因果关系》,张绍谦、孙战国译,中国政法大学出版社,2005,第429—430页。

② [美]理查德·W. 赖特:《过失法中的注意标准》,载[美]戴·G. 欧文主编:《侵权法的哲学基础》,张金海、谢九华等译,北京大学出版社,2016,第266页。

影响范围、过错程度，以及行为的目的、方式、后果等因素。对物质性人格权之外的人格权的民事责任中，适用动态系统论，"有助于协调和平衡人格权与其他利益之间的冲突"①。《中华人民共和国民法典》九百九十八条所规定的动态系统论，强调各因素的作用，认为在判断责任时，应当对所有的构成要件发挥的不同作用进行评价，针对影响因素的不同程度，来综合考量认定责任。

限制赔偿责任理论的出现，促进了侵权法内在价值的实现，在保护合法权益的同时，保障了行为人的行为自由。《中华人民共和国民法典》九百九十八条的出现，为探索限制赔偿责任适用情形提供了很好的依据与路径。此外，在侵权责任编和人身损害赔偿司法解释中，有关于好意同乘和义务帮工下限制损害赔偿责任的规定，合同编第八百九十七条有关于无偿保管人限制赔偿责任的等规定，将限制赔偿责任的情形具体化。

（二）限额赔偿责任适用的法理基础及情形

限额赔偿责任以法律的形式限制损害赔偿的计算方式或者规定最高赔偿数额。侵权人基于法律的规定，享有了减轻赔偿额的抗辩权。在制定《侵权责任法》时全国人大常委会法制工作委员会将设置限额制度解释为："从行业的发展和权利义务平衡的角度看，法律必须考虑在严格责任的前提下，有相应责任限额的规定。"②在立法上，将限额赔偿责任与无过错责任结合在一起，以期实现利益平衡。大部分学者对限额赔偿责任都持赞成的态度，认为限额赔偿制度是对高度危险行业特殊保护的需要，且与无过错责任相适用，在经济上也具有合理性。而且基于危险原因和高度危险性是应当提升更为严格的义务的。③ 2012 年取消铁路交通事故赔偿限额责任后，我国适用限

---

① 王利明、程啸：《中国民法典释评（人格权编）》，中国人民大学出版社，2020，第 124 页。

② 全国人大常委会法制工作委员会民法室：《〈中华人民共和国侵权责任法〉条文说明、立法理由及相关规定》，北京大学出版社，2010，第 311 页。

③ H. Koziol, Österreichisches Haftpflichtrecht Ⅱ（2nd edn. 1984），pp. 61 et seq. 转引自：[奥]伯恩哈德·A. 科赫、赫尔默特·考茨欧主编：《侵权法的统一：严格责任》，法律出版社，2007，第 12 页。

额赔偿的仅在核损害赔偿、国内航空事故赔偿和海上运输损害赔偿事故。即便在铁路交通事故限额赔偿责任被取消后,仍有学者认为应当恢复限额,认为在铁路交通事故中,应当设定合理的赔偿标准,使其既适应我国当前的经济发展水平,又能够根据客观现实考虑到铁路运输企业与旅客的利益,对于双方而言,利益均衡原则都能被接受。[1]

在我国设立限额赔偿制度的目的与德国也并无不同。我国法律确认了对高度危险行为进行限额赔偿。但是,不能用该制度来保护所有高危行为。不加以限制,将会出现更多的新问题。限额责任适用于无过错责任当中,基于侵权人从事高度危险行业,可能造成损害,而又需要对其进行保护延伸出来的一种责任。

(三) 慈善服务行为人损害赔偿责任是 一种限制损害赔偿责任

在讨论慈善服务行为人的损害赔偿责任时,其语境是在慈善活动中,造成他人损害,当然不能简单地认为"仅仅因为他在其他时候对他人表现出慈爱和慷慨就可以解除其过失责任。"[2]因此,不能因损害是在施以善行或慈爱的过程而理所当然地免除责任。基于目前的立法及侵权法理论,特定情形下的责任限制是成立的。慈善服务行为与情谊行为、无偿民事法律行为等都属于利他行为,在责任承担上保持立法的一致性是合理的,应当限制慈善服务行为人的损害赔偿责任。

另一个问题就是慈善服务行为人的损害赔偿责任是否同时可以是一种限额赔偿责任呢?从目前,侵权法适用限额赔偿的法理基础与具体情形来看,难以将慈善服务行为人的损害赔偿设定为一种限额责任。颇受争议的英美等国的慈善豁免制度,不仅是限制慈善组织的赔偿责任,部分案例中也对慈善组织的损害赔偿责任限制了一定的限额。基于限额责任的法理基础及

---

① 杨晓培,豆彩娟:《铁路旅客人身损害赔偿制度的重构:基于利益均衡》,载《黑龙江省政法管理干部学院学报》2021 年第 3 期,第 61 页。

② [美]丹·B. 多布斯:《侵权法(上册)》,马静、李昊、李妍、刘成杰译,中国政法大学出版社,2014,第 660 页。

适用情形,其与无过错责任的结合,如将慈善损害赔偿责任也理解为一种限额赔偿责任,似乎需要突破现行的法律体系。如将其理解为一种限制损害赔偿责任,已能实现鼓励慈善事业的目的,也就没有必要将其再解释为一种限额损害赔偿责任。因此,将慈善服务行为人的损害赔偿责任界定为一种限制损害赔偿责任更为合理。

此外,在讨论慈善侵权责任时,出发点是限制责任不是减轻责任。限制损害赔偿责任不同于减轻损害赔偿责任。限制损害赔偿责任,是在限缩责任承担的情形,而减轻损害赔偿责任,是在侵权责任业已构成的情形下,因出现法定事由,而减轻侵权人的损害赔偿责任。损害赔偿责任的减轻需基于特定的减轻或不承担责任的事由,如受害人同意、与有过失等。也可以基于法院的酌减权,如《瑞士民法典》第四十四条规定:"损害的发生,既不是基于故意,也不是基于重大过失或疏忽,且损害赔偿可能导致义务人陷入贫困,则法官可以适当减少损害赔偿之金额。"①上述基于法定事由减轻责任或基于法院的酌减权减轻责任,仍可适用于慈善侵权当中,但并非本文讨论的内容。慈善侵权限制赔偿责任更多的是对完全赔偿原则的突破,更加强调在认定责任成立上,以更加严格的标准认定责任的构成。

四、慈善服务行为人限制损害赔偿责任认定中应当考虑的因素

哈耶克曾经指出:"为了使责任有效,必须严格限定责任,使个人能够在确定不同事项的重要性时,依据自身的具体知识来确定他的道德原则,使他能够消除种种弊害。"②无论是一般侵权责任还是特殊侵权责任,不能仅基于对弱者的同情,而天然的倾向于认定行为人承担一定的损害赔偿责任或在双方都有过错的情形下,承担较重的损害赔偿责任。这一点,在司法实践中,法

① 《瑞士债法典》,于海涌、[瑞士]唐伟玲译,法律出版社,2018,第 19 页。
② [英]弗里德利希·冯·哈耶克:《自由秩序原理》,邓正来译,生活·读书·新知三联书店,1997,第 101 页。

官是极为可能选择站在被侵权人的视角来认定侵权人的责任。① 基于慈善服务侵权的特殊性,不仅应在立法上明确不承担责任的情形,在司法实践中,也应当给予法官一定的自由裁量权,从责任构成要件上对损害赔偿责任的成立加以限制,保持与慈善法立法宗旨的一致性,促进慈善事业的发展。

(一)基于法政策考量慈善行为人的注意义务

在认定慈善服务行为人过错时,应当从鼓励慈善事业发展的法政策角度出发,考虑慈善活动的公益性、无偿性等因素,判定行为人是否尽到注意义务。法政策以解决社会中产生的实际问题为导向,将具体问题的政策方案法定化。侵权法的目的不是惩罚侵权人,而是采取符合经济效率、社会公平的预防措施,进而产生符合经济效率的风险。② 《中华人民共和国慈善法》第六十三条、六十四条、六十七条规定慈善服务行为人在进行慈善活动时不得侵害受益人的隐私,应当对需要专业技能服务的志愿者进行相关培训等。上述规定,是关于慈善服务行为人注意义务的一般性规定。但实践中,认定是否具有专业技能,是否侵害受益人隐私时,具体标准是什么? 如为了进一步开展慈善活动,适当披露受益人的隐私是否可以? 法律很难进行如此细致的规定,司法者应当结合《中华人民共和国慈善法》的立法宗旨判定是否尽到注意义务。如慈善组织为帮助孤儿,向社会募集图书、衣服和其他生活用品,需先行了解被救助孤儿的相关信息,该等信息应仅由收集主体基于慈善目的而使用,不得公布、告知非相关主体。

扶贫、济困、扶老、救孤、恤病、助残、优抚等慈善活动,是从慈爱和善意的道德层面出发,进行自愿捐赠、提供慈善服务等,是全社会鼓励的活动。《国务院关于促进慈善事业健康发展的指导意见》中提出:"鼓励社会各界开展慈善活动""鼓励开展形式多样的社会捐赠和志愿服务"等,国家从各个层面

---

① 司法实践中,大多数侵权案件中,对于原告的损害赔偿责任,往往都会得到支持。从最高院每年公布的典型案中也可以看出,很多案件系侵权案件,而被列为指导案例的案件在指导案例之前往往被告是要承担赔偿责任的,而在指导案例中不需要承担损害赔偿责任。而这一变化,也是侵权法在平衡行为自由与权益保障方面的努力。

② [美]大卫·D.弗里德曼:《经济学与法律的对话》,广西师范大学出版社,2020,第244页。

提出大力支持慈善事业的发展。但并不是说慈善组织开展慈善活动可以不考虑受益人的利益,慈善行为人实施慈善行为仍应尽到一定的注意义务,避免对被救助人造成损害,依据法律法规开展慈善活动。但行为人的注意义务受到环境、专业性等各种因素的影响,以一般人的注意义务或专业领域的勤勉尽责义务为标准,判定慈善服务行为人的注意义务,要求过于严苛。在慈善活动中,行为人的注意义务应当是在国家支持、鼓励慈善事业的政策环境下,基于慈善活动的特殊性,如是否存在暴雨、地震等突发情况或紧急事件等情形,判断行为人能否快速、准确地判断行为的恰当性与合理性,不能脱离慈善活动的特殊性等进行认定。

当然,以鼓励慈善事业发展的法政策限制慈善服务行为人的注意义务,可能会引发部分人一定的担心,即行为人会不会利用法律对慈善活动的保护伞而侵害被侵权人的利益? 当然,这样的担心是合理的,也正是基于这样的担心,需要小心翼翼地结合特定的情形认定行为人的注意义务。但所谓的"限制"不是减少慈善行为人的注意义务,而是不能忽视其行为的特定情境,给予相应的关注。在医疗损害中的医疗机构可以在特定情形下免责,慈善活动面临的不确定因素或紧急情况虽不及于紧急情形下医疗机构面对的困难复杂、多变。但立法的目的是关注特殊情形,给予相关主体保护鼓励其积极救助他人。因此,在司法实践中,应当给予法官一定的自由裁量权,相信司法者能在个案中实现公平正义与利益平衡。

(二) 基于受益人之受益情况确定损害赔偿责任

在 19 世纪早期即存在完全赔偿模式与限制赔偿模式之争。在德国,耶林张从主观层面发出通过行为人的有责性实现对侵权损害赔偿范围的判定。莫姆森则主张从客观层面出发采纳因果关系与差额说的法技术手段,以排斥责任基础事实对责任范围的辐射,防止损害赔偿责任的"刑罚化"。无论是主观模式还是客观模式,都在探索确定损害赔偿责任最合理的路径,是对完全赔偿原则的突破。

在立法上也逐步探索限制赔偿责任的情形。《东亚侵权示范法》第四十条规定:"确定损害赔偿,应当侵权行为所造成的损害和所失可得利益为准,予以全部赔偿,但法律另有特别规定的除外。"①第四十一条规定:"完全赔偿可能造成其无法承受上述负担的,得依其请求适当缩减赔偿金额。具体的缩减数额,应考虑侵权人的主观恶意或者过失程度、受侵害权益的性质、损害的大小以及对受害人的影响等因素。"②立法上,对侵权人有责性关注,虽增加了案件裁判的难度,却也在最大程度上实现了个案的公平与正义,也必将是未来侵权法努力的方向。

在我国,学者也开始关注突破完全赔偿责任的必要性,立法上也进行了一定的尝试。《中华人民共和国民法典》第九百九十八条规定:"认定行为人承担侵害除生命权、身体权和健康权外的人格权的民事责任,应当考虑行为人和受害人的职业、影响范围、过错程度,以及行为的目的、方式、后果等因素。"虽没有针对慈善行为造成侵权予以立法,但一定条件下限制赔偿责任,成为侵权法的一种立法趋势。限制赔偿责任的立法模式,突破了传统侵权法对损害赔偿责任主要功能的界定,认为责任的承担不仅仅是对具体案件中受害人进行的补偿,更应当是对行为人行为自由的一种保障。

法经济学视角下,对限制损害赔偿的合理性进行了更为充分的论证与说明。进一步解释了限制赔偿责任的合理性。事故的发生是一种成本,付出成本的目的在于求得收益。过去的成本付出后,应着眼于将来的收益。经济分析并未将收益限定于具体的个人收益,而强调社会效率的最大化。从经济学的视角来看,应当理性的制定法律和适用法律。③ 在慈善服务侵权中,其最大的特点是,被侵权人身份的双重性,其既是被侵权人也是受益人,而且是因其为受益人,才导致其成为潜在的被侵权人,在责任的承担上不能将一特殊性置之不理。因此,在慈善服务侵权中,不考虑受益人的受益情形是不恰当的。从中获得利益的人也必须同时负担其中的不利益④。受益人的受益情况,应当成为慈善侵权中必然考虑的因素,结合受益情况适当减少侵权人的

---

①　杨立新主编:《东亚侵权法示范法》,北京大学出版社,2016,第 17 页。

②　杨立新主编:《东亚侵权法示范法》,北京大学出版社,2016,第 17 页。

③　[美]大卫·D.弗里德曼:《经济学与法律的对话》,广西师范大学出版社,2020 第 7 页。

④　[奥]海尔姆特·库奇奥:《侵权责任法的基本问题(第一卷):德语国家的视解》,朱岩译,北京大学出版社,2017,第 244 页。

损害赔偿责任。

(三)基于因果关系限制损害赔偿责任的成立

在因果关系的确定中,侵权法关注是什么原因使得一个人情境变遭,但并非所有的原因都会成为法律上的原因。如合法的竞争当然使一个人的情境变遭,但合法的竞争不是侵权。在慈善服务侵权中,受益人虽受到了一定的损害,但其受到利益很有可能高于受到的损害,这种情况下,仍采用一般的标准认定因果关系,也实为不妥。界定引致损害发生的法律原因时,必定也需在慈善语境中界定。

一方面,在慈善服务侵权中,可以直接限制因果关系,这也更符合限制慈善组织损害赔偿责任的初衷。在立法上,也有直接限制因果关系的参考。《埃塞俄比亚民法典》第二千一百零一条之三[不可预见的损害]规定:"(1)在衡平需要时,如果赔偿额由于不可预见的情况超出本可合理预期的范围,则法院可减少致损人应支付的赔偿额。(2)如果损害是由于故意过犯所致,则不得依第(1)款规定作出减少的命令。"①可以直接基于慈善活动的特殊性,进行必要的限制。如可以参考新闻报道的"必要性"原则,给予慈善服务行为人一定范围的自由,鼓励其开展慈善活动,阻断行为与损害之间的因果关系。

另一方面,受益人预见到风险的情形下,可以阻断慈善服务行为与损害之间的因果关系。限制因果关系,并不是基于受益人自愿接受慈善服务而推导出自愿接受损害,这并不能导致因果关系的中断。而是说,在慈善活动中,原告即使预见到损害的发生,但对他来说,接受当下的帮助,虽可能会有损害,但对于生存等权益来说,这是一种最佳的选择。"当生命权与人格权发生冲突时,优先考虑生命权;当生存权与其他权利发生冲突时,优先考虑生存权;当公正与效率发生冲突时,应以公正为主,等等。"在权益保护中,当权益发生冲突时,需要对权益进行价值排序。同样的,当人们作出自己的选择时,也会面临两种权益的衡量,不能漠视当事人的这种选择。② 这一点,类似于

---

① 《埃塞俄比亚民法典》,薛军译,厦门大学出版社,2013,第295页。
② 贾明会:《价值判断在审判实践中的应用》,载《人民司法》2004年第5期。

紧急避险和紧急救助行为。

　　总体而言,在慈善服务侵权的因果关系认定中,一方面,直接限制因果关系;另一方面,结合慈善活动的公益性,给予法官一定的自由裁量权①,在具体案件中,结合慈善活动的特殊性确定因果关系的成立。慈善活动的类型很多,一刀切式的,对各种类型的慈善活动中的因果关系进行规定,是不恰当、不合理的。在因果关系判断中,应当对被告的行为进行道德可责性的判断。进行道德可责性判断的目标在于实现公平正义。公平正义的实现,需结合个案,其实现依赖于法官对于什么是合适、适当或者公正这种观念。法院在适用突破因果关系的规则时,即一般政策性原则时,会从以下几个方面进行考虑:"希望不要增加不必要的诉讼、不对被告施加摧毁性责任、在事实很难证明的情况下不接受起诉,以及鼓励个人采取主动等。"②"具体个案的环境与原因和纯粹条件之间的区别有很大的关系。"③

　　论证慈善服务行为的特殊性,是为了明晰行为人侵权责任认定的合理性,包括在立法和司法上的改变与思考。将慈善服务侵权给予特殊关注,形成一项特别制度,"就必须要对因果关系原则补充一些限制。如果我们不对我们认为法院在确定这些侵权责任限制时所使用的方法给出一定的说明,就离开对于提出来替代因果原则的各种形式的政策理论所作的评述,这可能不会令人满意。"④

五、结语

　　不宜将侵权法看成一个实现目的的手段,而是一套实现个人责任的伦理

---

① ［美］本杰明・N.卡多佐:《法律科学的悖论》,劳东燕译,北京大学出版社,2019,第66页。"作为法官,我们的职能不是改变文明的进程,而是对它进行规制,并使之有序进行。生活之书有变化,今年向我们展示的价值,可能就会与明天展示的价值有所不同。"

② H.L.A.哈特、托尼・奥诺尔:《法律中的因果关系(第二版)》,张绍谦、孙战国译,中国政法大学出版社,2005,第273页。

③ H.L.A.哈特、托尼・奥诺尔:《法律中的因果关系(第二版)》,张绍谦、孙战国译,中国政法大学出版社,2005,第33页。

④ H.L.A.哈特、托尼・奥诺尔:《法律中的因果关系(第二版)》,张绍谦、孙战国译,中国政法大学出版社,2005,第273页。

原则。① 当侵权法作为一个伦理和原则体系,判断特定侵权法规则和原则的可接受性的适当的社会标准并不是它们是否符合某个人的道德观念,而是在公民所持的相关道德观念的范围内,它们是否代表了一种社会应采用的且可针对其成员执行的公平合理的个人责任制度。在慈善侵权的认定当中,不能仅依据传统的侵权法规则,应当适当地变通、改变或赋予规则必要的灵活性。② 慈善服务行为人损害赔偿责任的承担,之所以引发慈善豁免支持与反对的声音,或根本不被讨论,系基于对发生冲突的价值保护如何保护的犹豫,人们的初衷都是好的,尽可能保护更多的利益。"在存在冲突的场合,道德价值优于经济价值,而经济价值优于美学价值。不过,决疑论会发现存在重叠与例外之处。"③无论如何,立法上、司法中,在进行客观评估和判断时,都应当遵循促进社会发展、进步的标准,而不是仅仅遵循既定的标准。

---

① [澳]彼得·凯恩:《侵权法解剖》,汪志刚译,北京大学出版社,2010,第26页。

② Cf. Pound, Law and Morals , p. 111; Duguit, Traite de Droit Constitutionnel, vol. i, pp. 36, 41; Cardozo, Growth of the law , p. 49. "规则必须具有灵活性,它会将事物变动的内容容纳在自身的边界之内。作为法律规范的正义,并非特定情境下总体道德行为中的某个固定或确定的方面。"

③ [美]本杰明·N. 卡多佐:《法律科学的悖论》劳东燕译,北京大学出版社,2019,第65页。

6

论慈善捐赠赠与人任意撤销权之完善
——兼评《中华人民共和国慈善法》第四十一条

徐　靓　刘晓梅①

摘　要:《中华人民共和国民法典》颁布生效之前,《合同法》对慈善捐赠中赠与人任意撤销权的规定与《中华人民共和国慈善法》存在冲突。为缓和这一矛盾,《中华人民共和国民法典》对原《合同法》的规定作了修改,使其与《中华人民共和国慈善法》保持一致,但是却又导致慈善捐赠中对赠与人任意撤销权的排除范围被不合理地限缩。任意撤销权本质上是利益平衡机制,在排除慈善捐赠赠与人任意撤销权时应当充分考量慈善捐赠的特殊性,衡量其中双方利益相较于一般赠与的不同之处,为排除慈善捐赠赠与人的任意撤销权提供充分依据。

关键词:慈善捐赠,公益性质,利益平衡,期待利益

一、问题的提出

我国《中华人民共和国慈善法》在第四十一条规定了两类不可撤销的慈善捐赠情形,其一是"捐赠人通过广播、电视、报刊、互联网等媒体公开承诺

---

①　作者简介:徐靓,女,天津工业大学法学院硕士研究生,研究方向:慈善法;刘晓梅,女,法学博士,天津工业大学法学院教授,中国犯罪学学会副会长,中国社会学会犯罪社会学专业委员会副会长,研究方向:刑法学。

捐赠的"，其二是捐赠财产用于"扶贫、济困；扶老、救孤、恤病、助残、优抚；救助自然灾害、事故灾难和公共卫生事件等突发事件造成的损害"的慈善活动，并签订书面捐赠协议的。在我国《中华人民共和国民法典》颁布生效之前，依照《合同法》第一百八十六条第二款的规定，具有救灾、扶贫等社会公益性质的赠与合同在赠与财产的权利转移之前不得任意撤销，并在第一百八十八条赋予了受赠人交付请求权。显然，此时《合同法》与《中华人民共和国慈善法》的有关规定是存在冲突的，相较于《中华人民共和国慈善法》，《合同法》不可任意撤销的范围更大。《中华人民共和国慈善法》将不可任意撤销的范围限定在该法第三条的第一项至第三项，即用于"扶贫、济困；扶老、救孤、恤病、助残、优抚；救助自然灾害、事故灾难和公共卫生事件等突发事件造成的损害"的捐赠，并且要求签订书面捐赠协议，而《合同法》排除了所有具有社会公益性质的赠与合同中赠与人的任意撤销权。司法实践中多采纳《合同法》的规定，慈善捐赠中赠与人任意撤销权的适用范围相对较窄。《中华人民共和国民法典》为解决这一不协调之处，在第六百五十八条第二款以及第六百六十条第一款对《合同法》原规定作出了修改，《合同法》规定的"具有救灾、扶贫等社会公益、道德义务性质的赠与合同"被修改为"依法不得撤销的具有救灾、扶贫、助残等公益、道德义务性质的赠与合同"，使其与《中华人民共和国慈善法》相衔接。这在一定程度上缓和了慈善捐赠任意撤销权的两法矛盾问题，但是仍留下了一些疑惑亟待解决。较之修改以前，修改后的慈善捐赠中赠与人的任意撤销权的范围扩大，而不得行使任意撤销权的情形被大大限缩。

修改前后慈善捐赠中赠与人任意撤销权的差异主要体现在以下三点：其一，将公开承诺捐赠单列出来，与未公开承诺的情形予以区分，未公开承诺的慈善捐赠只要不属于《中华人民共和国慈善法》第四十一条第二项的情形亦可以在财产权利转移前撤销。其二，未订立书面捐赠协议的慈善捐赠在财产权利转移之前可以撤销。其三，仅有用于《中华人民共和国慈善法》第三条第一项至第三项规定的公益活动的捐赠不可以被撤销，而针对第三条第四项至第六项，即促进教科文卫体发展的公益活动以及防治污染和其他公害、保护和改善生态环境等其他公益活动的慈善捐赠，即使订立书面合同，在财产权利转移之前仍可以被撤销。前者是对赠与合同的形式限制,后者则是对适用对象的限制。但是,对于限制的理由,不论是《中华人民共和国慈善法》还是《中华人民共和国民法典》都未给出合理的解释。因此,本文旨在通过对任意撤销权的排除进行法理分析,以期对《中华人民共和国慈善法》的排除范围提出合理的修改建议,完善我国慈善法律制度,进而促进我国慈善事业的良性发展。

二、任意撤销权的赋予与排除:以利益平衡为中心

(一)任意撤销权的赋予

在民事法律中,赠与人享有任意撤销权,财产权利转移之前的赠与均可撤销。赋予赠与人任意撤销权的理由主要在于赠与行为的无偿性。在赠与法律关系中,受赠人并不需要支付任何对价,而赠与人会因赠与行为而利益减损,赠与行为于赠与人而言是完全的负担行为,双方地位违反均衡正义。为了平衡双方利益,法律在财产权利移转之前赋予赠与人任意撤销权,"任意撤回权之意旨实际上是通过缓和赠与合同的约束力来实践优遇赠与人的目的,最终获致公平正义"[1]。

1. 牺牲受赠人期待利益

由于受赠人利益除了财产权利转移后受赠人享有的财产权利之外,在财产权利转移之前,受赠人还享有期待利益。赋予赠与人任意撤销权同时也排除了受赠人期待利益受损时获得救济的可能性。应当说明的是,期待利益与信赖利益不同,按照民法通说,期待利益通常适用于合同成立生效后的场合,其保护目的是把债权人恢复到合同得以适当履行后应处的状态。[2] 而信赖利益通常适用于合同不成立或者无效的场合,其保护目的是把债权人恢复到

---

[1]　宁红丽、易军:《论民法撤销权体系中赠与人的撤回权制度》,《岳麓法学评论》2003年第1期。

[2]　内田贵:《契约的再生》,胡宝海译,载梁慧星主编:《民商法论丛》第4卷,法律出版社,1996,第211页。

未信赖合同成立或有效时之状态。两者均基于信赖而产生,是合同缔结动态发展阶段的不同保护对象。在合同成立生效之前,通过缔约过失责任保护信赖利益,而在合同成立生效之后,通过违约责任保护期待利益,两者截然不同,不可混为一谈。在赠与人任意撤销权的适用场合,赠与合同必然已经成立并生效,如若赠与合同尚未成立或者无效,又何来撤销一说? 因此此时受赠人仅享有期待利益,而不享有信赖利益。

期待利益是一种未来利益,"合同履行期到来之前或合同的履行条件成就之前,期待利益的实现仅是一种可能,只有在当事人履行了合同,这种可能得到的利益才转变为既存利益"。[①] 自愿承担债务的习俗具有内在价值,即它允许一个人和他人建立密切关系和特殊关系,因此受约人对允诺人的允诺享有权利。[②] 对期待利益的保护有两个主要功能,第一是强化对信赖利益(交换正义)的保护,第二是维护与增进社会信用。[③] 通常情况下对期待利益的保护可以增进社会信用,维护交易安全。但是在赠与的场合,情况却有所不同。首先,期待利益同样基于信赖产生,而信赖需要具有合理性。受赠人在接受赠与时由于并未付出任何代价,因此应当保持理性谨慎,避免遭受损失。其次,与一般的合同行为不同,赠与并非建立密切关系的方式,相反是基于密切关系而产生,因此并不需要通过保护期待利益来维护基于合同产生的密切关系。"在赠与合同中,对受赠人强制执行权的认可,反而与作为赠与基础的'爱与信赖关系'相违"[④]。

2. 保护受赠人所有权

赠与人任意撤销权的适用仅限于财产权利转移之前,而一旦动产完成交付不动产完成登记,则赠与人任意撤销权消灭。因为此时财产所有权已经发生变动,如若继续为保护赠与人权利而剥夺受赠人享有的所有权,将破坏已

---

① 马新彦:《信赖与信赖利益考》,《法律科学(西北政法学院学报)》2000 年第 3 期。

② 詹姆斯·戈德雷:《私法的基础,财产、侵权、合同和不当得利》,张家勇译,法律出版社,2007,第 485 页。

③ L. L. 富勒,小威廉 R. 帕迪尤:《合同损害赔偿中的信赖利益》,韩世远译,载梁慧星主编:《为权利而斗争》,中国法制出版社,2000,第 503 页。

④ 白纶:《〈民法典〉无偿合同规范模式研究——以赠与及间接赠与的法律规制为中心》,《中国政法大学学报》2020 年第 1 期。

经固定的财产权,同时破坏法治体系对个人财产权的保护制度。因此,当受赠人享有赠与财产的所有权后,法律对赠与人的额外保护终止,任意撤销权消灭。

综上可见,赠与人的任意撤销权系法律基于赠与的无偿性,而牺牲对受赠人期待利益保护的利益平衡机制,但是同时保护受赠人所有权,不以牺牲受赠人所有权为代价保护赠与人权益。

(二)任意撤销权的排除

1. 任意撤销权排除的正当性基础

依照《中华人民共和国民法典》第六百五十八条第二款以及第六百六十条第一款的规定,经过公证的赠与合同不可撤销。而具有公益性质的赠与则在《中华人民共和国民法典》修改后由完全不可撤销变更为有限不可撤销。由于任意撤销权本身是利益的平衡机制,旨在通过牺牲受赠人的期待利益而加强对赠与人的保护。因此要排除任意撤销权,必须要求出现了新的变量导致原本需要平衡的利益发生了某些变化,进而使得平衡机制不再适用。综合而言,排除赠与人转移财产权力前任意撤销权的理由主要从两点出发:其一是受赠人信赖具有了合理性,不能再牺牲其期待利益以给予赠与人特殊保护;其二是赠与人在赠与中也获得利益,不需要法律再进行倾斜保护。对于经过公证的赠与合同,由于公证的行为会使得赠与合同的可信度更高,在一定程度上增强了受赠人信赖的合理性,此时再忽略受赠人期待利益则是不妥当的,而牺牲受赠人合理的期待利益也将有失公允。因此,经过公证的赠与合同法律不再对赠与人倾斜保护,排除赠与人的任意撤销权。对于具有公益性质的捐赠行为,一般而言,其中的赠与人往往并非一无所获。一方面,政府给予公益捐赠抵扣税款的税收优惠,相当于补贴了部分赠与人利益;另一方面,公益捐赠能够带给赠与人正向的社会评价或者说良好声誉,而这部分良好声誉在一定程度上也能增进赠与人的经济效益。

2. 慈善捐赠的具体适用

慈善捐赠中赠与人因享有税收优惠和良好声誉而获得了部分利益补偿,据此法律就有理由不再对慈善捐赠中的赠与人给予倾斜保护。但是在具体适用中,仍旧存在下列两点问题:其一,虽然赠与人能够享有税收优惠,但是税收优惠并不能完全填补赠与人的利益损失,赠与人仍是利益受损一方;其二,并非所有慈善捐赠的赠与人都能收获良好声誉,良好声誉与慈善的公开相联系,默默捐赠的赠与人并不能获得基于慈善捐赠产生的社会正向评价。因此,要排除慈善捐赠中赠与人的任意撤销权,仅有税收优惠的理由是不充分的,而收获良好声誉的理由又是不全面的。不能仅凭此两点依据就排除所有慈善捐赠中赠与人的任意撤销权。为了提供更具有说服力的理由,有学者认为"公益性捐赠的受赠人往往为特定公益组织,受赠人在赠与人反悔后继续索要赠与财物并非为自身利益,而是代表不特定人的利益,在社会一般观念上并无不妥"①。但是笔者实难以为然,一方面,慈善捐赠并非仅包含对特定公益组织或者说慈善组织的间接捐赠,还包括对受赠人的直接捐赠,那么是否意味着直接捐赠的捐赠协议可以撤销,而间接捐赠的赠与协议就不可撤销呢?另一方面,由于慈善事业捐赠的自愿性,要促进慈善事业的良性发展,维持赠与人与慈善组织的密切关系是不可忽略的关键一环,坚持索要财物的行为可能导致赠与人对慈善组织甚至慈善事业的抵触。因此笔者认为,排除所有慈善捐赠中赠与人的任意撤销权不利于慈善事业发展,甚至可能适得其反,导致有捐赠意向的人对慈善事业的抵触。排除慈善捐赠中赠与人的任意撤销权必须进一步细化分析,切不可一言以蔽之。

笔者认为,排除捐赠中赠与人的任意撤销权不仅可以从赠与人获利的角度出发,同时也可以从受赠人期待利益的角度着手。慈善捐赠中对于赠与的实现往往更迫切,受赠人的期待利益相较于一般赠与而言不宜被牺牲,在一定条件下可以排除赠与人的任意撤销权。

通过上述分析,对于排除慈善捐赠中赠与人任意撤销权的正当性依据,可以得出以下几点结论:

第一,仅有税收优惠的理由是不充分的,不能仅凭税收优惠排除对赠与人的倾斜保护。

第二,收获良好声誉的理由是不全面的,并非所有赠与人都公开进行慈

---

① 罗昆:《"依法"不得撤销的公益性赠与之认定》,《法律适用》2020 年第 15 期。

善捐赠,而小范围公开带来的良好声誉也是有限的,大而化之排除所有慈善捐赠中赠与人的任意撤销权会损害其中部分赠与人应享有的合法权益。

第三,为促进慈善事业的良性发展,维持慈善捐赠双方的密切关系是必要的,笼统排除慈善捐赠中赠与人的任意撤销权会减损捐赠热情,有碍慈善事业的发展。

第四,慈善捐赠中对于赠与的实现往往更迫切,受赠人的期待利益相较于一般赠与而言不宜被牺牲,在一定条件下可以排除赠与人的任意撤销权。

三、《中华人民共和国慈善法》第四十一条之审视与完善

《中华人民共和国慈善法》对赠与人任意撤销权的排除仅包括两种情形,其一是"捐赠人通过广播、电视、报刊、互联网等媒体公开承诺捐赠的",其二是"捐赠财产用于本法第三条第一项至第三项规定的慈善活动,并签订书面捐赠协议的"。对于第一种情形,《中华人民共和国慈善法》排除捐赠人的任意撤销权具有合理依据,因为通过媒体公开允诺捐赠的捐赠人能够收获大范围的良好声誉,并据此获利,法律已经不需要再对其倾斜保护以平衡利益。并且赠与人公开承诺捐赠的行为,从另一方面而言增强了受赠人信赖的合理性,使得牺牲受赠人期待利益不再妥当。而对于第二种情形,显然《中华人民共和国慈善法》对第三条规定的慈善活动分而治之,细究之后可以发现,不允许被任意撤销的慈善活动(针对扶贫、济困;扶老、救孤、恤病、助残、优抚;救助自然灾害、事故灾难和公共卫生事件等突发事件造成的损害的慈善活动)都具有紧迫性,而允许被任意撤销的慈善活动(促进教科文卫体发展的公益活动以及防治污染和其他公害、保护和改善生态环境等其他慈善活动)则重在长远,是两种不同的公益思路。笔者认为将慈善活动据此划分是有一定道理的,从受赠人角度而言,处于紧迫需求下的受赠人对捐赠的信赖合理性更高,例如甲承诺将自己拥有的一艘船捐赠给乙用于洪水救援,和甲承诺将自己拥有的一艘船捐赠给学校学生参观学习。相较于后者,前者的救援行动具有紧迫性,甲的出尔反尔可能会耽误救援造成严重后果,乙有理由

相信甲作为一个理性谨慎的人注意到了这一紧迫性而不会反悔。但是这一情况只能得出应当给予紧迫性慈善活动受赠人相较于长远性慈善活动受赠人更多保护的结论。鉴于慈善活动相较于一般赠与的特殊性，笔者进一步认为，法律对于不同受赠人的保护应当体现出层次性，随着公益性质的提升而递增，即紧迫性慈善活动受赠人最高，长远性慈善活动受赠人次之，一般受赠人最低。相应的，法律对于赠与人的保护则应当随着公益性质的提升而递减，即紧迫性慈善活动赠与人最低，长远性慈善活动赠与人次之，一般赠与人最高。这种层次性具化为法律则是对赠与人任意撤销权的赋予与排除。据此笔者认为，应当增加部分排除长远性慈善活动赠与人的任意撤销权，并进一步排除紧迫性慈善活动赠与人的任意撤销权，以体现对慈善活动受赠人的特殊保护。

　　具体而言，笔者认为应当将《中华人民共和国慈善法》第四十一条第二项由"捐赠财产用于本法第三条第一项至第三项规定的慈善活动，并签订书面捐赠协议的"修改为"捐赠财产用于本法第三条第一项至第三项规定的慈善活动的"，通过减少书面捐赠协议的形式要求，进一步排除紧迫性慈善活动赠与人的任意撤销权。另外，还应当在第四十一条中新增第三项，即"捐赠财产用于本法第三条第四项至第六项规定的慈善活动，并签订书面捐赠协议的"，以排除长远性慈善活动赠与人的任意撤销权，书面捐赠协议的形式要求一方面能够凸显对紧迫性慈善活动受赠人相较于长远性慈善活动受赠人的特殊保护，另一方面有利于维持慈善捐赠双方的亲密关系，不加限制地笼统排斥慈善捐赠中赠与人的任意撤销权会减损捐赠热情，有碍慈善事业的发展。

7

慈善信托受托人谨慎投资义务研究

朱　　涛　　倪仁君①

摘　要:信托财产是慈善信托存在的根基,为实现慈善信托生命的永续,受托人可在尊重委托人意愿的基础上,根据慈善项目的需要利用闲置的信托财产进行投资,从而实现信托财产的保值增值。我国关于慈善信托财产保值增值的法律规制侧重于对投资对象的范围进行过多地限制,却忽视了对受托人谨慎投资义务规范的完善,这难以对受托人的投资行为进行良性引导和规范。随着慈善信托的发展,必将引发一系列违反合法性与合理性的风险,不利于慈善信托财产的保值增值。我国应借鉴英美法系国家关于信托财产保值增值的经验,将重心放置在对受托人谨慎投资规则的完善上,结合我国的本土情况有选择地借鉴其较完善的谨慎投资义务规范,针对不同的投资环节细化我国慈善信托受托人谨慎投资义务的内容,确定科学合理的谨慎投资义务判断标准。

关键词:慈善信托,受托人,慈善信托财产,保值增值,谨慎投资义务

一、问题的提出

慈善信托作为《中华人民共和国慈善法》引入的一项展开慈善活动的创

---

①　作者简介:朱涛,男,法学博士,天津财经大学法学院副教授,研究方向:民法,消费者法;倪仁君,女,天津财经大学法学院硕士研究生,研究方向:民商法学。

新制度,标志着我国慈善事业法治化的进步①。但是《中华人民共和国慈善法》作为一部带有慈善导向和政策宣示作用的综合性法律,其内容大抵过于笼统,对于应对慈善信托运行过程中的具体问题显得捉襟见肘,比如慈善信托的税收优惠、慈善财产保值增值、慈善信托监管问题等,这些问题都难以仅凭《中华人民共和国慈善法》解决,而且我国慈善信托现在仍处于初期的实践探索阶段,从实践中汲取的经验并不充足,难以弥补成文规范操作性不强的缺陷。

本文从慈善信托财产保值增值的角度入手,仅研究慈善组织和信托公司这两类专业性较强的受托人在利用信托财产投资时的谨慎投资义务②。之所以选取与慈善财产紧密相关的谨慎投资义务作为本文的研究内容,原因在于,慈善财产是包括慈善信托在内的所有慈善活动运行的根本,而作为慈善信托存续根本的信托财产,其严重闲置必然面临贬值的风险,长此下去难以维系此种新型慈善形式的持续开展。而信托财产投资则可以成为慈善事业的"造血"机制,利用信托财产投资并获取收益,实现慈善财产的不断增值,"源源不断"地维持慈善事业的生命活力。值得一提的是,历史悠久而长青的诺贝尔基金会便是一个通过对外投资获取收益,实现慈善财产不断增值,进而助推慈善事业持续发展的典范。

随着金融市场投资工具日益多样化,信托制度在财产管理尤其是信托财产保值增值方面的优势愈发凸显③。受托人作为信托财产的实际控制者,承担着实现慈善财产的保值增值的职责,同时被赋予利用信托财产投资的权利。但是,有投资就有风险,该投资权必须配套合理的权利约束机制,否则必

---

① 周乾:《我国慈善信托制度之创新、局限与完善》,《内蒙古社会科学(汉文版)》2018年第6期。

② 民政部与中国银监会联合发布的《关于做好慈善信托备案有关工作的通知》和银监会和民政部联合印发的《慈善信托管理办法》均指出慈善信托受托人仅限于慈善组织和信托公司,但是有学者认为《中华人民共和国慈善法》对于受托人资格的表述为"可以",且《中华人民共和国慈善法》的效力高于上述两规范,因此认为并未禁止其他主体担任慈善信托受托人。参见周乾:《论我国慈善信托受托人资格》,《中国政法大学学报》2021年第3期。但笔者认为我国慈善信托起步较晚,对于受托人的资格认定和受托人监管机制不尽完善,更赞同将慈善信托受托人限定在这两类专业性强的主体。

③ 孙洁丽:《慈善信托法律问题研究》,法律出版社,2019,第92页。

然将慈善财产置于极大的金融风险之下。因而,须以谨慎投资义务规范对受托人的信托财产投资权予以约束,在实现慈善财产保值增值的同时兼顾其安全性。既然谨慎投资义务的履行与信托财产的保值增值有如此紧密的联系,那么在我国慈善财产保值增值的法律规制中,涉及该义务的规则设计又如何? 更关键的问题在于慈善信托投资人在投资过程中的谨慎义务具体指哪些内容? 当受托人利用信托财产投资但却失败并且造成信托财产减损时,又如何判断其在此过程中是否履行了相应的谨慎投资义务,像有经验者或精通某事务者一般勤勉、良苦用心? 这些均需要《中华人民共和国慈善法》及其配套规范予以回应。我国专门针对慈善信托受托人谨慎投资义务的研究却并不多,笔者认为有必要对这些问题进行研究,给予规则制定者一定的启发。

二、慈善信托受托人谨慎投资义务的功能定位

谨慎投资义务随着信托财产形态的变迁和信托功能的发展而来。信托财产不仅限于早期的货币或不动产等有形财产,大量无形资产的出现也催生了对信托财产进行投资管理的需求信托的财产管理功能愈发凸显。谨慎投资义务是谨慎义务在投资领域的具体表现。谨慎投资义务,指受托人在信托财产的管理过程中,应勤勉审慎,极尽与自身能力相符的注意对信托财产进行管理和投资,欧陆法系将其称为"善管注意义务"[1]。具言之,受托人应遵循慈善信托的宗旨,并依照相关约款和对信托财产的分配需求,充分发挥自身专业技能,选择审慎的投资策略,在追求信托财产增值最大化的同时降低来自金融市场的风险[2]。

慈善信托财产可以借助信托制度在财产管理方面的优势,实现自身的保值增值,那么慈善信托受托人的职责也已不仅是简单地保管信托财产,还需要对信托财产进行包括投资在内的高效运作,这对受托人专业技能的依赖更加明显。信托关系作为当事人之间信赖的外在表现,有别于其他的法律关系,在信赖关系权利义务框架中,并不讲求当事人之间对等的权利义务,被信

---

① 张淳:《信托法原理》,南京大学出版社,1994,139页。
② 张敏:《信托受托人的谨慎投资义务研究》,中国法制出版社,2011,第27页。

任者完全是为委托人的利益行事,不辜负信赖是受托人义务的主要来源,对应于慈善财产的管理和投资,受托人有依自己的技能和经验尽力而为的义务[①]。

慈善信托受托人在法律上保有信托财产,为实现公益事业管理和处分这些财产,受托人的职责从简单地被动管理到能动地利用信托财产投资。这意味着受托人拥有更宽泛的自由裁量权来管理和运作信托财产,是其财产管理权利扩张的表现。那么日益广泛的投资权必须配套合理的权利约束机制,一般意义上的谨慎义务标准已经无法满足对受托人投资权的约束,因此,需要一种针对投资领域的更具专业性和实操性的义务标准,于是谨慎投资义务的相关规则肩负此任务得以出现。该义务的功能就在于合理约束受托人在投资方面的自由裁量权,督促其勤勉审慎地对待信托财产[②],以拥有专业技能人的视角进行专业化管理和投资,保障信托财产不受通货膨胀等经济因素的影响而贬值,在追求财产保值增值的同时兼顾慈善财产对安全性的特殊要求,从而保障广泛的不特定受益人的利益。

三、对我国慈善财产保值增值规制模式的反思

我国在基本法律层面仅对谨慎投资义务作出笼统性规定,加上与基本法律相配套的办法、条例又很少涉及对于此义务的细化规定,反而对慈善财产的投资范围作出了不少限制性规定。由此可见,我国对于慈善信托财产的保值增值,采取的似乎是一种从投资对象方面作较多限制规定,却怠于细化投资主体谨慎投资义务的规制模式,这与慈善信托制度较为发达的英美法系国家的做法截然相反。具体观察我国涉及慈善信托财产投资的相关规范,可知我国此种模式存在以下弊端。

[①] 彭插三:《信义法律关系的分析及适用》,《湖南社会科学》2010 年第 3 期。

[②] 张军建:《受托人的忠实义务与善管义务》,《河南财经政法大学学报》2012 年第 4 期。

（一）对慈善信托投资对象的过分关注

《慈善信托管理办法》（以下简称"《办法》"）将慈善信托财产的投资范围限定在低风险投资产品中，不允许投资股票、基金等高风险金融产品。《慈善组织保值增值投资活动管理暂行办法》（以下简称"《暂行办法》"）也对慈善信托受托人开展投资活动的范围进行了限制，设置了慈善组织对外投资的"正面"及"负面"清单。对投资范围的保守限定虽然能避免信托财产因投资失败罹受损失，但将信托财产投资于这些低风险产品恐难以应对通货膨胀等经济因素给信托财产带来的贬值风险，而且慈善财产投资范围过于狭窄也难以配合受托人多元投资，风险分散等谨慎投资义务的履行。《办法》甚至还对慈善组织和信托公司投资范围进行了不同划分，慈善组织的投资对象仅限于低风险金融资产，而信托公司则可以根据与委托人的特别约定，投资《办法》规定以外的金融产品。此规定不加区别地预设了所有慈善组织的财产管理能力①，强行剥夺了慈善组织通过合同另作选择的余地。此种僵硬而又缺乏正当性的规定难以发挥慈善信托的灵活优势，阻碍了慈善信托的多元发展进程。

（二）对慈善信托投资主体谨慎义务的重视不足

基本法律层面上，关于慈善信托受托人的谨慎义务规定在《中华人民共和国慈善法》和《中华人民共和国信托法》之中。《中华人民共和国慈善法》第四十九条一款对慈善信托受托人的谨慎义务作出笼统性规定；第五十五条正面回应了慈善财产的保值增值需求，规定慈善组织利用信托财产投资时应当遵循的原则。《中华人民共和国信托法》第二十五条仅抽象地指出了受托人管理信托财产时的谨慎义务。可见，慈善信托受托人在利用信托财产投资过程中应遵循的义务仅仅在基本法律中得到了概括性回应。

与《中华人民共和国慈善法》相配套的行政规章也没有对谨慎投资义务作出细致规定，虽然《暂行办法》第十三条规定了慈善组织对投资活动的风

---

① 夏雨：《比较法视野下的慈善信托》，中国社会科学出版社，2017，第 103 页。

险评估义务和建立止损机制义务,但受托人如何对慈善财产进行管理投资以及如何判断受托人谨慎投资义务的履行情况,仅有这些还是远远不够,这与英美法系国家的谨慎投资规则区别较大。另外,我国关于受托人谨慎投资义务的规范并不少,但大多出现在商事领域中,这些规范对于慈善信托领域中该义务的判断也有一定参考意义①。但需要承认是,在基本法律之外的配套规范中,专门针对该义务在慈善信托领域的具体可操作性规范存在一定的缺失。

(三) 改变我国对于慈善财产增值保值的规制模式

我国慈善信托财产的投资范围比较狭窄,基本上限于低风险投资工具②,选择了与英国早期"法定目录"规则类似的投资范围限制路径,虽然有保障信托财产安全之功效,却也因为固定低息加上通货膨胀等因素的影响,难以满足信托财产对增值的需求,受托人的专业管理与投资能力也无法施展,既不能充分利用日益丰富的金融投资产品,也不符合慈善信托这一具有创新性和灵活性的慈善形式的特点,难以发挥慈善信托的优势。然而,英国在意识到"法定名录"规则的缺陷后,于《2000 年受托人法》中极大开放了受托人利用信托财产投资的范围,转而完善慈善信托受托人的谨慎投资义务。美国相关法律③在谨慎投资规则较为完善的前提下,甚至撤掉了投资范围这一风险把控闸口,不再限制具体的投资范围,将风险管控的重心放在要求受托人谨慎勤勉,多元投资,分散风险这一路径上。

---

① 《证券投资基金法》中规定的信托人谨慎义务、组合投资方式和禁止性投资行为以及《银行业监督管理法》中规定的银行业审慎经营规则都是针对于商事信托受托人谨慎义务的规范;《信托公司管理办法》和《信托公司集合资金信托计划管理办法》等规范性文件也规定了商事信托人的谨慎投资义务,投资范围,投资比例、投资方式等;《全国社会保障基金投资管理暂行办法》规定了社保基金投资方面的谨慎义务,投资范围和投资比例等。上述规范均对慈善信托领域受托人投资权利的约束具有一定参考价值。参见孙洁丽:《慈善信托法律问题研究》,法律出版社 2019 年版,第 89 页。

② 赵廉慧:《"后〈慈善法〉时代"慈善信托制度的理论与实践》,《中国非营利评论》2017 年第 1 期。

③ 美国《信托法重述(三)》和《统一谨慎投资者法》授予受托人广泛的投资权,对信托财产具体的投资范围不再设置限制。

英美法系国家的立法趋向也给我们提供了借鉴思路,我们需要改变这种重视投资范围的限制却忽视受托人谨慎投资义务的规制模式。尽管在慈善信托发展初期阶段,因受托人投资不当产生的纠纷较少,但是随着市场的开放和经济的发展,谨慎投资义务规范的模糊性不利于给予受托人投资才能施展空间下的"保护性"约束[1],必然引发一系列违反合法性与合理性的风险,不利于慈善信托财产的增值保值,甚至危及慈善财产的安全[2]。

慈善信托受托人与不特定受益人之间的关系实质为信托人和一般社会公众的关系[3]。那么为维护这种范围不确定又亟待保护的公众利益,慈善信托下以受托人为核心的内部治理的必要性更加凸显,而良好的内部治理必然要求对慈善信托受托人信义义务的准确界定和履行情况的科学判断。因此,我们需要在与《中华人民共和国慈善法》相配套的规范中或者在未来修改的《中华人民共和国慈善法》中重视对谨慎投资义务的内容和判断标准的完善,而不是一味在限制受托人投资活动或者在投资对象的范围上做文章[4]。

四、完善我国慈善信托受托人的谨慎投资义务

受托人谨慎义务比忠实义务要求更高且更灵活难控,有必要对受托人谨慎投资义务的内容进行细化,并在此基础上明确该义务履行情况的判断标准。关于此问题,英美法系国家在慈善信托受托人谨慎投资义务的考察因素和判断标准上有较为详细的阐述[5],我们可借鉴英美法系国家确立的"谨慎投资者规则",完善我国谨慎投资义务的内容和履行的客观标准,对受托人投资、管理行为提供制度上的指引和约束。

---

① 张天民:《失去衡平法的信托》,中信出版社,2004,第 86 页。
② 吕鑫:《从公益信托到慈善信托:跨国移植及其本土建构》,《社会科学战线》2019 年第 10 页。
③ 李俏翘:《我国公益信托立法完善研究》,广东财经大学学位论文,2014 年。
④ 张敏:《信托受托人的谨慎投资义务研究》,中国法制出版,2011,第 21—26 页。
⑤ 参见英国慈善委员会 2011 年发布的《慈善与投资事业:受托人的指引》第 2 条。

(一) 细化谨慎投资义务的内容

尽管我国法律规定了慈善组织在利用信托财产进行投资时,应当遵循一定的标准和原则,但是仅依赖高度抽象的一般性规定仍难以实际发挥对受托人投资权利的约束作用,有必要配合抽象规范进一步细化谨慎投资义务的内容。谨慎投资义务的内容在逐渐开放和多元,不妨根据不同的投资环节完善相应的谨慎投资义务,这对于事后判断谨慎义务的履行情况大有裨益。

1. 明确投资目标环节——风险评估多样化

机构投资者明确投资目标并正式作出投资决策前,需要对投资者的风险承受能力作出合理判断,不仅要针对所选择的投资产品本身的固有风险进行评估,同时还要考虑该项投资产品在当前整个金融市场内可能面临的多样风险,关注整个社会的经济形势,考虑价格变动,通货膨胀等因素带来的多种风险。只有将信托财产的投资管理放在整个投资环境下,充分发挥专业优势,评估所选择的投资产品可能面临的多样化风险,极尽谨慎做出投资决策,才更加符合对于安全性要求更高的慈善信托财产管理需求。

谨慎是受托人的内心状态,为了准确判断受托人谨慎义务的履行情况,此种"谨慎"需要通过外在的形式予以体现[1],因此受托人有义务记录和证实其利用信托财产谨慎投资的相关情况,以备后续进行披露和供他人审查。落实到确定投资目标环节,制作投资决策过程中的项目风险评估报告则成为该义务的内容之一。

2. 资产配置环节——信托财产分配多元化

慈善信托关系中的受托人对于信托财产在法律上享有管理控制权,夸张而言,他们对于慈善财产通常享有排除他人干涉的处理权利,因此可以从慈善财产的分配比例角度出发,规范受托人的信托财产管理权利。可在三个层次上要求受托人多样化配置信托财产及论证其合理性,从而实现多层次的投

---

[1] 王众:《美国信托受托人投资行为规范及其对我国的启示——以谨慎投资者规则为视角》,《科学经济社会》2014 年第 1 期。

资风险分散功能①,如图所示。

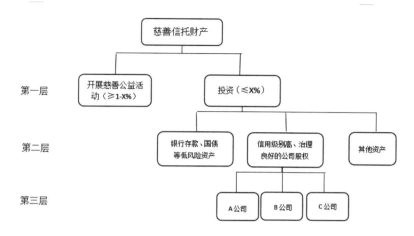

图1　资产配置环节

第一层,鉴于慈善信托相较于私益信托所不具备的公益救助特质,对慈善信托财产投资的限制稍有严格。要求受托人合理配置用于投资的信托财产和开展慈善捐赠活动的信托财产的比例②,使得该比例的划分既不影响慈善事业的顺利进行,又要保障后方财产的保值增值,以源源不断地为前方输送资金,最大限度地维持慈善信托的持续运营。

第二层,受托人应履行多元投资义务。受托人有义务权衡收益和风险,对确定为投资用途的信托财产分散投资。具体而言,受托人在信托文件的授权和相关法律规定的投资范围内,将在第一层确定为投资用途的财产份额投资于不同种类的金融产品,并谨慎安排不同风险的金融产品的投资比例。譬如,将慈善信托基金分别以不同比例投资到证券、股票等金融产品上③,尤其

---

① 张敏:《信托受托人的谨慎投资义务研究》,中国法制出版,2011,第80—91页。

② 文杰:《我国慈善信托法律规则之反思》,《理论月刊》2020年第6期。

③ 《慈善组织保值增值投资活动管理暂行办法》只是禁止慈善组织直接购买股票,但允许通过发起设立、并购、参股等方式直接进行股权投资或者委托有资质的机构来进行相关领域的投资。参见《〈慈善组织保值增值投资活动管理暂行办法〉政策问答》,载中华人民共和国民政部网站,http://www.mca.gov.cn/article/gk/jd/shzzgl/201811/20181100012706.shtml,2021年12月11日访问。《慈善信托管理办法》也规定信托公司则可以根据与委托人的特别约定,投资该《办法》规定以外的金融产品。可见并未完全禁止慈善信托受托人将信托财产投资于股票。

要限制投资到股票等风险系数较高的金融产品的财产比例。

第三层,更细化地分散投资义务。在确定投资于某一金融产品的财产比例后,受托人仍有义务将该比例信托财产投资于不同企业的金融产品。例如,将第二层次中划分的用于股权投资的份额分别再投资到多种股票上,在追求投资收益的同时分散投资于单种金融产品可能面临的风险,最大程度上降低慈善信托财产在金融市场面临的风险。

3. 投资策略执行环节——经常性审查

投资适合性的审查义务,不仅需要受托人在投资之前对投资产品进行风险评估,收益估测等工作,更要求其在投资过程中根据商业环境,国家政策,通货膨胀等外部因素的变动,对投资性产品的风险进行经常性审查①,定期评估所投资产的预期收益。并且在发现某投资项目不适合继续进行时,负有及时调整投资方向,尽快处理不符合收益预期的投资产品,再次进行组合投资的义务。

(二) 明确谨慎投资义务的履行标准

慈善信托受托人投资权的扩张意味着自由裁量空间下慈善财产风险性的加剧。为促进慈善信托投资活动的良性发展,在细化其谨慎投资义务的内容基础上,更需进一步为此种该信义义务的履行设置科学合理的判断标准,兼顾慈善信托财产的安全性需求和保值增值需求,既要防止受托人肆意行使投资权,又不过分打击受托人施展其投资才能的热情。

1. 明确"过程导向型"判断标准

通过考察英美法系的谨慎投资义务,笔者建议借鉴其对谨慎投资义务采"过程导向型"判断标准的定位,即根据受托人作出投资决定和其他财产管理行为时的状况判断其是否尽到一个审慎专业人所需的高度注意,而不是仅关注结果。换言之,在判断受托人是否履行谨慎义务之时,目光应在管理信托财产的各个环节不断往返,关注对慈善信托财产进行管理的过程而非最终结果,而且这个过程是一个涉及慈善信托投资和慈善活动开展的宏观过程。

---

① 孙洁丽:《慈善信托法律问题研究》,法律出版社,2019,第76页。

具体而言,有且不限于以下考量因素①:其一,受托人在考虑到投资给慈善信托带来可观的经济收益预期的前提下,是否审慎考虑到该投资对慈善信托最优利益的实现。其二,受托人是否对慈善信托的投资产品进行经常性的风险审查并及时调整投资策略。其三,受托人是否在投资过程中适时必要地听取实务专家建议。

2. 明确整体评价标准

观察美国的"谨慎人规则"可知,其致命弊端体现为过分考察单个投资项目的可靠性,而非整个投资组合的收益效果和风险系数,这意味着即便整体投资战略科学合理甚至收益颇丰,但是其中某项单个投资的合理性在没有得到受托人证实的情况下,受托人需要对该项单独投资所带来的不良业绩负责②。该规则也因其明显的不合理性遭到越来越多学者的质疑。

整体性评价标准则反对这种局限性思维,在判断受托人是否履行谨慎义务时,须对整个投资策略可行性和投资组合风险性综合考虑,对受托人的单项投资决策,不作个别评判,而是将单个投资项目的业绩收益情况放置于整个信托投资组合中评估,不因为单个投资项目的失败即断定受托人在行使投资权时没有履行该义务③。现代投资组合理论的发展要求受托人有义务利用慈善财产进行多元投资、组合投资,该标准可成为判断投资者组合投资,多样化投资义务的配套标准。

3. 禁止事后判断原则

在判断慈善信托受托人是否履行该义务时,避免采用"事后诸葛亮"的判断方式。判断受托人是否恪守职责,勤勉谨慎,应当根据受托人对信托财产进行投资时的经济形势与政策、金融环境等事实和情况为依据,而非在投资的损益结果已经出现后,以局势明朗时的事后者角度进行判断。应将对谨慎投资义务的判断标准设计成为一种具体可行的客观标准,防止以一个事后观察者的角度对受托人的投资行为给予不公正的主观性评价。

---

① 夏雨:《比较法视野下的慈善信托》,中国社会科学出版社,2017,第99页。
② 王苏生:《证券投资基金管理人的责任》,北京大学出版社,2001,第138页。
③ 夏雨:《比较法视野下的慈善信托》,中国社会科学出版社,2017,第104页。

8

网络众筹平台违法捐赠行为的
法律规制及完善

宋佳宁　陈　莹[①]

摘　要:近几年,利用网络众筹平台进行募捐的方式成为网络慈善的主流,因我国法律体系缺乏对网络众筹平台违法捐赠行为的规制,使众筹平台滋生的违法捐赠行为层出不穷。目前,网络众筹平台违法捐赠行为存在相关法律规制真空、平台监管机制缺失、传统规制模式定位不明等问题。网络违法捐赠行为属于网络诈骗犯罪的新兴形式之一,对其加以规制十分必要。网络众筹平台违法捐赠行为的法律规制需要完善网络众筹平台违法捐赠行为的法律规定、建立网络众筹平台全流程监管机制、优化网络众筹平台违法捐赠行为的刑罚规制。

关键词:网络众筹平台,违法捐赠,法律规制

近几年,随着"互联网+慈善"模式的快速发展,网络公益众筹平台迅速崛起,使慈善众筹呈现多元化发展态势。尽管网络众筹具有使受困之人得到有效、快捷救助的极大优势,但当前相关规范性文件的缺失却也让一些不法分子在网络众筹平台领域有机可乘。研究表明,通过网络众筹平台实施违法捐赠行为具有成本低、收益快、捐赠金额大等特点,且现行大多数对违法捐赠行为的处罚尚处于道德谴责与法律规制的模糊地带,使得不法之人的犯意更

---

① 作者简介:宋佳宁,女,法学博士,天津工业大学法学院副教授,硕士生导师,研究方向:慈善法。陈莹,女,山西大学法学院博士研究生,研究方向:诉讼法。

为猖獗。违法捐赠行为不仅侵犯受害群体的利益,且破坏社会善良风气,容易引发公众对网络募捐活动的整体信任危机,最终对网络慈善发展造成长远的不利影响。如何运用法律手段对网络慈善平台违法捐赠行为进行有效规制,促进网络慈善的蓬勃发展,是值得深思的问题。当前,针对网络众筹平台违法捐赠行为构建一个全方位的法律规制模式尤为必要,这一模式不仅需要公众、众筹平台、政府的配合,更需要社会法、民法、刑法等相关部门法的指引。

一、网络众筹平台违法捐赠行为的概念

(一) 网络众筹平台违法捐赠行为

就传统意义而言,网络众筹是相关慈善组织借助互联网以公益目的向社会公开募捐的活动,其最大特征是以互联网平台作为筹集资金的媒介。随着网络众筹行业的发展,网络众筹活动的发起者不再局限于慈善组织,个人也可发起网络众筹。从现实情况来看,因在网络众筹平台实施违法捐赠行为的主体主要是个人,故本文也将网络众筹平台违法捐赠行为的主体限定为自然人。

网络众筹平台违法捐赠行为是借助网络众筹平台,通过虚构事实或者隐瞒真相的方法骗取他人财物且数额较大、社会危害较为严重的违法违规行为。目前,网络众筹平台违法捐赠行为具体表现为在网络众筹平台中通过发布虚构信息而骗取他人捐赠财物的行为。因此种违法捐赠行为植根于网络众筹平台,故其与《中华人民共和国刑法》(以下简称《刑法》)中的普通诈骗犯罪既有相似之处也存在一定区别。一方面,两者的一致性在于,网络众筹平台违法捐赠行为概念中所表述的“骗取他人财物”与诈骗犯罪具有统一内涵。且从网络众筹平台违法捐赠行为的内在属性来看,其属于网络诈骗犯罪的一种类型。因此,网络众筹平台违法捐赠行为又指,行为人在网络众筹平台上以虚构事实或隐瞒真相的方法诱使被害人出于慈善目的而捐赠财物的行为。另一方面,两者的异同性有两点。一是网络众筹平台违法捐赠行为中的"捐赠"指的是慈善捐赠。根据2024年9月5日起最新实施的《中华人民共和国慈善法》第三十四条规定："'慈善捐赠'是指自然人、法人和非法人组织基于慈善目的，自愿、无偿赠与财产的活动。"但普通诈骗犯罪的构成要件中并未要求犯罪行为存在骗"捐"行为这一前提。二是犯罪行为实施的平台不同。网络众筹平台违法捐赠行为强调借助网络众筹平台，以非法占有为目的，通过虚构事实或者隐瞒真相的方法，诱使被害人出于慈善目的而捐赠财物的行为。网络众筹平台违法捐赠行为实施的平台是网络众筹平台，其本质是行为人依托网络众筹平台实施诈骗。而诈骗罪，是指以非法占有为目的，用虚构事实、隐瞒真相的方法，骗取数额较大的公私财产的行为。基本的诈骗犯罪案件类型多属于经济交易类，诈骗行为主要出现于实际交易中，此类犯罪行为的实施平台并未局限在网络众筹平台之上。

网络众筹平台违法捐赠行为既包括众筹平台中的募捐欺诈行为，也包括众筹平台中的求助欺诈行为。《中华人民共和国慈善法》第二十一条对慈善募捐进行明确界定，同时对募捐与求助进行区分，但司法实践中并未对募捐中的欺诈行为与求助中的欺诈行为加以区分。加之《中华人民共和国慈善法》将慈善募捐的主体限定为慈善组织，并规定个人不具有募捐资格，但个人可以向社会求助；[1]由于网络众筹平台中存在大量转发他人求助信息的行为，现实中也存在行为人在网络众筹平台上发布的筹款信息属于募捐还是求助行为的问题。如前所述，个人发布求助信息当然属于个人求助行为，但是因他人转发求助信息的行为性质尚不明确，可能存在因转发求助信息而致使信息扩散、传播他人求助信息的情况，而此种行为本质上可能是求助行为，也可能为针对他人募捐的行为。[2] 故文中使用违法捐赠概念时不区分募捐与求助，违法捐赠行为既可以发生在募捐活动中，也可以发生在求助活动中。

（二）违法捐赠行为中"以非法占有为目的"的界定

在刑法领域，"以非法占有为目的"是诈骗类犯罪主观要件的核心，行为

---

① 个人求助和个人募捐本质区别在于，个人求助是为本人、家庭成员或近亲属进行求助，而个人募捐是为非亲非故的人筹集款物。

② 吴宗宪、吴思诗：《网络骗捐的犯罪学探讨》，《河南警察学院学报》2017年第1期。

人是否"以非法占有为目的"实施诈骗,对其犯罪行为的认定至关重要。① 网络众筹平台违法捐赠行为本质上是一种新兴的诈骗类犯罪,由此,网络众筹平台违法捐赠行为的主观要件也应是具有非法占有他人财物的直接目的。

违法捐赠行为中对于"非法占有目的是否存在"的认定包含排除意思和利用意思两方面。就排除意思而言,行为人以虚构事实或隐瞒真相的方法在网络众筹平台发起募捐活动,诱使捐助者在众筹平台捐助款项,当捐助者所捐助的款项转入平台时,可视为捐助者丧失对自身财物的占有,行为人诱使捐助者向固定平台捐助款项的行为体现了排除他人占有捐助款项的意思,对此可认定行为人具有排除意思。② 就利用意思而言,网络众筹平台违法捐赠案件中捐助者捐献的财物一般是金钱,捐助者捐献财物的目的是帮助募捐者实现募捐信息中的需求。具体而言,捐助者捐献金钱是期待募捐者将受赠款项用于募捐信息中载明的具体用途,如医疗用途、购买赈灾物资的用途等。在此,捐助者已明确指定捐献金钱的用途。当行为人骗取捐助财物后,如未按捐助者的期待使用捐助财物,将捐助的财物用于募捐信息载明之外的用途,例如用于个人生活、日常消费等,则属于行为人对捐赠财物的单独处分,此时应当认定行为人具有利用意思。那么,当行为人在骗取捐助财物后,如果遵从捐助者的期待,将部分金钱用于约定的医疗或购买物资用途而部分用于个人用途时,是否认定其有利用意思?司法实践中,当捐助者捐献具体数额钱款时,应当即视为给募捐者指定了捐献钱款的具体用途。行为人虽然将一部分金额用于约定的用途,但并不能视为其已经完全依照捐助者指定用途使用了钱款。且行为人对另一部分金额实施单独处分的行为,也已能够体现其具有"占为己有"或"另作他用"的利用意思。在此情况下,也应认定此种行为存在非法占有为目的的利用意思。

---

① 黄小雪:《网络募捐诈骗的司法认定研究》,华中师范大学学位论文,2020 年。
② 张琳:《网络骗捐行为的司法认定》,黑龙江大学学位论文,2017 年。

(三) 网络众筹平台违法捐赠金额的认定

我国刑法规定,诈骗公私财产数额较大是诈骗罪的构成要件之一。[1] 但由于网络众筹的虚拟性,违法捐赠金额往往难以认定,当前学界也对网络众筹平台违法捐赠金额的认定标准争论不断。争议焦点一是,当募捐人在实施违法捐赠行为之后到行为终了之前,由于募捐人意志之外的原因没有得逞[2],那么,违法捐赠金额应如何认定;争议焦点二是,基于当前网络募捐具有单次捐款数额少、多次捐助的特点,当单笔违法骗取的金额无法达到诈骗罪入罪金额标准,但累计可以达到时,能否构成诈骗罪?

针对争议焦点一,我们的态度是,结合网络众筹平台违法捐赠过程的虚拟性、复杂性与持续性,对于网络众筹平台违法捐赠金额的认定应当分为两种情况。在违法捐赠行为既遂的情况下,捐赠金额应是捐助人的交付数额。[3] 因当前大部分网络众筹平台会根据募捐人最后获得的捐助款项抽取平台费,加之捐助人捐赠财物的过程存在一定损耗,所以捐助人交付的捐款有时并不完全等同于行为人实际所得数额和捐助人实际损失数额。[4] 但平台抽取的费用及募捐过程的风险、损耗并未改变捐助人受骗的客观事实,也并未减少捐助人实际的财产损失。故在违法捐赠行为既遂的情况下,将捐赠金额认定为捐助人的交付数额不仅更符合主客观一致的原则,也能切实保护捐助者的利益。在违法捐赠行为未遂的情况下,捐赠金额应以捐助人实际交付数额认定为行为人的诈骗数额,并根据其未遂的情节从轻、减轻处罚。在

---

[1] 《中华人民共和国刑法》第二百六十六条虽然没有明文把财产损害作为诈骗罪成立要件,但是,由于刑法条文中将"数额较大"作为诈骗罪的成立条件,一般认为"数额较大"就是指造成了数额较大的财产损害。因此,财产损害自然也就是诈骗罪成立的必不可少的要件。

[2] 现实中,募捐人实施网络众筹平台违法捐赠行为因意志之外的原因未得逞的情况主要包括:1. 众筹平台工作人员在募捐活动期间发现存在骗捐行为,从而终止募捐活动;2. 募捐人实施骗捐行为后,直至募捐活动结束之时,因无人捐款无法达到预想的骗捐金额;3. 募捐人申请提现捐赠款项,捐赠资金尚未实际到达募捐人指定账户便骗局败露。本文认为以上三种情形皆应认定为违法捐赠犯罪的未遂。

[3] 张琳:《网络骗捐行为的司法认定》,黑龙江大学学位论文,2017 年。

[4] 随鲁辉:《互联网众筹的刑事法律风险防控》,华东政法大学学位论文,2016 年。

实践中,由于募捐人在网络众筹平台发起的众筹金额是可以随时更改的,导致实施违法捐赠行为人的真正骗捐目标金额实际上很难查清。所以,当存在无法确定违法捐赠行为人的目标骗捐数额情形时,将捐助者实际交付数额认定为行为人的骗捐金额更具可行性。且根据若干司法判例得知,在行为人的诈骗目标数额可以确定的情况下,则以行为人的诈骗目标金额为认定依据。① 当行为人的诈骗目标数额无法确定时,捐助人的交付金额能够体现行为人实施违法捐赠行为的社会危害性,将捐助者交付数额认定为行为人的诈骗数额符合罪责刑相适应的要求。在此还涉及到一种情形,即捐助资金在第三方平台中并未实际转移到行为人的指定账户,骗局就败露,那么是否属于违法捐赠犯罪的既遂?从众筹平台的运行模式来看,募捐人发起募捐信息后,捐助人捐赠的款项会转入第三方金融机构,当募捐人申请提取募捐款项后再统一转入募捐人指定账户。在此情况下,由于捐助人的捐赠资金已经转入第三方平台,可通过第三方资金信托机构及时返还捐赠资金,故捐助人的财产并未受到损失。对此情况,若仍按照既遂认定则可能存在对犯罪人处罚过重的情形,与宽严相济原则并不相符。因此,对于资金托管机构及时返还捐赠资金,且并未造成捐助人的财产损失的一类案件,应当认定为犯罪未遂。

针对焦点二捐赠金额累计的问题,我们认为,可以在现行法律法规等规范性文件中找到解决方案。如根据 2016 年"两高一部"出台的《关于办理电信网络诈骗等刑事案件适用法律若干问题的意见》(以下简称《电信网络诈骗等刑事案件适用意见》)规定,"两年内多次实施电信诈骗未经处理,诈骗数额累计构成犯罪的,应依法定罪处罚"。在此实际上已经认定了多次小额网络诈骗累计达到较大数额的,应以诈骗罪处罚。如前所述,违法捐赠案件呈现捐助人群分散、小额多次捐助的特点,正因如此,此类案件中受害群体广、诈骗范围大、持续时间长,其社会危害性与主观恶性也更大,且我国刑法并未规定诈骗罪的数额只能是单次行为取得,故当违法捐赠数额累计达到诈骗罪的入罪数额标准时,应当构成诈骗罪。②

---

① 参见(2020)川 09 刑终 108 号、(2020)渝 0106 刑初 869 号刑事判决书。

② 刘哲石:《网络募捐诈骗中"欺骗行为"与"财产损失"认定》,《东北农业大学学报(社会科学版)》2018 年第 3 期。

二、网络众筹平台违法捐赠行为的现行法律规制

网络慈善是慈善事业发展的新兴路径,网络众筹平台更是实现"全民慈善,慈善全民"目标的重要平台。目前,我国尚未对网络众筹平台违法捐赠行为出台针对性的法律规定,对违法捐赠行为的规制分散在各部门法之中。从现行法律规制模式来看,大致可分为社会法规制、民法规制和刑法规制三类。

(一) 社会法规制

《中华人民共和国慈善法》对慈善募捐行为作出了较为系统的规定,并制定了较为严格的慈善募捐制度,在部分条款中也已经体现了募捐欺诈的内容。如《中华人民共和国慈善法》第三十一条强调不得通过虚构事实等方式欺骗、诱导募捐对象实施捐赠,并明确募捐欺诈的概念。第三十三条禁止任何组织或者个人假借慈善名义或者假冒慈善组织开展募捐活动骗取财产。上述两条规定体现了《中华人民共和国慈善法》对于募捐欺诈的否定性评价。司法实践中,所有违法捐赠行为均适用《中华人民共和国慈善法》第三十三条关于募捐欺诈行为的规定。此外,《中华人民共和国慈善法》对募捐欺诈行为的处罚也作出了相关规定,主要分为三种形式。其一,通过行政部门对组织或个人进行处罚,包括警告、责令停止募捐活动及收缴募捐资金、罚款。其二,涉及到以慈善名义或者假冒慈善组织骗取财产的,交由公安机关依法查处。其三,组织或个人实施募捐欺诈行为,造成严重社会危害性、主观恶性大,已构成犯罪的,依法追究其刑事责任。[①] 2017 年,民政部还相继出台《慈善组织互联网公开募捐信息平台基本技术规范》和《慈善组织互联网公开募捐信息平台基本管理规范》(以下简称《基本技术规范》和《基本管理规范》)两部规范性文件,以上两部规范性文件涉及网络募捐平台的运行、管理和监管的内容,弥补了网络募捐平台的监管漏洞。但均未补充网络募捐欺诈

---

① 张鑫:《论募捐欺诈行为的刑法认定》,华东政法大学学位论文,2020 年。

行为的相关内容,也并未涉及关于网络募捐欺诈行为的规制办法。①

由此可知,目前《中华人民共和国慈善法》及相关规范性文件对于网络募捐欺诈行为的规定已经较为明确,但对于当前更为普遍的个人通过网络众筹平台以"个人求助"方式实施的违法捐赠行为的规制则乏善可陈。通过整理中国裁判文书网中相关案件可知,网络个人求助类违法捐赠案件占比较大②,然而《中华人民共和国慈善法》及其配套的《慈善组织公开募捐管理办法》和《公开募捐平台服务管理办法》等文件中皆未对个人求助行为作出规定,这导致许多网络个人求助类违法捐赠行为无法得到有效处理。2020年,全国人大常委会执法检查组关于检查《中华人民共和国慈善法》实施情况的报告中也提出"明确个人求助的条件和义务,加强平台责任、审查甄别、信息公开、风险提示和责任追溯"。但目前《中华人民共和国慈善法》针对网络个人求助类违法捐赠行为的规定依然无迹可寻,只能依照民法典、刑法相关规定进行规制。

(二) 民法规制

目前关于违法捐赠行为主要适用《中华人民共和国民法典》中关于赠与的相关规定。③ 在募捐过程中,捐助者捐助款项的行为属于一个赠与行为,捐助者与募捐者双方实际上已成立了一个赠与合同,该合同的内容是无偿捐献款项。基于此,当募捐者发起的募捐活动是一项欺诈活动,或存在募捐人未按照指定用途使用捐助款项的情况,可直接适用《中华人民共和国民法典》中关于违约责任条款的约定,认定该赠与合同无效,募捐者应当承担相

---

① 《慈善组织互联网公开募捐信息平台基本技术规范》规定了平台在性能、功能、安全、运维等方面的基本技术要求,适用于申报慈善组织互联网公开募捐信息平台的设计、开发、改造,以及遴选指定、日常运维。《慈善组织互联网公开募捐信息平台基本管理规范》规定了平台在指定、运行、服务、监管等层面的基本管理要求,适用于平台指定、日常运营和事中事后监管。

② 在中国裁判文书网上以"捐款""诈骗""刑事"三个关键词为选项,共可检索到453份判决书,其中绝大多数案件发生于线下募捐活动。符合本文要求的2019年至2021年网络众筹违法捐赠刑事案件共计12宗,属于网络个人求助类违法捐赠案件共7宗,网络个人募捐类违法捐赠案件共5宗。

③ 莫冬冬:《大病救助互联网众筹法律问题研究》,中国政法大学学位论文,2020年。

应的民事责任。

当前,募捐过程中存在欺诈行为时多适用《中华人民共和国民法典》第六百六十五条规定:"撤销权人撤销赠与的,可以向受赠人要求返还赠与的财产。"当法院认定涉事众筹发起者挪用筹款构成违约时,众筹发起者不但需要全额返还实际众筹金额,还要支付相应利息,并由众筹平台后期将善款返还赠与人。《中华人民共和国民法典》施行之后,虽尚未出现以《中华人民共和国民法典》第六百六十五条规定处理的典型网络违法捐赠民事案件,但在此之前,依据前《中华人民共和国合同法》第一百九十四条规定处理网络违法捐赠民事案件已有先例。① 如 2019 年北京水滴互保科技有限公司与被告莫某合同纠纷一案中,莫某在水滴筹平台以为其子筹集医疗费用为由发起募捐活动,在募捐活动结束后并未将筹集款项用于其子治疗。对此法院认为,莫某与赠与人之间是附义务的赠与合同关系,是双方真实意思表示,双方均应全面履行。本案中,赠与人已完成了资助义务,莫某应当将款项用于指定用途,但莫某存在挪用、隐瞒等违约行为,则视为莫某未能履行约定义务,应承担返还筹集款项在内的责任,莫某应当全额返还筹集款项。②

(三) 刑法规制

根据《中华人民共和国慈善法》的规定,募捐过程中出现欺诈行为,并已构成犯罪的,依法追究其刑事责任。网络众筹平台违法捐赠行为的刑法规制有三种模式,即集资诈骗罪规制模式、侵占罪规制模式、诈骗罪规制模式。③其中,集资诈骗罪规制模式和侵占罪规制模式主要是由学界一些学者所倡导,在实践中仍以诈骗罪规制模式为主。

2011 年最高人民法院、最高人民检察院《关于办理诈骗刑事案件具体应用法律若干问题的解释》(以下简称《诈骗刑事案件解释》)及 2016 年最高法和最高检、公安部发布《电信网络诈骗等刑事案件适用意见》等规范性文件

---

① 《中华人民共和国合同法》第一百九十四条规定"撤销权人撤销赠与的,可以向受赠人要求返还赠与的财产"。

② 参见(2019)京 0105 民初 24711 号民事判决书。

③ 唐婷婷:《"互联网+"个人求助的刑法规制路径》,《齐齐哈尔大学学报(哲学社会科学版)》2018 年第 8 期。

中皆有关于违法捐赠行为的内容,且规定存在"以赈灾、募捐等社会公益、慈善名义实施诈骗"情形的,酌情从重处罚。但是学界对于上述规定的理解争议较大,且在刑事司法实践中对于违法捐赠行为从重处罚的认定尚未明确,需要根据欺诈行为、财产损失、影响程度等方面综合考虑。从若干案例中发现,违法捐赠行为的类型并不影响诈骗罪模式的规制。[①] 换言之,无论是网络个人求助类违法捐赠行为或是网络募捐类违法捐赠行为,当其符合诈骗罪的规定时,皆以诈骗罪论处。虽然《刑法》中对于规制违法捐赠行为的内容有迹可循,但这些规定并不是针对网络众筹行为所制定的特别规定。除此之外,我国《刑法》也并未规定在多次诈骗行为中诈骗数额累加的认定问题。由此,学界对于违法捐赠案件中诈骗数额累计的认定问题争议较大。但结合2016年最高法和最高检、公安部发布《电信网络诈骗等刑事案件适用意见》中的规定,行为人二年内多次以慈善名义诈骗未经处理的,诈骗数额可累计计算构成犯罪。此条规定实际上已经清楚表明网络众筹平台违法捐赠捐案件的诈骗数额可以累计。

三、现行网络众筹平台违法捐赠行为法律规制中存在的问题

如上所述,专门针对网络众筹平台违法捐赠行为主要可通过《中华人民共和国慈善法》《中华人民共和国民法典》《刑法》进行规制,但尚未出台违法捐赠行为的专门性法规,这也是造成网络众筹平台违法捐赠行为频发的原因之一。以下将结合网络众筹平台违法捐赠行为的实际情况,进一步分析现行网络众筹平台违法捐赠行为法律规制存在的问题。

(一) 网络众筹平台违法捐赠行为的法律规制存在真空

《中华人民共和国慈善法》中仅第三十一条、第三十三条、第一百一十一条的规定涉及募捐欺诈行为,包含募捐欺诈行为的概念、法律责任两方面内

---

① 网络个人求助类违法捐赠案件参见(2020)浙0103刑初90号刑事判决书;网络募捐类违法捐赠案件参见(2021)冀0104刑初171号刑事判决书。

容,网络众筹平台违法捐赠行为主要参照以上三条规定。但目前《中华人民共和国慈善法》对于网络众筹平台违法捐赠行为的其他规定仍存在欠缺。

第一,《中华人民共和国慈善法》缺少对于个人求助类违法捐赠行为的相关规制。[①] 司法实践中,网络众筹平台上个人求助类违法捐赠案件占比超过案件总数的一半,约为58.34%。《中华人民共和国慈善法》中却并未涉及关于个人求助类违法捐赠行为如何认定与处理的相关规定。反之,《中华人民共和国慈善法》还认为,个人为了私益发布的求助信息不属于慈善募捐,不属于该法的调整范围,即个人为了私益在网络众筹平台发起的求助活动不受《中华人民共和国慈善法》管辖,目前仅可依据《中华人民共和国民法典》与《刑法》的相关条例进行规制。值得注意的是,捐助人在募捐活动中单次捐款规模较小,而法律维权成本高、耗时长,以至于捐助人后续发现募捐者存在违法捐赠行为时,大多选择不了了之。虽然实践中已出现网络众筹平台向存在欺诈行为的募捐者发起民事诉讼的情况,法院也依法认定募捐者应当承担相应的民事责任,如退还捐助款项、支付相应利息等,并由众筹平台后期将善款返还赠与人。[②] 但是平台后续并未将款项返还捐助人的记录公开,故无法得知平台将款项归还捐助人的真实性。此类现象频发本质是个人求助类网络众筹的违法捐赠行为缺乏针对性法律法规的表现。虽然《中华人民共和国慈善法》对个人求助不予规制的做法有其内在逻辑,但不论是网络个人求助还是慈善募捐,都涉及到对捐赠者的保护,若只规范慈善募捐中的欺诈行为而忽视个人求助类网络众筹违法捐赠行为的管理,无法全面地、有效地规制网络众筹平台违法捐赠行为。

第二,现行《中华人民共和国慈善法》的相关规定忽视了网络众筹平台的法律责任。公益众筹的主要模式有三种类型,即自助模式、借力模式、混合模式,我国网络众筹以借力模式为主。[③] 借力模式是指募捐发起人完全借助于第三方众筹平台向不特定人群发布募捐信息,捐助人仅能通过众筹平台捐

---

① 邓国胜:《网络众筹平台骗捐诈捐现象频发,如何破》,《人民论坛》2020年第1期。
② 《网络募捐诈骗典型案例汇总》,《中国防伪报道》2018年第11期。
③ 柯湘:《联网公益众筹:现状、挑战及应对——基于〈慈善法〉背景下的分析》,《贵州财经大学学报》2017年第6期。

款,所筹集的资金与拨款均由第三方众筹平台操作。借力模式的运作流程如图1所示。

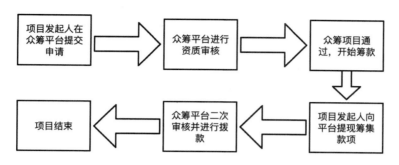

图1　众筹平台中借力模式一般运作流程图

从借力模式的运作流程来看,网络众筹平台对募捐项目负有严格形式审查义务及监督义务。网络众筹平台中出现的违法捐赠现象和众筹平台的审查、监督失职密切相关,故众筹平台应当承担部分责任。目前,我国众筹平台主要包括专门公益众筹平台("新公益""腾讯公益")和综合众筹平台(如"淘宝众筹""京东众筹")这两大类。专门公益众筹平台主要由政府、基金会等共同探索"互联网+公益"而设立的众筹平台,其本质是以非营利为目的的慈善组织。而综合众筹平台大多数是以营利为目的的有限责任公司,并非慈善组织。这类众筹平台的利润来源于抽取募捐款项的服务费,这就产生了平台的营利性与公益性之间的矛盾。为了吸引更多募捐者利用平台筹款,一些网络众筹平台会故意降低审查或者监督义务。针对此,民政局对于指定的公开募捐平台以约谈的形式对平台主管部门予以警告,责令限期改正。但对于不属于民政部指定的公开募捐平台,既未规定具体的法律责任,也未提出明确的处罚方案。[①] 由此可见,《中华人民共和国慈善法》的相关规定看似已涵盖募捐欺诈行为的主要内容,但实则仍有较大欠缺。

(二) 网络众筹平台监管机制缺失

网络众筹平台监管包括外部监管和内部监管两部分,一个完善的网络众

---

① 　就目前正在运作公益项目的众筹平台看,综合性平台在《中华人民共和国慈善法》实施后被民政部门指定为慈善信息平台或申请作为慈善组织的可能性基本为零。例如,民政部指定的首批 13 家慈善组织互联网募捐信息平台中没有一家是综合性平台。

筹平台监管体系能够有效预防违法捐赠行为的发生。目前,我国网络众筹平台外部监管机制监管效果仍存在较大问题。首先,民政部门对于指定之外的互联网众筹平台的违法捐赠行为监管不佳。根据《中华人民共和国慈善法》第一百零三、一百零六、一百零八条,民政部门、第三方机构、公众媒体构成网络众筹平台的外部监督机制。民政部门应当对网络众筹平台的慈善活动进行监督检查,并鼓励和支持第三方机构对网络众筹平台进行评估。但从实际情况来看,类似"水滴筹平台"等具有普通商业属性的互联网信息服务平台,其性质上既不属于慈善法调整的网络公开募捐平台,也不是民政局指定的互联网众筹平台。因此,尽管此类平台违法捐赠行为曾被民政部社会组织管理局多次约谈,但依然无法有效规避违法捐赠事件,此类违法捐赠行为并未得到有效规制。其次,综合性网络众筹平台的监管尚未有明确的法律支持。目前,综合性网络众筹平台的监管主要依靠行业自律约束,《中华人民共和国慈善法》并未对"水滴筹"类平台在监管机制建设方面予以明确支持,在民法或刑法领域均未对此类网络众筹平台的监管失职问题加以规范。由于外部监管机制的缺陷导致网络众筹平台违法捐赠事件时有发生,当网络众筹平台出现违法捐赠事件时,无论是社会法还是民法、刑法均未有相关的法律追究网络众筹平台的责任,这直接导致了违法捐赠事件的恶性循环。[①] 最后,民政部门虽然鼓励和支持第三方机构对网络众筹平台进行评估,但是有关第三方机构的评估资质、评估周期等评估制度尚未完全建立。加之,第三方评估机构是否由民政部门指定、评估内容由哪方制定、评估结果是否完全公布等核心问题仍需解决。

网络众筹平台在募捐活动中发挥重要作用,众筹平台内部监管体系不完善也是违法捐赠行为频发的原因之一。根据《互联网信息服务管理办法》等监管政策的规定,网络众筹平台作为互联网信息服务平台的一员,应当承担一般性的审核、管理与服务等义务。募捐者在发起众筹项目前要向众筹平台申请,由众筹平台对项目进行审核,经过众筹平台的多方审核后募捐者方可

---

① 鲁篱、程瀚:《网络慈善众筹平台监管的困境与规制优化——以"水滴筹"为研究样本》,《财经科学》2020 年第 9 期。

发布众筹项目,这可称之为众筹项目前期审查阶段。① 例如,在个人医疗众筹项目中,网络众筹平台需要对众筹发起人提交的诊断证明、病历、家庭财产说明等进行严格审查,但因网络众筹平台缺乏与政府信息平台、医疗机构等单位的数据共享,常导致医疗信息和家庭资产情况信息审核仍存在较大困难。在募捐款项流转阶段,捐助者捐赠的资金进入平台账户后,众筹平台一般做法是直接将资金转入募捐者指定的账户,这使得募捐者对捐款拥有极大的自主使用权。从网络众筹平台拨款制度的发展趋势来看,部分众筹平台会根据募捐项目的进展分批次拨款给募捐人,这在一定程度上能够有效监控募捐人对于捐款的使用情况。但大多数众筹平台仍未构建成熟的拨款制度,在分批次拨款环节中对募捐者的监管仍存在瑕疵。且在拨款前通常未对募捐者进行二次资质审查,初次拨款后也并未要求募捐人将资金使用情况进行详细汇报。此外,在募捐款项使用阶段,许多网络众筹平台将公众捐赠的款项拨付给募捐人后,对剩余善款使用情况的关注度不足,未及时向捐赠者披露相关剩余善款的处置信息,忽视剩余款项退还情况的追踪,导致捐赠者与公众媒体无渠道对款项的使用进行干涉与监督,为违法捐赠行为提供了极大的生存空间。虽然已有部分网络众筹平台制定了善款处置公布的相关条例,但是善款使用管理系统尚未完全建立,网络众筹平台仍缺乏对募捐人善款使用跟踪与监督的能力与动力。

(三) 传统规制模式与新兴众筹平台违法捐赠行为的矛盾

由上文可知,网络众筹平台违法捐赠行为主要适用诈骗罪规制模式,原因是网络众筹平台违法捐赠行为的专门法律法规缺位,只能以现有法律规定管理网络众筹平台违法捐赠行为。网络众筹是一种新的慈善募捐模式,仅依靠传统的法律制度无法切实地规制新的犯罪行为。本质上通过传统的法律制度作为监管网络众筹平台违法捐赠行为的依据具有一定的可行性,但需要正视这种规制办法遗漏的问题。例如,网络众筹平台是否应承担连带责任?网络众筹平台是连接募捐者与捐赠者的纽带,在募捐活动中起到至关重要的

---

① 伞新茹:《个人求助类公益众筹的问题研究》,北京邮电大学学位论文,2019 年。

作用。就网络众筹平台的性质而言,大多数网络众筹平台属于以营利为目的的有限责任公司,众筹服务仅是此类公司业务的组成部分,平台会基于非公益性的考虑而对众筹项目采取较为宽松的监管模式。在此,众筹平台不仅违背其特有的审查与监管义务,还沦为了募捐者实施违法捐赠行为的工具,并在一定程度上形成对募捐者实施违法捐赠行为的包庇。若出现网络众筹平台有意降低募捐者的资质审查标准或平台能够查实募捐者的虚假信息却故意回避此项义务,造成违法捐赠行为出现的情况时,如不依法追究众筹平台的相关责任,则无法有效遏制违法捐赠行为。[①] 但目前仍未明确网络众筹平台的连带责任相关内容。又如网络众筹平台能否代表捐助人向募捐者主张返还筹集款项? 因法律诉讼程序复杂、耗时较长、举证困难等原因导致许多捐助人即使知道募捐者存在欺诈行为,依然选择不维权。而大多数网络众筹平台与捐助人之间的权利义务尚无明确,因此,网络众筹平台能否代表众多捐助人向募捐者主张返还筹集款项应依据网络平台与捐助人之间的约定处理。结合网络众筹平台内部制定的相关条例[②],网络众筹平台是提供信息和渠道的平台,一般情况下并不介入项目纠纷,但募捐人实施的违法捐赠行为属于例外情况,对此特别情况平台有权要求发起人返还筹集款项。由此可推断,在约定的特殊情形下,网络众筹平台具有代表众多捐助人向募捐者主张返还筹集款项的权利。司法实践中,法院也已认定了众筹平台具有向募捐者提起诉讼的权利,但相关法律法规尚未出台。

四、网络众筹平台违法捐赠行为法律规制的完善

网络众筹平台违法捐赠行为是一种新兴的诈骗类犯罪,对该类犯罪的规

---

① 刘赫男:《大病众筹的立法规制》,《人民论坛》2020 年第 23 期。

② 最典型的是水滴筹平台制定的《用户协议》与《水滴筹个人求助信息发布条款》,大部分网络众筹平台皆参照以上条例制定自身平台的相关规定。《用户协议》第一条规定水滴筹平台仅为发起人与赠与人提供技术服务的网络渠道,第四条规定其为居间方,水滴筹不对项目作任何形式的担保,对于因项目发生的一切纠纷,由发起人、求助人和赠与人自行解决。《水滴筹个人求助信息发布条款》,该条款规定在发起人有任何虚假、伪造和隐瞒行为、求助人获得资助款后放弃治疗或存在任何挪用、盗用、骗用等行为、发起人未能提供平台要求材料的行为等情形下,水滴筹平台有权要求发起人返还筹集款项。

制应该把握网络众筹平台的特性、违法捐赠行为的本质加以考虑。同时还应看到传统规制模式的滞后性,秉持"大胆创新、小心求证"的思路。

(一)完善网络众筹平台违法捐赠行为的法律规定

第一,建议在现行《中华人民共和国慈善法》中加入个人求助的内容。从网络众筹平台的募捐活动中可发现,个人求助类募捐活动十分常见,而《中华人民共和国慈善法》缺乏对个人求助行为的规制,这为违法捐赠行为的滋生提供了"土壤"。对此,应当将个人求助纳入募捐范畴,并单设关于个人求助及个人求助网络众筹平台的相关条例。如规定个人求助类违法捐赠行为的规制办法。当出现网络个人求助类违法捐赠行为时由民政部门为主导,对发起人予以警告、并责令停止募捐活动,并适当处以罚款;构成犯罪的,依法追究刑事责任。又如网络众筹平台负有信息公开的义务,需及时向公众公开募捐活动的相关信息,并对信息的真实性负责。

第二,明确网络众筹平台的法律责任,加强对众筹发起者追责问责。通过法律规定网络众筹平台对负有确保众筹项目信息真实性的责任,当网络众筹平台失责导致违法捐赠行为发生时,需追究平台的连带责任。通过此,使平台树立正向的公益发展理念,减少网络公益众筹活动中的商业化气息,倒逼网络众筹平台完善自身的监管模式,使平台加强对众筹项目的前期审查、中期监督、后期跟进流程的监督。[1] 与此同时,对众筹发起者的处罚不应局限于《中华人民共和国慈善法》,触犯到其他法律的行为,也可追究其相应的法律责任。当众筹发起者实施了的募捐欺诈行为,由民政部门按照《中华人民共和国慈善法》的相关规定处罚;当众筹发起者因实施违法捐赠行为触犯民法的相关规定,捐助者或网络众筹平台可以向人民法院提起诉讼,要求发起者返还捐助资金及利息,也可要求附带民事赔偿;当众筹发起者实施违法捐赠行为达到《刑法》第二百六十六条规定时,可对众筹发起者以诈骗罪追究其刑事责任,并要求其返还违法所得。

第三,规定网络众筹平台的法定义务。通过立法明确网络众筹平台的法

---

[1]　陈正豪:《网络公益众筹平台社会性规制策略——以水滴筹为例》,《中国集体经济》2021 年第 21 期。

定义务,能够有效调动平台对众筹项目监管的积极性,减少因平台审核瑕疵造成的违法捐赠现象。网络众筹平台的法定义务应包含形式审查义务、监督义务、信息公开义务、代为诉讼义务。形式审查义务规定网络众筹平台对募捐者所发布的,可能影响捐助者捐赠的信息(个人身份、家庭经济状况、预期捐款用途等)进行审查,并对其信息真实性负责的义务。[1] 监督义务指网络众筹平台就募捐项目的全过程负有严格的监管义务,包括募捐项目发布的监督、筹款进度的监督、款项使用情况的监督、募捐项目中后期反馈的监督等。[2] 信息公开义务指网络众筹平台具有包括发起人审查情况、筹集款项流转情况、款项后续使用情况等信息公开的义务。代为诉讼义务针对出现网络众筹平台出现违法捐赠行为时,网络众筹平台产生代表捐助人向募捐者提起诉讼、主张返还筹集款项的义务。鉴于网络众筹违法捐赠事件中涉及到的诉讼人较多,赋予平台向募捐者提起诉讼的权利,一方面能够提升捐助人在违法捐赠事件中的法律维权效果,另一方面能够提高法院的诉讼效率。

(二) 建立网络众筹平台全流程监管机制

建立完善的网络众筹平台全流程监管机制应包含外部监督与内部监管。由上文可知,当前的法律法规并未完全包含外部监督的内容,如无明确规定监管机关、行业自律机制、第三方评估机构监督职责等。

第一,应明确网络众筹平台的监管机关,形成以政府为主导,行业、第三方机构、公众媒体互相配合的监督模式。[3] 建议在现行《中华人民共和国慈善法》及《公开募捐平台服务管理办法》中加入网络众筹平台监管主体的内容,肯定以民政部门为主的公权力监督,统筹其他相关部门协作监督。如民政部门与互联网信息内容管理部门、工信部、社会保障部、银保监会等管理部门构建沟通共享机制、信用信息披露机制和违法违规行为协查机制,强化网络众筹行业的监管,降低众筹平台违法捐赠事件的发生几率。具体可参考我

---

① 于江磊:《法治视角下公益众筹中骗捐陷阱防范》,《山东行政学院学报》2018 年第 3 期。

② 马晓瑜:《对网络公益众筹,监管不能"缺位"》,《人民论坛》2018 年第 34 期。

③ 王馨雨:《共享经济视角下我国众筹平台模式及监管问题探究》,《现代商业》2019 年第 31 期。

国部分城市的经验,例如湖北省慈善总会与民政部指定的慈善组织互联网募捐信息发布平台开展合作,湖北省当地政府为众筹平台提供居民家庭经济状况核对中心数据库。民政部门还可以明确专门的网络公益众筹的监管责任政府部门,由此类部门专职负责审核网络公益众筹内容、监管钱款募集过程、审计募款使用情况。

第二,不能忽视行业、第三方机构、公众媒体的监督作用,鼓励与支持三者对网络众筹平台的协调监管。目前网络众筹行业已经出台行业自律的相关规定,也有平台共同签署自律公约,如爱心筹、轻松筹、水滴筹 3 家平台联合签署发布《个人大病求助互联网服务平台自律公约》。但是自律公约的内容过于单薄,且实际效果不佳,无法切实给予网络众筹平台规范化发展提供有效的指导。具体的解决办法是,基于民政部门的主导,借鉴北京市政府颁布的公益慈善组织全面质量管理标准体系及量化评估办法、中国公益慈善组织透明度评估体系指标与规则等行业规范,构建有效的网络众筹平台自律机制,利用行业的力量实现互相监督的局面,提高网络众筹行业违规成本。①与此同时,还要重视利用第三方机构对网络众筹平台进行监督,引入第三方机构对众筹项目某一流程的专门性管理。如可参考国外网络众筹平台 Watis 的做法,将第三方公益基金会引入众筹项目中,筹集款项交由第三方公益基金会,基金会根据募捐者的实际情况将善款支付给指定部门或机构。例如,募捐者募捐款项的用途是为了治疗重病,那么第三方基金会可以根据募捐者的实际用途直接支付给指定收款方,并与收款方积极对接,将善款具体使用情况向社会公众公布。此种做法极大程度地提高善款使用的透明度,杜绝募捐者滥用募捐资金的现象,让违法捐赠行为"无路可走"。

网络众筹平台违法捐赠行为的规制不仅需要依靠外部监督的力量,更需要众筹平台积极完善自身的内部监督体系。科学的内部监督体系能够有效预防因监管瑕疵造成违法捐赠事件的情况,为网络公益保驾护航。网络众筹平台的内部监督应当根据不同的流程制定相应的管理制度。如在众筹项目发起阶段应该建立严格的事前防范信息审核机制。事前防范信息审核机制

---

① 李德健、郑燃、胡超程:《个人求助众筹平台的治理困境及对策》,《中国社会保障》2021 年第 9 期。

一方面需要众筹平台不断引进专业性人才,建立具有实质审查权利的众筹信息审核部门;另一方面需要众筹平台与公安机关、社保机构、医疗机构等对求助人进行联动审核。又如在众筹款项使用阶段,应不断强化众筹款项监管制度。网络众筹平台应当将"一次性提现"模式改为分阶段提现模式。募捐者申请将筹集款项转入账户时,众筹平台应对募捐者的资质进行二次审核,并根据募捐者对筹集款项的预期使用情况制定针对性的多期提现办法。募捐者须分阶段向众筹平台提供相应的资金使用证明,众筹平台进行核实后才能进行下一阶段的提现。具体流程如图 2 所示:

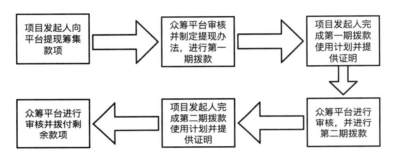

图 2　众筹平台分阶段提现模式流程图

最后,在众筹项目后期阶段,应优化剩余款项公开制度。大多数网络众筹平台将公众捐赠的款项拨付给募捐人后,便视为众筹项目的结束,并未制定后续款项使用情况的监督机制。对此,网络众筹平台应该加强对剩余善款公开与退还的关注,优化善款使用情况的追踪机制,及时披露剩余善款处置情况,并鼓励与支持捐赠者对款项使用情况进行监督。

(三) 优化网络众筹平台违法捐赠行为的刑法规制

我们应该看到当前传统规制模式与新兴众筹平台违法捐赠犯罪的矛盾,积极推动相关政策的颁布,完善众筹平台对于违法捐赠犯罪行为的规制漏洞。优化网络众筹平台违法捐赠行为的刑法规制主要可分为两部分内容。其一,明确网络众筹平台一般性违法捐赠行为的处罚。就众筹发起者个人而言,当众筹发起者实施了违法捐赠行为,由民政部门按照《中华人民共和国慈善法》的相关规定处罚;当众筹发起者因实施违法捐赠行为触犯民法典的相关规定,捐助者可以向人民法院提起诉讼,人民法院可按照相关法律进行处理;当众筹发起者实施违法捐赠行为达到《刑法》第二百六十六条规定时,应对众筹发起者以诈骗罪追究其刑事责任。就众筹受益者而言,若众筹受益者在众筹活动发起前便存在滥用捐款的主观意识,也应当认定此类行为属于违法捐赠行为,可按照《中华人民共和国慈善法》《中华人民共和国民法典》《刑法》的相关法律进行规制。若出现众筹受益者与众筹发起者共同实施违法捐赠行为的情况并达到诈骗罪的入罪标准时,应认定众筹受益者与众筹发起者均构成诈骗罪。从慈善法规制到民法规制、刑法规制是一个加重处罚的过程,在这一过程中应坚持宽严相济的原则,对危害不大、情节显著轻微、未达到入罪标准的违法捐赠行为,应优先使用《中华人民共和国慈善法》的相关规定对其进行处罚。① 就网络众筹平台而言,当众筹平台因审查瑕疵或未尽到监管责任而造成违法捐赠事件时,应当认定平台需承担连带责任。在此,众筹平台除了应承担相应的民事责任外,还需要受到罚款、责令暂停或关闭平台等惩罚措施。同时,对网络众筹平台的追责不应局限于《中华人民共和国慈善法》相关规定,若众筹平台已触犯民法典、刑法的相关规定也应当按规定处罚。明确众筹平台在违法捐赠案件中的刑事责任,一方面能够通过法律规定倒逼平台加强众筹项目全过程的监督,形成严密的监管模式,从源头减少违法捐赠行为的发生;另一方面能够规范网络众筹行业自律,使网络众筹更真实、更透明、更健康。②

其二,规定网络众筹平台违法捐赠行为加重处罚的内容。由上文可知,司法实务中认定捐赠诈骗构成诈骗罪主要依据《诈骗刑事案件解释》《电信网络诈骗等刑事案件适用意见》的规定,且意见指出"以赈灾、募捐等社会公益、慈善名义实施诈骗"情形的,酌情从重处罚。网络诈骗犯罪是诈骗犯罪的下位概念,是指利用互联网,以虚构事实或隐瞒真相的方法,骗取公私财物的行为。而从网络众筹平台违法捐赠行为的内在属性来看,网络众筹平台违

---

① 王丹阳:《慈善法视域下网络众筹平台的规制路径——以"轻松筹"为研究样本》,《天津法学》2017 年第 3 期。

② 王伟、彭赛嘉:《骗取捐助行为的刑事可罚性分析》,《昆明理工大学学报(社会科学版)》2021 年第 4 期。

法捐赠犯罪属于网络诈骗犯罪的一种类型,故当网络众筹平台违法捐赠行为已经构成诈骗罪的情况下,酌情从重裁量具有法律依据。加之,违法捐赠行为其行为模式是募捐,本质是欺诈。网络众筹平台违法捐赠事件频发,不断损耗公众对网络慈善信任,阻碍真正需要帮助之人的求助之路。故当众筹发起者利用虚假信息骗捐数额达到诈骗罪的入罪标准时,根据其犯罪情况、欺诈金额等酌情从重处罚具有现实意义。

9

互联网大病筹款平台的法律之困及完善措施
——以水滴筹"扫楼"事件为视角

李文洁　尚绪芝①

摘　要：我国首次提出"众筹"的概念是在 2011 年，随着科技的不断发展，互联网大病筹款平台更加的普及繁荣。例如，水滴筹、轻松筹、无忧筹、爱心筹等以网络形式进行的大病筹款的模式蓬勃发展，互联网为个人大病筹款提供了高效、便捷的渠道。但互联网筹款这一新潮流由于发展条件的不成熟，也会存在诸多问题。包括对筹款平台监管的法律规定欠缺、募捐剩余财产归属不明、平台监管审查存在漏洞等问题。本文以水滴筹"扫楼"事件为视角，对互联网大病筹款平台涉及到的诸多法律和社会问题展开分析，并尝试探索其完善措施。

关键词：网络募捐，水滴筹，大病筹款，《中华人民共和国慈善法》

一、问题的提出

利用互联网平台进行大病众筹，是指由于本人或者近亲属罹患大病无钱医治，而通过互联网媒体平台，向社会公众进行筹款募捐的行为。近期以

---

①　作者简介：李文洁，女，中国政法大学人文学院博士研究生，研究方向：法治文化；尚绪芝，女，法学博士，天津工业大学法学院，教授，研究方向：法律史。

"两微一端"为载体的求助方式被广泛传播应用，求助人可以通过微信朋友圈转发、微博热搜等方式将求助信息发布在互联网上，广大网友通过网络知悉求助者信息，或者通过智能手机等实时通讯设备，以微信、支付宝等付款方式实现快速捐款救助的目的。诸如水滴筹、轻松筹，还有包括腾讯公益、360大病筹款、淘宝公益等均是我国的主流大病筹款平台。当个人在遭遇重大疾病需要高昂医疗费用的情况下，选择类似水滴筹等网络平台进行求助可以快速将求助人的信息进行传播，并且不受地域时空人员范围的限制，短时间帮助求助者解决"燃眉之急"。然而，正因为互联网具备传播速度快、虚拟、隐秘等特点，使得互联网大病筹款平台发布信息的真实性存疑，另外由于缺乏具备权威公信力的机构为其背书，使得平台发布的求助信息存在虚假诈骗的情况。

在2019年11月，一则关于水滴筹"扫楼"式筹款的视频在网上曝光，这条视频在网络上迅速传播发酵。视频中水滴筹平台工作人员的做法令人哗然，使得公众对网络筹款平台的真实性发出质疑。该视频显示，"筹款顾问"首先会对兼职人员进行培训，兼职人员接受培训后将以"志愿者"的身份在医院中进行"扫楼"寻找求助对象，所谓的"扫楼"就类似于派发传单的形式，通过在医院病区向病人或家属介绍水滴筹，告知其通过水滴筹平台注册可以获得网络募捐钱款，从而减轻自身经济负担。若兼职人员通过推销让病人或家属注册水滴筹筹款账号成功，以5单为基础量，之后每超过1单就可以获得80元的奖励。在这次对水滴筹医院地推营销团队的调查暗访中发现，"志愿者"们每单最高可获利150元，且该团队实施"狼性文化"，引入末位淘汰机制。由于视频中的工作人员"强推"水滴筹公益筹款的行为以及该平台拉单绩效奖励机制，类似于中介收取的中介费，该行为背后是否有利益勾结，善款平台是否"变味儿"，引起公众对该平台法律问题的讨论。面对大众媒体的质疑，水滴筹平台做出回应，平台表示一律免费为求助人提供服务，所筹集的善款全部用于公益事业，"扫楼"式地推所带来的收益是为了激励公司员工，对员工的奖励由水滴公司进行支出。①

---

① 龚进辉：《40天内连发两起诈捐事件，水滴筹透支公众爱心何时休？》，网址：http://column. iresearch. cn/b/201906/866115. shtml，最后访问日期：2022年9月27日。

剖析整个"扫楼"事件始末,就事件表面而言,是水滴筹员工为了帮助更多不了解互联网筹款模式的病人或家属加入网络筹款中,从而使得更多需要帮助的人获得被救助的机会,在短时间内可以让更多爱心人士知悉求助人的现实困难,并得到经济帮助。互联网大病筹款平台作为一种以实时移动通信作为载体、依靠网络进行传播的新型筹款模式,超越了人们对传统意义上的"面对面"捐款救助体系的刻板印象,将时间、空间跨度打破,求助信息可以到达网络覆盖的任何地方,这也意味着求助人会有更多受助机会,这种模式更新了传统求助体系。近些年来,水滴筹平台已经成功为罹患大病,自身存在严重经济问题的求助人筹集善款达一百多亿元,其实际效果有目共睹。但针对最近网络筹款平台频频"暴雷",各种令人哗然弄虚作假的筹款事件冲击大众的眼球,不断挑战着人们为爱奉献的初衷。①

大量铺天盖地的捐款求助链接,感觉慢慢就变成了一项利用穷人病例和大多数人善心来商业引流的行为,同时,也有一些别有用心的患者或其家属,利用平台的管理漏洞和广大网友的善心为自己谋私利。虽然这些互联网大病筹款公司虽然看似在做公益事业,在帮助看不起大病的穷人家庭,也确实是帮助过一些真正有困难的家庭。但归根到底,其本质依然是私人创立的互联网企业,是有明显的商业性质的。

根据公开数据显示,以水滴筹为例,该平台背后的水滴公司有多家资本介入并进行融资上市,俨然与一家单纯筹款救人的平台设立宗旨不符。在商业化运作模式中,利益的驱动下,很容易滋生审核不严、弄虚作假,使公众的爱心被浪费甚至欺骗。② 当信任不在,摧毁的将是整个平台甚至行业,伤害的将是真正需要帮助的人。另外,在现行司法体系中,对于互联网大病筹款平台的义务和法律责任缺乏很明确的判定标准,难以"一把尺子量到底",因此需要在"法治中国"的道路上,逐步实践完善调补这一领域的法律空白。

---

① 魏英杰:《扫楼募捐,水滴筹如何守住公益本位》,网址:http://opinion. people. com. cn/n1/2019/1202/c1003-31483999. html,最后访问日期:2022 年 9 月 27 日。

② 博望财经:《水滴筹"掐架"轻松筹的背后:资本催生公益滥用监管空白》,网址:https://sa. sogou. com/sgsearch/sgs_tc_news. php? req = gN-WjMh9kjpEtYgjReTdUXZadXq17wnITKzyKM2qHMLTZ7PctsKWO5U7RF0h4VMIN&user_type=1,最后访问日期:2022 年 9 月 27 日。

二、互联网个人求助相关概念界定

(一) 互联网个人求助的概念

个人大病求助互联网服务平台,是近年来我国大病救助社会力量的重要组成之一,其在扶危济困方面成效显著。学界并未对"个人求助"进行定义,根据 2016 年施行的《公开募捐平台服务管理办法》,2017 年施行的《慈善组织互联网公开募捐信息平台基本管理规范》中涉及个人求助的规范条款,将"个人求助"解释为"个人为解决自己或者家庭困难"。同时现行《中华人民共和国慈善法》在确定慈善募捐范围时,明确排除了"个人求助"行为。根据现行法律法规和相关司法实践,以及"个人求助"行为在日常生活中的常见形式,其概念可界定为"个人为解决自己或者家庭困难,以本人或其近亲属为特定受益人,通过大众传媒公开发布求助信息,从而获得财物募捐的行为"。

(二) 筹款平台的运行模式

通过对比各大互联网大病筹款平台可以了解到,各筹款平台在具体操作层基本类似。以"水滴筹"平台为例介绍其运营模式:求助人通过手机软件或者微信小程序进行登录,按照平台要求的步骤进行求助标题、收支状况、需筹款金额等内容的填写,并根据所筹的项目内容上传病例、求助人身份信息等图片从而证明项目的真实性。筹款平台会在求助人提交信息后进行审核,审核时间为期三个工作日,以审查求助人资料的完备性、相关性为主进行审查。通过平台审核后,平台会在网络上发布公开该求助项目,并生成项目链接、二维码等相关方式,便于求助人及其亲属在微信等社交媒体中转发分享,通过点击链接或扫描二维码就可以看到由水滴筹平台审核通过的该求助项目具体信息,求助人可以通过朋友圈分享转发链接,让求助信息被熟人亲友所知悉,从而获得熟人亲友的帮助筹款,或者通过微博转发获得陌生爱心人士的筹款帮助。

每个项目筹款期限设定上限不超过 30 个工作日,当筹款数额达到求助人预期目标时,项目求助人通过手机客户端或微信向筹款平台提交提现申请,提现申请将会由筹款平台进行后台审核,审核通过后该项目筹款金额在项目界面上进行为期一天的公示,公示无异议后,平台将在 1—2 个工作日内将所筹善款汇入求助人指定账户,筹款项目此时截止。

(三) 筹款平台的法律性质定位

传统募捐的具体表现形式为赠与人直接将自身财物赠与求助人,该行为双方的法律关系为赠与合同关系。互联网大病筹款平台作为双方的中介环节打破了这种传统的捐赠模式。通过水滴筹平台的《用户协议》我们可以了解到:筹款平台是求助人与赠与人之间的中间方,其功能是为求助人与赠与人提供互联网平台以及网络技术,从而联结起双方主体。真正的筹款行为发生在求助人与赠与人之间,平台在整个募捐过程中不获得任何实质性的收益。一旦筹款行为出现任何法律问题,水滴筹平台作为居间方都可主张免责,法律纠纷由求助人和赠与人自行协商解决。[1]

根据 2016 年出台的《中华人民共和国慈善法》以及配套法律条文的相关规定:"慈善募捐是指具备公筹资格的慈善组织基于慈善宗旨募集财产的活动",互联网大病筹款平台的求助方及受益方属特定的私主体,由此根据文义解释得出,现行《中华人民共和国慈善法》无法对平台各方主体的行为进行规制。《中华人民共和国慈善法》虽然为个人大病筹款行为创造了一定的法律保护空间,但由于公益主体与私益主体法律属性和范围区别明显,无法将互联网大病筹款私益募捐行为纳入《中华人民共和国慈善法》的法律框架之下,同时民政部门也很难对平台募捐行为进行有效监管。[2]

在此背景下,互联网大病筹款平台将其自身定位为提供网络技术服务的居间方虽无不妥,但考虑到个人大病求助私益主体的特殊性以及现实存在的

---

① 刘奕桐、杜暖芸、吴晓虹:《大病网络众筹平台责任问题研究》,《环渤海经济瞭望》2020 年第 8 期。

② 朱虹、吴楠:《慈善法背景下中国网络募捐的现状、困境及其应对》,《社科纵横》2018 年第 10 期。

法律漏洞,若缺少一个能够承担更多积极义务的第三方进行追责,很难保证整个募捐过程以及善款使月情况公开的完整性和真实性。

三、互联网大病筹款平台的法律困境检视

随着互联网的迅速发展,公益事业也搭上了互联网的"快车"。互联网大病筹款平台如雨后春笋般涌现,这无疑是给病患人员向社会求助打开了一个新的"窗口",在一定程度上快速解决了部分困难人群的燃眉之急。

新生的互联网大病筹款平台一方面顽强生长颇受求助者欢迎,另一方面却又频繁成为舆论讨伐的焦点。很多人追问,是不是这种模式本身存在问题,是不是缺少法律规制,是不是监管体制存在问题? 笔者总结出其存在的主要法律困境如下:

(一) 募捐剩余财产权归属不明

互联网大病筹款能够更快的解决一些求助者的燃眉之急。但是,人们捐钱是为救人的,如果求助人将善款用于其他用途,赠与人和作为第三方的筹款平台还有权要求申请人返还捐款吗?

互联网大病募捐所得的善款使用存在一定的风险,甚至会将公众的爱心付诸东流。实践中存在很多求助人所募得的善款远大于现实需求数额的情况。究其本质是由于求助数额与募集数额之间的供需关系不可能达到完全平衡。求助人获得其所需善款后,剩余善款的处理问题成为一大法律困境。

(二) 平台监管中存在立法缺位

根据上述分析我们可以得出,筹款平台不属于慈善组织的范畴,对于其能否通过《中华人民共和国慈善法》进行规制存在争议。有些声音认为,筹款平台作为沟通求助人与赠与人之间的纽带,以居间方的角色存在,因此并不具备公开募捐的资格。但也有不同观点认为《中华人民共和国慈善法》可以对筹款平台进行监管规制。

而无论是否是慈善组织,都可以从事慈善行为。①《中华人民共和国慈善法》第五条规定:"国家鼓励和支持自然人、法人和其他组织践行社会主义核心价值观,弘扬中华民族传统美德,依法开展慈善活动。"由于水滴筹并未从筹款活动中获利,甚至还用其他收入来源弥补互联网筹款平台的成本,可见,该行为属于慈善行为,水滴筹的活动并不违法,相反是值得肯定的。

在传统慈善组织筹款模式下,慈善组织是筹款人,负责发布筹款信息并募集善款,然后将筹集所得的善款按照其宗旨或与赠与人的约定投入到慈善领域或救助对象,因此,慈善组织既是筹款行为发起者,也是筹款行为的管理者。而在互联网筹款模式下,平台只是进行筹款的手段,真正的筹款人是被救助者本人(一般为患者或其亲属),筹款信息和筹款数额都是由被救助者自行发起确认并发布在筹款平台。水滴筹对筹款信息的真实性承担一定的审核义务。当筹集到相关捐款后,再由发起人向水滴筹平台申请,然后水滴筹将捐款打入筹款人账户。②

在互联网筹款模式下,实际上存在两个法律难题。具体而言:

第一,根据我国《中华人民共和国慈善法》的规定,只有具备公益性质的慈善组织才具有募捐资格,私益属性的互联网大病求助人是否具备提起公开募捐资格在司法实践中被广泛讨论。实际上,民政部曾针对"公开捐赠废旧衣服"的行为作出过通报,通报显示:"根据《中华人民共和国慈善法》的相关规定,只有登记或者认定为慈善组织且取得公开募捐资格的社会组织,才能开展公开募捐活动。其他组织或者个人,不得开展公开募捐活动"。按此解释,互联网大病筹款平台上的求助方是不具备公开募捐资格的。但是,由于在水滴筹互联网筹款平台发起筹款募捐的大多是因病致贫、无力承担巨额医疗费用的病人,这是社会保障制度缺失的表现,因此,笔者认为法律不应该对这种行为过多苛责。

第二,互联网筹款平台的责任界线不明。由于水滴筹等互联网筹款平台不是慈善组织,因此《中华人民共和国慈善法》对传统慈善组织设置的法律

---

① 百度百科:《"慈善"词条》,网址:https://baike. baidu. com/item/慈善/3540300? fr = aladdin,最后访问日期:2022 年 9 月 27 日。

② 王众:《我国慈善私益募捐的法律规制》,《学术探索》2015 年第 9 期。

责任和监管要求对水滴筹并不适用。而个人作为公开筹款的发起人,目前并没有配套的监管措施。因此,这种互联网筹款模式实际上是在法律规则缺位的状态下运行。这也给一些不诚信的人利用人民群众的爱心不当获利制造了空间。

(三) 平台监督、审查存在漏洞

1. 病情审核机制问题重重

以"轻松筹"为例,该平台平均每天发起的个人求助项目大约200多个。而轻松筹接近150人的客服团队中,只有35人专门负责项目审核,检查病历、诊断书是否与描述相符,患者信息是否匹配。最可笑的是,这35个审核人员根本没有医学背景,根本判别不了求助者是真病还是假病,或是否夸大病情。

"我筹吧"的审核规则更是简单,只要提交纸质文件,然后客服人员只要时不时去医院抽查、核实就可以。因此,如何对筹款平台进行有效规范亟待行政部门进行思考。

2. 个别求助人存在夸大病情、伪造病历甚至医疗凭证的行为

平台初审和审核均与求助人直接联系,与医院缺乏沟通和合作,难以获取患者真实情况,这导致部分人利用平台骗取筹款。虽然这可能不占大多数,但确实发生过这样的事情,央视等多家官方媒体也曾经曝光过。有些病人看到经常有筹款平台的地推人员过来宣传,就动起了歪脑筋,夸大自己的病情,修改甚至伪造病历本信息,伪造医疗凭证,伪造其他相关证明文件。在2019年6月,央视新闻就曾经曝光过一位28岁男子叶某,就通过修改病例字迹、伪造病历的手段,在筹款平台上筹到了3万多元。2021年3月,浙江省《钱江晚报》也曝光过一位宁波33岁男子鲍某某,伪造当地民政局的证明文件,并上传到筹款平台,在各大平台上共筹款7万多元。

3. 平台缺乏对筹款真实数额的准确评估

部分求助人会隐瞒真实信息。平台在审核过程中与政府机关缺乏合作,导致平台难以获取筹款人和患者的真实财产情况,筹款可在隐瞒真实经济的

情况下进行申请。平台最开始运营的时候,求助人发起的筹款数额,还尽可能地贴近实际开销。但到了后期,有些别有用心的求助人或其家属,为了一己私利,就故意多填一些数额。例如,2018 年 5 月,《南方都市报》曾曝光过一名乳腺癌患者,其家属向筹款平台提交了 30 万元的捐助申请;但后来所在医院出面证实,全部费用仅 5 万元就足够了。所以,没人去具体评估治疗某项大病,到底需要多少钱,这是个大问题。

4. 平台缺乏对患者家庭实际经济情况的调查

平台对于求助人资格审核门槛低,求助人在经济条件较好(如拥有房产、汽车)的情况下仍可申请筹款。还有的求助人筹款金额超过费用所需,筹款金额由求助人自行定夺,加之平台审核机制不完善,导致部分申请人填写的筹款金额远高于治疗费用。有些患者,得大病确实是真的,医疗凭证可能也是真的。但患者家属并没有病例文案里写得那么惨、那么穷,可偏偏要利用这个筹款 App 去让广大善良的网友替他们的医疗开销买单。

例如,患者看这个病需要的钱并不太多,其实患者家庭里是有存款的,患者的亲戚和朋友稍微借点钱很容易就能凑够看病的钱,可他们偏偏也为了占便宜,故意在文案里把他们描述得很惨、很穷,从而利用大家的善心不劳而获。所以,没人去详细调查患者背后的真实家庭经济情况,这也是平台对求助人相关信息审核的一大漏洞。

四、完善建议

(一) 对互联网大病求助剩余款项处理问题的完善

现实司法裁判中,大部分法院在处理剩余款项问题时,认为应当遵循比例原则将善款公开准确地返还给赠与人,赠与人明确表示放弃或赠与他人的除外,该观点兼具合法性与合理性。同时对于该问题,目前主要存在以下两种观点:

第一种观点认为筹集的剩余款项应该归属于求助人或者其继承人。

这种观点的支持者的理由主要有两点。一是这些项目由受益人或者求助人直接发起,其捐赠款项自捐出时就转给受益人,而赠与人则是在赠与之时已经明了其赠与款项可能被滥用的风险,所以即使最后赠与目的无法实现,受益人也无需返还剩余款项。二是平台求助人与赠与人之间,认定为一种附义务的赠与合同关系具有合理性,符合民法典合同编的立法原理。赠与作为一种诺成行为,根据司法实践,赠与合同双方意思表示一致即成立,在赠与物交付后即生效。所以,即使是出现剩余款项也应该归属于受赠人本人或者其继承人。但是在个人大病救助众筹中,这些理由并不具有说服力。

第二种观点认筹集剩余款项应返还给平台赠与人,这种观点的支持者更多。

对于这种观点的理由则是可以分为两类。第一类主张求助人与赠与人之间构成目的性赠与合同,认为这一特定目的是赠与人订立合同的动因和缔约基础,一旦所赠财产被挪作他用,赠与人可以自行提出解除或者撤销合同,赠与人可以依据"不当得利"的相关规则要求赠与人返还因不当得利取得的财产。第二类主张求助人与赠与人构成其他类型合同,具体来说可以有附义务赠与合同以及利他性赠与合同,得出剩余众筹款项应该归属赠与人的结论。[①]

笔者赞同第二种观点。首先,从《中华人民共和国民法典》的角度,在互联网大病筹款中,当合同目的无法实现时,赠与人可以要求解除赠与合同,求助人并不能对剩余款项主张所有权。同时当求助人对筹款剩余款项的占有失去合法依据时,赠与人有权请求求助人返还不当得利。如果大病求助者滥用剩余款项,需要承担相应的损害赔偿责任。其次,从法理的角度而言,法律作为公平正义的化身,实现法律的正义价值才会对社会进行正面引导。若赠与人出资的目的已经消灭,这背了赠与人无偿赠与的初衷,对民事领域的诚实信用和公平正义等基本原则也是极大伤害,有损法律的权威性并幻灭公众对法律的期待。

(二) 完善《中华人民共和国慈善法》法律监督体系

完善现行法律法规,将互联网个人大病筹款行为纳入《中华人民共和国

---

① 黄羽沛:《现行网络大病众筹的困境与出路》,《安徽行政学院学报》2020 年第 6 期。

慈善法》的规制体系中,《中华人民共和国慈善法》也应对进行私益募捐的求助人方的责任匹配进行明确规定。对于现实存在的剩余善款处理困境,也应由慈善法填补这方面的法律漏洞。建议立法者和司法裁判在处理网络个人大病筹款问题时,充分考虑当事人各方的利益平衡,公平分配各方权利与义务,可以采用举证责任倒置原理,由求助人一方承担举证责任,证明剩余善款的实际用途,从而更好地保护无数赠与人的爱心。

以医疗收据、检测报告为例,该类证据由专业医疗机构出具,可以科学、客观地证明受助方的实际情况,这些证据大多留存在求助人手中,求助人可以随意保存或丢弃该类证据,由求助人提供这些证据较为方便快捷,实行举证责任倒置具有其合理性。

在求助人本身存有主观过错的情况下,由赠与人进行证明求助人存在隐瞒其财产状况,实际收入等信息较为困难,其中还涉及赠与人与房管局、银行等诸多部门进行交涉,对赠与人来讲存在较大难度且耗时耗力。如果求助人能够自行将财产状况、收入来源等信息公开公示,涉及到财产信息通过银行流水或其他正规途径证明其信息的真实性、准确性,符合公序良俗并且高效便捷。

从司法实践方面看,如果赠与人奉献爱心反而被欺骗财物,无疑会大大打消捐助者的积极性,并且会形成类似于“老人扶不扶”的负面舆论导向,与社会提倡的无私奉献相悖,司法机关在调查取证确定具体赠与人主体时也存在一定的困难。

(三)完善平台严格审查与监督制度

互联网大病求助人应对其所公开信息的真实性和准确性负责。在平台运行实际中,由于缺乏专业机构进行监督管理,要求求助人对疾病治疗各个阶段的信息在平台上都进行准确披露,这种行为缺乏人文关怀也不符合实际情况。因此互联网大病筹款平台应尽到谨慎提示的义务,保证求助人知晓各项信息的发布规则,力求发布规则通俗易懂方便公众理解。

而且仅依赖互联网公众进行监督,是无法实现对剩余善款处理的准确定位的。利用互联网平台进行大病筹款,网络上众多爱心人士与求助人素不相识,且捐赠金额相对较小,实际上并不会对每一笔款项的用途进行细致监督。故而建立系统完备的平台监督审查制度迫在眉睫。[①] 具体来讲:

第一,平台应对求助方公开的各项材料进行严格审查。平台应将求助人所必须提交的诊断证明、病例情况、家庭财产状况等选项进行分类,作为申请的必填项。

第二,平台公开的条款中虽明确要求求助人需定期上传疾病治疗情况以及善款使用情况,但是在实践中,平台也并未强制要求求助人定期提交上述证明,仅是在收到举报后进行相关调查工作。故而,为预防此类事件再次发生,平台需严格对上述信息进行审查监督。

第三,虽然水滴筹、轻松筹和爱心筹等平台积极开展行业自律,发出网络倡议书,还提出了建立信息全公开网络平台、设置失信人黑名单等制度,但目前仅停留在"纸上谈兵",未有一家平台付诸实施。

第四,考虑到互联网个人大病筹款平台多为以营利为目的的公司形式,并非慈善组织,也不是民政部指定的公开募捐平台,在其公司属性获得合理利润的前提下,更应承担起更多的积极义务。由于目前个人大病网络求助的需求量大,私益主体的家庭财产状况也较为复杂,仅依靠平台进行审核的实施效果有限,对其过分苛责也不妥当,因此平台在承担积极义务的同时,国家和社会也应为其配套相应规模的监督力量。

第五,求助人也应自觉维护清朗的网络空间。互联网大病筹款平台是民间募捐的重要方式,在精准扶病和"救急难"方面发挥积极作用,故求助人自身也应诚实守信,避免炒作、见利忘义、制造"悲情戏码"博得公众同情,防止自身失信,守住道德底线。

五、结语

互联网大病筹款平台快速兴起,很大程度上缓解了高昂的医疗费用给经济状况不是太好的家庭带来的经济压力,这种新型募捐形式,对于我国慈善

[①] 程威:《个人网络募捐信息披露法律制度构建研究》,安徽财经大学出版社,2017,第6页。

事业的发展起到了有力的推动作用。但其中滋生的乱象浪费了社会公众的爱心和善意。

当前互联网大病筹款平台在我国的发展还处于起步阶段,由于立法存在滞后性,使其并未得到法律的有效规制和监管。而司法实践中,互联网大病筹款平台所存在的立法缺失、监督机制不完善等困境。对平台进行有效规范和管理,对于完善互联网大病众筹平台的监管机制甚至推动公益事业的整体发展都具有重要意义,因此国家和社会更需要对平台进行合理引导和必要规范。

笔者认为,应尽快完善《中华人民共和国慈善法》及相关法律体系,将互联网大病筹款纳入法治监管,赋予其法律上的身份。从筹款平台角度来看,严格履行信息审核义务,构建完整的筹款公示制度,积极开展行业自律。同时要从立法和司法者的角度,用法律规则呵护善意,还应从社会治理参与者的角度,促请各方共同提高治理能力。互联网大病筹款平台应依法依规推动个人大病求助在网络上的有序开展,对整个社会善心善行进行捍卫,为推进"健康中国"建设做出有益贡献。

10

互联网个人大病求助行为的规制
——以水滴筹起诉莫某还款事件为例

向朝霞　　常圣源①

摘　要:互联网个人大病求助是民间慈善事业的重要组成部分,有助于精准扶病,具有"救急难"的积极作用。由于互联网个人求助缺乏立法层面的规制与引导,欺捐、诈捐类事项屡禁不止,导致互联网个人大病求助遭遇信任危机。文章指出互联网个人大病求助存在立法空白;各方行为性质认定模糊;求助人信息披露范围不清、标准不明、责任不实;众筹平台审核监管不严;求助款项缺乏有效监督等问题。针对这些问题,建议加快制定互联网个人求助的专门立法,准确定性各项行为;明确发起人资格标准,确定各方主体权利义务;加强信息披露制度,强化平台审查监督义务;完善社会监督等措施。

关键词:互联网,个人求助,赠与行为,规制

一、问题的提出

莫某的儿子出生后身患威斯科特-奥尔德里奇综合征,长期治疗需要支付高昂的手术费用。莫某想到了利用"水滴筹"进行网络筹款。2018 年 4 月 15 日,莫某在水滴筹发起了筹款目标为 40 万元的个人大病筹款项目,申请

---

① 作者简介:向朝霞,男,法学博士,天津工业大学法学院副教授,硕士生导师,研究方向:法理学;常圣源,女,天津工业大学法学院硕士研究生,研究方向:法理学。

当天被平台审核通过。至次日筹款截止，莫某共筹集款项 153136 元。项目结束后，莫某发起了提现申请，水滴筹将筹集款项全额汇款给莫某。事后，莫某之妻许女士向水滴筹公司举报。后水滴筹公司要求莫某提交增信信息，莫某无正当理由拒绝提交相应材料。2018 年 8 月 27 日，水滴筹公司向莫某发送律师函，要求其在 8 月 31 日前返还全部筹集款项。莫某却拒绝返还。索还未果，水滴筹公司向北京市朝阳区人民法院提起诉讼，要求莫某全额返还筹集款项并支付相应利息。

法院经审理查明，莫某隐瞒救助情况，且救助款均发生在通过水滴筹筹款前，但莫某在筹款时并未披露相关情况。[①] 同时法院还查明，莫某在通过网络申请救助时隐瞒了其名下车辆等财产信息，亦未提供妻子许某名下财产信息。法院认为莫某在求助时隐瞒家庭财产信息、社会救助情况，信息准确性、全面性、及时性存在问题。另外，莫某将筹集款项用于偿还因其子之前治病而欠下的债务，存在挪用、隐瞒等违约行为。最后，法院判决莫某返还北京水滴互保科技有限公司 153136 元及利息。[②]

该案是全国首例网络个人大病求助案。判决公布后，引起了社会广泛关注和讨论。网上舆论认为法院"判决漂亮"，司法为信任回归做主。[③] 有人认为莫某辜负了民众善意，呼吁"请呵护网上救助的每一份爱心"。[④] 也有人认为水滴筹平台没有尽到审核监督责任。如今，互联网个人大病求助已成为互联网捐赠中作用最广、影响最大的方式之一，该案反映出来的一些问题，引发诸多争议。法院的判决扮演一种"公共政策"作用，朝阳区人民法院的判决在为信任回归做主的同时，是否会制约民众互联网个人大病求助的积极性？面对互联网恶意筹款，又该如何防范与规制？像水滴筹、轻松筹等这样以营利为目的的有限责任公司，它不是慈善组织，在该案中应该负有什么责任？针对这些问题，朝阳区人民法院通过向民政部和水滴筹公司等平台企业提出司法建议，对这些问题做出了回应。本文在司法建议的基础上进一步地深化

---

① 在水滴筹平台筹款之前，莫某获得一些捐助，分别为爱佑慈善基金会资助 4 万元、上海市未成年人罕见病防治基金会救助 2 万元、嘉兴市南湖区民政局救助 28849.71 元。

② 参见北京市朝阳区人民法院(2019)京 0105 民初 24711 号民事判决书。

③ 郝若希：《司法为信任回归做主》，《法治周末》2019 年 11 月 22 日。

④ 靳昊：《请呵护网上救助的每一份爱心》，《光明日报》2019 年 11 月 18 日。

和展开,探析互联网个人大病求助众筹的问题,并提出完善建议。

二、互联网个人大病求助的司法认定及问题

(一) 互联网个人大病求助的性质认定

1. 个人因病在网上进行众筹属于个人大病求助性质

莫某通过水滴筹平台进行医疗救助款项目的行为属于互联网个人大病求助。它的一般运行机制就是莫某向水滴筹平台提出申请,再由水滴筹平台对提交的信息(发起人信息、患者信息、收款人信息、医疗证明、增信材料补充)真实性进行比照,审核通过之后公布项目,并且可以将信息以微信、微博、公众号等形式转载宣传,捐赠人自愿对莫某进行捐款,钱款汇集在水滴筹平台之后,再由水滴筹平台统一拨付给受赠人莫某,最后由莫某用于儿子的疾病治疗。① 莫某儿子死亡之后整个项目结束,若有剩余款项应当返还平台。

2. 互联网个人大病求助属于赠与行为

个人因病在网上进行众筹属于个人大病求助性质,那么互联网个人大病求助行为的性质又是什么? 根据求助者与资助者的关系来看,水滴筹平台上的不特定人向求助者进行捐款行为属于赠与性质。根据《中华人民共和国民法典》第六百五十七条规定,赠与合同是赠与人将自己的财产无偿给予受赠人,受赠人表示接受赠与的合同。从莫某案来看,莫某与水滴筹平台上的资助者之间是一种特定法律关系,即附特定目的的赠与,而该特定目的就是帮助莫某解除困境。法院根据《中华人民共和国民法典》相关规定认定莫某与资助人之间就捐助的医疗款项系附义务的赠与合同关系,合同合法有效,双方均应全面履行。

个人通过互联网众筹平台,给身患重病捐款行为为什么不属于慈善捐款

---

① 伞新茹:《个人求助类公益众筹的问题研究》,北京邮电大学 2019 年硕士学位论文,第 31—32 页。

行为,而是赠与行为？根据慈善法相关规定,慈善法调整的是慈善组织的慈善募捐行为,其目的在于保护慈善组织、捐赠人、志愿者、受益人等慈善活动参与者的合法权益。换言之,慈善法主要是规范由慈善组织发起的针对不特定人的募捐活动。慈善捐赠的捐助对象并不指向特定个人,而是一个群体。而互联网个人大病求助行为,则是针对特定个人的大病求助,属于民事行为,不受慈善法调整。另外一个原因,在我国个人是没有发起募捐的权利,只有被授权的慈善组织才有发起募捐的权利,那么当个人遭遇困境时,需要向社会发出求助,个人可以通过水滴筹公司等企业平台向社会发出求助,在我国立法设计上,将个人求助与募捐区分开来。正是这个区分,在我国成立了诸如水滴筹、轻松筹、无忧筹等筹款企业平台。

在这里强调的是,虽然互联网个人大病求助行为不属于慈善行为,但它是我国民间慈善事业的重要组成部分。在莫某案判决书中,法院这样写道:"本院需要特别指出的是互联网个人大病求助是民间慈善事业的重要组成部分,有助于精准扶病,具有'救急难'的积极作用。"

(二) 受助者隐瞒财产信息的认定

法院查明受助者莫某隐瞒财产信息,莫某隐瞒名下 2 套房产、存款和已经收到 4 家慈善组织捐款的真实情况,并且作出自身背负大额债务的虚假陈述,而水滴筹平台并未审核出问题,并在平台上发布项目为其筹款,导致捐赠者在平台上看到信息之后基于同情扶弱心理而进行款项捐赠。

1. 受助者隐瞒财产信息的原因

从莫某的角度分析,现行有效的规范性法律文件和水滴筹平台并未要求求助人在互联网求助时必须提交自己以及整个家庭的财产资料,导致莫某自身也不能准确地把握信息披露义务的边界;同时水滴筹平台并不强制发起人披露自身的财产信息,对于发起人提交的申请仅仅进行形式核查,相关条例也规定水滴筹平台对于发布信息不承担责任,所以平台的责任门槛被大幅降低,不利于事中对发起人进行规制、对捐赠人的知情权进行保障。

对于捐赠人来说,因为只能单向性地通过水滴筹平台对发起人和求助者的财产情况进行了解,而互联网具有的虚拟性、时效性和复杂性导致捐赠者个人难以对已知信息进行及时准确辨别。究其原因,在法律层面主要是由于现有规范性法律文件缺乏对受助者隐瞒财产信息的定性以及信息披露的事前要求、事中评估、事后监督,从而引起受赠人隐瞒财产信息、欺骗平台和捐赠人的情况屡禁不止。特别是莫某隐瞒自身真实财产情况进行众筹的行为事发之后,经过舆论的发酵网络媒体上掀起了对互联网个人求助类众筹的批判,降低了公众投身公益的热情、严重侵害了捐赠人的知情权、降低了水滴筹等平台的声誉、破坏了诚实守信、互帮互助的慈善公益事业氛围。通过该案例,对受助者隐瞒财产信息行为作出清晰定性是解决受助者隐瞒财产信息问题、提升互联网个人求助可信度的前提和基础。

2. 受助者隐瞒财产信息构成事实失实

在互联网个人大病求助中,求助项目真实性是至关重要的一环。它涉及到社会主义核心价值观:诚信。善良是促使我们愿意去帮助处于困境中他人的源源不竭的力量,但它一旦被谎言欺骗,善行也就会停止。因此,维护诚信,才能传递善良。在莫某案中,莫某在发起众筹的时候,隐瞒了家庭里有车有房有商铺的财产情况,还隐瞒了此前已经通过其他途径获得8.8万余元救助的事实。那么隐瞒财产信息行为的性质判断,对其行为定性有很大影响。

在司法审判中,针对个人大病求助项目审查,应重点区分求助项目的关键事实、一般事实和细节事实。如果莫某隐瞒财产信息构成关键事实失实,即莫某虚构他儿子患病的事实,那么他会导致失信事件,严重者即为骗捐;如果莫某隐瞒财产信息构成一般事实失实,即他在求助时隐瞒、虚构了部分事实,则他构成合同上的违约;如果莫某仅仅是在求助过程中存在细节事实有瑕疵或者失实,则不构成违约。

回到案件中,法院认定莫某未按平台规则准确、全面、及时提供信息,其确有隐瞒的情形,但是莫某之子的病情及治疗情况基本真实,且发起筹款当时确有求助意愿和客观必要。所以本案为一般事实失实。

(三) 受资助者把资助挪作他用的认定

莫某承认违背与捐赠人之间的约定,并未使用筹集款支付儿子后续医疗费,而是挪作私用。在莫某求助项目的整个运行过程中,所有的捐助款项由水滴筹平台收取,然后经莫某申请再由水滴筹统一拨付给莫某进行使用,莫某在取得款项之后并未按照申请中的用途,进行疾病治疗,而是将大部分款项用于归还向亲戚的借债。莫某的行为属于违约还是诈骗,法律上缺乏准确定性,导致司法实践中处理结果不一。

本案中朝阳区法院将其归类为违约行为。法院认为莫某确实为了治疗其子的重病,进行了举债,且筹集款项也确实用于偿还因其子之前治病而欠下的债务,因此,莫某行为不构成诈骗。但莫某用善款偿还因治病欠下的债务,违反了双方约定用途。因为水滴筹平台赠与人的目的在于"救病"而不是"救穷",因此法院认定莫某用善款偿还债务行为构成挪作他用,进而构成了违约。

学界参照不同的法律规范对此有着存在着不同的观点和讨论。在司法实践领域,需要统一而确切的标准去规范法官的推理,审判者需要带着中立的目光、统一的理论结合案件事实进行裁判,类似案件必须类似处理,才能让人民群众感受到公平正义。此外,秉承诚实、恪守承诺的诚信原则是互联网慈善的帝王准则,求助者违背承诺滥用款项的行为不仅侵犯了捐赠者、平台的合理预期,也冲击了互帮互助的公益氛围。因此在法律层面规定受资助者把资助款挪作他用的法律性质及处罚规则,在中央层面统一对受资助者将款项挪作私用的认定和处罚标准,发挥法律的引导和规制作用,对于保障筹集善款专款专用,维稳市场秩序、保障利益相关者的权益具有重要的作用。

(四) 互联网个人大病求助认定的问题

通过上述分析,法院针对互联网个人大病求助进行了司法认定,其认定个人大病求助行为是一种附义务的赠与行为,基于案件基本情节,恰当地认定莫某行为属于一般事实失实,并因莫某挪用求助款项,构成了违约。最后判决莫某返还全部筹集款项及支付相应利息。法院的判决结果,很好地保护了公众的善心,倡导了诚信、友善的社会主义核心价值观,维护了网络个人大病求助健康的发展空间,也为互联网慈善事业的良性发展提供了司法保障。

但是,该案还反映出了相应问题,即缺乏统一的法律规范对互联网个人求助进行定性。如莫某的行为属于互联网个人求助类众筹行为,但是在具体的审理和认定过程中由于《中华人民共和国慈善法》中只对慈善募捐等公募行为作出了相关规定,将个人求助类公益行为排除在调整范围之外,以及民政部门牵头其他部门印发的《公开募捐平台服务管理办法》《慈善组织互联网公开募捐信息平台基本技术规范》《慈善组织互联网公开募捐信息平台基本管理规范》只是规定了个人利用互联网进行求助时,信息真实性的风险承担责任问题,并没有对个人互联网求助中运行程序、发起人资格做出明确的规定。① 导致缺乏全国性的、专门性的立法对个人互联网求助全过程的积极引导和责任认定,只有在个人互联网求助行为已经造成违法后果之后才能参照类似规范性文件对其实施规制。

对于莫某行为的法律定性学界有着不同的讨论声音。莫某向水滴筹申请众筹,以及在网站、公众号上发布自己的求助信息让网友进行捐助,部分学者认为,莫某的行为已不仅仅是简单求助,从其筹款方式及筹款范围来看,已经属于违法的个人募捐行为。这种说法是因为莫某不具有公开募捐资格却向社会公众进行款项的募集,所涉数额较大,将救助款项挪作他用,不符合募捐的要求。更有学者提出莫某事件已然属于诈捐,且对于善款总额、善款流向都表现出连锁式质疑,认为莫某应当承担刑事责任,构成财产型犯罪。② 之所以能够得出不同的结论,主要是因为缺乏国家层面的立法指引,学者引用的规范性文件不同,分析的侧重点也有所不同,自然得出截然不同的判断,不利于法律秩序的统一。所以需要对个人互联网求助进行专门立法,明晰它的法律定义、资格认定、平台规制、法律监督等各个环节,统一个人互联网求助的惩治标准。

三、互联网个人大病求助的监管及问题

(一) 水滴筹公司等企业平台仅仅进行一般的形式审查义务

以水滴筹公司为例,根据《用户协议》《水滴筹个人求助信息发布条款》

① 彭朝阳:《互联网个人求助法律规制路径探析》,《现代商贸工业》,2020 年第 8 期。
② 柳翠:《互联网慈善立法研究》,西南交通大学 2018 年硕士学位论文。

等规定,水滴筹公司有权对求助人身份、疾病情况、治疗花费情况、家庭经济状况等信息进行审查。但因个人大病求助需求量大、家庭财产状况核查比对复杂度高,水滴筹平台审核甄别力量有限,导致水滴筹公司对发起人只进行一般的形式审查。如在莫某案中,在莫某收到筹集款项后,水滴筹公司未定期要求莫某提供求助人治疗情况说明、所筹款项使用情况说明等,只是在收到举报后,才进行相关审查和监督工作。法院也认为水滴筹公司没有尽到严格形式审查义务。

(二)互联网个人大病求助监管的问题

1.对发起人的监管不严格

发起人夸大自身困难程度、隐瞒真实财产情况,不能被及时发现。如在莫某案中,莫某没有实事求是地描述困难,故意夸大困难程度和不幸遭遇的情况,以获取大众同情,从而获取更多的关注和捐款,导致获得捐助款项远超于实际所需要的医疗救助款。[①] 发起人隐瞒部分情况:在发布求助信息时,莫某隐瞒自身已经获得其他基金会、民政部门的捐款和医保报销情况,对于影响公众判断的关键性信息进行省略,并且水滴筹平台并未审核出莫某夸大困难程度和隐瞒自身已经受到多家慈善组织捐款的情况。发起人违约并不是由水滴筹、捐赠人、民政部门或者其他专门的监管机关审核出来,而是由莫某妻子的揭发举报。若非莫某妻子因与莫某之间存在经济纠纷而主动向水滴筹平台进行反馈,单单依靠水滴筹平台或国家立法现有的监管机制可能需要很长时间才能审核出问题,那么捐赠人的知情权也无从保障。[②]

2.对水滴筹公司等企业平台缺乏监管

现有立法缺乏对水滴筹平台承担责任的明确规定,平台在实践中便缺乏对信息的审核监管意识。民政部门颁布的条例对于互联网个人求助行为,公布信息真实性由求助人个人承担,平台只有风险提示义务。因此水滴筹只是

---

① 王志清:《对网络捐助中"个人求助"法律问题的研究》,《山东农业工程学院学报》,2018年第8期。

② 张育宁:《个人求助型网络众筹的法律规制》,吉林大学2020年硕士学位论文。

对项目的风险进行提示,并没有对于莫某求助的真实情况进行核查和对后续款项的使用情况追踪监督,所以导致莫某的材料很容易就审核通过并利用平台开始筹款。案件曝光后业内人士建议,筹款平台不能仅仅做出简单提示风险,应尽可能封堵审核漏洞,承担起审核责任;此外,在多家慈善组织都对莫某进行捐赠的情况之下,由于立法并没有规定一个对各个慈善组织所进行的个人求助项目的官方统一监管平台,其可以对项目所受到的所有捐助情况进行汇总公布,导致基金会、民政部门、医院之间由于信息沟通不顺畅所以未能及时甄别出莫先生实际收到的捐助款项总额。

3. 资助人缺乏监管路径

对于资助人而言,立法只是对资助人享有的权利进行了规定,缺乏具体实施路径。《中华人民共和国慈善法》中只是粗略地规定了捐赠人有对捐赠款项的知情权,可以通过官方发布的渠道中进行信息查询。但对于个人互联网求助并没有法定的监督管理渠道,资助人只能单向性地获取信息,不利于其监督权的行使。如果有专门的立法对个人互联网求助的全过程设置一个较为全面的监管体系,加强对个人互联网求助中求助人、捐助人、平台的监管,也将有助于各项主体依法行使权利义务,更好地规范个人互联网求助流程。

四、互联网个人大病求助的完善建议

对于互联网个人求助行为不仅需要立法对上述问题进行规制和约束,同时也需要在法律层面确保发起人、平台、资助人的各项权利,营造更加诚信、法治、高效的项目运行机制。有必要从法律、道德两个方面给予规制。

(一) 加快制定互联网个人求助的专门立法,准确定性各项行为

1. 专门制定《互联网个人求助条例》填补立法空白

互联网个人大病求助拓宽了社会救助范围,促进了民间慈善事业的发展,是我国慈善事业的重要组成部分。虽然我国互联网个人大病求助现在蓬

勃发展,但相关的法律规范尚处于空白。比如众筹的网络平台、发起人、筹款人、捐赠人的权利义务、责任承担均无明确规定;再如求助人信息披露范围不清、标准不明、责任不清;筹集款项的流向和使用亦不公开、不透明、不规范。由于缺乏相应立法规范,导致一些诈捐、骗捐事件发生,引发道德信任危机,给我国现行救助体系带来冲击。

笔者认为应该制定《互联网个人求助条例》,将不能纳入《中华人民共和国慈善法》规制的个人大病求助行为,进行专门立法规制。应当对互联网个人求助行为进行分门别类的规定,准确对实际情况中出现的各种争议行为进行定性,提升互联网个人求助行为的针对性和导向性。

2. 认定互联网个人求助行为属于附义务的赠与行为

互联网个人求助行为是求助人由于本人或者近亲属陷入困境而在网络上以自己的名义向社会寻求帮助的活动。[①] 这种个人求助行为中有两种法律关系,一种是资助者向求助者进行捐款的赠与关系。如果个人求助者违反赠与合同约定,一般情况下,赠与人在赠与财产的权利转移之前可以撤销赠与,但是具有救灾、扶贫等社会公益、道德义务性质的赠与合同或者经过公证的赠与合同,不可以撤销。如果求助者编造虚假信息或隐瞒真实信息导致赠与人作出赠与的意思表示,则这种赠与合同属于因欺诈而订立的合同,可以撤销。一般而言,个人大病求助会按照相关规定,表明约定的用途,所以,这种赠与合同是附义务的。那么,众筹企业平台有权利要求求助者返还众筹善款吗? 由于赠与人与水滴筹平台之间是网络服务合同,则意味着赠与人授权众筹平台的运营者代表赠与人要求求助者偿还筹集款项的权利。

3. 受助者隐瞒财产或挪作他用,分类认定行为性质

受助人隐瞒财产,若受助人在本身不满足发起人资格要求的情况下隐瞒自身财产情况,夸大或者虚构自身困难程度发起求助项目属于欺诈行为,根据情节严重程度、诈骗数额的多少按照诈骗罪进行处理。若求助人隐瞒自身财产状况并不足以阻碍自身成为求助人,仍符合项目发起人的申请条件,那么求助人隐瞒财产的行为可以参照附义务的赠与合同进行处理,追究求助人

---

① 张丽君:《网络个人求助类众筹平台的研究综述》,《经济研究导刊》2020 年第 12 期。

的违约责任。

受助人将款项挪作他用,若受助人自身符合发起人资格要求,在款项使用过程中受助对象死亡、不可抗力导致发起人其他直系亲属更加急需该笔款项等特殊情况下,受助人违反与捐赠人和网络平台的约定,私自将款项挪作他用,鉴于双方利益的衡量和发起人的主观动机,虽然客观上违反了当事人之间关于款项用途的合意,但发起人挪作私用的行为能够在法定范围内予以从轻考量,让发起人承担违约责任即可。但发起人并不满足求助情况、或刚开始满足事中已不满足求助条件却隐瞒不报,而将款项挪作私用的行为,则不仅仅是违约,因为给予救助款项的特殊性质,受助人只有对款项的合法使用权,应当将款项用于疾病的治疗,当其违背约定将款项挪作私用,已经超越了自己的使用权限,而是有了自己所有的意思表示,应当承担侵占罪、诈骗罪的刑事责任。

(二) 明确发起人资格标准,确定各方主体权利义务

1. 基于"救病"非"救穷"的目的,放宽发起人求助的标准

互联网个人大病求助的目的是"救病"而不是"救穷",那么个人大病求助的核心判断标准是大病。这也是为什么把个人大病求助排除在慈善法之外的原因。但目前,公众认识和舆论似乎把互联网个人大病求助的判断标准界定为"大病"和"贫困",这样的个人求助标准,过于严厉,不利于激励个人大病求助的发展。

建议互联网个人大病求助发起核心标准是"大病","贫困"或"困境"是资助者考量是否捐助或捐助多少的因素。如果个人确实患有大病,那么就可以在众筹企业平台发出求助,至于是否贫困,这是资助者考量是否捐助的因素,而不是求助者是否能够在众筹平台求助的判断标准。当前,舆论似乎关注于网络个人求助者是否贫困,如果不贫困,当患病时在网上求助,就认为是不道德的,是隐瞒、诈捐行为,认为这种行为伤害了资助者的善良。这样的道德审判,会遏制个人大病求助的意愿。当一个人身患大病,并因此陷于贫困窘境,这时他可以发起互联网个人大病求助,也可以获得慈善组织的帮扶。但是当一个人身患大病,但并不是如人们认为的那样陷入贫困,这个时候他

也可以发起互联网个人大病求助。

2. 基于激励与规制要求,限定考察受助人的经济状况范围

建议激励与规制相结合,让符合条件的申请人在寻求救助时得到法律的支持,对隐瞒财产或挪作他用的行为进行规制。如针对莫某事件中出现的受助人隐瞒财产情况、莫某的责任承担问题进行规制。[①] 一是明确发起人与受助人的身份关系。项目发起人必须是具有完全民事行为能力的中国公民且是求助人本人或求助人近亲属(《中华人民共和国民法典》规定的近亲属范围),除此之外的人不能随意代替求助人发起申请。[②] 二是项目受助人的经济财产状况,对于成年人限于本人及其配偶的经济状况,不包括父母经济状况。在莫某案中,大家把莫某父母的财产认定为莫某家庭共同财产,得出莫某并不贫困的结论,这是不合理的。

3. 明确众筹企业平台的权利与义务

在法律上确认众筹企业平台对求助信息的审核权、对捐赠财产的管理权、对款项使用的监督权等。平台作为捐赠人和求助人的信息沟通媒介,应当对求助人的信息真实性进行核查、掌握款项使用情况动态和与医院进行核实的权利;追索款项时,有独立的诉讼地位进行起诉和为捐赠者追还款项的权利。

平台需要承担事先告知义务、信息公开义务、风险防范义务、接受监管的义务等。第一,平台对于求助者应履行事先告知义务,引导求助者提供真实的求助信息,告知求助者对于自己的可能发生的违法行为承担的法律责任。第二,鉴于个人互联网求助项目紧迫性、必要性、严肃性,互联网求助平台必须将发起主体的疾病情况、治疗花费、家庭经济情况、征信状况等因素进行严格的筛查,建立完备的平台准入方案,确保公布的项目信息真实、准确,否则应当就其过错部分与求助者承担连带责任,加大平台的信息披露义务。第三,平台对于进行的求助项目有严格形式审核、接受监督举报、及时采取措施避免损失扩大的义务。多元化途径接受广大群众的监督举报,第一时间采取

---

① 展宏菲:《网络慈善中个人求助的法理分析》,《中国集体经济》2018 年第 15 期。

② 王晓娟、李小龙:《个人求助的法律规制》,《知与行》2017 年第 6 期。

措施,避免诈捐、骗捐的发生,减少损失,对于放任或者共谋行为应当承担连带责任,对于善意不知情的违法行为,在有关机关调查时,积极予以配合。

4. 保障落实捐助者的权利

捐赠人依法享有知情权、监督权和财产权。捐助人有权知晓并要求公开平台公开求助人的基本情况、求助事项的进展情况、捐助善款的使用情况和余额处置情况等信息,并监督其真实性和完整性,对可能存在诈捐、骗捐等嫌疑的求助事件,捐助者有权向慈善信息平台、民政部门、公安机关等举报,相应机关应立即组织核实调查,维护捐助人的监督权有效行使。对于因求助人挪用款项、诈骗求助款项而被平台追索回的救助款,应当在相应的平台上进行通知,不能设置期限或者由平台自主决定进行同类项目捐赠,而应该努力将每一笔款项返还给捐助人。

同时捐助者也应尊重求助人隐私、依法行使权利的义务。捐赠人在发现平台、求助人的违法违规情况,应当通过法律允许的途径进行揭发检举,但是不得肆意公开求助人的隐私信息,或者滥用自己的权利侵害他人,否则也应当依照相关法律的规定承担法律责任。

(三) 加强信息披露制度,强化平台审查监督义务

1. 明确信息披露主体和披露内容

首先,应当明确求助人和众筹企业平台为信息披露的主体。其次,需要披露的内容,包括求助原因、捐助款项相关信息、剩余款项处置情况等。求助原因的披露中应当包括求助人真实身份信息、求助事项相关证明、家庭经济情况证明、需要救助款项数额等;捐助款项数额的披露包括善款的使用明细及单据、善款总额及余额变动情况、求助事项进展情况、是否存在其他组织的善款捐赠等;剩余款项处置的披露包括求助事项结果、余款剩余情况、余款流向等应当公开的信息。同时要求所有的信息通过官方统一平台或者进行项目的"互联网+慈善"平台进行公布,确保信息公布途径的规范化和程序化。

2. 强化众筹企业平台的审核监督义务

现在诸如水滴筹、轻松筹、无忧筹等互联网众筹企业平台,它们都是商业

性质的,这些平台并不是公益性的,它们也有营利诉求。由于个人大病求助需要越来越大,求助者的家庭财产状况核查比对比较复杂,如果要完成这些审核监督任务,需要投入大量成本,因此,众筹企业平台基于成本考量选择一般形式审核监督,而不是严格的审核监督。正是基于商业性的企业平台,应该要求作为网络平台对求助者信息应承担严格形式审查义务、严格监督义务,以确保求助项目的真实性和筹集款项用途的落实。

具体而言,一是立法应当要求众筹企业平台对求助者提交的身份证件、病历材料、诊断证明、征信情况、财产状况等进行严格审查,要求求助者依法完整地提交所需的各项材料,审查合格才能将求助信息发布到平台。二是平台应敦促求助人及时将善款的使用明细、报销明细、病情治疗进展情况和其他应当公开的信息进行全面公开,待平台再次审查之后发布到平台,可供全部捐助者随时查看监督,保障捐助者的知情权和监督权。三是平台应当设立举报反馈通道,保障社会大众尤其是捐助人的监督权,对收到的举报投诉内容应当及时核实并予以公布,若投诉内容属实则应立即采取必要措施,防止捐助者的合法权益遭受侵害。

对整个现有的慈善组织之间信息沟通不流畅的现状可以在立法上设立一个网络募捐平台行业自律组织作为各个慈善组织之间的沟通桥梁,制定细化的制度规范对各平台组织实行公益项目的情况整理汇总,定期进行公布,加强慈善组织之间的交流合作,引导个人互联网求助的发展。① 就莫某案来看,平台在整个过程中有着承上启下的推进作用,所以为了对莫某的此类行为进行规制,需要提高水滴筹平台的审核职责,对发布项目所包含的虚假信息、隐瞒信息等承担一定的法律责任,倒逼平台完善自身监管体系,提高自身的监管能力,提高了类似莫某案件的违法成本,更好地维护慈善救助市场。

(四) 完善社会监督

1. 保障捐助者的知情权和监督权

立法者应当拓宽捐赠人可以获得所帮助项目的过程信息,设定一定的程

---

① 朱偲媛:《个人网络求助的法律监管探究》,《文化学刊》2018 年第 7 期。

序让捐赠人通过提交一定资料便可以了解对自身相关的受赠人的信息、项目的进程、款项的具体适用情况,等等。不仅仅只是依赖于"互联网+慈善平台"公布的信息,而是可以由官网指定的平台可以进行跟踪查阅,这样更加有利于保障捐赠人的知情权和监督权。[①]

2. 拓宽社会监督的渠道

为社会公众建立并拓宽举报渠道。如提供互联网、举报电话、投诉信箱等多种途径反映问题,要求处理机关在法定期限内对公众的反映情况核实处理并予以公示。对于查之属实的举报监督应当设立一定的奖励制度,颁发锦旗或者奖金;对于诬告、"人肉搜索"等侵害他人合法权利的行为进行警告、通报批评或者处以一定数量的罚款。

设立一定的核验审查机制,选取一批有资质的专业性第三方评估机构,对互联网平台随机进行抽查评估,将网络平台运行情况的结果在全国慈善组织信息平台官网进行公示,提高网络募集平台的公信力。针对当下中国在公益慈善领域尚无专业性强且极具公信力的第三方评估机构我们可以借鉴西方国家的相关经验。例如,美国对公益慈善的监管是官方与民间第三方合作监督的机制,并形成了"DADS 机制"。[②] 日本则是主管部门和第三方合议制机构分别对公益社团进行形式审查和实质审查。德国的公益慈善监管主要是由社会福利问题中央研究所来进行,为公众传达更全面的公益慈善组织信息,受到官方和公众的广泛认可。这些第三方机构的存在对监督网络慈善平台起到重要作用。因此要注重民间组织的力量,官民合力推动构建具有公信力和影响力的第三方监督机构,建立健全多元联动协同监管机制,推动慈善事业的良性发展。

---

① 崔震、李芳:《个人求助网络募捐平台的法律监管》,《社科纵横》2019 年第 4 期。

② 即信息披露、信息分析、信息发布与惩罚的模式。其中最具特色的是美国慈善导航网,将公益慈善组织按照指标从星级进行评级和排列,促进各组织提高运行效率。

11

论公司慈善捐赠中的权益保护
——以 S 地产集团慈善捐赠为例

陈志新　　高书宇①

摘　要：以个案剖析为例,公司通过慈善组织履行慈善捐赠行为,对其依据《中华人民共和国慈善法》等法律法规获得权益的保障,关键在于对慈善组织的筛选。因此有必要完善并及时公布慈善组织本身及其执行公益慈善项目的信息,使得慈善捐赠公司有机会选择合适慈善组织,完成慈善捐赠,实现利他的捐赠意愿。同时,对于公司在慈善捐赠中附随获得的利己利益,在利他优先且合法的情况下,该权益亦应该得到保护。

关键词：慈善捐赠,权益,动机

一、问题的提出

公司独立人格和有限责任的属性,使其拥有处分自己财产的权利,慈善捐赠行为是公司行使财产处分权的表现。从而不同于个人独资企业捐赠的财产的所有权为个人所有,合伙企业捐赠的财产的所有权归个人所有或合伙共有的情形。考虑到捐赠财产的归属、捐赠的程序、捐赠的后果等均不同,故本文仅讨论公司慈善捐赠涉及的权益保护问题,包括保护公司在向慈善受赠

① 作者简介：陈志新,男,天津工业大学法学院讲师,研究方向：民商法理论与实务研究；高书宇,女,天津工业大学法学院硕士研究生,研究方向：民商法理论与实务研究。

人履行慈善捐赠时基于法律和慈善捐赠协议所设定的权利,也包括保护法律在对履行慈善捐赠行为的公司进行规制时公司依法所享有的权利。

捐赠在本质上是赠与合同,其特征包括:第一,自愿性。公司做出的赠与行为出于自愿。第二,单务性。合同一经成立生效,公司负有赠与的义务,而受赠方无相应的义务。第三,除有法律规定外不得随意撤回赠与。因慈善捐赠行为单务的特征,公司多被强调慈善捐赠行为的履行,理论研究和实务实践多关注的是公司履行慈善捐赠的理论和立法依据,以及如何适格履行慈善捐赠义务等。但将慈善捐赠行为放到公司整体运营中考量,亦应思考如何实现《中华人民共和国慈善法》第一条立法目的中强调的保护作为慈善参与者之一的捐赠人的合法权益。

二、S 地产集团慈善捐赠概况

本文以 S 地产集团慈善捐赠为例,剖析公司慈善捐赠中的权益保障问题。S 地产集团为大型地产公司,以地产为核心主业,业务板块包括地产、服务、文旅、文化、会议会展和医疗康养。该集团于 2018 年经天津市民政局批准成立 S 公益基金会,围绕乡村振兴、教育扶智、古建保护等领域开展公益行动。截至 2021 年底,S 地产集团,并通过关联公司及 S 公益基金会累计在社会公益领域捐赠款物超过 28 亿元。[①]

在乡村振兴领域,S 地产集团及 S 公益基金会结合自身技术优势、平台优势、产业资源,累计投入 2.9 亿元,在 13 省 37 个乡镇开展乡村振兴工作,建立了一批产业兴旺、生态宜居、乡风文明、治理有效、生活富裕的示范村。

在教育扶智领域,建立专项培养计划,在全国 17 个省份,累计结对 77 所乡村学校,捐建 1 所爱心小学,为数万名教育欠发达地区孩子提供教育助学。截止到目前,向多个高校共计捐赠近 12 亿元,主要用于医学、公共卫生、绿色资源等领域的教育、科研、学科、人才建设。

在古建保护领域,S 地产集团与中国文物保护基金会合作,建立古建保

---

① 数据引自 S 地产集团官网、S 公益基金会历年年度工作报告。

护专项基金,复原具有文化代表性古建筑,活化古建文化历史风貌,开展中式传统建筑技艺传承和人才培养工作。

在抗击新冠肺炎疫情、救助重大自然灾害造成的损害等方面,S 地产集团也积极捐款捐物,获得社会赞誉,如 2019 年获得精准扶贫贡献年度典范企业,2021 年获得第十一届中华慈善奖等。

三、慈善捐赠公司权益保护的依据

公司慈善捐赠行为本质上是利他的,但慈善捐赠中非利他性也是客观存在,而且具有相应的合理性。慈善捐赠中的非利他性有利于实现行为人自身和社会效益最大化,并符合社会公平正义的伦理精神。[①] 对公司慈善捐赠行为所引发的与利他相关的法律关系,还是与利己相关的法律关系,只要是符合政策要求,符合法律规定,且利己性是从属于利他性的,则公司履行慈善捐赠行为的权益以及基于慈善捐赠行为而获得的权益都应当得到保护。慈善捐赠公司权益的规定主要来自于《中华人民共和国慈善法》。

《中华人民共和国慈善法》作为慈善事业的基本法,第一条就强调保护包括捐赠人在内的慈善参与者的合法权益,共享发展成果;并通过多个法条从不同方面规定了对捐赠人权益的保护。如第三条规定捐赠人捐赠的自愿权;第三十一条、第八十条规定捐赠人对捐赠事项的知情权;第三十九条规定捐赠人有权通过签订书面捐赠协议约定捐赠财产的用途;第四十一条规定捐赠人可以不再履行捐赠义务的情形;第四十二条规定捐赠人的监督权和诉权;第八十二条规定对捐赠人隐私权的保护;第九十条规定捐赠人享有税收优惠权;第九十九条规定捐赠人享有冠名的权利;第一百条规定捐赠人享有受到表彰的权利。

《中华人民共和国民法典》第六百五十八条规定依法不得撤销的具有救灾、扶贫、助残等公益、道德义务性质的赠与合同,赠与人不可以通过赠与财产的权利转移撤销赠与。《最高人民法院民事案件案由规定》将公益事业捐

---

① 李喜燕:《慈善捐赠中非利他性的正当性及其法律边界》,载《人大法律评论》2016 年卷第 3 辑,第 328 页。

赠合同纠纷作为赠与合同纠纷项下的案由之一。故在立法上和法律实务中,慈善捐赠合同在性质上被视为赠与合同,《中华人民共和国民法典》关于赠与人与受赠人之间的权利义务关系,也同样适用于慈善捐赠合同。《中华人民共和国慈善法》第三十九条规定捐赠人有权要求签订书面捐赠协议,《中华人民共和国民法典》赠与合同中对赠与人权益的规定也可适用于捐赠协议。

2019年10月31日党的十九届四中全会通过了《中共中央关于坚持和完善中国特色社会主义制度 推进国家治理体系和治理能力现代化若干重大问题的决定》(以下简称《决定》),《决定》强调"保证人民依法享有广泛的权利和自由","重视发挥第三次分配作用,发展慈善等社会公益事业"。《决定》为慈善捐赠事业的进一步发展指明了方向,加强对履行慈善捐赠行为主体权益的保护,有助于提高包括公司在内的慈善捐赠人履行慈善捐赠行为的积极性。

另外,《突发事件应对法》《自然灾害救助条例》《企业所得税法》《个人所得税法》《增值税暂行条例》等法律法规之中,也有诸多与慈善捐赠相关的内容,涉及捐赠人权益的保护,在慈善捐赠公司权益保护中需要一并加以适用。

从S地产集团官网宣传和S公益基金会历年年度工作报告可以看到,S地产集团及其关联公司自身或通过S公益基金会开展慈善捐赠行为,履行了企业的社会责任,体现了捐赠的自愿性,获得了税收优惠,保障了知情权和监督权,实现了捐赠的冠名权等,公司在慈善捐赠中的权益得到了保障。

四、慈善捐赠公司权益保护存在的问题

仍以S地产集团及其慈善捐赠行为为剖析对象。尽管在之前的分析中,明确公司在慈善捐赠中的权益得到了保障,符合公司慈善捐赠的社会效益。但此处的分析立足于每一个慈善捐赠项目已完成的状态,关注的是每一个慈善捐赠财物或服务是否到位及是否符合捐赠用途。如果就慈善捐赠过程而言,财物或服务通过慈善组织捐赠,如何获得相关慈善组织的信息并以什么

标准来选择认可的慈善组织,如何保证慈善捐赠的可持续性,以及政府和社会如何进一步支持和促进公司慈善捐赠利他目的和利己追求的良性反应等,还有值得商榷的地方。

考虑到公司直接向受益人进行捐赠,受益人由公司确定,公司参与慈善捐赠项目全过程,公司基于捐赠享有的自愿权、知情权、捐赠财物用途约定和监督权等权益,可以由公司和受益人通过捐赠协议直接约定并通过对慈善捐赠项目的履行得以实现,故本文对此情形不做讨论,仅讨论公司通过慈善组织完成慈善捐赠行为时在权益保障上存在的问题和改善的路径。

(一)慈善组织的选择难以精准化影响慈善捐赠公司权益的实现

S 地产集团主要通过 S 公益基金会围绕教育扶智、乡村振兴与古建保护开展慈善捐赠活动;而在救助自然灾害、事故灾难和公共卫生事件等突发事件造成的损害方面,主要是向当地的慈善总会、红十字会捐赠款项财物。以此个案为例,可以看出,S 地产集团开展慈善捐赠活动时,选择的慈善机构很有限。根据慈善信息公开平台显示,全国共有 10479 家慈善组织[①]。党的十九届四中、五中全会均强调,发挥第三次分配作用,发展慈善事业。2021 年 8 月,中央财经委员会第十次会议进一步提出,构建初次分配、再分配、三次分配协调配套的基础性制度安排[②]。在共同富裕建设进程中,第三次分配将发挥越来越大的作用,慈善组织的数量将大量增加。如何在大量的慈善组织中发现和选择合适的慈善组织,使得公司捐赠的意愿和目的都得以顺利实现,这是对慈善捐赠公司权益最大的保障。但目前,仍存在以下这些问题,影响着慈善捐赠公司对慈善组织的选择。

一是慈善组织透明度偏低。根据《中基透明指数 FTI2021 报告》显示,共观测基金会 2415 家,其中公募基金会 FTI 均值 63.75 分,私募基金会 FTI 均

---

① 数据引自慈善中国民政一体化政务服务平台,网址:https://cszg.mca.gov.cn/biz/ma/csmh/a/csmhaindex.html,最后访问日期:2022 年 4 月 30 日。

② 王杨:《以第三次分配推动共同富裕》,网址:https://m.gmw.cn/baijia/2022-02/10/35508084.html,最后访问日期:2022 年 4 月 30 日访问。

值 56.95 分;基金会信息以被动公开为主,主动公开不足,基金会信息公开主要方式仍以政府平台公开年度报告和财务审计报告为主,仅不到 1/3 基金会在官网公开年检报告①。另外,慈善组织已有的公益慈善项目完成情况和社会效益,也是慈善捐赠公司在选择慈善组织时需要考虑的一个重点,但该部分信息,不论是在慈善组织自身的官网还是各慈善组织信息公开平台上,都难以查阅到完整的项目效果信息。以慈善组织的年度报告为例,在年度报告中有公益慈善项目开展情况一项,但除了与项目开展有关的基本信息外,仅有项目介绍一栏,具体内容多为项目开展的原因和过程,对项目开展过程中以及项目结束后产生的效益,特别是社会效益,没有相应的评价和评估。由于慈善组织透明度偏低,信息披露以自愿披露为主,加之对自身和公益慈善项目缺乏适当的宣传和评估,公司对慈善组织难以全面了解,从而影响公司履行企业社会责任和开展慈善捐赠的意愿。

二是对慈善组织评价作用的发挥差强人意。目前对慈善组织的评价,主要有两种,一是按照民政部发布的《社会组织评估管理办法》规定,由民政部统一制定评估标准,各级人民政府民政部门负责本级社会组织评估工作的领导,并下设评估委员会负责社会组织评估工作,给出评估等级。二是由第三方评估机构完成对慈善组织的评价,如界面新闻推出的年度透明慈善公益基金会排行榜、基金会行业自律性组织基金会中心网发布的中基透明指数 FTI 等。根据《社会组织评估管理办法》规定,民政部门对本级慈善组织的评估,需要慈善组织的申请,即评估是自愿的,是基于慈善组织的申请,民政部门评估委员会才会对该慈善组织进行评估、确定等级,并对外公布评估等级。第三方评估机构是通过对慈善组织披露的各类信息,如基本信息、筹款信息、项目执行信息、财务信息等衡量分析后,确定评估分值和等级。考虑到并不是所有的慈善组织都会参与评估,第三方评估机构获得的慈善组织信息不一定全面,从公布的评估等级报告中很难知悉慈善组织获得高等级评估或者低等级评估的理由等原因,会削弱慈善捐赠公司基于评价结果和评估等级选择慈善组织的针对性,影响慈善捐赠公司选择到合适的慈善组织。

---

① 《中基透明指数 FTI201 报告》,网址:http://fti.foundationcenter.org.cn/PDFFile/中基透明指数 FTI2021 报告.pdf,最后访问日期:2022 年 4 月 30 日。

（二）慈善捐赠中利他目的与慈善捐赠公司利己追求的矛盾

仍以 S 公益基金会为例,它是由 S 地产集团发起成立的。这种公司为履行企业社会责任发起成立公益基金会,是设立慈善组织的一种方式。基金会接受的捐赠款项和物资主要来源于 S 地产集团及其关联企业,基金会理事会成员多来自 S 地产集团或其关联企业;基金会主要围绕乡村振兴、教育扶智、古建保护等领域开展公益行动,具体公益慈善项目内容也与 S 地产集团的业务范围有重合。因此,公司既是基金会的出资人,也是基金会的主要捐赠人,基金会的业务决策也容易受公司的影响。基金会与公司之间存在强关联,其独立性较低,公司的经营状况对基金会运行影响较大。

慈善组织对慈善捐赠公司存在某种程度的依赖性,从有利的一面讲,慈善组织的公益慈善项目及其运作管理可以得到慈善捐赠公司在资金、技术、人员乃至市场销售渠道等资源的支持,有助于达到公益慈善的目的和慈善捐赠公司履行企业社会责任。但不利的一面是慈善组织开展公益慈善项目,具有利他属性;而慈善捐赠公司,为营利性法人,以取得利润并分配给股东等公司出资人为目的,强调利己属性。如前所述,公司开展慈善捐赠,在实现利他目的的同时,也不排斥利己利益的获取。通过做公益,可以有效地提升企业的声誉,积累"声誉资产"。"声誉资产"虽然不能直接体现在企业的资产负债表和损益表上,却是影响企业经营绩效的关键资产之一[①]。因此,在二者目标难以完全一致,且公司对基金会运作有较大影响力的前提下,更需要考虑公司如何保持克制,实现慈善公益项目利他的首要属性,并推动慈善组织与慈善捐赠公司之间的良性互动。

五、慈善捐赠公司权益保护的路径

慈善捐赠公司的权益,一是基于慈善捐赠的利他目的,所享有的权益;一是基于慈善捐赠的利己目的,所希望获得的权益。因此在问题的分析上,本

---

① 　康晓光:《义利之辩:基于人性的关于公益和商业关系的理论思考》,《公共管理与政策评论》2018 年第 3 期。

文围绕两个问题展开,一是慈善组织精准化选择的问题,二是慈善捐赠利他和利己的协同。笔者认为,慈善组织的选择,是公司慈善捐赠利他目的的开始,慈善组织完成公益慈善项目,全面实现公司捐赠所希望达到的社会效果,公司与慈善捐赠相关的权益就能得到保障。通过公司慈善捐赠行为本身,以及公益慈善项目实施产生的社会效果,展示公司履行社会责任的态度和能力,有助于提升政府主管部门、合作单位、客户、竞争对手对公司的认可度,提高公司的市场竞争力。特别是当慈善公益项目的实施可以借助公司的专家、技术、渠道等资源时,利他目的和利己目的更可相互成就,扩大慈善捐赠公司利己利益,从而促进公司持续参与慈善捐赠的积极性。

(一) 进一步完善慈善组织信息公开制度

通过完善慈善组织信息公开制度,做到慈善组织公开的信息具备完整性、充分性,强调信息内容的准确性和信息获取的可及性。

一是慈善组织信息公开的完整性。慈善组织的信息披露应当以自觉披露为主,强制披露为辅[1]。慈善组织负有信息公开义务的理由,在于慈善组织所具有的公共性[2]。除了《中华人民共和国慈善法》第十三条规定"慈善组织应当每年向其登记的民政部门报送年度工作报告和财务会计报告"外,慈善组织应当尽可能公开与慈善相关的所有信息,并以此为常态。慈善组织可参考民政部门关于社会组织评估的指标体系,或者选择公益行业第三方评估机构的评估指标,结合慈善组织自身特有信息,进行慈善信息整理和公开。

二是慈善组织信息公开的充分性。信息公开的完整性,要求的是慈善组织在信息公开过程中,需尽可能公开所有的信息项目,并根据慈善组织变化和公益慈善项目实施进程,及时增补,反映的是对慈善组织需要公开的信息外在的数量和体系的要求。而信息公开的充分性,强调的是拟公开的每一个慈善组织信息项目所包含的内容是充分的,反映的是对慈善组织需要公开的每一信息内在要素具备的要求。

① 高志宏:《论慈善组织的信息披露及外部监管》,《江南大学学报(人文社会科学学报)》2014 年第 5 期。

② 李芳:《慈善组织信息公开的法理基础》,《东方论坛》2009 年第 6 期。

三是强调慈善组织拟公开的信息内容的准确性。信息公开完整性和充分性是对慈善组织公开的信息外在形式的要求,而信息内容的准确性,是对慈善组织公开信息的内在实质要求。慈善组织全面核实所填写的信息,对公益慈善项目实施的社会效益做客观描述和自我评价,并对信息内容的真实性负责。慈善组织公开的信息符合完整性、充分性和准确性要求,从而能真实体现该慈善组织的现状和其有别于其他社会组织的特殊所在,才能为慈善捐赠公司选择合适的慈善组织奠定基础。

四是保证慈善组织公开信息的可及性。慈善捐赠公司能及时通过媒介查阅到慈善组织公开的信息,并有适当的检索技术,可以保证在众多的慈善组织及其公开的信息中找到。建议优化现有的各社会组织信息平台,加强各信息平台的慈善组织信息内容建设,改善慈善组织信息分类检索,提高检索的效率,重点加强对公益慈善项目实施后社会效益评估信息建设。各慈善组织应建立并及时维护官网,保证网站信息的完整性、充分性、准确性、可及性,或保证该等信息能在主要的社会组织信息平台上查阅到。

完善慈善组织信息公开制度,有助于各级民政部门和社会第三方开展慈善组织信用等级评估。按照民政部门制定的评估规程和评估指标,对慈善组织开展组织透明、绩效评估和信用评级三方面的评估认证工作,使第三方评级评估结果成为引导慈善机构完善透明建设、捐赠者投票选择、政府购买服务和评选表彰的重要依据[1]。同时,有必要配套完善信息公开的奖惩制度,以进一步奖优罚劣,促进慈善组织适格履行信息公开制度。

(二) 慈善捐赠中利他目的与慈善捐赠公司利己追求的协同

笔者认为,慈善公益项目实施主要目的是实现利他,在此基础上,作为捐赠人的慈善捐赠公司才能实现《中华人民共和国慈善法》等法律法规规定的权益,如提高对慈善捐赠的认识和意愿,对慈善公益项目实施情况拥有知情权、监督权、诉权等,获得物质和非物质的激励,如税收优惠权、冠名权和表彰权等,为公司带来社会效益,提高社会声誉,并能够间接为公司带来经济效

---

[1] 高静华:《慈善透明的困境和治理策略》,《中国社会组织》2018 年第 15 期。

益,增加营业收入。

慈善捐赠中的非利他性不仅不会影响慈善财产发挥其慈善功能,而且能够更好地激励慈善捐赠,有利于实现行为人个人和社会效益最大化,并符合社会公平正义的伦理精神。但是慈善捐赠中非利他性只能在一定的边界内存在,除了满足合法性的要求外,还应该受到附属性和非排他性等条件的限制①。

因此,协同的前提是保障慈善捐赠公司的捐赠意愿,实现捐赠目的,达到捐赠的社会效果,在此基础上,追求利己,通过对利己权益的维护,促进利他利益的扩大。公司慈善捐赠行为,实施公益慈善项目,可以实现利他和利己的共存,反过来有助于慈善捐赠公司维护慈善组织的可持续发展。

六、结论

在新时代推进共同富裕的进程中,越来越多的公司以不同的形式,参与到慈善捐赠活动中,履行企业社会责任,实现利他与利己的协同,推动社会慈善捐赠事业发展的同时,也带动慈善捐赠公司自身的成长。此中,接受捐赠的慈善组织本身及其执行公益慈善项目的能力,成为公司捐赠意愿实现的关键,故有必要加强慈善组织的建设,并使慈善组织执行公益慈善项目的信息可及于公司,使公司有机会选择合适的慈善组织,切实保障公司慈善捐赠中的权益。同时在坚持利他为先,保障慈善捐赠意愿实现的前提下,依法获得利己利益,符合慈善捐赠本意,属于公司权益,应予以保护。

---

① 李喜燕:《慈善捐赠中非利他性的正当性及其法律边界》,《人大法律评论》2016年卷第3辑。

12

第三次分配背景下我国慈善
法治问题分析及完善建议

宗　朋①

摘　要:2021 年 8 月 17 日,习近平总书记主持召开中央财经委员会第十次会议,此次会议中提及了关于扎实推动共同富裕的话题。此次会议提及第三次分配为我国慈善公益事业指明了方向,我们应当贯彻会议精神,把它作为我国公益慈善事业的新一轮发展机遇。随着我国慈善事业发挥作用的同时,也暴露出来诸多问题,比如慈善主体不明确,慈善行为认定模糊,慈善监督不力等,这使得完善我国慈善法制的呼声越来越高,我国迫切需要构建适合我国国情的慈善法律制度。本文中笔者拟通过对第三次分配背景下《中华人民共和国慈善法》的法律适用现状进行剖析,从慈善认定,慈善监督,慈善宣传等方面,提出几点完善我国慈善法治的建议。

关键词:慈善主体,慈善监督,慈善法律适用

2021 年 8 月 17 日,习近平总书记主持召开中央财经委员会第十次会议,此次会议中提及了关于扎实推动共同富裕的话题。会议指出,共同富裕是社会主义的本质要求,共同富裕应当是全体人民的富裕,而不是少数人的富裕。我国要构建初次分配、再分配、三次分配协调配套的基础性制度安排,加大税收、社保、转移支付等调节力度并提高精准性,扩大中等收入群体比重,增加

---

① 作者简介:宗朋,男,天津沃恒律师事务所主任,研究方向:慈善法。

低收入群体收入,合理调节高收入,取缔非法收入,形成中间大、两头小的橄榄型分配结构。此次会议提及第三次分配为我国慈善公益事业指明了方向,我们应当贯彻会议精神,把它作为我国公益慈善事业的新一轮发展机遇。

随着我国慈善事业发挥作用的同时,也暴露出来诸多问题,比如慈善不合规,慈善诈捐等,这使得规范我国慈善立法的呼声越来越高,我国迫切需要构建适合我国国情的慈善法律制度。本文中笔者拟通过对第三次分配背景下《中华人民共和国慈善法》的法治现状进行剖析,从慈善主体的审批,慈善行为的监督,慈善立法制度保障等方面,提出几点完善我国慈善法律法规的建议。

一、第三次分配与我国慈善法治概述

收入分配包括三次分配,即初次分配、再次分配和第三次分配。初次分配主要依靠市场自身,主要是生产要素与生产成果的分配,此次分配发挥着基础性,决定性的作用。再次分配主要是依靠政府的宏观政策调控机制,通过税收、社保等方式,缩小收入分配差距。第三次分配,是基于道德信念而进行的收入分配,以自愿为主,是社会公众在自愿的基础上奉献爱心的一种行为。初次分配强调效率,重在"把蛋糕做大",再次分配强调公平,重在"把蛋糕切好",第三次分配强调道德补充,重在局部改善分配结构,最终实现共同富裕。

党的十九大报告明确指出:"中国特色社会主义进入新时代,我国社会主要矛盾已经转化为人民日益增长的美好生活需要和不平衡不充分的发展之间的矛盾",这意味着未来党和国家的重要任务之一,就是解决收入分配不均的问题。随着我国国民收入的提高,实现共同富裕不仅仅是一个经济问题。在社会财富不断积累的情况下,第三次分配成为了我国分配制度优化中的必经之路,具有重大意义。

而在第三次分配法律制度设计中,慈善事业作为民生保障制度,受到了各界的高度重视。我国先后制定了《中华人民共和国慈善法》《中华人民共和国公益事业捐赠法》《慈善组织信息公开办法》《慈善组织公开募捐管理办法》等法律法规,北京、江苏、浙江、安徽、江西、陕西等各地方政府也相继出台了地方性慈善法规政策,为我国慈善法制提供了依据。但就目前的司法实践情况来看,现行慈善法治设计在系统性、完善性和规范性方面还不够完善,内容也具有相对滞后性,与我国现有慈善事业的发展形势不相匹配,因此,现阶段为做好第三次分配,完善我国慈善法制亦有着非常重大的意义。

二、我国慈善法治现存问题

本文以《中华人民共和国慈善法》为例,笔者检索了大量《中华人民共和国慈善法》相关案例,根据案例所高频引用的法条、案件核心争议焦点及慈善法治相关研究资料,发现我国慈善法治仍存在如下问题。

(一) 慈善主体法律认定制度不完善

1. 典型案例

在李某与天津市民政局行政管理案件中,原告李某向天津市民政局递交设立某公益基金会的申请材料,公益基金会的名称核准表下方标注,名称核准有效期为审核日期后六个月,李某称审批人员以《中华人民共和国慈善法》刚生效,不了解新法律规定为由,既不批准设立申请,也不允许李某撤回设立申请,六个月内拒不作出应为的具体行政行为,致使核准文件失效,导致李某拟设立的基金会已无力继续设立,并且给李某个人造成了巨大损失。因此在本案中,李某请求法院依法判定天津市民政局行政不作为。而被告天津市民政局在审理过程中向法院主张,李某提起诉讼的时间已远远超过了行政诉讼法规定的诉讼时效,其申请应被驳回。且李某未按照《基金会管理条例》提交相关材料,故天津市民政局不存在不履职的情况。最终,本案经一审、二审和再审,裁定驳回李某的诉讼请求。

2. 所涉法治问题剖析

就本案法律事实,再结合笔者对现有文献材料的研究发现,我国慈善主体法律认定制度仍不完善。许多有关慈善主体认定的立法,涉及到具体流程操作性层面,仍然存在不够具体、不够完善、不够透明的问题,导致捐赠者在慈善主体登记过程中产生了一些不规范的行为,甚至因此造成了不必要的社会矛盾,降低了捐赠者的慈善热情。因此,完善慈善主体法律认定制度,使认定有法可依、有法必依,势在必行。

(二)慈善管理法律制度不完善

1. 典型案例

在严某与中国艺术节基金会公益事业捐赠合同纠纷案件中,原告严某向被告中国艺术节基金会捐赠 100 万元款项作为专用资金,以更好地支持古代艺术品的巡展、古代艺术品的大数据库建设等相关活动。但在严某履行捐赠100 万元款项的义务后,中国艺术节基金会以满足业务主管单位要求为理由,自行停止了"古代艺术品专项基金"的活动,并主张严某捐赠的 100 万元款项将由基金会适时用于协议中相近的社会文化项目中,中国艺术节基金会也因此,拒绝退还严某"古代艺术品专项基金"100 万元款项。后该案经过一审、二审和再审,法院认为,捐赠财产在协议中约定的用途已经不能实现且实际亦并未履行,现协议中约定的专项基金亦已被停止运行,故已归于履行不能之状态,而严某捐赠款项之时所持的目的亦已不可能达到。故,最终法院判决撤销严某与中国艺术节基金会《中国艺术节基金会"古代艺术品专项基金"捐赠协议书》,要求中国艺术节基金会返还严某捐赠款项 100 万元。

2. 所涉法治问题剖析

就本案法律事实,再结合笔者对现有文献材料的研究发现,由于政府政策、市场、社会环境等种种原因的影响,我国慈善资金的募集、管理和使用环节仍然缺乏相应的法治规范,慈善组织运行效率低下、信息公开不及时、捐赠款物处置迟缓等问题,最终导致了慈善公信力的缺乏。特别是 2011 年郭美美事件后,许多捐赠者对慈善机构抱有质疑,这对红十字会等慈善组织的工作开展产生了较大不利影响。另外,有的受捐对象还把捐赠人的捐赠当成了理所应当的事,不懂得感恩之理,这在一定程度上也影响了捐赠人的捐赠意向。

而在监管层面,有的慈善组织还出现了登记机关和业务主管机关交叉管理的情况,这样很容易导致监管部门相互推卸责任,并且也会进一步降低慈善组织的办事效率,甚至发生腐败事件,再加之慈善专业人员和慈善志愿者缺乏充分管理,人员数量长期不稳定,流动性大,素质参差不齐,也进一步阻碍了我国慈善事业的发展。因此,现阶段对慈善管理法律制度进行完善,做到执法必严,为完善慈善法制当务之急。

(三)慈善行为监督法律制度不完善

1. 典型案例

被告人寇某,谎称自己系社会与法协会的志愿者,假意帮助贫困户进行危房改造,先后骗取李某 25000 元、李某 34000 元、李某 45000 元,刘某 5000 元。后又以帮村民李某进行危房改造为借口骗取施工队李某 535000 元施工款。寇某以非法占有为目的,采用虚构事实的方法,致使他人财产遭受损失,最后法院以诈骗罪追究其刑事责任。

2. 所涉法治问题剖析

虽然现阶段公益慈善越来越被公众所知晓,但慈善行为的鱼龙混杂也不得不引起我们的重视。比如诈捐,比如慈善炒作,都使得人们对慈善行为的信心受到了打击。虽然有的慈善组织通过网站、微信公众号、手机软件等方式,对慈善行为相关信息进行了公示,但关于一些细节信息,比如慈善项目具体细节的资金使用情况、慈善组织工作人员名单等,却未对外进行公示,慈善行为相关信息公示的透明度有待进一步提高。

另外,根据现有资料显示,《中华人民共和国慈善法》实施后,截至 2020 年 10 月,31 个省(区、市)的行政机关很少依据《中华人民共和国慈善法》实施行政处罚,大部分设区的市几年来一直是"零处罚",这就为慈善法制的建设埋下了隐患。为了防止犯罪分子有机可乘,做到违法必究,完善慈善行为监督法律制度刻不容缓。

三、完善我国慈善法治的建议

自《中华人民共和国慈善法》实施以来,我国的慈善法制有了巨大进步,亦有不少短板。现笔者就上述问题,提出几点完善慈善法治的建议。

(一) 明确慈善要素认定

由于我国慈善法治事业的发展时间并不长,不管是行业监管还是慈善法律主体自律都较为有限,因此我们应当在法律条文的制定和完善上下足功夫,这样才能激发社会公众注册慈善主体和从事慈善活动的积极性。

首先,明确捐赠主体的认定。就慈善主体的认定标准、进入、退出、业务范围、活动地域、资金限额等方面,都需进一步明确。另外对于慈善主体的章程,应进行必要的审查备案。

其次,明确捐赠物的认定。除了货币捐赠,对于非货币捐赠,如实物捐赠、股权捐赠、劳务捐赠、技术捐赠等,都应当有法律认定。

最后,明确受捐对象的认定。法律不应当仅仅把受捐对象限定在贫困、孤寡老幼等弱势群体的范围内,而是应该向更广阔的领域去进行更加精准的慈善,就幼儿教育、养老助残、环境保护、灾难救援等方面,帮助所有需要慈善的对象。

(二) 改善慈善税收机制

笔者认为一方面,是对慈善的税收抵扣程序以及相关慈善票据获取程序提供更加细化可落地的法律规定,同时要简化税费减免的行政办理程序,这样才能提高捐赠主体实施慈善行为的积极性。另外,对于一些特殊情况下的物品捐赠(如抗疫物资)应当进行专项税收扣除。

另一方面,可考虑提高高收入群体长辈与子辈之间的代际财富转移成本,比如建立适合我国国情的遗产税制度,使高收入群体更愿意通过慈善方式来管理他们的财富,积极参与慈善活动,积极设立慈善组织,积极回报社会。

(三) 完善慈善监督体制

首先,对于官办慈善主体,我们应当完善法律法规政策,打造一批具有良好社会声望、治理结构和专业能力的慈善枢纽组织,发挥他们的骨干作用,辐射带动民间慈善主体。对于民间慈善主体,我们应当针对其不同类型、不同规模,区别管理,制定不同的法治监管政策。

其次,我们可以借助慈善+互联网,完善慈善信息监督机制和慈善主体信用机制。关于慈善信息监督,我们要细化法律规定,对慈善信息内容(包括但不限于慈善主体及项目基本信息、财务信息、活动动态信息、年检信息、所受行政处罚投诉举报救济信息)进行网络公开,让慈善行为更加公正、公开、公平。对未及时披露信息的披露义务人,对于欺诈、侵占慈善财产的人员,进行及时处罚,保护捐赠人的合法权益。我们还可以成立专门第三方社会慈善评估机构,加强对慈善主体的评估监管,提高慈善主体的社会公信力。

最后,我们也要解决慈善事业相关人员的待遇问题,建立相应的人才激励体系,增加慈善行业的吸引力,提高整个慈善行业对于专业管理人才、专业技术人才、专业法治人才的吸引力,从而能够打造一支高素质的慈善人才队伍。法律应当积极鼓励慈善的理论研究,使得我们有正确的思想来指导慈善事业的发展,能够探索出具有中国特色的慈善发展方式,探索出提升慈善组织管理水平和办事效率的具体措施,为我国慈善事业的发展提供理论支撑。

(四)加强慈善普法宣传

笔者认为应当大力进行慈善普法,来解决我国公众对慈善认同的问题。只有公众对慈善法律了解得越彻底,才会对慈善更有信心,才能提高自身的慈善主人公意识,从而在全社会创造更加良好的慈善氛围,最终带来更多的慈善活动的开展。对于企业,我们要加大"企业公民"的理念宣传,要求企业履行其社会责任,要求其将慈善捐赠纳入企业的发展战略和企业文化的建设中,而非仅仅在政府的干预下参与各种"突击式募捐"和"摊派式募捐"。对于公众,我们应当坚持不懈地进行慈善普法宣传活动,通过多种媒体对社会中的善人善举进行专题宣传,普及各类慈善法律常识,设立相应慈善排行榜,进行社会荣誉表彰,完成对慈善主体国家层面的认可,使慈善宣传更具有号召力和感染力,提高社会公民参与慈善的热情。最终让公众把慈善理念与社会主义核心价值观,中华民族的传统美德有机结合起来,形成更加稳固的慈善价值观支撑。

13

《中华人民共和国慈善法》视域下
网络募捐平台的政府监管困境与规制路径

毕子豪[①]

摘　要:近年来网络公益呈现井喷式发展,网络募捐成为网络公益的主阵营。政府有效监管是网络募捐平台得以良性运转的重要手段,但由于法律体系不健全、监管技术手段落后以及平台监管存在"九龙治水"等问题,各种违法现象频频发生。为防止乱象进一步发展,本文以《中华人民共和国慈善法》为视角,从分析当前网络募捐平台政府监管的困境入手,在法律、制度、技术以及社会共治等层面给出加强网络募捐平台政府监管的应对策略。

关键词:网络募捐平台,政府监管,法律规制

一、问题的提出

我国《中华人民共和国慈善法》自 2016 年 9 月 1 日实施以来,为发展慈善事业、弘扬慈善文化、规范慈善活动起到了积极推动作用,也为进一步实现社会共同富裕提供了物质基础和制度保障。随着经济社会进步和技术手段提升,网络募捐愈加成为慈善事业的主流方式。根据民政部发布的《2020 年民政事业发展统计公报》的数据显示,截至 2020 年底,全国共有经常性社会捐赠工作站、点和慈善超市 1.5 万个。全国社会组织捐赠收入 1059.1 亿元,

---

① 作者简介:毕子豪,男,天津市北辰区人民法院法官助理,研究方向:慈善法。

比上年增长 21.3%。截至 2020 年底,全国备案慈善信托 482 单,慈善信托合同规模 24.7 亿元。① 不论是慈善捐款的飞速增长,还是新成立的基金会的踊跃出现,这些数据无不预示着慈善正以一种新的方式来逐步实现自己在未来社会发展中的新功能和新驱动。

但网络募捐作为一种新兴事物,由于尚处于完善阶段,必然会在平台建设、监管制度建设等方面存在滞后性,因此就产生了诈捐、骗捐、监督漏洞等问题。这其中不仅有主体监管职责的不明确,还有信息公布及反馈制度的不完善,相关法律法规制定存在滞后性等,这一系列问题成为网络募捐平台发展过程中的障碍,使得公众利益受到损失,使得慈善事业发展受到阻碍,使得需要帮助者得不到有效帮助,更使得新兴事物陷入公信力缺失的危险境遇。因此,基于此背景,本文将研究重点聚焦于网络募捐平台中政府监管制度研究,探索在互联网时代下基于政府监管如何实现对网络募捐平台的有效监管,如何更好地构建网络募捐领域的制度和规范,实现网络募捐平台的健康运转。

二、现实剖析:网络募捐平台的政府监管困境

网络募捐的兴起与发展让全民慈善从理论走向实践,也让我国慈善事业实现了转型与升级,实现了与全球公益慈善事业同频发展的愿景,但结合我国网络募捐的发展现状,尤其是网络募捐平台的监管现状所暴露的问题,只有对网络募捐平台中政府监管产生的问题进行成因探究,才能对症下药,才能从根本上解决问题。

(一) 法律体系不健全,监管过程缺乏法律保障

网络募捐平台的健康发展离不开政府监督制度,而完善有效的法律法规制度是确保网络募捐平台政府监管顺利实施的基础。现阶段,《中华人民共和国慈善法》中涉及到网络慈善募捐及其平台运行与监管的法律条文有限,

---

① 中华人民共和国民政部官方网站,网址:http://www.mca.gov.cn/article/sj/tjgb/,最后访问日期:2021 年 12 月 5 日。

《慈善组织互联网公开募捐信息平台基本技术规范》和《慈善组织互联网公开募捐信息平台基本管理规范》属于民政部针对网络募捐平台出台的针对性法规,《慈善组织公开募捐管理办法》《公开募捐平台服务管理办法》(以下简称《管理办法》)等规范从立法层次和内容上来看远远无法满足目前网络募捐平台发展现状,其法规内容方面依然存在粗线条规定、政策指导性意见等缺乏实质性、可操作性的内容造成政府监管效果不理想[1]。目前,有关网络募捐平台的法律体系不健全表现在刑法规范缺失以及行政法规缺失两个方面。

一方面,刑法规范缺失反映了针对网络募捐平台出现的违法违规行为政府监管缺乏必要的惩罚性措施。对于平台上出现的违法违规求助信息,民政部门只是进行停止募捐行为,将已筹集财产原路返回募捐者并给予平台和组织警告。这说明目前有关网络募捐平台的违法违规行为仅仅停留在行政处罚层面,处罚力度较小,如2017年2月份,民政部“约谈”轻松筹平台的内容更多是规范其经营内容,增强募捐信息审核力度等。但行政处罚对于网络募捐健康发展的约束力依然不够,仍需要在法律制度建设方面下大力气,才能让违规违法者收敛,才能及时遏制不断出现的诈捐、骗捐行为[2]。另一方面,有关于网络募捐平台的行政法规建设体系仍然滞后。现阶段网络募捐政府监管制度建设现状来看,《中华人民共和国慈善法》和《管理办法》的出台成为构建网络募捐政府监管体制的重要一环,但这两部法律法规也只是从原则上、整体上勾画了网络募捐政府监管的整体性框架,具体每个职能部门监管具体职责、职责范围、自由裁量权范围等内容依然没有明确规定,这就会造成政府监管过程中出现监管缺位、缺位以及不到位等问题,更会造成别有用心之人借助法律盲区进行诈捐、骗捐等行为,其结果最终影响到网络募捐平台的有序发展,更会造成政府公信力的丧失。

由此可见,法律制度的不健全是产生网络募捐政府监管现实问题的重要原因,尤其在政府履行监管职能的过程中法律保障制度的缺失使得政府职能

---

[1] 金锦萍:《〈慈善法〉实施后网络募捐的法律规制》,《复旦学报(社会科学版)》2017年第4期。

[2] 陈秀萍、黄婉秋:《个人大病求助互联网服务平台行政规制研究——以水滴筹为例》,《行政与法》2020年第4期。

部门的执法过程缺乏合理依据,让很多本应该政府监管的职责并没有通过法律制度的形式呈现出来,从而造成监管盲区。

(二) 监管力度不够强,事后监管缺乏惩戒机制

网络募捐的特点是打破了时间、空间等传统条件的束缚,但这种特点如果被别有用心之人利用则变成了诈骗、牟利的手段。在一些网络慈善募捐负面事件中对于资金的使用以及余款的处理不当成为公众质疑网络慈善募捐事件以及平台的重点,而这些问题的产生源于缺乏必要的事后监管制度以及完善的责任追究制度。可以说对于每一次网络募捐活动都需要进行事前、事中以及事后的监管,而政府监管则主要侧重事前监管和事中监管。其中事前监管可以借助申报审批制度,事中监管可以利用新闻媒体、网络平台以及社会公众监督,但通常一件网络募捐活动获得满意效果之后公众都忽视了事情的收尾工作,而这个领域也成为了网络募捐事件目前爆发问题最多的地方,所以说,政府监管目前的薄弱环节在事后监管。

目前在网络募捐平台上出现的负面事件很少能归类到诈骗等刑事犯罪范畴内,更多是与民法处罚、行政处罚相关,如"罗一笑事件"中罗尔故意隐瞒部分事实而通过网络募捐获得十余万爱心善款,当事实真相被陆续曝光之后对此事件的处理也仅仅是微信官方声明将所有捐款原路返回给捐赠者,当事人罗尔和刘侠风只是道歉而已却没有附加任何处罚。[①] 这种现象说明了针对网络募捐违法行为的违法成本较低,政府监管缺乏力度,甚至根本就没有建立相应的事后监管或责任追究制度,让过失方和过失平台都没有受到相应的处罚,使得此类事情发展的频率居高不下,最终结果是平台以及政府公信力的丧失。从另一方面分析事后监管与责任追究制度不健全的原因还在于相关执法部门能力弱、人数不足等现象。截至 2021 年 11 月 15 日,民政部指定慈善组织互联网募捐信息平台共计 30 家[②],但网络中仍然存在着成千上

---

① 姚菊芬:《网络公益众筹的法律困境及解决对策——以我国〈慈善法〉为视角》,《法制与社会》2019 年第 15 期。

② 2016 年,民政部指定腾讯公益等 13 家平台为首批慈善组织互联网募捐信息平台,后退出 2 家;2018 年 5 月,民政部指定包括美团公益在内的 9 家平台;2021 年 11 月,民政部指定包括小米公益在内的 10 家平台。

万个募捐平台且每一个平台都在每时每刻地发布信息,与海量的信息相比监管部门与监管人员的力量就相对弱小,只有出现引起社会关注的事件时才会集中力量去处理。

(三) 监管技术手段落后,监管效率低且缺乏可行性

网络募捐的特殊性和差异性使得传统对于慈善组织的监管手段并不适用于网络募捐平台的监管,尤其是传统监管手段中的属地监管就不再适用了。传统募捐形式中募捐权被少数公募基金组织掌握,因此政府能够实现从源头监管,控制募捐行为,然而网络募捐的产生使得公募组织、个人以及其他组织获得了公募权的资格,虽然从现行《中华人民共和国慈善法》规定个人或其他组织都需要依附公募组织或具有公募权的组织,但面对数量巨大的网络募捐平台,政府通过审批权实现监管的手段已经失灵,已经无法实现用传统手段监管新型事务,从而造成网络募捐平台的政府监管效率下降,造成目前网络平台的乱象丛生。同时,《中华人民共和国慈善法》的出台使得具有公募资格的慈善组织一旦在网络募捐平台上发布募捐信息就需要向民政部备案,但民政部面对数量巨大的备案项目只能采取形式审查,这就造成了备案内容与实际募捐信息不一致,甚至很多违法、违规的募捐信息是借助着合法的募捐行为外衣开展的,政府虽然在备案期间实现了第一层监管,但后续的网络募捐行为实施过程政府监管不到位、政府监管手段滞后等问题,造成备案制度仅变成一种形式而已,失去了政府监管的效力。

而监管效率较差则体现在监管力量不足。随着中国经济的发展,全民慈善热情不断高涨,民间公益组织呈现出每年递增的趋势,但不断增多的监管对象无疑增加了政府监管的难度。对于网络募捐平台的监管只是民政部门的责任之一,同时对于这种新兴领域的监管一直存在人员数量不足、人员专业素质不强等问题,在民政部层面这种问题依然十分严重而对于县级以上人民政府的民政部门这种问题将会被无限放大,政府监管的压力将更加沉重。同时,鉴于网络募捐平台是一种新型的慈善募捐模式,与传统的募捐模式有很大不同,有利于丰富慈善募捐的内容但同时也成为摆在监管面前的一道难题。例如,现阶段出现的"骗捐""诈捐"等行为正是钻了政府监管不严的漏

洞,借助于虚假、不完整的求助信息博得公众同情,或违法违规使用募捐善款给网络募捐带来极坏的影响。

(四)监管效果不理想,监管制度设计内容性不足

现阶段已经初步形成了对于网络募捐平台的政府监管制度,但这些制度设计只是从宏观层面、原则性层面提出的建议,对于政府机构如何实施监管、对于监管主体的权责分配仍没有明确规定,因此对于网络募捐行为以及平台的监管缺乏针对性。目前,已经获得民政部"官方认证"的 30 家互联网慈善募捐平台获得了法律层面上的身份支撑,使得违法、不完善的网络募捐平台和违法违规的网络募捐现象逐渐减少,但从相配套的制度设计上依然存在资质认定不完善、运行评估监管不健全、惩处机制效果不理想等环节,且在制度设计方面存在内容不明确的现象。成熟的网络募捐平台应建立配套的信息审核制度,包括对求助对象背景资料、求助信息、求助需求等方面的审核,借助量化和规范性信息审核制度能够准确判断求助者信息的真实度情况,同时对于网络募捐平台政府也存在必要的监管职责,监管其审核制度是否合乎规范,监管其平台运行是否正常,因此政府监管是保障网络募捐平台的最后一道屏障。但现实情况是网络募捐平台的自身审核与政府监管都存在缺位情况,导致平台上所发布的信息存在一定比例的虚假性。①

一方面对于网络募捐平台的制度设计缺乏针对性,导致实际运行过程中的管理和监管缺乏系统性和规范性,另一方面政府监管部门由于缺乏这些针对性的制度设计无法实现有效监管,降低了监管的效果。另外,由于缺乏强制性约束手段,使得很多平台自身运行都没有达到标准化运行水平,都存在运行不规范的问题,在民政部认证的 30 家平台中腾讯、淘宝等互联网公司所属的平台由于具有很强的市场经济自律性所以在惩处制度方面做较好,但由于缺乏政府性制度设计规范,其他缺乏自律性的平台在制度设计方面是否合规就需要进一步了解,而这些现象产生的原因就在于政府监管在制度设计方面的不健全和不充分,造成制度设计跟不上现实情况发展,造成政府监管落

---

① 李畅、梁潇:《个人救助式众筹的法律监管研究》,《电子科技大学学报(社科版)》2019 年第 6 期。

后于现实需要。①

(五)职责分配不明晰,存在多重监管主体

网络募捐平台的政府监管依然存在多主体参与却权责不明的现象。基于《中华人民共和国公益事业捐赠法》《社会团体登记管理条例》等相关法律的规定,作为慈善事业主管部门的民政部对于慈善组织的注册、登记、年度检查、慈善募捐活动内容做好监督,而慈善组织所挂靠的主管部门也要对于慈善组织的周期性经营、善款管理和使用情况做好有效监管,履行好相应的监管职责,审计部门对于依法登记的慈善组织所开展的募捐活动中募捐的资金进行审计与监管,但在《管理办法》中监管主体除了民政部又增加了工业和信息化部、新闻出版广电总局和国家互联网信息办公室等,也就说无论是民政部门、审计部门税务部门、网络信息部门都是网络募捐平台监管的主体,但这些主体在法律层面上的职责划分和权力配置并没有做好清晰的界定,造成一些网络慈善募捐负面事件中出面澄清责任以及提出整改意见的政府机构各不相同,并没有一个统一的、专门的政府监管机构对于此类事件行使监管职责。由此可知,缺乏法律法规对于政府监管主体的界定,造成多部门、多主体的多头政府监管乱象,所产生的监管效果不理想、监管效率低、监管漏洞频发等问题都是由此产生的。

三、法律规制:网络募捐平台政府监管的优化路径

网络募捐涉及我们每一个人,关系到我们每一个人的爱心与善款是否得到有效管理与使用,更关系到我国公益慈善事业是否能够实现突破性发展,因此公众、社会乃至政府都对网络募捐给予了高度重视。但从现实发展情况来看,网络慈善募捐的发展依然处于发展阶段,网络慈善募捐平台的建设仍需完善,这其中政府监管的力量不可或缺。因此,结合我国网络募捐发展的现实情况,对现存问题提出针对性解决措施,促进网络募捐事业更好地发展。

---

① 朱虹、吴楠:《〈慈善法〉背景下中国网络募捐的现状、困境及其应对》,《社科纵横》2018 年第 10 期。

(一) 健全网络募捐法律体系,做到有法可依

对于网络募捐平台的监管应该在法律层面针对增加违法行为的处罚措施,针对审核信息不严格、募捐活动缺乏规范性等行为设计针对性的惩处制度,为政府监管配置法律武器,同时,各省相关主管部门、政府机关也要将国家层面的法律法规落实详细,做到既有好的法律法规,又有细致的可操作内容和实施细则,针对实践中平台出现的种种问题能够立刻还原到法律法规体系当中,做好有法可依、有法必依。

同时,政府监管不仅要有法律法规做基础,同时也要在制度建设和机构建设方面做好完善。《中华人民共和国慈善法》中指出政府部门对于慈善组织以及其开展的慈善募捐活动负有监管和业务上的指导职责,同时民政部门的内容也根据职能分工履行相应的职责,从而实现协同治理。但为了避免多头管理而产生的监管盲区和监管效率不佳等问题,对于现阶段慈善组织以及网络募捐平台的监管应该重新设定监管主体,即通过建立专业、专门、独立的第三方监管机构,将监管职责整合到同一个部门当中。成立监管机构并不违背国家机构监管的大方向,而是对于实现政府监管专业化、提升政府监管效率的有效手段,而监管机构中包含了网络募捐的监管部门,并由从事相关专业和领域的专业人士担任,实现对于网络募捐平台科学化、专业化、系统化的管理和监管,从而重新构建我国慈善事业的监管体系,用科学、合理的政府监管体系确保网络募捐平台健康发展。

(二) 设立法律责任追究制度,强化监管力度

完善的法律责任追究制度是悬在网络募捐参与者头上的一把剑,对参与主体时刻保持震慑作用。每一次网络募捐活动的发起者都要承担相应的法律责任,而对于任何违法违规行为法律都要给予严厉的惩处,体现法律的震慑效力。借助相关法律政策,监管部门可以对平台、募捐发起者给予行政性处罚,从而实现依靠法律的强制性对网络募捐平台的有效约束,引导网络募捐健康、有序发展。

完善的法律责任追究制度包括行政性处罚、经济性处罚、民事性处罚以

及刑罚,例如"滨海新区爆炸诈捐事件"中所涉及到的违法行为就属于刑罚范畴,就要对违法者给予刑法层面上的处罚。[①] 政府机构履行监管职责需要有法律责任追究制度做保障,这是为了更加约束监管行为规范化和法治化的必要条件,凸显公共治理过程中依法行政的重要性。当"有权必有责、权责相对等、用权必监督"原则在政府监管中普遍适用,政府机构监管在行使自身职权的同时也明晰了所要承担的法律责任,也是对监管失职、监管缺位、监管不到位等行为的有效打击,确保了事后监督依然具有很强的威慑力。

(三) 建立健全备案登记制度,力求信息透明

为了更好地确保网络募捐活动的公平公正,确保网络募捐平台的发展赢得公众认可,建立备案问责制度显得尤为必要。《中华人民共和国慈善法》和《公共募捐平台服务管理办法》等相关法律条文为网络募捐平台和网络募捐行为奠定了良好的法律基础,但所涉及的内容普遍是指原则性、政策指导性问题,造成网络募捐活动具有很强的随意性,即使存在民政部认可30家慈善组织互联网平台,也不能保证一起违法违规现象不会出现。在最新的《中华人民共和国慈善法》中规定了"不具备公募资格的慈善组织与个人不能开展募捐行为,但仍可以与具有公募资格的慈善组织合作,从事实现间接募捐目的",因此,借助平台实现求助目的是很多人优先选择。由于网络募捐平台具备向慈善组织与个人提供信息服务的功能,对待不同类型的网络募捐活动可以采取不同的备案问责制度。[②]

一方面对于想要在网络募捐平台上发起募捐的求助者需要向监管部门发送申请,申请内容包括求助目的、求助者个人真实信息、募捐款项以及款项的用途等,依靠严格的事前备案制度防止网络募捐主体身份造假,以及骗捐、诈捐等行为,确保政府的有效监管;另一方面,对于个人在网络募捐平台的求助信息,可以采取与慈善组织不同的备案登记制度,即临时性备案登记制度与事后监督制度相结合,对于通过平台发出求助信息的求助个体或者代表,

---

① 周清泉:《络募捐的隐忧》,《检察风云》2016 年第 22 期。

② 庞万腾、王向阳、代锦昭:《网络信息化时代个人募捐存在的合理性及其规制》,《法制博览》2016 年第 34 期。

也可以通过监管机构申请网络募捐备案登记手续,将募捐事由、募捐受益者、募捐活动内容、募捐金额款项,以及募捐时限等内容做好登记,从而获得具有临时性质的网络募捐资质,并在网络募捐平台募捐活动过程中全程体现资质信息,从而提升了募捐行为的可信度,实现了网络募捐行为的规范化,有利于网络募捐平台对于募捐信息的鉴别能力和监管能力。而备案登记制度也成为监管机构对于平台有效监管的依据,提升了监管的效率,提升了平台运行的规范性。

(四)完善剩余款物监管制度,资源高效利用

通过建立剩余款物的监管机制能够强化政府对网络募捐平台的监管力度,实现对募捐者剩余款物的规范性、科学性使用,实现资源利用率最大化。完善网络募捐剩余款项监管制度可以从网络募捐信息透明度制度建设与募捐款物使用流程透明度制度建设两个方面着手。

一方面,网络募捐平台对于每一次募捐活动的剩余款物都要成立专门的监管小组,由于捐赠者来源四面八方以及捐赠信息的匿名性,将剩余款物原路返回的可能性不大,出于公平性考虑由民政部指定的 30 家慈善组织互联网平台具有合法身份对剩余款物进行管理、使用,而他们的专业化能力能够实现资源利用的最大化,能够实现社会公众利益,同时也方便监管机构的有效监管。另一方面,监管机构应该拥有更为宽泛的自由裁量权。[①] 因为,如果求助者属于社会弱势群体,而他所求助的困境只是他众多困难中的一部分,如果求助者对于剩余款物有其他用途则需要向监管机构提供申请,监管机构可以结合实际情况做出具体决定;同时,网络募捐平台对求助者情况充分了解的情况下,可以对剩余款物发起剩余款物用途变革的公开意见征求通知,借助在线投票、在线代表视频会议等方式了解捐助者意愿并向监管机构申请剩余款物用途变更。这两种方式都是建立在信息公开、捐助主体充分参与的情况下进行的,当网络募捐平台对于剩余款物实施透明化、规范化管理才能更有利于政府监管,才能使得网络募捐慈善事业朝更好的方向发展。

[①] 鲁篱、程瀚:《网络慈善众筹平台监管的困境与规制优化——以"水滴筹"为研究样本》,《财经科学》2020 年第 9 期。

(五) 理清监管主体职责分配,实现协同治理

政府职能转变和部门整合的目的之一在于提升各职能主体的工作效率,明确各职能主体的责任分二,最终实现对多主体监管效力下降现象的消除,实现对"九龙治水"现象的根治。对于网络募捐平台的政府监管而言,存在的多重监管主体职责分配不清现象反映了政府监管制度设计的不合理,反映了相关领域的顶层设计仍需不断完善。① 针对目前涉及到网络募捐平台政府监管的民政部门、工信部门、网信办等要从制度设计和法律法规制定上明确各主体责任分工,安排好监管主体职责分配。

在《管理办法》以及《中华人民共和国慈善法》中明确强调作为慈善组织的监管主体的民政部也需要在网络募捐平台的政府监管中履行并承担监管职责,但工信部、新闻出版广电总局、国家网信办等部门的职责分配要进一步出台文件加以明确和规范,对于涉及职责交叉、合作以及职责边界等方面的问题要基于实际案例与监管主体进行协商和研讨,如网络募捐平台的资质审核由哪个部门负责,网络募捐平台的信息技术水平由哪个部门负责,网络募捐平台的个人信息保护由哪个部门负责等相关问题都要有明确职责规定,从而将模糊不清的职责以法律文件形式加以约束,降低职责分配不清而产生的行政效率低下等问题。与此同时,政府监管形成合力不但要做到有效分工,同时更好做好有效合作。监管主体职责分配不清会导致信息孤岛现象,会提升协调沟通的成本。② 因此以民政部为主管业务部门的政府监管主体需建立联席会议制度,打通监管主体之间的信息沟通壁垒,完善信息共享、开放和透明程度。而有效的信息共享沟通能够降低监管效率低下等问题,实现以政府监管合力应对网络募捐平台的发展。

---

① 张书悦:《"互联网+"时代募捐行为的法律反思——基于"罗尔事件"》,《牡丹江大学学报》2017 年第 6 期。

② 崔震、李芳:《个人求助网络募捐平台的法律监管》,《社科纵横》2019 年第 4 期。

14

互联网募捐公证触及慈善法的保护

张建雯①

　　摘　要:国家实施"互联网+"战略保护,为慈善事业的前进之路提供了无限的发展可能性,为慈善活动的普惠增添了"流量密码"。然而,"徒法不足以自行",法律的生命在于实施,面对日益壮大的互联网慈善募捐活动,如何在现有的法制框架内,通过机制创新和积极探索,既保障"互联网+慈善"能够发挥应有的作用,又切实将《中华人民共和国慈善法》明确的慈善信息公开、慈善财产规范管理等实质要求落实、落细,提升慈善活动的公信力,敦促我国慈善事业依法依规、健康和可持续发展等问题迫在眉睫。我国公证制度所具有的社会公益内涵,使得公证推进互联网慈善活动的规范化建设乃是应有之义。为此,本文试对公证在互联网慈善活动中的价值展开探讨,以期为公证深度参与我国互联网慈善发展提供可借鉴的思路。

　　关键词:互联网募捐,公证,慈善法,化解冲突

一、互联网募捐公证与慈善法的关联性

　　公证作为社会诚信的守护者,以公证活动彰显诚信的意义,享有极高的社会公信力,如今更成为社会生活中维护信用、预防矛盾、防范风险、保障利益必不可少的司法手段。我国《中华人民共和国慈善法》的正式实施标志着

---

　　① 作者简介:张建雯,女,天津市泰达公证处公证员,中国法学会会员,研究方向:公证理论。

我国慈善事业法治化进程开启了新的篇章。通过公证维护互联网募捐的合理合法,有利于《中华人民共和国慈善法》的落地实施。

(一) 公证采用实质性证明的方法并依法定步骤和程序出具公证书

公证的客体即公证对象的真实性与合法性,均由公证机构承担其证明责任,真实性与合法性的完整结合,构成了公证机构对公证客体的实质性证明。公证对象的真实性证明,即存在证实法律行为、有法律意义的事实和文书曾经真实存在的证据;公证对象的合法性证明,即法律行为、有法律意义的事实和文书符合相关法律法规得到了确认和证实。

只有经过公证申请人的申请,公证机构才能启动公证程序,对申请人的申请事项进行公证,不能依"职权"进行主动公证的行为。向公证机构申请办理公证是公民享有的法定权利,当事人有权选择公证作为维权手段。由于《中华人民共和国公证法》(以下简称《公证法》)并没有规定法定公证事项,公证机构在当事人未申请办理公证时,不能主动介入证,因此对于当事人没有主动申请办理公证导致的一切相关责任,均由当事人个人承担。公证人员依照法定步骤与程序进行公证。执行了公证活动程序,才可以从程序上有效规制公证机构、公证员,有力保障了公证当事人的合法权益,有力维护了公证行业的社会公信力。

(二) 公证维护互联网募捐中的公平正义

历史上的思想家与法学家分别从各自的立论角度给出了不一致的"正义观"。博登海默这样描述正义:正义,一般而言其关注焦点是群体秩序或社会制度是否能够实现其基本目标,如果我们不尝试给他一个完美的定义,那么满足个人的合理需要,同时能促进社会生产进步并提高社会内聚程度——是维护人类文明健康持续发展的必需品——也是正义的终极目标。[①]公平正义是公证的内在本质要求。有时候不得不承认正义飘忽不定、变幻无

---

① 博登海默:《法理学:法律哲学与法律方法》,邓正来译,中国政法大学出版社,1999,第238页。

常,就像普罗透斯的脸,会给我们呈现出不同的面庞形态,对于众说纷纭的正义的内涵界定,并未影响对公平正义的价值追求,社会公众能够从被公认的传统道德正义的角度出发,在特定环境情况下,总能找出相对的标准来辨认公正与否。就像自然人进行的互联网募捐行为,对于急需筹集钱款治病,而没有其他途径可以解决的时候,自然会想到在网络上进行救助募捐,以及时、快速的凑足救命的钱,无疑对于受益人来说是公平正义的。反过来对于编造虚假的求救信息进行的募捐诈骗,其行为又是不正义的。《公证法》中关于正义与非正义的规定是,如若没有相反证据足以推翻公证,那么经公证的法律行为、有法律意义的事实和文书,应当作为认定事实的证据。所以对于经过公证机构公证的募捐信息,其社会的信任度应该会得到一个大的提升。捐赠人就能够通过判断募捐信息是否经过了公证来防止上当受骗。

(三) 公证保证社会信用

公证具有满足社会公众人际交往过程中保证安全需要的基本功能。[1]诚实守信是市场经济的灵魂,没有信誉的市场会致使经济关系混乱、交易成本增加,经济的发展停滞。遵时守信的市场规则是商品经济和市场经济良性运作的前提,必须遵守。对于中国的慈善事业也是一样,如果自然人进行互联网募捐没有将募集的钱款用于治疗疾病等急需的信用保证,擅自挪用善款作为他用,甚至购买奢侈品,那么捐赠人的"爱心"无疑会受到无情的践踏。但是在互联网募捐时,如果没有公证机构对其救助急需的款项进行大概数额的认定,则将导致募集人、捐赠人与受益人三者之间存在"信息不对称"。信息不对称是人们在交往活动中,某部分参与者掌握了其他参与者不掌握的信息,于是出现了掌握信息程度不对等,在不对等时进行交流往来时,掌握信息较少的一方的利益可能被掌握信息的一方侵害。[2] 既然"信息不对称"是社会信用缺失存在的根源,那么公证机构对募捐救助急需的款项进行大概数额进行认定公证就显得尤为必要。只有这样,捐赠人才会有的放矢地进行捐

---

[1]　梁钟允:《和谐社会视野下的公证制度效用》,《中国公证》2010 年第 2 期。

[2]　侯子龙:《从信息不对称角度入手论公证制度的经济效用及其完善》,《法学理论》2010 年第 29 期。

赠,受益人也不会因为互联网募捐而擅自挪用善款,发家致富。

(四) 公证预防冲突和防止纠纷的发生

霍布斯理论认为,法律在社会有序化运转过程中最为重要的任务是保障生命、财产及契约的共同安全。[①] 纠纷是存在于不同利益主体间的对立状态。由于利益总量的有限性和作为具有高级思维、情感丰富的高级动物的人类总量不断地增加,导致矛盾纠纷时时、处处难以避免,仅靠社会成员的一己之力来预防纠纷、排除障碍,难以实现。[②] 互联网募捐活动时,由于募集人、捐赠人与受益人之间存在信息不对称情况,受益人的"负面"信息经网络曝光后,会导致捐赠人对受益人的强烈不满,导致网络"口水战",甚至"网络暴民"的出现,使受益人本人及其家属,甚至单位的正常生活及秩序受到了极大的不应有的干扰。极有可能导致诉讼的出现,国家和相关当事人的就会把大量时间、金钱用于处理诉讼,如果事先对互联网募捐进行相关信息的公证,就可以达到预防纠纷导致的冲突的目的。各国的公证预防纠纷的数据也证明了这一点:大陆法系比英美法系国家更加着重强调运用公证制度,这些国家的公证行业制度也更加健全,依据国际拉丁公证人组织披露的资料显示,1994 年,司法费用占法国总体 GDP 的 0.8%,在德国和意大利的占比均为1.3%,而英国却高达 GDP 的 2.2%。[③]

《公证法》规定,公证申请人向公证机构申请办理公证时,应当如实说明申请公证事项的有关情况,并提交真实、合法、充分的证明材料,公证机构受理公证申请后,应告知申请人由此产生的法律意义并提示可能产生的法律后果。在进行互联网募捐前进行的互联网募捐的相关信息的公证,公证员能够对募集人或受益人进行面对面地介绍互联网募捐需要的公证程序,和进行募捐要依据法律和法规的规定进行、诚实守信地宣传自己的遭遇难处。公证机构工作人员会帮助募集人或受益人对所申请的互联网募捐公证事项有更完

---

① 博登海默:《法理学:法律哲学与法律方法》,邓正来译,中国政法大学出版社,1999,第 256 页。

② 马登科:《协议类执行依据的审查逻辑和制度完善》,《法律科学》2021 年第 6 期。

③ 郝亚等:《"互联网+"时代的知识产权保护公证》,《中国公证》2021 年第 6 期。

整、清晰再认识,为其恰当的判断、处置权利和利益提供准确的参考,在公证工作的过程中使募集人或受益人在无形中分清了合法与非法的红线,为其诚实信用进行民事活动、经济活动,行使民事权利,取得民事权益指引了道路。

二、互联网募捐公证与维护慈善法的冲突

互联网募捐活动利用互联网传播募捐信息,而互联网传播具有非线性传播、低门槛、低成本的特点,故而从网络技术上分析,目前不存在对互联网募捐全面控制的方式;由于其募捐信息没有公证机构公证书所赋予的社会公信力,其网络传播速度将由于得不到网络陌生社会公众的信任而大打折扣,无法实现快速凑足钱款的目的。互联网募捐公证的现实过程中与保护慈善法存在较多冲突。

(一) 慈善组织与互联网募捐公证的冲突

从慈善事业发展的现状和趋势来看,慈善组织是慈善活动的中坚力量,这在《中华人民共和国慈善法》篇幅布局中可窥一斑。《中华人民共和国慈善法》中对慈善组织进行了专章规定,并将慈善募捐主体局限于慈善组织,明确了慈善组织管理慈善财产等行为规范。而其他主体开展慈善活动涉及慈善财产数量少,风险小,因此《中华人民共和国慈善法》只是做了必要的规定。慈善组织在开展慈善活动中需要公证的介入,这不仅是慈善组织面对现实困境的需求,也是慈善组织正常开展慈善活动的内在呼唤。目前,我国慈善组织的发展面临诸多困境,除了自身体系的不完善之外,慈善活动中的一些乱象严重打击了社会公众对慈善组织的信心。2011 年 3 月至 5 月,全国慈善组织接收捐款共计人民币 62.6 亿元,但同年"郭美美事件"发生后的 6 月至 8 月,全国慈善组织接收捐款共计人民币 8.4 亿元,降幅高达 86.6%。① 正如知名咨询机构麦肯锡公司针对我国公益行业的评价,"中国社会公众并不

---

① 《郭美美事件后全国慈善组织接受捐款下降 8 成》,网址:http://www.techweb.com.cn/ec/2011-12-09/1129233.shtml,最后访问日期:2022 年 9 月 27 日。

缺乏善心,缺乏的是公众对公益组织的信心。"①诚然,慈善组织社会公信力的建设可通过慈善组织内部治理制度的完善以及强化外部监督机制得以实现,但现有的法律体制框架中,存在一条有效且便捷的路径就是将公证引入慈善活动。我国公证制度行使着公共证明权,公证机构的公信力得到大众的广泛认可。公证人员可以运用自身的专业知识对慈善活动的合法合规与否进行判断,在保障慈善活动法律安全的同时确保慈善活动的公开透明,利用公证机构的公信力从而使慈善组织的公信力得到提升。

慈善组织主要通过捐赠人的捐赠得以开展慈善活动,然而,有的捐赠人却诺而不捐或诺多捐少。2021年河南省抗洪募捐救灾进程中,社会各界公众积极认捐款物,这种认捐如何成为现实引发了人们广泛的关注。民法典合同编规定,具有救灾、扶贫等社会公益、道德义务性质的赠与合同或者经过公证的赠与合同具有不可撤销的法律效力。慈善捐赠协议作为赠与合同的一种类型同样可以适用该规定,通过公证赋予慈善捐赠协议以不可撤销的法律效力,确保捐赠人如约履行。

(二) 捐赠人与互联网募捐公证的冲突

捐赠人基于自身的道德情操和社会责任感参与慈善活动,自然希望所参与的慈善捐赠真实合法。人们生活中经常遇到各种募捐活动,尤其是网络平台中的募捐活动。由于信息不对称,公众难以辨别真伪,更有组织和个人假冒慈善组织开展募捐活动,骗取财产,这不仅造成公众财产的损失,更亵渎了公众的善心。《中华人民共和国慈善法》第一百一十三条规定,依托慈善之名实施欺诈行为将被公安机关依法查处,《中华人民共和国慈善法》第二十一条规定,公开募捐的主体仅限于慈善组织,这将有效规制互联网募捐环境。从而看出,国家机关的介入有效引领了慈善活动的规范化、法治化进程。但是在现阶段慈善组织公信力欠佳的背景下,公证的介入更有助于强化慈善活动的真实合法性,满足捐赠人的合理期待。

捐赠的善款是否财尽其用? 这也是捐赠人所关心的话题。《中华人民

---

① 杨思斌等:《慈善公信力:内涵、功能与重构》,载《理论月刊》2012 年第 12 期。

共和国慈善法》第六章明确规定了慈善财产的监管。公证机构依法独立行使公证职能，奠定了其证明力的中立性，公证机构可以对善款的筹集与送达、慈善受益人的确定、慈善捐赠协议的执行、慈善组织清算后剩余财产的处分等活动进行监督并反馈，进而避免善款被滥用。

（三）社会公众与互联网募捐公证的冲突

开展慈善活动需要慈善组织、捐赠人、受益人、志愿者等相关主体共同参与，《中华人民共和国慈善法》为各方的合法权益都提供了保障。事实上，除了上述的相关主体，慈善事业作为具有道德色彩的社会建设，其目标更在于营造慈善活动开展的社会氛围，引领善心的涌流。然而，慈善活动的相关主体的信息往往是不对称的，占有优势的一方往往会追求不当利益，进而引发道德风险，而这一现象同样会败坏社会慈善氛围，让社会公众对慈善活动产生戒心，导致慈善活动的法律风险被放大。对此，需要提高慈善活动中信息运行的透明度，公证作为慈善活动相关主体对于资信能力都认可的机构，有效弥补了各方信息的不对称，防控了慈善活动的风险发生。

《中华人民共和国慈善法》对慈善活动的监督已经作了明确规定，事实上部分慈善活动由于涉及社会公众，如福利彩票的开奖，公证机构可以通过事前审查与现场监督的方式介入，从而形成对现有慈善监督机制的补充，维护社会公众利益。

三、化解冲突的原则策略和方式

不同的慈善活动中各方对公证的需求也不尽相同，从公证行业服务为民的宗旨出发，公证人员应针对不同需求提供个性化法律服务。无论是传统的公证证明业务还是公证以外的其他法律服务，公证都能够在慈善领域有用武之地。

（一）公证证明业务

公证机构根据自然人、法人或者其他组织的申请，依照法定程序对民事法律行为、有法律意义的事实和文书的真实性、合法性予以证明的活动,称之为公证。慈善活动的真实性与合法性正是其最为需要关注的两项因素。公证证明效力独有的中立性,能够充分证明慈善活动开展的真实性、合法性,有效保障了慈善活动的公信力。具体而言,在慈善募捐领域,公证人可以通过证据保全或现场监督的形式进行介入,而对于慈善募捐活动的真实性具有明确确证的情况下,可以现场监督的形式办理公证。而在慈善捐赠、慈善信托等领域,公证人可以通过对捐赠协议和信托合同进行公证,在保障其真实性的同时也通过公证证明赋予其以强法律效力,从而预防纠纷争议的发生。而在涉及慈善的遗嘱信托领域,公证更可通过遗嘱公证的方式,更有效地固定立遗嘱人的意思表示,从而保障遗嘱信托的慈善目的之实现。

(二)公证人员担任专业法律顾问

慈善活动的法律风险是慈善活动开展过程中需要着力防范的风险点,而公证法律服务并非止于在慈善活动开展之后的证明类法律服务,公证人以专业法律顾问的身份更早地介入慈善组织的日常管理与活动之中,为慈善组织提供超前性的专业法律建议和风险控制法律服务,充分将慈善活动纳入合规的范围,更有效地印证公证预防纠纷、控制风险的司法职能。从防范慈善活动中的法律风险的角度而言,专业的法律顾问服务是公证机构能够为慈善组织提供的最有价值的非证明类法律服务之一。

(三)公证人员提供代书法律文书

鉴于参与慈善活动的各方通常并非是专业的法律人,如何确保慈善法律行为的安全性与合法性是参与慈善活动各方所密切关注的问题。尤其在诸如慈善捐赠、慈善信托等领域中,各方更期待能够通过公平、完备的法律文书明确各方的权利义务关系,进而确保慈善活动的顺利进行。公证人作为中立的法律服务者,从法律地位上而言适于承担代书《捐赠协议》《慈善信托合同》等法律文书,从而确保各方在公平、安全的法律基础之上开展慈善活动。

(四)公证处提供资金监管

慈善组织通过慈善活动募集或取得的财产的具体流向始终是公众所关

注的一个热点问题。尽管依据《中华人民共和国慈善法》的规定,慈善组织有权自主管理其慈善财产,然而这种自主管理的模式往往囿于公开度和透明度的缺乏而容易引起争议。尤其在一些定向捐赠的慈善活动中,捐赠者往往期待自身的捐助能够有一种安全地到达受益人的方式。为解决这一需求,可尝试提存公证业务。作为中立的资金监管机构,公证机构不仅能够保障捐赠财产的公开性和安全性,同时作为法律专业人的公证人能够通过对提存协议的涉及尽可能降低捐赠行为的法律风险和发生争议的可能性,可作为保障慈善活动公开、透明、高效开展的有效途径。

(五)公证处代办登记

代办登记是指公证人员基于公证申请人的委托,代为办理相关登记业务的法律服务。尽管从表面上看,代办登记仅仅是一项程序性的法律活动,但由于目前登记是识别物权的最主要的特征,民商事法律活动中登记亦是一个重要环节。在慈善活动领域,许多慈善捐赠以及慈善信托活动中均会涉及财产的物权变动,而公证机构在办理合同公证的同时,亦可作为居间方承担代办登记的职能,在便利慈善活动各参与方的同时,亦可保证慈善活动的进程与双方的协商约定保持一致,从而维护慈善活动的安全开展。综上,《中华人民共和国慈善法》的实施标志着我国慈善活动步入了规范化、法治化发展的轨道,而公证作为民商事法律活动前沿行业,应主动探索慈善事业对公证的应用需求,并以专业的公证法律服务预防纠纷、保障法律安全,并进而为慈善活动的有序发展保驾护航。

公证作为中立的第三方证明机构,在维护慈善活动的公正性、增强慈善活动透明度方面享有制度性优势,从而能够将慈善活动纳入多元纠纷纾解机制之中,实现慈善事业的良性发展,推动公证事务发掘转型契机。

15

无形资产慈善捐赠的困境及制度完善研究

石　林　向阳蓓蕾①

摘　要:社会需求与社会供给的多元化使无形资产作为捐赠物成为可能,但无形资产慈善捐赠在社会实践中仍然存在操作障碍。本文拟从无形资产慈善捐赠过程中必要主体的捐赠目的实现为视角,对无形资产慈善捐赠制度存在的问题及其原因进行梳理和分析,并提出"捐赠者""中间机构""受捐赠者"联动实现无形资产慈善捐赠目的制度体系建议。

关键词:无形资产,慈善捐赠,捐赠目的

一、引言

社会需求与社会供给的多元化使慈善捐赠的种类、方式、途径等也在不断发展。在传统的资金及实物捐赠基础上,发展出新的以无形资产为捐赠标的的捐赠类型,包括捐赠专业技能、科技专利、精神产品等,部分具有实物外观但价值主要来源于其所蕴含的智力成果的捐赠也应在此类。新的捐赠形式的出现提出了与以往不同的问题,那就是无形资产捐赠的目的如何实现。

无形资产捐赠的典型模式并不复杂,如江苏淮安的六年级学生王某某,在疫情期间发明了防雾口罩并获得专利。为更好帮助他人,王某某将这项发

---

① 作者简介:石林,男,天津工业大学法学院实验中心主任,研究方向:知识产权法理论与实务;向阳蓓蕾,女,天津工业大学法学院硕士研究生,研究方向:慈善法和社会救助法。

明无偿捐献给了一家口罩生产厂家。哈尔滨市木兰县的马某老人,为支持家乡经济发展,将其与老伴共同研发的两项专利技术成果无偿捐赠给木兰县,委托木兰县代为招商合作,将所得款捐献给家乡。可见与传统捐赠不同的是,无形资产捐赠需要捐赠者、受捐赠者和中间机构共同参与捐赠物的财产价值实现,这对参与无形资产价值实现的捐赠主体提出了更高的要求。

二、无形资产捐赠的困境

(一) 无形资产捐赠目的的实现困境

捐赠是自然人、法人或者其他组织自愿无偿向其他自然人或依法成立的公益性社会团体和公益性非营利的事业单位捐赠财产的行为,包括捐赠有形资产与无形资产,用于公益事业。就社会的宏观层面而言,慈善捐助的根本目的是安老助孤、扶残助医,促进社会发展,缓解社会矛盾,稳定社会秩序,缩小"三大差距"实现共同富裕。因此实现慈善捐赠的财产价值是实现慈善根本目的的必然选择,具备实现无形资产财产价值能力的功能性中间机构必不可少。因此,有别于传统慈善捐赠主体,参与无形资产慈善捐赠的主体至少包括捐赠者、功能性中间机构、受捐赠者。因增加了额外的无形资产财产价值实现的中间环节,捐赠主体各自捐赠目的的实现较传统捐赠更为复杂,需要经过实践、时间、市场等的检验,且匹配无形资产捐赠目的的制度亟待完善。

1.捐赠者目的的实现困境

无形资产蕴含智力成果,捐赠者所期望实现的是蕴含在捐赠物内的智力劳动价值。例如,王同学将发明的防雾口罩专利捐赠给口罩生产厂,是希望通过选定口罩生产厂为途径,以实现发明中智力成果的社会价值。然而在该捐赠目的实现的过程中,如果没有因无形资产捐赠使得口罩厂向社会让渡自身利益的相关约定的话,口罩厂则会成为捐赠的唯一受益者,这实际是与捐赠者实现无形资产社会价值的目的相违背的。另一方面,智力成果特别是技术成果的价值实现需要特定的应用环境,所选定的口罩厂是否具备无形资产价值实现条件也是本例中捐赠者所无法预期的。

2. 中间机构目的的实现困境

中间机构可以是公益性社会团体,也可以是县级以上人民政府及其部门。中间机构的目的是通过自身工作机制运转,最大限度发挥无形资产捐赠物的效用,尽可能满足捐赠者与被捐赠者目的的实现。为实现无形资产捐赠的目的,中间机构对无形资产价值确认、捐赠目标的确认、无形资产财产价值实现手段设计和选择均为必要。如艺术作品捐赠,艺术作品本身的无形财产价值(财产价值在受捐赠者手中可以通过拍卖等方式实现,不能实现的是不是蕴含的那部分)在受捐赠者手中无法直接实现,而中间机构可采取定期举办展览等形式达到长期收益,并以收益实现捐赠目的。但目前慈善捐赠实践中间机构缺乏实现无形资产复杂目的综合能力,严重制约无形资产捐赠目的的实现。

3. 受捐赠者目的的实现困境

在传统慈善捐赠中,救助救困是主要目的,是为了让受捐赠者有尊严、有保障地解决问题或者接受社会帮助。但无形资产捐赠一般不能直接满足这类目的,而是通过一定的方式将无形资产转化为货币、实物或者所需要的其他帮扶形式,以此达到受益者之所需。当受捐赠者缺乏转化能力和其他实现途径选择可能性的时候,受捐赠者的目的则无法实现。这个时候,捐赠者或者中间机构与受捐赠者已经不再是简单的"给与"和"接受"的关系,而蕴含着需要相互协作的复杂关系。然而从当前慈善捐赠实践来看,这种关系并未建立起来,导致可接受无形资产捐赠的受捐赠者范围过于狭窄。

(二)无形资产慈善捐赠的制度困境

目前《中华人民共和国慈善法》中缺少关于无形资产捐赠的实体与程序规定,没有设计无形资产捐赠主体行为边界,中间机构可以选择的实现无形资产价值手段过少,三方主体并没有形成一个平衡的机制框架。

1. 无形资产捐赠的接收机制不完善

根据《中华人民共和国慈善法》的相关规定,我国法律对可捐赠的无形资产进行了宽泛的类型规定,但因该规定过于宽泛导致"无形资产"这一定义下的可捐赠物类型过多。又因为没有针对性的操作规定,导致不同类型的无形资产可捐赠物的可能操作方式和捐赠风险迥异,捐赠人和中间机构均无法予以准确辨别。比如即将到期的专利,长期负债的公司股权等。从捐赠物接收制度来看,至少存在缺少无形资产可接收物的认定标准、缺少无形资产捐赠评价和评估体系、缺少中间机构资质标准、缺少捐赠者目的确认环节等问题。

2. 无形资产捐赠的处置机制不完善

《公益事业捐赠法》内规定慈善捐赠物的处置要尊重捐赠人的意愿,遵守法律法规,不得违背公序良俗等。基于无形资产的特性,对无形资产捐赠物的处置条件要求往往较实物处置更高,中间机构是否能够恰当充分的履行该处置工作则是无形资产处置机制的首要问题。当前无形资产捐赠物处置机制至少还欠缺衡量中间机构尽职处分无形资产的标准、无形资产处置手段及可选择手段清单和模型、无法实现捐赠目的的无形资产处置等。

3. 无形资产的监督机制不完善

目前的慈善捐赠监督确立了政府监管、社会监督和行业自律"三位一体"的慈善综合监管体系和运行机制[1],但缺少对无形资产可用的监督评价标准。在行业自律方面,目前不存在完善的无形资产价值评估体系,部分无形资产的价值难以估量,针对这部分无形资产在入账时难以做到精确。在外部监督方面,由于无形资产处置公示不全面,在审计报告的业务活动表中,并未直接体现无形资产的情况,影响行政机关、社会进行监督。且无形资产的价值很难概括性地用货币衡量,仅以现金流量进行公示显然是片面的。部分无形资产的捐赠年限较长,外部监督应该有相应的制度对长期的捐赠进行追踪和监督。

三、无形资产捐赠目的实现的理论实践

《中华人民共和国慈善法》的颁布与实施,使我国的慈善法治事业又迈

---

① 马剑银:《"慈善"的法律界定》,《学术交流》2016 年第 7 期。

进了一大步,我国慈善法治框架和顶层设计已经成熟了,无形资产捐赠作为慈善中的新领域,应当在慈善法治框架内进行立法完善,使得无形资产的接收、分配、监督等各环节都在法治下进行。中央817会议指出:"构建初次分配、再分配、三次分配协调配套的基础性制度安排。"以实现第三次分配作为无形资产捐赠最终目的并以此为纲的制度设计是不断完善无形资产捐赠制度与体系的应有之义。

(一)我国无形资产捐赠各方主体特点

1.捐赠者的特点

我国的捐赠者有两大特点:第一,民众的捐赠意识与突发事件高度关联,长期投身慈善事业的公民占比较小。第二,我国慈善捐赠主体格局的特征是"企事业单位捐赠为主,个人(家庭)捐赠为辅,遗赠几乎没有"[1]。企业一直是我国慈善捐赠最重要的主体,近年来,在社会舆论的强大压力和政府积极引导下,企业逐渐地认识到,对社区和社会作出贡献是其义不容辞的社会责任[2]。而参与捐赠的企业又主要集中于国有企业,个人捐赠在全部捐款的总体比重不高[3]。

2.中间机构的特点

中间机构一般为公益性社会团体和县级以上人民政府及其部门,而公益性社会团体可以分为官方慈善组织,如中国红十字会,以及民间慈善机构。官办慈善组织的收入来源应主要是国家财政拨款,民间慈善机构的收入来源主要是社会公众捐款。一般来说慈善组织的公益性判断标准有民间性、非营利性、自治性、透明性等几方面[4],对于中间机构的其他能力关注度不高。

---

① 余少祥:《我国慈善立法的实践检视与完善路径》,《法学杂志》2020年第10期。
② 叶文振,严静:《以企带村 济困共荣——新扶贫时代民营企业参与市场扶贫的视角》,《福建行政学院学报》2013年第2期。
③ 周艳:《慈善捐赠:现状、成因及改进思路》,《中南林业科技大学学报(社会科学版)》2012年第6期。
④ 高志宏:《论社会主体在慈善事业中的角色定位与职能分工》,《西部法学评论》2012年第2期。

3.受捐赠者的特点

无形资产慈善捐赠中的受捐赠者可以分为直接受益者和非直接受益者。目前大多直接受益者对慈善事业充满感激,但是可能会造成受益者与中间机构或者捐赠者之间的地位不平等。部分直接受益者处于消极被帮扶的状态,可能会造成捐赠者和中间机构钻空子牟取利益。也有部分直接受益者处于积极的状态,履行监督义务,行使监督权利,在接受社会馈赠的同时也努力回馈社会。对于非直接受益者,在获得无形资产捐赠后最大限度发挥该无形资产的效用,方能使慈善捐赠各方的目的有实现的可能,其在无形资产捐赠中是重要的一环。

(二)无形资产捐赠目的直接实现理论

基于对主体的分析,在无形资产捐赠目的可直接实现的情况下,对于捐赠者和社会公众来说,捐赠者希望中间机构努力实施由捐赠人施加的限制,而完成捐赠人希望的事项①。在此情况下,中间机构的主动作为被压制,捐赠目的实现结果需要与捐赠者目标对照。直接实现方式便于社会广泛监督,中间机构不被进行捐赠实现目的的评价。而捐赠者的目的应该受到合法、公益等要求限制,对其或其行为是否合法有效、是否需要加以特别行政监管具有重要的判定作用②。这也是传统捐赠的普遍目的实现研究出发点,总结即中间机构对且仅对其为实现捐赠者目的而为的措施负责,目的评价限于捐赠者目的的合法性和公益性要求。在传统捐赠中,该观点被普遍适用,皆因传统捐赠中捐赠人与受捐赠人的目的和目的实现方式是基本一致的,即使捐赠物并非受捐赠人所直接需要的,转变为一般等价物的难度也在可控范围之内。总体来说捐赠物的交付既标志着捐赠目的的实现,也标志着再次分配的完成。然而若以无形资产为捐赠物,则远没有这样容易,受捐赠人得到一个专利,或某作品的使用许可,显然对于第三次分配而言,其目的并没有实现。

---

① 李喜燕:《慈善捐赠人权利研究》,西南政法大学学位论文,2013 年。
② 李德健:《〈慈善法〉中的公益原则及其解释进路》,《北方法学》2021 年第 3 期。

(三) 无形资产捐赠目的选择理论

近似原则作为一项法律原则源于罗马法,最初主要适用于遗赠财产处理。当遗赠人的原始意愿被发现为非法而不能够实现时,为保证遗赠人财产继续用于慈善目的,适用近似原则将该财产用于其他慈善目的,而不返还给遗赠人或其继承人①。该原则的核心要旨在于:"当慈善目的不能实现时,可以将原来的慈善目的变更为最直接接近原慈善目的的其他目的,使该慈善信托继续运行。"②在无形资产捐赠中,当捐赠人在无法确定或所确定的手段无法实现慈善目的的时候,应当允许中间机构在通常的无形资产价值实现方式中进行选择,而不必因此予以苛责。盖因无形资产价值实现条件特殊,不易设计普遍适用条件,在不违背慈善目的等特定要求下,与捐赠者目的不同亦应予准许。此种选择自然需要进行较为严格的控制,以防选择权滥用。

四、无形资产捐赠的完善路径

(一) 明确无形资产捐赠各方的权利义务

目前《中华人民共和国慈善法》的设计更多地考虑了慈善组织相关制度以及行政机关与慈善组织行政管理关系的法律调整,而捐赠人、受赠人与受益人之间的私法关系被有意无意地忽略③。特别是在中间机构在捐赠目的选择情况下,需要主动做出是否采用近似目的替代,和决定何种行为可实现替代目的,则更需要设计与以往不同的三方法律关系。当前,我国法律法规尚未明确无形资产捐赠所涉及各方主体的权利义务,应该对其进行完善。就设定慈善主体的权利义务来说,更应该是站在社会领域,从促进第三次分配

---

① 杨道波:《慈善捐赠人权利司法救济:基于个案的分析》,《华南师范大学学报(社会科学版)》2017 年第 2 期。

② C. Edward, Jr. Halbach. Trust. *Halcourt Brace Jovanovish Legal and Professional Publication Inc.*, 1990:112.

③ 马剑银:《"慈善"的法律界定》,《学术交流》2016 年第 7 期。

的视角研究利益,并兼顾逻辑和价值分析方法①。例如,第一,捐赠者享有要求中间机构提供捐赠情况,要求中间机构保护所捐赠无形资产的价值等权利,负有保证捐赠无形资产产权无瑕疵,配合进行产权转移等义务。第二,中间机构享有要求捐赠者按约定履行捐赠,分配非定向物资,当捐赠者的慈善目的不能实现时根据近似原则变更慈善目的等的权利,负有监管捐赠物、公开捐赠明细等义务。第三,被捐赠者享有无偿使用无形资产等权利,负有按用途使用特定资金等义务。在法律层面明晰无形资产捐赠各方的权利义务,使得在特定的无形资产捐赠关系中各方主张权利有法可依,利于法治社会建设。

(二) 完善无形资产捐赠法定程序

无形资产包括的类型较多,可以分为知识产权类、劳务类、利用无形资产价值类等。根据不同的内容,应该结合其特性规定,无形资产捐赠各方的权利义务以及法定捐赠程序或者要件。如已经具有慈善捐赠实践的捐赠专利、影视作品放映权、版权等都是新时代的慈善新变化。但是知识产权具有地域性、时间性等特点,需要平衡其特性以及公益慈善的需要,针对其特点进行制度设计,在保护知识产权的同时达到慈善捐赠的目的,实现共赢。可以借鉴目前专利的开放许可制度,将其与慈善捐赠结合,可以直接以开放许可形式捐赠专利不收取使用费用,也可以通过开放许可将收取的费用用于公益事业。针对捐赠利用无形资产价值类的,对转移有形财产占有以及需要收回该实体财产的,是否借鉴不动产和动产的制度进行法律规定,也应有所规定。

(三) 完善无形资产评估政策

无形资产相关制度是一种对行为的特定模式的法律制约,不同目的的行为所应适应的制度是不相同的。以资产评估为例,以商业运营为目的的无形资产评估常用的方法有重置成本法、现行市价法和收益现值法。无论何种方法至少默认了继受人满足实现无形资产价值的条件,即使并不具备,在继受

---

① 李喜燕:《慈善捐赠人权利研究》,西南政法大学学位论文,2013 年。

人承认的情况下,也无须对其进行考察。然而对于捐赠,无形资产在捐赠人处价值几许可能并不重要,脱离了捐赠人无形资产价值能实现几何则成为捐赠价值评估目的。国家对非货币捐赠有相应的价值计算要求,同样需要以捐赠目的为出发点,针对性地明确无形资产评估准则。评估方式则可以考虑设置“后置评估模式”以避免非因中间机构处置的价值减损导致的无形资产确认价值与实现价值不统一。

(四)完善无形资产捐赠途径

要保障和发展无形资产捐赠,需要不断完善无形资产捐赠途径,方便捐赠人了解其所捐赠的无形资产捐赠途径和方式。无形资产捐赠的途径也可以分为线上与线下两种方式,捐赠者可根据自身情况选取更适合的方式进行慈善捐赠。

1. 完善无形资产线上捐赠途径

目前,大部分的慈善组织官网都缺乏明确的无形资产捐赠指引。首先,网站上应对无形资产做“分类+兜底”处理,便于捐赠者可以在所列举的分类中寻找到适合其欲捐赠的无形资产栏目。其次,需了解法律法规针对不同无形资产捐赠的规定,在网站上标明需要的材料或者捐赠步骤。此外,还需附上慈善机构的相关联系人联系方式,方便捐赠者有疑问时联系。

2. 完善无形资产线下捐赠途径

线下捐赠路径与线上捐赠途径相比可能存在更多的局限性,但也有其存在的意义和价值。对于需要凭证或者依附于有形财产的无形资产捐赠,线下捐赠是不可或缺的途径。线下捐赠需要投入更多的人力物力进行保障,需要有专业人员对线下捐赠者进行捐赠步骤和捐赠需求讲解。可以定期开展线下捐赠咨询,为有意进行无形资产捐赠的公民提供便利。

线上捐赠与线下捐赠并非完全割裂,可以做到线上了解、申请,线下实践。对于不转移所有权并有年限的捐赠,做好前期接收以及后期返还工作。不论以何种方式捐赠,都要尽力减少捐赠者在捐赠过程中可能遇到的阻碍。明晰捐赠途径就是清扫捐赠者与被捐赠者直接的障碍,有利于监督管理。

（五）完善无形资产捐赠的法律监督

《中华人民共和国慈善法》第一百零三条、第一百零七条对国家监督和社会监督进行了规定，但是却忽略了国家监督下的司法监督，由于，可以从公益诉讼角度进行立法。2017 年 6 月，"检察机关提起公益诉讼"已经正式入法。《民事诉讼法》第五十五条第一款规定："对污染环境、侵害众多消费者合法权益等损害社会公共利益的行为，法律规定的机关和有关组织可以向人民法院提起诉讼。"作为公益性活动，慈善活动尽管没有法律意义上的消费者，但捐赠活动作为一项公益性、公众性活动，符合《民事诉讼法》第五十五条第一款限定的"社会公共利益"条件①。促进司法机关与执法机关分工合作，相互配合，相互监督。无形资产的社会监督，可以提供多方举报途径，确保监督力度的加强。

法律的生命在于实施，在加强立法的同时，也要不断加强普法宣传，使得针对无形资产捐赠的法律落到实处，发挥其真正的价值。

---

① 薛应军：《慈善捐赠的制度困境及法治出路》，《北外法学》2021 年第 1 期，第 208—212 页。

16

论我国司法救助制度现存问题及完善进路

郭明龙　郭　澎①

摘　要:司法救助是中国特色社会主义司法制度的内在要求,是促进民生发展、完善社会保障体系的重要组成部分,对于保障公民基本人权、维护社会正义具有重要作用。经过近三十年的持续探索与实践,我国司法救助制度已初步成型,建立起了一套富有中国特色的司法救助体系。但在救助实践中,仍然存在立法体系不完备、资金缺乏保障、配套运行机制缺失、救助方式单一等主要问题,在一定程度上影响我国慈善法治的发展与建设。对此,应加快构建统一的司法救济管理体系、拓宽救助资金来源渠道、建立健全相关协调机制、确立多元化救助方式,更好地完善司法救助制度,助力我国慈善法治建设。

关键词:司法救助,完善进路,慈善法治

一、引言

司法救助,主要是人民检察院和人民法院在办理工作的过程中,对权利被侵犯却无法通过诉讼获得合理补偿而在生活中面临现实困难和迫切需求的当事人实施的辅助性救助措施。我国的司法救助制度历经近三十年的发

---

①　作者简介:郭明龙,男,法学博士,天津师范大学法学院教授,天津市法学会民法学分会秘书长,研究方向:民法、侵权责任法和个人信息保护法;郭澎,女,天津师范大学法学院硕士研究生,研究方向:民商法。

展变迁,在不断探索的反复实践中总结出了宝贵的经验与做法,为推动我国慈善法治建设发挥了重要作用。但由于现行司法救助制度本身还存在诸多结构性问题,在制度运用方面仍存在一定的局限性和不可操作性,难以切实发挥扶危济困的社会效果。本文是在探讨目前慈善司法救助领域存在问题的基础上,对新时代中国如何更好地完善慈善司法救助制度提出理论建议,以期能够对构建具有中国特色的司法救助制度有所裨益。

二、我国司法救助制度的现存问题

(一)缺乏完善的国家立法

目前,我国尚无任何一部专门的、全国性的法律法规对司法救助工作进行规范,亦无任何一套完备统一的司法救助机制运行标准。尽管在 2014 年中央政法委印发了《关于建立完善司法救助制度的意见(试行)》(以下称《意见》),对之前主要以司法解释形式开展的司法救助制度规定进行了补充与完善,但其仍是位阶效力较低的纲领性、原则性的指导意见。在具体的制度运用中,仍然依赖各地方省市出台的详细实施办法与救助细则,这就导致在司法救助实践中,可能由于缺乏明确具体、操作性强的司法救助实施办法,而无法统一规范地开展工作,从而严重影响司法救助的社会效果。此外,通常各个地方省市出台的救助细则与具体工作安排往往以内部文件的形式发布,具体的救助程序、适用范围以及运作机理等内容不能做到公开、透明,申请救助人无法按照明确规定提交司法救助申请,也无法监督相关办案机关对其救助申请的处理是否公平、公正,更无法适应实践中当前司法机关救助工作的新要求。

同时,《意见》还规定了可以申请司法救助的主体需满足"生活困难"的经济条件,或因刑事犯罪行为而造成"生活困难",或因鉴定、作证、举报等原因使财产受到重大损失而造成"生活困难"[1],或因追索抚养费、抚育费、赡养

---

① 兰跃军:《刑事被害人救助立法主要问题及其评析》,载《东方法学》2017 年第 2 期。

费等费用而造成"生活困难",或因道路交通事故等民事侵权而造成"生活困难",但"生活困难"到底应以何种程度作为认定标准,《意见》仍然未给出明确统一的规定,在具体运用中仍然需要审核主体进行自主裁量,而申请人则完全处于被动地位,不仅违背了司法救助制度本身的统一性与公正性,反而容易造成新的社会矛盾,影响我国慈善法治建设。

(二)救助资金管理保障不足

司法实务中,需要给予司法救助的案件数量持续保持高位,要做好司法救助工作,必然需要充足的资金保障。实践中,各地司法救助资金基本来源于当地财政拨款,但这种财政资金对于司法救助的专项资金投入往往非常有限,根本无法保障司法救助工作的开展,经常出现"僧多粥少"的窘困局面。另外,各地司法救助资金的使用程度也不尽合理。由于各省市经济发展水平高低不一,在开展救助时,欠发达省份往往救助预算资金少,但需要救助的人数多;发达省份则经常救助资金充足甚至还有结余。例如,江西省作为我国中部欠发达省份,曾于 2013 年的一次摸底调查中大致明确若要充分解决该省司法救助需求,就需要约 1.3 亿元的司法救助资金。尽管从 2014 年起每年江西省级财政都会投入 1000 万元用于司法救助工作[1],但与实际救助需求相比,仍然是杯水车薪。再比如,2014 年湖南省使用司法救助资金达 1 亿元,平均每位当事人获得 1.5 万余元;而同年北京市使用救助资金近 5000 万元,平均每位当事人获得 4 万余元[2]。同样是司法救助,不同地区就有将近 3 万元的人均差距。正是因为部分地区的救助资金缺乏长期有效的保障,导致这些地区的法院或人民检察院在司法实践中通常只能选择生活条件最困难或社会隐患最大的当事人进行救助,无法充分发挥司法救助制度应有的救济功能,无法实现"应救尽救"的总体原则。

此外,在救助资金发放方面,同样存在发放标准不统一、分次发放、延迟发放等不良现象。由于在办理案件的过程中,各级部门对于地方经济社会发

---

[1] 江西省人民政府网,http://www.jiangxi.gov.cn/art/2015/12/15/art_5085_253713.html? xxgkhide=1,最后访问日期:2022 年 3 月 19 日。

[2] 彭波:《司法救助,小钱解决大问题》,《人民日报》2015 年 12 月 23 日,第 18 版。

展水平、救助申请人的受害程度及贫困程度把握不同,对于所发放的司法救助金额也往往存在悬殊,通常需要通过对当年财政资金的保障情况来确定具体的救助金额,缺乏公平统一的发放标准。随着社会经济发展水平与人均消费水平不断提高,这种救助金额发放的随意性与不确定性会严重影响司法救助功能的发挥,导致"人情救助""关系救助"①。

(三)缺失配套协调运行机制

我国设立司法救助制度的本意在于救济经济上或社会生活中处于劣势地位的当事人,实践中通常只是对当事人一次性发放救助金,并没有统一的协调机制和事后跟进措施。《意见》中规定,救助申请人应向办案机关提出申请,相关办案机关应当认真审查,对申请人所提交的生活困难证明材料应予调查核实,并在十个工作日内做出是否批准申请的决定;对于不符合救助条件的申请人,亦应及时告知,并将不批准的理由向申请人做出说明。由于申请救助人大部分往往是家庭条件较差、文化程度较低的困难群体,仅通过提交书面材料难以证明其真实的困难程度,反而会出现由于材料缺失而无法获得相应救助的情况,此时十个工作日的审查时间往往不足以有效甄别、调查核实申请救助人的真实经济条件,由此造成本应获得司法救助的主体权益无法得到切实保障。另外,对于申请审查过程中具体的责任分工、监督途径以及审查内容都没有具体细致的规定,当办案机关驳回当事人的救助申请后,不服处理结果的救济机制空缺,导致当事人的合理申请无法实现时,亦无法提出异议,继而容易出现办案机关滥用自由裁量权的现象。

司法救助并不等同于国家赔偿,救助资金发放后,若没有明确的追偿机制,长期下来必然会使财政负担沉重。理论上启动司法救助后,若受救助人生活不再困难,对于已发放司法救助资金应在原执行案件中预先扣除,并将资金回笼至专门的账户。但实践中鲜少有办案机关主动启动追偿机制,许多法院为提高案件结案率在对当事人进行司法救助后,对案件中被执行财产情况不再进行跟踪,导致本应"循环使用"的司法救助资金未被追回,其他司法

---

① 邓陕峡:《完善我国司法救助制度的构想》,载《河北法学》2009 年第 2 期。

救助工作不能及时跟进。

(四)救助方式单一且启动时间滞后

　　虽然《意见》中规定了除发放司法救助金外,尚有心理治疗、法律援助、思想辅导和社工帮助等具体救助措施,但并没有明确具体实施上述救助方式的相关组织与具体办法,导致在司法实践中基本只有发放救助金这种物质形式的救助方式被广泛运用,且基本是遵循"现金救助+适当救助+一次性救助"的原则①。这样的救助方式虽然操作简单且短期内效果突出,能够帮助申请人暂时地摆脱生活困难,但其也存在明显缺陷。司法实践中,需要司法救助的当事人类型繁多,并非对所有当事人进行经济救助都是都能真正有效解决问题。譬如,对遭受到强暴、拐卖以及丧失劳动能力的被害人来说,心理上遭受的损害往往比物质上的损失更为严重,相较于一时的经济救助,其更需要的是精神上的帮助与心理上的抚慰,只有采取符合具体情况的救助方式,才能达到最佳的救助效果。

　　在救助时间方面,我国对于当事人开展司法救助的时间普遍滞后,部分地区的办案机关往往在审判阶段或执行阶段才对当事人启动司法救助程序,尤其在一些难以侦破的刑事案件中,若犯罪嫌疑人难以确定或未到案,部分办案机关会将被害人的家属排除在救助对象之外,这与域外司法实践中刑事被害人或家属在报案之日便可申请司法救助的做法相比,存在严重的滞后性,不利于发挥司法救助制度保障社会公平正义的重要功能②。

三、我国司法救助制度的完善进路

(一)健全司法救助立法体系

　　当前,我国司法救助立法层次较低,相关法律体系也不够健全完备,与我

---

　　① 董江文、吴娟:《论检察机关司法救助机制的问题与完善路径》,第三届全国检察官阅读征文活动。
　　② 龚志:《我国刑事被害人救助制度研究》,四川师范大学法学院 2017 年。

国慈善法治建设不相适应。纵观域外国家及地区在司法救助制度的立法方面普遍较为完善。譬如,德国专门制定了单独的司法救助法律,法国则在民诉法中将司法救助制度作为单独的一章加以详细规定,英国在诉讼法中加以明文规定的同时,也制定了专门的司法救助法律,韩国、日本也都有专门的司法救助法律规范;反观我国,有关司法救助制度的诸多分散性司法解释及规范性文件并无相应的法律依据①。从法理上说,公民享受司法救助的条件、范围、程序等相关内容需通过立法程序,上升为国家的法律规定,从而确立司法救助制度在整个法律体系当中的应有地位。因此,只有加快国家立法,将司法救助明确为一种国家责任,使一切国家机关、社会团体、公益组织等均受其制约,明晰各方主体在司法救助工作中的权利与义务,方能确保司法救助制度具有坚实可靠的法律保障②。据此,应首先立足于我国具体国情,同时结合域外成果经验,建立适合我国司法救助制度发展的专门部门法,对司法救助标准、范围、相关程序及救助金的发放等问题做出统一具体的规定,并适当协调其与民事诉讼法、刑事诉讼法之间的制度衔接问题;其次,尽快废除不同制定主体自行制定的各项规范性文件,避免不同部门、不同省市独立开展司法救助、自主筹措救助资金,制定不同救助程序、标准的情况出现。

(二) 积极拓宽救助资金来源渠道

"巧妇难为无米之炊",救助资金是我国司法救助制度能够有效运作的根本保障。因此,应进一步加大对司法救助资金的投入,积极拓宽资金的来源和渠道。政府财政拨款是资金来源的主要部分,也是最为直接的募集方式,应将司法救助资金纳入国家财政预算和当地财政预算,加大政府筹措救助资金力度;但同样值得明确的是,政府财政的力量也是有限的,从司法救助工作开展较好的国家和地区来看,其筹措救助资金的渠道与来源往往是广泛的。除专门的财政拨款以外,与案件相关的罚金、没收财产所得及违法所得和犯罪所涉及的赃款赃物,以及被判处实刑罪犯在监狱改造时的劳动报酬及

---

① 张琴:《谈和谐社会下我国司法救助制度的完善》,载《新疆社科论坛》2008 年第 5
期。

② 陈雷、梁赋:《我国司法救助制度现状及完善对策》,载《探求》2019 年第 1 期。

创造的生产经营价值,都是作为向申请人发放司法救助金的重要来源[①]。此外,目前我国多个法院正在探索建立执行救助保险制度,例如,2019 年最高院与中国人民财产保险股份有限公司达成合作,在全国范围内开启执行保险救助工作。延平区法院也于 2019 年向保险公司投保 10 万元,最终发放保险金 15 万元,涵盖 8 个无法执行到位的执行案件、帮助 13 名申请执行人获得执行款[②]。这种通过借助金融产品的杠杆作用,缓解基层人民法院紧张的资金压力,也是拓宽救助资金来源渠道的重要探索。最后,开展司法救助工作是国家和社会各界共同的责任,要积极开展形式多样的司法救助宣传工作,争取社会各界的捐款、资助,并设立社会救助基金,把社会各界的捐款也纳入救助资金库,以进一步拓宽司法救助资金来源,从而为国家司法救助资金提供坚实的保障。

(三) 增加相关救助协调机制

司法救助工作的有效开展还有赖于救济、监督等配套机制的建立和完善。为此,政府应当加强对于申请程序的监督管理,明确上级政法部门对于下级政法部门具有监督责任,并设立专门的救助领导小组,对其所辖区域内的申请者及办案人员实施监督,若发现违反相关规定的行为,必要时可对其采取警告、拘留、罚款等相应行政处罚措施,对触犯刑法规定的相关人员,可依法追究刑事责任。在申请救助过程中,若办案人员有滥用职权、违法乱纪等行为,经调查属实,可责令办案人员进行说明,产生严重危害后果的,救助领导小组应进一步调查并进行处罚。同时,同级人民检察院对人民法院有关人员违反司法救助规定的行为,应当有权进行监督,包括提出检察建议或者依法追究刑事责任等。对于资金追偿,设立相应的监督机制仍然是至关重要的内容。对于司法救助专项资金,不论是审核、拨款、发放部门都应当对每一

---

① 丁玉明、杨睿森:《我国刑事被害人司法救助制度研究》,载《公民与法》2009 年第 12 期。

② 吴晓真:《暖心! 国家司法救助+执行救助保险,延平法院今年发放 62.9 万元司法救助金》,网址 https://www.sohu.com/a/361966871_120054608,最后访问日期:2021 年 3 月 19 日。

笔救助资金登记在册,加强对银行流水的有效监管,严防挪用、挤占有限司法救助资金,还应当加强对被救助人的跟踪回访,积极引导被救助人向法院起诉以获得相应赔偿,或者促进当事人调解,为启动追偿程序创造条件。在权利救济方面,有权利便应有救济,由于办案机关是否批准司法救助的决定直接关系到申请人的合法权益能否切实实现①,是故对于办案机关不批准司法救助申请抑或批准的司法救助申请不能满足当事人救助需求的,当事人应享有救济的权利。不论申请人是否符合救助条件,办案机关均应采取书面的形式进行告知,充分保证群众在申请司法救助时享有知情权。同时,应设立复查机构,办案人员在对申请者提出的司法救助申请审核后,应及时提交复查机构决定,对于审核结果不服,申请人可以在知道结果十日内向复查机构申请复核。

(四)确立多元化司法救助方式

一次性发放救助金的做法通常符合救助及时性原则的要求,往往能及时帮助申请人改变当前的困难现状,极大缩短了救助时间,因此仍然应是我国目前需要坚持的主要救助方式。但由于某些情况下,申请人遭受的损害并不仅限于物质损失,因此在采取司法救助时仅依靠单一的经济救助方式无法切实帮助申请人解决问题。而且随着我国社会经济发展水平的不断提高,司法救助更应该基于国家责任、社会福利等方面关注申请人的困难情况与受害事实,对其进行辅助救助。实践中,应明确实施辅助救助的专门机构和救助期限。譬如,对某些特殊犯罪案件中的被害人来说,其精神上的伤痛是无法仅仅通过金钱能够治愈的②,可由其所在的街道办或村委会承担心理辅导工作,定期对其进行心理辅导;对于想自主走出困境,恢复正常生活水平的当事人,采取一次性发放救助资金的方式并不是长久之计。可由所在地劳动局负责对其开展就业技术培训,并应与本地的人才市场建立合作关系,为其提供工作机会。是故,在司法救助案件中,要确立多元化的救助方式,切实实现以

---

① 吴迪莱:《我国的司法救助制度:现状、缺陷与改革》,载《法学杂志》2012年第9期。

② 陈煜:《构建刑事被害人的国家救助制度——彰显司法和谐之人本理念》,中国人民公安大学出版社,2008,第90页。

支付救助金为主要方式,同时兼顾心理疏导、思想教育、法律援助等其他配套措施,加强与其他社会救助的衔接,真正解决当事人及其家属在生活及工作等方面遇到的问题,并针对具体情况,通过定期或者不定期回访的方式跟进申请人后续的生活情况,并提供尽可能的持续帮助,以充分发挥救助体系的整体协同功能,切实帮助当事人走出生活困境,使慈善司法救助提升到"精准扶贫"的高度。

四、结语

完善司法救助制度不仅仅是提高司法文明的需要,也是保障民生的必然要求,更是新时代推进我国慈善法治建设的应有之义。当前,我国推行的司法救助制度在取得一定成就的同时,也存在一定缺陷,应立足于我国具体国情和现状,并对域外司法救助制度的先进规定予以总结借鉴,健全司法救助立法体系、积极拓宽救助资金来源渠道、增加相关救助协调机制、确立多元化司法救助方式,使我国司法救助制度更加适应我国现阶段慈善法治建设的发展现状和实践要求,不断适应我国新时代发展的需要,增强人民群众对社会主义法治的信心,为维护社会的和谐稳定做出更大的贡献,切实让司法弱势群体感受到公平正义。

·第三编·

典型经验与案例评析

慈善之光 点亮津城

1

天津市慈善协会推动实施十大品牌项目

一、天津市慈善协会十大品牌项目简介

为了更好的精准扶贫帮困,把慈善款物用于保障社会公平正义,把党和政府及社会各界的关爱送到困难群众中去,发挥慈善救助在社会救助体系中的补充作用。2019年天津市慈善协会第五届理事会第二次会议在八大类四十余个主题项目中选择了十个社会参与度广、认可度高,救助覆盖面全、效果好的项目作为协会的品牌项目。这些项目一直持续至今,社会认同度较高,取得了较好的社会效果。

(一) 情暖万家 · 慈善助困项目

在天津市每年都有一些家庭遭遇突发变故,致使生活暂时陷入困难。为了让他们切实感受到党和政府以及全社会的温暖,协会设立慈善助困项目。市、区两级慈善协会联动,共同为天津市因家庭成员患大病、重病或家庭遭遇突发变故,享受政府临时救助后,生活仍有较大困难的低保户、特困供养户、低收入家庭、低保边缘户,酌情给予资金援助。在两节期间对全市特殊困难家庭给予每户总价值不低于1000元的款物援助,使他们同全市人民一起度过温馨祥和的新春佳节。

(二) 爱心成就梦想 · 慈善助学项目

为了帮助家庭生活困难的应届高中毕业生解决大学入学学费,协会设立

了慈善助学项目。通过发动社会募集资金,分别给予一定额度的奖学金;对天津市应届高中毕业,考试成绩在本科一批分数线以上,被国内大学录取的低保特困家庭的学生给予一次性助学款;搭建助学平台,鼓励爱心人士、爱心企业对贫困家庭优秀学子进行"一对一""一对多""多对一"的定向资助,帮助他们顺利完成学业,同时激励学子们成为有理想、有担当、服务人民,奉献祖国的新一代,为实现中华民族伟大复兴的中国梦贡献力量。

(三)守护希望·贫困家庭儿童大病救助项目

孩子是一个家庭的希望。如果孩子患了大重病,对于一个家庭特别是困难家庭来说,是无法承受的。为了缓解我市贫困家庭患重大疾病儿童的医疗困难,市、区两级慈善协会联动共同启动贫困家庭儿童大病救助项目。对天津市低保、低收入、特困供养家庭中,患有先心病、白血病、尿毒症等大重病的16岁以下儿童,在享受基本医保、特困医疗救助、政府临时救助后,个人负担仍然较重者进行资金援助。进一步缓解了天津市贫困家庭重大疾病患儿的医疗负担。

(四)生命之光·重特大疾病、罕见病药品援助项目

癌症、罕见病等重病大病高昂的治疗费及医药费拖垮了很多原本幸福的家庭,挽救生命是我们的共同目标。天津市慈善协会与中华慈善总会上下联动,携手瑞士诺华、德国拜耳、英国阿斯利康等医药公司开展此项慈善药品援助项目,为天津市及周边地区贫困家庭罹患肺癌、肝癌、肾癌、结直肠癌等重特大疾病,多发性硬化症地中海贫血、肺动脉高压等罕见病的患者援助靶向治疗药品,帮助他们减轻经济负担、缓解病痛折磨。

(五)有爱不再孤单·慈善助孤项目

孤儿是社会上最弱势的群体。为了充分体现全社会对他们的关爱,让他们在成长过程中感受到社会的温暖,协会设立了帮扶全市散居孤儿、奖励优秀孤儿的慈善助孤项目。动员社会爱心力量与受助散居孤儿结对子的方式,开展一人帮一人,一人帮多人,多人帮一人的资助活动。在政府救助基础上,

给予每个孤儿 1000 元的社会爱心援助。授予本学年三好学生、优秀学生干部及在各类学科竞赛、才艺大赛中获奖的孤儿"奋进之星"及"优秀孤儿"称号,并颁发奖学金。

(六)为了明天·关爱留守、困境儿童项目

农村留守、困境儿童群体的成长需要家庭的呵护和社会的关爱。为了对留守、困境儿童群体给予生活、学业支持,精神慰藉,在中华慈善总会、美国全球联合之路的支持下,联合爱心企业、爱心人士,募集专项资金,在天津市涉农区留守儿童和困境儿童相对集中的地区建立关爱儿童之家。在全市招募志愿服务团体,共同组织留守、困境儿童开展绘本阅读、课业辅导、安全教育、心理咨询、互助帮扶、亲情连线、康体娱乐、参观学习等一系列适合留守、困境儿童参与的关爱活动及社会活动。

(七)九九重阳·慈善助老项目

人人都会老,家家有老人。老年时期是每一个人必然要经历的生命过程。为了大力倡导中华民族尊老爱老的传统美德,每年重阳节期间,协会联合社会公益组织和爱心单位共同开展以"敬老、爱老、助老"为主要内容的系列活动。通过慰问慈善老人,关爱空巢老人,帮扶困难老人,为养老机构的住养老人办实事,表彰爱老孝亲先进,有效推动天津市尊老敬老风气的形成。

(八)爱心助飞梦想·慈善助残项目

肢体残疾人由于行动困难,很多人都享受低保,剩余部分多数也是低收入家庭,生活比较困难。为帮助他们站起来,重新走入社会,协会联合市残疾人福利基金会共同设立了慈善助残项目。通过发动社会募集资金,为天津市低保、特困、低收入等困难家庭具备劳动能力但无经济能力安装假肢的肢体残疾人免费安装价值 1 万元的小腿假肢。使他们可以走出家门,融入社会,重新扬起生命的风帆。

(九)关爱金色童年·血友病患儿援助项目

血友病是一种罕见病。天津市有血友病患者三百余人,18 岁以下的青

少年患者不足 100 人。如果能在患者的青少年时期通过注射药物进行有效的预防性治疗,就能降低或避免致残、致畸的风险,极大地缓解患者成年后家庭和社会的负担。血友病的治疗所需费用十分昂贵,为减轻天津市困难家庭血友病患儿治疗用药的沉重经济负担,天津设立了血友病患儿援助项目。通过发动社会募集资金。对天津市 18 周岁以下(含 18 周岁仍在学)血友病患儿按一定比例援助治疗所需药品费用,使低保患儿自付花费不高于总药价的 5%,非低保患儿花费不高于总药价的 10%,确保患儿可以接受应有的预防性治疗,避免致残风险。

(十) 慈善光明行·老年白内障患者援助项目

随着年龄的增长,天津市每年都会有近万名老年人患上白内障,严重影响到他们的生活质量。为帮助更多的白内障患者摆脱疾病带来的困扰,实现天津市建立白内障无障碍区的目标,协会联合天津爱尔眼科医院共同设立了老年白内障患者援助项目。对天津市享受基本医疗保险,年龄在 50 岁以上,患有白内障且符合手术条件,个人支付手术费用有困难的患者,全额或部分资助个人应付的手术和进口晶体费用,帮助老人实现复明,提高晚年生活质量。[①]

二、天津市慈善协会十大品牌项目运作路径

天津市慈善协会立足多年实践经验,融合传统项目与时代需求创新构建十大品牌项目,品牌项目的运作主要着力于以下几个方面:

(一) 全面辐射各类慈善项目,针对不同群体需求

十大品牌项目大致归属于助困、助学、助医、助老、助孤、助残、公益七个领域,覆盖了《社会救助暂行办法》中规定的最低生活保障、特困人员供养、受灾人员救助、医疗救助、教育救助、住房救助、临时救助等八项制度及社会

---

① 津慈:《天津市慈善协会 2019 年十大品牌项目简介》,《慈善》2019 年第 2 期。

力量参与的绝大部分内容。在受众方面保证惠及最广泛的弱势贫困群体,围绕基本生活保障开展日常生活救助和特别生活救助两方面的工作。

各慈善品牌项目分别在受益人群、资助标准、资金来源三个层面设置了硬性的量化指标,并在协会官网等平台上予以公告。一方面协会据此有的放矢地开展救助工作,提升慈善救助工作的效率,节约人力物力成本;对于不同的受助群体而言,所面临的生活困难和现实需求往往也有所不同,根据其所需救济的紧迫性提供"个性化的定制服务",能够做到真正满足目标群体的实际需求。另一方面,通过品牌的细化,为捐助者提供了各个项目明确的资助标准和详细的救助用途,方便捐助者了解不同项目间的区别,知晓善款的去向,使捐助流程进一步透明化,消除其疑惑,建立双方之间的信任,同时这种做法也是为捐助者提供多样化的捐赠选项,使慈善款物在最大程度上依据捐助者的意愿得以使用。

(二)强化慈善品牌运营建设,塑造良好的信誉形象

通过品牌慈善项目的推销,巩固已开发的慈善资源,开拓潜在的慈善资源,运用市场机制吸引更多的社会各界人士参与慈善事业,强化品牌慈善项目对社会慈善资源的动员能力和聚集能力,天津市慈善协会构筑起品牌战略机制。

天津市慈善协会围绕慈善项目的惠民性、信誉度和可持续性打造品牌形象,慈善公益项目在社会上得到了一定认同,政府和社会舆论对项目的支持力度也在不断加大。例如,慈善助困项目就曾获得第九届中华慈善奖"最具影响力慈善项目"提名奖。在品牌忠诚度和公信力建设上,天津慈善协会通过规范组织运作的方式,增加社会信任:坚持每月向行政主管部门民政局的主管领导上报财务报表,主动接受监督指导;主动向监事会报告财务管理中遇到的政策性问题,提高业务水平;及时向法律顾问咨询善款捐赠中的法律问题,强化法律上的监督指导。财务部严格按照财务审计要求,提交财务报表、财务资料等,接受并通过天津市君天会计事务所年度财务审计。[①]

---

① 天津市慈善协会网站,网址:http://tjcharity.org.cn/News/202009/202009151658576.htm,最后访问日期:2022年9月27日。

(三) 坚持上下级联合行动,扩展项目运营相关主体

在纵向的组织行动中,天津市慈善协会坚持同中华慈善总会品牌项目相对接,双方在普惠性的助医扶残项目上协调配合,"微笑列车"唇腭裂患者援助项目即是受中华慈善总会的委托,与天津市口腔医院、天津医科大学口腔医院、天津市儿童医院等签署合作协议,承接上级职能的同时完成本级单位的助医项目;在天津市助困范围内,坚持市、区两级慈善协会的联动,内容包括媒体宣传、募集资金、确认救助对象、入户慰问的两级慈善协会甚至延伸到街乡镇的联合行动,从而扩大了慈善事业的影响,促进了社会慈善意识的提高。

在横向的主体配合中,协会对企业法人的捐赠市场进行分析,根据捐赠的规模、形式和途径,以及捐赠者的偏好等因素,将捐赠者细分并从中列出与机构使命趋同并且潜力较大的名单,开展具有自身特色的慈善营销活动。除了被动接受企业捐赠以外,协会作为慈善项目发起体以其在机构建设和项目运作的先天性优势,通过做好立项需求调查与评估,用创新、可持续性发展的眼光思路设计全流程,同国外医药巨头公司采用"合作营销"的模式,树立"重特大疾病、罕见病药品援助项目"等慈善品牌,作为非营利组织借助营利性企业的技术优势推动项目运行;"国家能源爱心行动项目"中与中国社会工作联合会合作,利用其资源优势开展白血病救助工作。

(四) 多种方式畅通募集渠道,注重提升资金使用效益

十大品牌项目中不同类型的项目资金募集来源有所区别:助困、助老、助残、公益等大部分项目的资金来源多集中于广泛动员的社会募集方式,部分项目兼有政府拨款共同参与;助学、助孤项目的资金来源包括单位或个人与受助学生结成爱心对子定向帮扶,以及联合特定单位、企业设立专项冠名基金会的方式提供出资;助医项目资金来源主要有三种:第一,美国辉瑞、瑞士诺华、德国拜耳、英国阿斯利康等医药公司提供的无偿援助。第二,本市部分医疗机构同协会合作,在医疗费用上给予不同比例的减免或资助。第三,中华慈善总会、中国社会工作联合会、美国微笑列车基金会等慈善机构的协助

捐赠。总体而言,天津市慈善协会通过丰富资金募集组合,拓宽资金来源渠道的策略为品牌项目的开展奠定坚实的物质基础。

鉴于募集资金的有限性,项目救助对象的确定,从第一次活动起就坚持了困中择困的原则,优先满足救助需求最迫切的群体,实现救助效用的最大化。以助困项目为例,坚持对部分接受过政府部门或单位按有关政策的帮助后仍有较大困难家庭进行救助的条件。从救助城乡低保户、特困户延伸到有其他特殊困难的低保边缘户,目前救助重点集中在患大病重病和遭遇特殊困难家庭。相对稳定的确认条件,激发了受助者努力走出困境的积极性,使困难群体中多数人增强了生活的信心。[①]

三、天津市慈善协会十大品牌项目经验分析

(一) 提高政治站位,扎实推动共同富裕进程

天津市慈善协会在十大品牌项目的推行过程中高度重视党建工作,将慈善工作纳入党政工作大局。协会在制定慈善项目工作要点中,明确了"全面贯彻新时代党的建设的总要求,积极发挥党组织政治引领、先锋模范、监督管理和规范行为的主导作用,使党支部真正成为党在慈善事业中的坚强战斗堡垒,确保协会政治方向正确,健康发展"的总思路;确定了加强党支部政治建设、组织建设、制度建设、思想建设的具体工作内容。按照社团党委关于"社会组织党建重点工作"的要求,紧密结合协会的中心工作,根据党员的政治、思想、工作实际,重点抓了三项工作,有效地发挥了党支部的政治核心、思想引领、工作保证的作用。

十大品牌项目中的救助范围和慈善主旨和共同富裕的实质内涵相贴合,天津市慈善协会在助困、助医、公益等项目落实中响应脱贫攻坚战的战略部署,取得了一系列有效的扶贫成果。以党的领导为指引,天津市慈善协会统

---

① 《用公益温暖每个新春记天津市慈善协会"迎新春慈善助困"项目》,网址:https://www.csgyb.com.cn/concerned/xiangmu/20210621/29736.html,最后访问日期:2022年9月28日。

一思想、政治站位,助力脱贫攻坚、共同富裕,积极参与到乡村振兴这一中国经济社会发展方式的重大转变中来,将社会公共事业同协会具体品牌项目协同推进,实现了两条工作路线的融合,既促进了广泛社会效善的产生,也积累了宝贵的品牌建设经验。

(二)坚持法治思维,推进慈善事业的法治化

党的十九届五中全会提出"发挥第三次分配作用,发展慈善事业,改善收入和财富分配格局",明确了现阶段中国慈善事业发展的社会功能和定位,也为未来慈善事业的发展指明了方向,全国人大常委会于 2020 年专门安排部署《中华人民共和国慈善法》执法检查,并于 2021 年年初正式启动《中华人民共和国慈善法》修订工作,表明党中央对慈善工作的地位重视程度越来越高,引导慈善事业走向法治化轨道。

天津慈善协会从品牌项目的制定到实施的全过程牢固树立法治思维,严格依法、依规办事,保证救助工作的公正透明,在组织内部治理中从主体和财务制度两方面推进法治化。

第一,在主体制度法治化方面,协会设置了完备的组织架构,制定了完善的规章制度。协会机构设置分为权力机关、执行管理机关和监督机关。项目部作为负责慈善品牌项目的设立、实施和管理等工作的机构,受会员代表大会的垂直领导,并接受监事会的上级监督。同时严格限定协会理事会对项目工作的权利和义务,做到重大决策集体研究讨论制度化,协会定时部署重新修订完善慈善项目管理制度汇编,明确相应工作标准化流程,促进科学合法决策。

第二,在财务制度法治化方面,协会品牌项目遵循《中华人民共和国慈善法》《公益事业捐赠法》及《慈善组织公开募捐管理办法》等相关法律法规,开展资金募集工作和财务管理与监督,在信息公开、资产管理、捐赠人查询等公众关心的焦点规范化运作,在慈善项目、募捐、活动以及相关协议、报告上进行更为严格的自我审查。

(三)动员各方协作,构建大慈善的工作格局

运作态势健康、持续性强、社会效果反应好的项目是公益慈善组织或机

构健康发展的有力保障,也是塑造机构本身良好社会形象的"生命线",在满足社会公益服务需求的同时,亦可发展壮大社会服务机构本身。[①] 天津市慈善协会在十大品牌项目上通过与社会单位、政府部门、同行业慈善组织等相联动合作,扩展慈善惠及范围、层次与地域。

为适应新时期慈善事业发展新要求,市慈善协会坚持开拓创新,明确了构建天津"政府推动、民间运作、社会参与、各方协作"的大慈善工作格局,树立起大慈善工作理念。进一步扩大慈善公益的社会参与,努力实现"三个转变",提升社会组织动员力,扩大慈善的社会参与面,变少数人参与的、单一的、单向的慈善为人人参与的、全方位的、双向的慈善。[②]

(四)加强组织建设,打造专业化的慈善队伍

十大慈善品牌项目推行的基础是强有力的行动组织,市慈善协会深入各区走访调研,对各区慈善协会在思想认识、政策把握等方面存在的问题进行交流、指导;认真分析研究,制定了《关于推动天津市区级慈善协会组织建设的指导意见》,为区级慈善协会组织建设提供可借鉴的遵循;组织各区民政局和慈善协会负责人召开专项会议,推动工作落实。

具体举措上,主要通过加强协会内部制度化、规范化建设,重新修订《财务管理制度》《项目管理实施办法》《天津市慈善协会捐赠物资管理办法》。严格内部工作程序。严格了会长办公会议制度,每周定期召开工作会议,讨论和审议各部门工作,包括开展项目、活动、财务支出情况等,形成集体决议后,由各部门执行。完善日常报销制度。规范项目审批、拨款流程,制作《立项申请单》《项目资金审批单》,严格逐级审批,坚持用款前提交报告,支出后提交使用结果和凭证;制作《项目报表》,每月月底前向会领导反馈项目执行进展情况;为各项目编排代码,便于存档查找。行业组织体系建设和专职队伍建设是促进慈善事业发展的核心动力。[③] 随着公益慈善品牌项目专业化

① 刘艺:《我国公益慈善项目的运作路径及其管理》,南京大学学位论文,2013年。
② 天津市慈善协会网站,网址:http://www.tjcharity.org.cn/news/201911/201911081555236.htm,最后访问日期:2022年9月28日。
③ 朱睿、赵冠军、李梦军:《如何发展"第三次分配"?》,网址:https://mp.weixin.qq.com/s/md3Q6zxtDSfQPan_D2Qivg,最后访问日期:2022年9月28日。

趋势愈发明显,对救助工作从业人员的综合素质要求也在日益提升,精品慈善项目需要配备高水平的专兼职相结合的人才队伍。

(本资料主要来源于天津市慈善协会网站公布的材料)

2

天津市慈善协会践行乡村振兴战略

乡村振兴战略是党的十九大报告中提出的战略:农业、农村、农民问题是关系国计民生的根本性问题,必须始终把解决好"三农"问题作为全党工作的重中之重,实施乡村振兴战略。习近平总书记在中央经济工作会议和中央农村工作会议上提出,实施乡村振兴战略是关系全面建设社会主义现代化国家的全局性、历史性任务。

天津市慈善协会根据市委、市政府关于做好乡村振兴工作的总体要求,在市社会动员专项工作领导小组、市扶贫协作和支援合作工作领导小组的具体指导帮助下,成立实施乡村振兴战略工作领导小组,切实加强对乡村振兴战略工作的组织领导和统筹协调,形成上下贯通、前后联动、协调有序的乡村振兴战略工作合力和有效机制,推动各项工作的落实。

一、天津市慈善协会乡村振兴项目基本规划

(一)确定核心项目联合多方慈善力量

自2021年2月开始,乡村振兴项目的开展即被列入协会的重要工作日程,确定了以提升民生质量为任务方向,协会决定将"津陇慈善情·助国乡村振兴系列项目"作为乡村振兴战略的首要项目:在天津市对口帮扶的甘肃省34个县80个示范村建成包括"一家"——关爱儿童之家、"一站"——老人活动站、"一室"——电子阅览室、"一屋"——视力筛查屋等在内的实体慈

善设施,项目共计 300 个,3 年内全部完成。

同时围绕"津陇慈善情"这一核心项目,协会计划开展一系列相应的配套项目,协会相关领导通过到甘肃省进行项目考察、选址,与甘肃省慈善总会签订系列项目合计 112 个。在津陇两地慈善会,当地党和政府以及相关单位的共同努力下,这些项目的建设目前正在紧张有序地进行。

除重点结对帮扶和对口支援的甘肃省外,协会计划继续支持新疆和田、西藏昌都、青海黄南等地的乡村振兴工作开展。针对受援地区经济社会发展需要,在教育、文化、卫生、科技及其他民计民生等方面选择项目对接;持续做好受援地区孤寡老人、留守儿童、残疾人等各类特殊困难群体的定向帮扶;开展传统的扶贫济困类项目,开拓创新项目,实施"幸福家园"村社互助项目,推动地区产业兴旺、生态宜居、乡风文明、治理有效、生活富裕,助力乡村振兴战略。

按照天津市委"升级加力、多层全覆盖、有限无限相结合"的乡村振兴工作方式要求,协会在工作中采取联动社会各方主体参与乡村振兴建设的方案,通过完善社会动员机制,搭建社会参与平台,创新社会帮扶方式,市慈善协会加强与会员单位、商协会协办处及志愿服务团队的沟通交流,通过开展座谈会和经常性走访慰问活动,协助及组织会员单位、协办处及志愿服务团队开展好对口乡村支援公益慈善活动。协会联动的行动主体主要包括三类:第一,同类慈善协会,例如协会部分职能部门在"津陇慈善情"乡村振兴项目中同甘肃省慈善总会的工作对接。第二,相关行政组织,包括同天津市乡村振兴局、天津市民政局等在社会动员项目上的沟通与合作。第三,社会企业单位,诸如市轨道交通集团、中国银行天津分行、云账户(天津)共享经济信息咨询有限公司同协会开展爱心出行助力活动,动员广大市民共同支持我市东西部协作和对口支援地区乡村振兴。

协会广泛团结社会力量助力乡村振兴的另一方式便是宣传推广,充分利用中国共产党成立 100 周年、中华慈善日等重大节庆纪念日,开展多种形式的乡村振兴慈善推广活动,动员引导社会各界主动履行责任,自觉奉献爱心,营造全社会"人人心怀慈善、人人参与慈善,人人投身慈善"的浓厚氛围,做到"工作力度不减、款物募集数量不减、项目精准对接任务不减",为持续推动对口支援地区的发展和乡村全面振兴贡献慈善力量。

（二）脱贫攻坚成果与乡村振兴有效衔接

党中央决定在脱贫攻坚目标任务完成后,对摆脱贫困的县从脱贫之日起设立5年过渡期。过渡期内要保持主要帮扶政策总体稳定。对现有帮扶政策逐项分类优化调整,合理把握调整节奏、力度、时限,逐步实现由集中资源支持脱贫攻坚向全面推进乡村振兴平稳过渡。

作为承担着第三次分配使命的慈善协会,天津市慈善协会坚决响应党中央的号召,在原有的脱贫攻坚成果基础上,围绕乡村振兴战略展开工作,集中社会力量、确定重点项目、巩固脱贫成果,继续"精准"对接,力争在落实乡村振兴战略的过程中做出新的更大的贡献。协会在从脱贫攻坚到乡村振兴的工作重心转变过程中从以下几个方面进行过渡:

第一,保持与结对地区及有关部门对接:自20世纪末实施的东西部对口帮扶工作,至党的十八大以来精准扶贫、精准脱贫工作开展以来,甘肃省一直作为天津市的对口帮扶对象,双方在慈善与救助工作上一直保持着密切的合作。在2021年,天津市慈善协会根据帮扶贫困县已全部摘帽,开始实施乡村振兴战略的实际情况,以项目为中心的乡村振兴工作中,与甘肃省慈善总会继续保持工作对接。围绕老年人、留守儿童及其他特困群体,精准选择帮扶项目,扎实推进"津陇慈善情项目",引领行业商协会、社团组织、志愿服务团队参与公益行动。除同当地慈善协会联动外,天津市慈善协会同时加强与市委统战部、市合作交流办等有关部门的联系交流,统筹协调解决资金募集、接转、项目落实等有关问题,共同推进乡村振兴任务的完成。

第二,在战略层面上明确任务具体转向:协会通过召开会长扩大会、协办处座谈会、志愿者团队座谈会的方式,对党中央、市委有关乡村振兴战略的部署与精神进行传达,同时通报《市慈善协会关于巩固拓展脱贫攻坚成果积极投身乡村振兴战略工作安排意见》。明确在脱贫攻坚战后的下一步工作要求:乡村振兴战略的落实,各阶段工作要有明确的目标,广泛动员之后,市慈善协会工作重点要转向落实具体任务、宣传先进典型,充分调动各界参与乡村振兴战略发展的积极性上来。采取有效措施,汇集多方资源,最大限度地将社会各方面力量组织起来,为乡村振兴献计出力。协会通过战略目标的改变,实现行动方向上向乡村振兴的转向。

第三,推动乡村振兴具体措施的制定:市慈善协会对乡村振兴支援任务进行分解,并召开不同类型的座谈会,深入动员,全面推进。一方面要动员社会捐款捐物,一方面要挖掘并利用好教育、医疗卫生、文化、科技等方面的资源,支援受援地区。各单位压实责任,设定期限,按时完成资源汇集任务。精准选择项目,在做好传统项目的同时,开拓创新项目,做好受援地区各类特殊困难群体的定向帮扶,做好知识、技能、专业等方面的服务。精准对接受援地区党政关注、群众急需的项目,例如,选择几个县若干村实施"五小"工程,即:小阅览室、小食堂、小待客室、小活动室、小浴室,以惠及当地民生,助力受援地区的建设和发展,在推进受援地区产业兴旺、生态宜居、乡风文明、治理有效、生活富裕中发挥天津慈善的作用。

(三) 发挥枢纽作用承担款物转接任务

天津市慈善协会在践行乡村振兴战略规划中较为重要的一部分便是对乡村振兴项目所需资金款物的募集计划和接转管理,大致如下:

第一,在资金款物的募集计划方面:协会的总体思路着眼于动员社会力量多方汇集资源的方式。协会按照市委、市政府部署要求,确定募集款物指标任务。动员理事、会员、爱心企业、爱心人士等社会力量支持参与协作支援;支持商会、协会慈善协办处开展资金募集工作;采取积极有效措施,继续扩大基金数量和规模;积极探索互联网公募新路径,实施面向受援地区的公益慈善项目,搭建网络募捐平台;发挥捐款箱聚少成多的积极作用,增加捐款箱的摆放点,扩大覆盖面,发挥"爱心公益地铁卡""爱心公益加油卡"等公益品牌效应,扩宽社会参与渠道。创新方式,拓宽公益慈善渠道,开展知识、智力、技能、专业服务等公益服务,多形式、多渠道汇集广泛资源,支持受援地区建设发展。

第二,在资金款物的接转管理方面:协会注重充分发挥自身枢纽型社会组织的作用,在资金接转方面配合各部门及时顺畅转接乡村振兴资金款物。在脱贫攻坚期间,市慈善协会转接的资金在多达3600多万元,约1500笔,最少几十元最多数十万元的情况下,分别拨付新疆、甘肃、承德地区时一分不差,树立了良好的社会公信力,在乡村振兴期间预计将代为承担包括市委统战部、市科协、市委网信办、市侨联、各民主党派委员会、市农业农村委、市科技局、市工信局、市民族宗教委、市民政局、市司法局、市金融局、市合作交流办、市总工会以及红桥区、西青区等在内的上述部门与组织支持乡村振兴资金的接转,以保证支持资金精准转交、及时送达,实现提升资金输送效率,助力乡村振兴建设的目的。

市慈善协会指定公开账户,规范流程,做好有关方面对口支援款物的接收与发放,依法依规,高标准、严格做好款物管理,精准助力受援地区发展和乡村全面振兴。在工作部署中,协会加强募集款物的管理和监督,严格按照法律法规来规范管理募集款物,强化监督管理,及时向社会公示公告募捐款物及落实情况,切实提高资金使用效益。

二、天津市慈善协会乡村振兴工作成果总结

当前天津市慈善协会助力乡村振兴工作尚处于前中期阶段,但已取得了阶段性的成就,并可对项目预期成果抱有积极期待:

第一,在资金款物募集方面:协会在 2021 年前 10 个月即已全面完成当年乡村振兴东西部协作和支援合作所需募集任务,募集款物总额超 1500 万元,并全部转交甘肃省等各级慈善协会,用于乡村振兴项目的落实,受到当地相关部门领导与群众的充分肯定和广泛好评。

第二,在项目设施落实方面:截至 2021 年年底,"津陇慈善情·助力乡村振兴"系列项目已初见成果。"光明小屋"项目率先竣工,已投入使用,为甘肃省庆阳市 1.3 万名中小学生进行视力筛查并建立专属成长档案,为其中百余名患有近视的留守儿童免费验配近视眼镜。绝大部分项目施工主体已基本完成,进入全面装饰和设备安装阶段,预计 12 月初首批项目将竣工,届时将有千名留守儿童进入饱含亲情善意的关爱儿童之家度过课余时光;万余位老人在具有天津特色的老年活动站中进行娱乐和锻炼活动;众多大山里的农民在电子阅览室中学习新知识掌握新技能。

天津市慈善协会开展乡村振兴工作所带来的正面效益包括:

(一) 巩固了脱贫成果的长效机制

天津市慈善协会乡村振兴战略不仅开创了慈善救助工作与"三农"问题相结合的新局面,而且其作为脱贫攻坚战工作的延续,有力巩固了协会建立多年的扶贫机制。2019 年,天津市慈善协会与对口支援的甘肃兰州、天水、平凉等地确定了 20 多个助学、助医、抗洪救灾等项目,两年共捐助资金及物资价值 2000 多万元,有力支持了当地脱贫攻坚。[1] 工作成果得到社会各界的充分肯定,被中共中央、国务院评为"全国脱贫攻坚先进集体",被天津市委、市政府评为"天津市扶贫协作和支援合作工作先进集体"。

乡村振兴工作在之前扶贫成果的基础上,着力于农业产业的持续发展,提升贫困乡村地区的收入和村民生活水平。以滨海新区慈善协会为例,协会从助力脱贫攻坚工作中开展滞销农产品售卖志愿服务活动,采用"慈善+志愿服务"模式帮助东湾河村销售特色农产品,到"党建引领共同缔造"与东湾河村签署《共建合作协议》,区慈善协会扎实推进各项工作,发挥社会组织在乡村振兴事业中的独特作用。为做好助销工作,协会志愿服务队多次前往东湾河村调研,跟踪掌握农产品长势及产量;每到农产品成熟季节,动员协会全体会员积极订购,支持农民增收;协会志愿服务队还前往帮扶村参与农产品采收活动。到目前为止,协会帮助帮扶村销售红薯 11350 斤、玉米近 2 万穗,实现销售收入约 6.8 万余元,帮扶成效显著。协会通过继续深化与帮扶村的合作,助力农特产品销售工作,发挥了慈善公益事业在第三次分配中的作用,以产业振兴助力乡村振兴,促进农村农民共同富裕。

(二) 促进了大慈善工作格局构建

协会长期致力于构建"党的领导、政府推动、民间运作、社会参与、各方协作"的大慈善格局,推广"人人心怀慈善、人人参与慈善、人人投身慈善"的大慈善理念。在乡村振兴战略的实施过程中,协会进一步提升社会动员能

---

[1] 中华慈善总会网站,网址:http://www. chinacharityfederation. org/nv. html? nid = d321522f-5467-4c96-b6c5-06992bbc657a,最后访问日期:2022 年 9 月 28 日。

力,扩大慈善公益的社会参与,调动和整合社会各界慈善资源,形成慈善合力,使大慈善工作格局进一步得以完善,大慈善理念得以贯彻落实。

截至 2021 年 7 月,市慈善协会接到由市民宗委、民革、致公党、市国资委、九三学社、宝坻区、红桥区统战部等为乡村振兴战略募集的款物合计1225.67 万元。

2021 年甘肃疫情期间,市慈善协会将天津美伦医药集团有限公司和天士力控股集团捐赠的价值 360 余万元的免洗手液、空气净化器和 KN95 口罩等防疫物资以及中老年人常用药品、生活物资,通过运输企业运送到甘肃省兰州市、天水市、武威市等对口援助地区。

市慈善协会召开落实乡村振兴战略任务推进会,专题研究各阶段重点工作,在提高认识、明确方向的基础上,将责任细化、时间确定、任务落实,力争尽快更好地完成慈善协会所担负的任务。在促进民间运作、社会参与方面,在市慈善协会的宣传、引导下,目前已有元顺物流有限公司、铸源健康科技发展有限公司等企业,主动为乡村振兴捐款,起到了很好的带头引领作用。

2021 年 9 月,市社会动员专项工作领导小组办公室、市慈善协会举行"乡村振兴我助力同心共筑中国梦"社会动员项目签约仪式,市慈善协会分别与多家爱心企业、社会组织签署协议。根据协议,美伦医药将向天津市东西部协作和对口支援地区捐赠价值 300 万元的物资。天津微医总医院将与市慈善协会开展"推进慈善医疗、帮扶边远地区、助力乡村振兴"长期战略合作;市旅游协会将在天津市开展"献爱心助力乡村振兴行善举旅程更加完美"公开募捐活动;市轨道交通集团、中国银行天津分行、云账户(天津)共享经济信息咨询有限公司将开展爱心出行助力活动,动员广大市民共同支持天津市东西部协作和对口支援地区乡村振兴。

(三) 推动了慈善工作的升级转型

乡村振兴战略作为协会通过探索参与社会治理的新路径之一,兼具物质救助与社会治理的双重功能,在慈善工作重心上,协会精准对接受援地区党政关注、群众急需的项目。例如,上述几个县若干村实施的"五小"工程等,惠及当地民生,助力受援地区的建设和发展,在推进受援地区产业兴旺、生态宜居、乡风文明、治理有效、生活富裕中发挥天津慈善的作用。这一规划在满足群众物质需求的同时促进了乡村和谐社会的构建,发挥了慈善工作更深层次的社会治理作用。

市慈善协会在乡村振兴战略推行过程中,不仅仅局限于脱贫攻坚时期的物质帮扶,而且同样重视文化与精神工程建设:为加强乡村人居环境建设,培育文明乡风,建设美丽宜人、业兴人和的社会主义新乡村,市慈善协会确定对本市对接的甘肃省重点乡村实施百个"五小"援助,村小图书室即包括在"五小"援助项目中,市慈善协会通过开展优秀图书征集活动为项目募集书籍资源。响应了天津市乡村"五大振兴"实施方案中的《文化振兴方案》:着力提升农民思想政治素质,加强农村精神文明建设,不断提升农民文明素养,推进乡村传统文化资源传承和特色文化产业发展,大力丰富乡村文化生活等。①除在文化资源及实体设施上的捐助外,天津市慈善协会创新地将本会"十大品牌项目"中的助学项目,留守、困境儿童救助项目与乡村振兴战略相结合,通过为乡村儿童提供参观学习、课业辅导、心理咨询等方式扩展受教育的范围,做到了慈善工作的文化扶助属性升级。

三、天津市慈善协会乡村振兴战略经验分析

(一)统一思想认识　提高政治站位

1. 明确乡村振兴战略地位

深刻领会党中央乡村振兴战略的意义和市委对此项工作的要求,是市慈善协会狠抓乡村振兴工作落实的首要任务。自 2021 年年初起,每周会长办公会都将乡村振兴内容列为第一议题。连续四次集体学习讨论,提高认识、统一思想,明确目标,使全体成员深刻认识到党中央乡村振兴战略部署的重要意义,市慈善协会要积极响应,全力投入。当市委下达了关乡村振兴的指

---

① 农业农村部网站,网址:http://www.moa.gov.cn/xw/qg/201910/t20191022_6330360.htm,最后访问日期:2022 年 9 月 20 日。

示精神后,再次学习讨论,按照市委统一指示与要求,结合协会自身特点,明确工作方向,为投身乡村振兴战略打下坚实的思想基础,进一步提高了政治站位。

2.建立高效工作责任制度

市慈善协会在乡村振兴工作部署中明确树牢"四个意识"、坚定"四个自信"、坚决做到"两个维护",建立工作责任制,分解任务,责任到人,完善协会内部运作机制,形成统一高效、协调有序的协作支援工作合力。各有关单位按照既定目标任务,采取有针对性的措施,倾心倾情倾力,确保高质量完成乡村振兴战略工作任务。

3.树立协会队伍法治思维

为增强法律意识,树立法治思维,更好地为落实协会乡村振兴项目奠定基础,市慈善协会班子成员通过集体学习《中华人民共和国乡村振兴促进法》、《天津市乡村振兴促进条例》等相关法律文件,在日常工作中有效发挥法治对于农业农村高质量发展的支撑作用、对农村改革的引领作用、对乡村治理的保障作用、对政府职能转变的促进作用,为新阶段农业农村改革发展提供坚实法治保障。

4.响应党委政府的号召

由于协会乡村振兴项目规划的创建内容高度契合党在农村的中心工作,因而得到了各级党委、政府的重视和支持,对接地区的各市区民政局和部分乡村振兴局、文明办也印发文件推动实施,成立了由党政领导挂帅的"工程"实施领导小组和工作机构,从而形成了党委政府推动,慈善组织实施,社会广泛参与的工作格局。根据党中央与市委的要求,在乡村振兴战略落实上,市慈善协会严格落实五年过渡期有关要求,逐项分类优化调整现有帮扶政策,实现由集中资源支持脱贫攻坚向全面推进乡村振兴平稳过渡,坚决做到工作力度只增不减、资金投入只增不减、政策支持只增不减、帮扶力度只增不减。

(二)认真分析论证　确保选项可行

1.以选准项目为先行路径

狠抓选准项目,是会长办公会确定的工作要求。协会领导带队两次拜访市社会动员专项工作领导小组、市扶贫协作和支援合作工作领导小组,确定方向、探讨项目。经过认真研究和实地考察,协会在上级有关部门的大力支持下,确定了以改善民生项目为践行乡村振兴战略的切入点。之后,协会立即在会员、理事、副会长及副会长单位中进行宣传,传达了中央的乡村振兴战略及市委对乡村振兴工作的部署要求。2021 年 3 至 4 月,先后召开了会长(扩大)会、区慈善协会动员会、商会协办处座谈会、志愿者团队恳谈会,引导调动社会力量积极投身国家乡村振兴战略。2021 年 5 月 29 日至 6 月 5 日,协会在市美术馆举办了首届“弘扬慈善精神永远跟党走”摄影展,在展览开幕式和展览内容上特别突出了乡村振兴的内容宣传,并动员一些企业与社会组织当场为乡村振兴捐款,产生了积极的引导示范作用,引发了一次为乡村振兴捐款捐物的小高潮。该展览短短 9 天超万人进场参观,几十个单位的党团组织,以党中央乡村振兴战略为主题,在此举行专题党、团日活动。

2. 以联席机制为协调方式

慈善组织参与乡村振兴战略的顶层设计需要统筹协调全市范围内的多方主体,协会推动建立市慈善组织联席工作会议机制、成立市慈善法治研究会。进一步拓展与各类慈善公益组织沟通联络与交流合作,充分发挥枢纽型社会组织的作用,在市主管部门的支持和指导下,通过调研考察,学习全国和部分省市慈善会组建慈善联合会的经验,提出建立天津慈善联合会的总体构想,并于 2018 年联合全市有影响力的慈善组织建立联席工作会议机制,为建立全市慈善组织联合会奠定组织基础。积极报请业务主管部门,推动成立天津市慈善法治研究会,加强行业理论研究。市慈善组织联席工作会议机制在乡村振兴工作中发挥了重要的多方联动作用。

3. 以多方接触为探索手段

在“津陇慈善情”乡村振兴项目论证制定过程中,天津市慈善协会与甘肃省慈善总会成立联合考察组,深入甘南藏族自治州合作市、夏河县,白银市会宁县、靖远县,兰州市皋兰县,共走访了 17 个村庄及学校,广泛听取基层干部群众意见,以确定津陇慈善合作的大致方向和具体项目。考察期间,天津市慈善协会领导会同天津援甘指挥部的负责同志座谈,了解到天津将在甘肃 7 个市州 34 个县选择 80 个条件较好的村子作为“天津援甘乡村振兴示范村",给予重点帮扶。协商天津市慈善协会也将项目和资金向该区域倾斜,创建一批标准较高的示范村,起到典型引领作用。最终经过考察,天津、甘肃两省市慈善会达成了以聚焦示范村建设助力乡村振兴的共识。[①]

(三) 深入一线调研　实现精准对接

1. 实地调研了解群众需求

协会在明确提升民生质量的"一站"(老年活动站)"一室"(乡村图书室)"一家"(关爱儿童之家)的切入点后,两地慈善协会在实地考察过程中,获取了大量的一手资料。例如,所到乡村基本没有适合老年人活动与康体的场所;留守儿童比例高达80%以上;乡村图书室藏书陈旧稀缺,考察充分印证了协会选择的项目有需求、得民心,深受当地群众欢迎。

2. 协会对接开展项目建设

为把调研成果尽快付诸实施,两省市慈善会决定以革命老区庆阳市为先行试点区。2021年7月19日至23日,天津市慈善协会、甘肃省慈善总会组成联合考察组深入庆阳市华池、庆城、合水等7县17个示范村,以及曲子镇习仲勋红军小学、华池县列宁小学、合水县乐蟠小学等8所学校调研,就建设"一站""一室""一家"项目进行实地考察,逐一确定项目建设地点。

经过4天实地走访考察,确定庆阳市所属7个县的12个村、6所学校为首批项目实施点,共建12所老年活动站,每站投入资金20万元,其中天津市慈善协会投入15万元、甘肃省慈善总会投入5万元。建设12所村电子阅览室,由天津市慈善协会每所各投入资金5万元。建设6所关爱儿童之家,每所由天津市慈善协会投入资金15万元。随后,两省市慈善会在庆阳市召开"津陇慈善助力乡村振兴"座谈会,双方正式签订"津陇慈善情·助力乡村振兴"慈善项目框架协议书。会后,甘肃省慈善总会立即同庆阳市慈善总会签订项目协议书。庆阳市慈善会又同7个县慈善会签订项目责任书,将责任层层落实。随即,天津市慈善协会的330万元项目资金,甘肃省慈善总会的60

---

① 中华慈善总会网站,网址:http://www.chinacharityfederation.org/nv.html? nid = d321522f-5467-4c96-b6c5-06992bbc657a,最后访问日期:2022年9月16日。

万元项目资金到位,项目建设拉开序幕。

3. 协会服务队伍深入一线工作

协会为服务于乡村振兴大局,发挥团队专业优势,建立了一支专业化的志愿服务队伍从事一线助农工作,以宁河区慈善协会为例,在得知北珠庄村里滞销十几万斤鲜核桃情况后,除了通过幸福家园村社互助平台推广外,联合宁河区社会工作服务中心、秋萍巾帼志愿服务队志愿者前往该村帮助采摘鲜核桃,为村民排忧解难办实事;蓟州区慈善协会服务队联合兴旺艺术交流中心通过开展"慈善聚焦乡村振兴,携手共创美好生活"慈善公益宣传活动的方式,动员更多的社会力量和慈善资源助力脱贫攻坚。活动中,兴旺艺术团为群众表演了服装走秀、评戏、诗朗诵、京东大鼓、歌伴舞、独唱等节目,助力区慈善事业健康发展。群众踊跃参与签名、捐款活动,爱心人士通过扫码和现金方式进行了捐赠。天津市各区慈善协会服务队通过深入基层联系人民群众,使乡村振兴工作落到实处,直接发挥效用。

(四)注重质效标准 并行同步推进

1. 制定并联方法提升工作效率

"津陇慈善情"乡村振兴项目的"一家""一站""一室"建设涉及多个环节,包括地点确定、工程预算、项目设计、设备选择、施工队伍等,协会专门聘请专家对项目提出具体改造设计方案,用统一标准和装饰风格进行建设。为提高工作效率,协会采取各环节工作同时展开的做法,各环节有专人负责,最后集中到办公会审定,这种"并联"推进的工作方法,节省时间,便于调整,效果显著。例如,协会在聘请在津的设计单位进行设计的同时,又有专人在甘肃落实地点,同时财务部门对接募捐单位。事实证明,并联推进的方法,有效节省了时间,当各方面的工作基本完成后,便可以最短的时间最快的速度将项目落地。

2. 坚持建设标准保证项目质量

协会在乡村振兴项目建设过程中注重由专业单位指导参与,力求建成项目能够有效满足群众需求,发挥实际效用。以"光明小屋"为例,协会考察组与天津市眼科医院视光中心的相关负责人,对庆阳地区 4 家综合性医院的眼科门诊进行调研,了解各家医院眼科诊疗及视光配镜情况,并先后走访了位于环县、华池县、合水县、镇原县的 4 所小学,了解当地青少年视力筛查工作情况。在得知当地医院的眼科设备单一,专业医师数量少,眼科力量总体薄弱的现实情况后,协会与合作的天津市眼科医院以其高标准和经验方法推行:每年到当地的幼儿园、中小学进行普查,通过定期普查发现学生的眼健康问题并及时纠正。

3. 开展督促检查确保项目落实

受新冠肺炎疫情的影响,"津陇慈善情·助力乡村振兴"系列项目在甘肃部分地区建设进度面临挑战,为进一步确保项目顺利实施,从 2021 年 12 月 8 日起,天津市慈善协会同对接的甘肃省慈善总会相沟通,由甘肃省慈善总会组成三个工作组,分赴有关县乡村社对系列项目开展督促检查。在各项目点,工作组详细了解项目点建设、硬软件配备及项目运营情况。在督查过程中,带队领导要求有关乡镇,村社和学校的项目点,提高认识,强化措施,不断健全完善各项管理制度,切实提升管理水平。建立工作日志,记载活动开展情况,广泛征求群众意见,增强服务意识和服务水平,加强室内外环境卫生整治。不断完善活动内容和功能,充分发挥援助项目的效益。工作组实地询问群众对于已经完成建设并投入使用的项目的满意度,并将以上调查结果反馈给天津市慈善协会,以便加以改进。

(本资料主要来源于天津市慈善协会网站公布的材料)

3

天津市慈善协会"津沽慈善情"
东西部对口扶贫

为贯彻落实党中央、国务院打赢脱贫攻坚战的重要战略部署,天津市慈善协会按照天津市委、市政府升级加力,精准帮扶,做好对口支援工作的要求,主动将对口扶贫作为社会组织的政治责任,积极发动社会募集款物,精准对接受助地区帮扶项目,有效地发挥了社会组织在动员社会参与脱贫攻坚中的积极作用。

一、提高政治站位,在对口扶贫工作中积极主动
　　担当作为

天津市扶贫协作和支援合作领导小组、市社会动员专项工作组召开对口支援工作会议之后,市慈善协会高度重视,积极落实,第一时间做出响应,散襄军会长多次主持召开专题会议和会长办公会议传达贯彻会议精神,认真研究部署落实。协会专门成立了以散襄军会长为组长的扶贫专项工作领导小组,制定了《积极开展东西部扶贫协作和支援合作的实施方案》①,明确了发动社会捐赠款物,完成市社会动员专项工作组给我会确定的扶贫资金募集和对本市贫困村和各类特殊困难群体进行定向帮扶的两项工作内容;确定了资金、科技、教育、产业和健康五个方面的工作任务。组织全体工作人员学习

---

① 天津慈善协会网站,网址:http://tjcharity. org. cn/News/201911/201911081520476. htm,最后访问日期:2022 年 9 月 20 日。

习近平总书记关于打赢脱贫攻坚战的重要论述,学习市委主要领导的讲话精神,使大家明确对口扶贫工作的政治意义。组织召开会长扩大会议,向全体会员发出倡议书,召开了多层次、多种形式的推动会,对东西部扶贫协作和支援合作进行部署。

二、创新思路招法,多渠道为对口支援地区 筹募扶贫款物

市慈善协会作为市社会动员领导小组的成员单位,发挥自身社会影响力大、公信力强的优势,创新募捐方式,加大募集力度,精心做好服务,积极发挥在脱贫攻坚战中的枢纽型社会组织作用。

联合企业家、书画艺术家共同助力脱贫攻坚。2018年,为了帮助对口扶贫地区建档立卡困难户在津就读的大学生,协会采取定向发动、专项募集方式,动员本市书画家、企业家合力帮扶,共为对口扶贫活动捐赠书画作品317幅,筹集善款100万元。[①]

深入企业主动宣讲脱贫攻坚的社会责任。散襄军会长率先深入到多家企业和单位,宣讲扶贫协作和支援合作的重要意义,得到企业的积极响应,先后有9家企业和单位捐赠扶贫款588万元。其中,天津市侯台商贸集团有限公司先后捐赠扶贫款300万元。协会顾问积极发挥自身社会影响力,动员企业和单位捐赠扶贫款物。

专题动员细化任务压实责任。协会先后组织召开了区级慈善协会动员会和副会长、副会长单位工作动员会,布置任务,落实责任,确保进度,保证扶贫善款筹募工作效果。全市16个区级慈善协会积极发动社会募集扶贫款,到目前为止,区慈善协会向市慈善协会汇总募捐款1265万元。

与有关单位对接,做好扶贫款接转。协会主动和本市有关区和单位进行对接,积极做好定向对口扶贫捐款的转接工作。先后接收了天津市中小企业局、西青区、宝坻区、市国资委、西青区农经委、红桥区合作交流办等单位

---

① 慈善公益报,网址:https://www.csgyb.com.cn/concerned/xiangmu/20210628/29827.html,最后访问日期:2022年9月28日。

5557 笔捐款,共计 7631 万元,并将其中的 5847 万元按照捐赠者的意愿分别划拨给甘肃省、河北省承德市、新疆维吾尔自治区。

创新筹募扶贫款方式。探索建立普通市民参与脱贫攻坚的便捷方式,与市轨道交通集团、中国银行天津分行合作开展向广大市民发行"爱心帮扶卡"。新疆、甘肃还有尚未脱贫的重点地区。为了支持两家商会对各自地区的扶贫力度,协会创新地提出在新疆商会和甘肃商会为本地区捐款的基础上,按 1:1 的比例给予配捐。

三、围绕民生,精准对接受助地区帮扶项目

为了将社会各界捐赠的扶贫款及时用于对口支援地区,市慈善协会第一时间积极主动与对口支援地区相关部门对接。敞襄军会长亲自带队到甘肃省进行实地考察,与甘肃省慈善总会签订对口支援协议。相关负责人先后 8 次赴甘肃省、河北省承德市考察选取项目。共计召开现场办公会议 30 余次,走访项目点位 40 余个。

天津市慈善协会紧紧围绕"两不愁三保障",将"一老一小"、教育医疗作为援助重点。与甘肃省、河北省承德市相关单位合作,开展了 8 个爱心助学项目,援助资金 390 万元。为了对生活困难家庭患有大重病的老人给予救助,开展了 9 个大病救助项目,援助资金 236.5 万元。为了帮生活在敬老院、养护福利中心、养老服务中心等福利机构的老年人、残疾人、特困供养人员、孤儿、流浪乞讨人员等解决基本生活问题,开展了 10 个"温暖共助"项目,购置了生活日用品,援助资金 263.9 万元。为了改善乡村基础设施,开展了 4 个工程建设项目,援助资金 254.59 万元。为贫困中小学校改善教学设施,援助资金 203.2 万元。为了解决农村医疗卫生服务"最后一公里"问题,为 156 个贫困村卫生室购置基本医疗设备,援助资金 100 万元。

新冠肺炎疫情发生后,天津市慈善协会向甘肃省、河北省承德市、新疆维吾尔自治区援助资金共计 982.2 万元。其中:援助甘肃资金 623.4 万元。援助项目包括:支援抗击疫情的口罩、乳品、医疗设备,援建安全饮水工程,援助药品,风雹灾害救援,万企帮万村,资助大米和食用油。援助河北省承德市资

金 337.3 万元。

四、严格规范管理,确保扶贫款物使用精准

严格规范的管理是扶贫款物使用精准的有力保证。协会以高度的政治责任和对贫困地区的深厚情感,严格按照《中华人民共和国慈善法》和有关制度规定,自觉把款物接收做细、管理做严、使用做准、效果做实。对于每一笔扶贫捐赠,协会都要问明意向,核准用途,做好登记,为捐赠方开具"公益事业捐赠统一票据",同时与捐赠、受助方签订捐赠协议或捐赠意向书,明确各方的权力义务,并按照协议严格操作执行。

对于到账的捐赠资金,协会设立专门科目,进行专项管理,不提取任何管理费用。在支出前,由财务管理部门写出使用报告,提交会长办公会议进行审定,以确保捐赠资金使用符合有关规定,符合扶贫要求,符合捐赠方意愿。

(本资料主要来源于天津市慈善协会公开的资料)

4

天津社会化开展新冠肺炎疫情防控的主要经验

一、认真贯彻落实党中央精神和市委工作要求

面对中华人民共和国成立以来这一传播速度最快、感染范围最广、防控难度最大的重大突发公共卫生事件,天津作为抗击新冠肺炎疫情人民战争、总体战、阻击战的一个战区,坚决贯彻落实习近平总书记重要指示精神和党中央决策部署,按照"坚定信心、同舟共济、科学防治、精准施策"的总要求,统筹疫情防控和经济社会发展,取得了抗疫斗争的重大战略成果。

(一) 深入贯彻落实习近平法治思想,开展新冠疫情防控

新冠肺炎疫情暴发以来,习近平总书记高度重视,把疫情防控作为头等大事来抓,多次专门听取新冠肺炎疫情防控工作汇报,亲自指挥、亲自部署,反复强调在法治轨道上统筹推进各项防控工作。在 2020 年中央全面依法治国委员会第三次会议上,习近平总书记强调,要在党中央集中统一领导下,始终把人民群众生命安全和身体健康放在第一位,从立法、执法、司法、守法各环节发力,全面提高依法防控、依法治理能力,为疫情防控工作提供有力法治保障。

在新冠肺炎疫情防控工作中,天津深入贯彻落实习近平法治思想,注重

用地方立法的形式,把习近平新时代中国特色社会主义思想特别是习近平生态文明思想、新发展理念、关于高质量发展的重要指示要求变为法律规范、刚性约束,善于运用法治方式推动各项决策部署的贯彻落实。

(二)弘扬伟大抗疫精神,凝聚磅礴奋斗力量

面对突如其来的新冠肺炎疫情冲击,中国共产党带领全国人民取得了令世人刮目相看的抗疫战果,充分展现了中国精神、中国力量、中国效率,形成了"生命至上、举国同心、舍生忘死、尊重科学、命运与共"的伟大抗疫精神,极大增强了全党全国各族人民的自信心和自豪感、凝聚力和向心力。津门战"疫"是全国疫情防控总体战的一部分,是伟大抗疫精神在津沽大地的生动实践。这场波澜壮阔的抗疫斗争,对我们是一次综合大考、一次斗争历练、一次精神洗礼,为我们夺取伟大斗争新胜利积累了宝贵经验、留下了深刻启示:必须坚持和加强党的集中统一领导,坚决做到"两个维护";必须坚持以习近平新时代中国特色社会主义思想为指引;必须坚持和完善中国特色社会主义制度,推进国家治理体系和治理能力现代化;必须坚持以人民为中心,一切为了人民、一切依靠人民;必须弘扬中国精神、凝聚中国力量;必须发扬斗争精神、提高斗争本领。①

(三)多方举措防疫,全市团结奋斗、共克时艰

天津果断实施"四个战时",第一时间启动一级响应,全力应对"海陆空"疫情冲击;把人民群众生命安全和身体健康放在第一位,最大限度提高收治率和治愈率、降低感染率和病亡率;充分发挥党建引领基层治理的独特优势,构筑起疫情防控的钢铁防线;坚持"全国一盘棋",驰援湖北保卫战,参与京津冀联防联控大会战;扎实做好"六稳"工作、全面落实"六保"任务,奋力夺取疫情防控和经济社会发展"双战双赢"。经过艰苦卓绝、勠力同心的奋战,天津抗疫斗争取得累累硕果,经济发展向稳向好,生产生活秩序稳步恢复,大街小巷繁华再现。这一切都是以习近平同志为核心的党中央坚强领导的结

---

① 天津市人民政府网站,http://www.tj.gov.cn/sy/tjxw/202010/t20201023_3994036.html,最后访问日期:2022年9月28日。

果,是习近平新时代中国特色社会主义思想科学指引的结果,也是全市人民团结奋斗、共克时艰的结果。[①]

二、强化政策推动,凝聚社会力量

新冠肺炎疫情发生以来,天津市深入学习领会习近平总书记关于统筹推进疫情防控和经济社会发展的重要指示精神,全面贯彻落实市委、市政府统一部署要求,统筹发挥社会组织在行业引领、志愿服务、慈善捐赠、社区防控等领域的专业优势,积极参与疫情防控和复工复产工作。现就有关情况向大家做一汇报。

(一) 充分发挥社会组织自身优势,积极参与疫情防控

新冠肺炎疫情发生后数月内,天津共有近 800 家社会组织参与疫情防控工作,其中 163 家社会组织向会员单位发出倡议,动员 10 万余人参与疫情防控,广泛开展宣传,全面服务疫情防控工作。[②]

一是指导社会组织科学有序做好疫情应对。全市启动重大突发公共卫生事件一级响应后,第一时间发布倡议书、指导意见和政策解答,引导全市社会团体、社会服务机构、基金会积极落实防疫要求,暂停聚集性活动,在做好自身防护的同时,充分发挥社会组织联防联控作用和自身专业优势,主动履行社会责任。[③]

二是指导社会组织依法规范开展募捐和捐助活动。天津民政部门制定了《新冠肺炎疫情防控工作捐赠指南》,严格规范捐赠和受赠行为,为社会慈

---

① 天津市人民政府网站,http://www.tj.gov.cn/sy/tjxw/202010/t20201023_3994036.html,最后访问日期:2022 年 9 月 28 日。

② 《天津举行新型冠状病毒肺炎疫情防控工作系列新闻发布会》,国务院新闻办公室网站,网址:http://www.scio.gov.cn/xwfbh/gssxwfbh/xwfbh/tianjin/Document/1675601/1675601.htm,最后访问日期:2022 年 9 月 28 日。

③ 《天津举行新型冠状病毒肺炎疫情防控工作系列新闻发布会》,国务院新闻办公室网站,网址:http://www.scio.gov.cn/xwfbh/gssxwfbh/xwfbh/tianjin/Document/1675601/1675601.htm,最后访问日期:2022 年 9 月 28 日。

善捐赠提供指引。通过建立重大事项报备"绿色通道",加大慈善组织信息公开,强化慈善捐赠全过程监督管理。2020年新冠肺炎疫情发生数月内,全市社会组织及所属会员单位捐赠总额达9.5亿元,全市基金会、红十字会、慈善协会等慈善组织接受捐赠6.3亿元。其间,全市基金会积极响应党中央的号召,践行慈善使命,踊跃捐款捐物支持新冠肺炎疫情防控工作,为疫情防控工作做出了突出贡献。市融创公益基金会和市荣程普济公益基金会各捐赠1亿元,支持一线防疫工作。市仁爱教育基金会向湖北省捐赠资金2000万元。市妇女儿童发展基金会发起多个慈善项目募捐,筹集资金和各类防疫及生活物资525.58万元。市凯尔翎公益基金会利用慈善组织优势,与多个爱心企业合作,接受捐赠和采购物资147万元,并发动志愿者团队,将物资直接送达防疫一线。市冬朋助学基金会向湖北省捐赠100万元,向北辰区红十字会捐赠70万元。市天士力公益基金会先后向湖北和津冀等多地捐赠1300余万元的防疫药品和200余万元防疫及生活物资。市残疾人福利基金会等众多基金会发挥自身专长和优势,积极践行慈善使命,踊跃捐款捐物。①

三是引导社会组织提供专业化高质量支援服务。市医药商业协会引导会员企业完成全市16个区防控物资储运、调配任务;市化学试剂行业协会组织会员为防控一线公安干警、社区人员及慈善机构捐赠了价值280万元过氧乙酸等防疫物资;市易欣向上社会工作服务中心等30家社会服务机构,发起"抗疫情,安民心,心理支持在行动"志愿服务活动,200多名志愿者分7个小组为市民提供免费心理测评,服务超过5万人次。市社会工作协会等55家社会组织联合发起"筑牢心理防线、打造安心社区"专项行动,为社区工作者提供心理援助志愿服务。天津蓝天应急救援志愿服务中心自筹设备、车辆成立公益消杀小组,持续深入医院、车站、社区等公共场所进行预防性消杀,已完成473.99万平方米消杀作业,受益人数280477人。市文化传媒商会立足优势做好舆情引导,开展线上大讲堂,发布正能量文章6000余篇,累计点击

---

① 《天津举行新型冠状病毒肺炎疫情防控工作系列新闻发布会》,国务院新闻办公室网站,网址:http://www.scio.gov.cn/xwfbh/gssxwfbh/xwfbh/tianjin/Document/1675601/1675601.htm,最后访问日期:2022年9月28日。

量超七千万。[①]

(三)积极指导行业协会商会发挥作用,助力企业复工复产

按照全市关于复工复产的统一部署要求,天津充分发挥行业协会商会服务经济的作用,第一时间发出倡议书,号召全市行业协会商会提高政治站位,加强行业指导,服务企业发展。

一是助力企业有序复工复产。天津民政部门积极加强与相关部门的沟通协调,共同走访行业协会商会指导其从严防控,有序复工。2020 年新冠肺炎疫情发生数月内,88 家行业协会商会跟踪了解疫情对本行业、本领域带来的冲击影响,摸底企业库存、产能,加强风险预警,及时将信息反馈相关部门供决策参考。64 家行业协会商会制定了行业企业疫情防控预案和企业复工复产指南。41 家行业协会商会主动提出要减免或降低会员企业的会费或服务性收费,与企业共克时艰。[②]

二是帮助企业解决各类难题。市物业管理协会等 62 家社会组织帮助会员企业协助保障口罩、消毒液、额温枪、防护服等复工复产亟需物资,协调解决会员企业在原料、能源、运输、仓储、配送、通关等方面困难。市国际货运代理协会等 49 家社会组织为企业复产复工争取优惠政策。市沐浴业协会等 43 家社会组织帮助会员企业对接人社、公安、财税等政府部门,协调做好复工复产报批手续。市家居商会等 30 家社会组织及时收集、整理、推送产品供需和招工用工信息,帮助企业稳定就业、畅通供应链。市平行进口汽车流通协会等 26 家社会组织协调企业间开展供应链金融合作,多渠道缓解企业资金压力。市清洁行业协会等 74 家社会组织搭建线上政策咨询平台,为企业提供法律援助。市小额贷款公司协会等 76 家社会组织通过官方平台发布行业动

[①] 《天津举行新型冠状病毒肺炎疫情防控工作系列新闻发布会》,国务院新闻办公室网站,网址:http://www. scio. gov. cn/xwfbh/gssxwfbh/xwfbh/tianjin/Document/1675601/1675601. htm,最后访问日期:2022 年 9 月 28 日。

[②] 《天津举行新型冠状病毒肺炎疫情防控工作系列新闻发布会》,国务院新闻办公室网站,网址:http://www. scio. gov. cn/xwfbh/gssxwfbh/xwfbh/tianjin/Document/1675601/1675601. htm,最后访问日期:2022 年 9 月 28 日。

态信息,进行风险提示。①

三、推动志愿服务,彰显榜样力量

新冠肺炎疫情以来,市文明办按照中央和市委的部署,在市委宣传部领导下,动员指导全市各级志愿服务组织和广大志愿者充分发挥自身优势,有序高效投入到疫情防控中来。我们主要做了四方面工作:

(一)强化组织引导,推动广泛参与

2020 年 2 月 3 日,天津市文明办发布《凝聚志愿力量 坚决打赢疫情防控阻击战——致我市广大志愿者和志愿服务组织的信》,号召广大志愿者和志愿服务组织在统一指挥、社区化、组织化、力所能及等原则指引下,开展志愿服务。我们第一时间公布了市文明办和 16 个区志愿服务咨询电话,数月内累计解答咨询就达 1900 余个,有序、高效开展志愿服务。②

据不完全统计,疫情发生数月内,全市已有 8431 支志愿服务团队的 277689 名志愿者参与到各类志愿服务工作中。党员志愿者、青年志愿者,巾帼志愿者、平安志愿者、劳模志愿者、退役军人志愿者,都第一时间加入疫情防控志愿服务中,发挥了积极作用。天津志愿者身影也同时活跃在祖国大江南北。例如,在武汉,体育学院徐金陆老师参与发热病人转运的志愿驾驶员;在湖北宜昌,工业大学 90 后辅导员王俊宇参与社区防控;在新疆阿勒泰,南开大学研究生支教团成员薛博文开展网上义务家教,等等。③

① 《天津举行新型冠状病毒肺炎疫情防控工作系列新闻发布会》,国务院新闻办公室网站,网址:http://www.scio.gov.cn/xwfbh/gssxwfbh/xwfbh/tianjin/Document/1675601/1675601.htm,最后访问日期:2022 年 9 月 28 日。

② 《天津举行新型冠状病毒肺炎疫情防控工作系列新闻发布会》,国务院新闻办公室网站,网址:http://www.scio.gov.cn/xwfbh/gssxwfbh/xwfbh/tianjin/Document/1677267/1677267.htm,最后访问日期:2022 年 9 月 28 日。

③ 《天津举行新型冠状病毒肺炎疫情防控工作系列新闻发布会》,国务院新闻办公室网站,网址:http://www.scio.gov.cn/xwfbh/gssxwfbh/xwfbh/tianjin/Document/1677267/1677267.htm,最后访问日期:2022 年 9 月 28 日。

(二)强化精准对接,促进社区服务

天津市文明办会同文明委成员单位,结合本市疫情防控实际,特别是一线实际需求,精准对接,服务所需。一方面,以天津志愿服务网为载体,组织发布经过认证的疫情防控志愿服务项目;另一方面,结合疫情防控的阶段性需求,组织志愿者参与其中。例如,2020年1月底,我们引导志愿者就近就便参与社区卡口防控;2月初,我们号召心理咨询专业志愿服务团队开展心理疏导和心理援助活动;2月中下旬,我们配合复工复产,组织专业志愿团队在部分企业和公共场所开展消杀工作,等等。[1]

天津是我国社区志愿服务的发祥地。社区是疫情防控的第一道防线,很多志愿者和志愿服务组织自觉到社区卡口,参与门岗值守、测温消毒、登记排查、入户宣传等,极大地补充了社区一线防控力量。志愿服务与社区网格化管理相结合,在服务"一老一小"、便民惠民等方面发挥了非常大的作用。很多志愿服务组织也在疫情期间与社区结对子,为今后参与基层社会治理和便民服务奠定了基础。例如,道德模范孔令智带领的枫叶正红老年志愿服务队,志愿者大多居住在河北区光复道街林古里社区,他们的志愿服务活动都是与社区管理和便民服务紧密结合的,不仅充实了基层工作力量,更得到了百姓的一致好评。这就是志愿服务参与基层治理的实践经验,下一步我们也将进一步总结推广。[2]

(三)积极宣传,拓展多样化的志愿服务

我们通过主流媒体以及文明网、文明天津等,广泛宣传我市志愿者投身疫情防控一线的感人故事。在各媒体开设专栏,刊发《并肩战疫 志愿同行》电子简报,开展"2020我的别样春节"短视频征集,推出"战'疫'星火

---

[1] 《天津举行新型冠状病毒肺炎疫情防控工作系列新闻发布会》,国务院新闻办公室网站,网址:http://www.scio.gov.cn/xwfbh/gssxwfbh/xwfbh/tianjin/Document/1677267/1677267.htm,最后访问日期:2022年9月28日。

[2] 《天津举行新型冠状病毒肺炎疫情防控工作系列新闻发布会》,国务院新闻办公室网站,网址:http://www.scio.gov.cn/xwfbh/gssxwfbh/xwfbh/tianjin/Document/1677267/1677267.htm,最后访问日期:2022年9月28日。

点燃你我"——"3.5"学雷锋志愿服务主题故事会,在"天津好人"推选活动中,加大疫情防控志愿者比例。这些工作,都让广大市民感觉到志愿服务人人参与,志愿榜样就在身边。① 四是重服务,做好服务保障。市文明办是全市广大志愿者的家。疫情期间,我们协调天辰公司、美团等爱心企业和社会组织,累计为志愿者提供防护物资和服务达 270 余万元。②

三是在形式多样基础上凸显专业化服务。这次疫情防控中,志愿服务涵盖了社区防控、服务一线医护人员及家属、爱心捐赠、代买代购、无偿献血、线上义务家教等。其间,我们很多专业化的志愿服务团队结合所长开展服务。比如安定医院李洁院长的心理危机干预志愿服务团队、希望 24 小时团队为一线医务工作者、确诊患者和普通市民开展心理辅导;蓝天救援队为 100 余家单位免费消杀 240 多万平方米;部分高校英语等专业的师生志愿者参与到涉外防控工作中,等等。③

（本资料主要来源于天津举行新型冠状病毒肺炎疫情防控工作系列新闻发布会的材料）

---

① 《天津举行新型冠状病毒肺炎疫情防控工作系列新闻发布会》,国务院新闻办公室网站,网址:http://www. scio. gov. cn/xwfbh/gssxwfbh/xwfbh/tianjin/Document/1677267/1677267. htm,最后访问日期:2022 年 9 月 28 日

② 《天津举行新型冠状病毒肺炎疫情防控工作系列新闻发布会》,国务院新闻办公室网站,网址:http://www. scio. gov. cn/xwfbh/gssxwfbh/xwfbh/tianjin/Document/1677267/1677267. htm,最后访问日期:2022 年 9 月 28 日

③ 《天津举行新型冠状病毒肺炎疫情防控工作系列新闻发布会》,国务院新闻办公室网站,网址:http://www. scio. gov. cn/xwfbh/gssxwfbh/xwfbh/tianjin/Document/1677267/1677267. htm,最后访问日期:2022 年 9 月 28 日

5

天津支援兄弟省份灾害救助的主要做法

一、风雨同舟,支援河南

2021 年,河南省遭遇极端强降雨天气,灾区救援迫在眉睫,天津社会组织第一时间集结专业救灾队伍、募集救灾物资、筹集救灾资金,向灾区受困群众伸出援助之手。

天灾无情,人有情。获悉河南灾情后,天津蓝天应急救援志愿服务中心、天津市红十字会救援队、天津蓝豹灾害救援服务中心、天津市环渤海紧急救援发展服务中心、天津市宝坻区红十字蓝天救援队、天津生态城蓝天应急救援服务中心、天津市蓟州区平安蓝天救援队、天津市武清区红十字蓝天救援队迅速集结专业救援志愿服务队伍,携带冲锋舟、船机、急流救援马甲、发电机等救援设备赶赴灾区;抵达后即刻与当地应急局对接,听从统一指挥,领取救援任务。短短数日,救援队伍就已经成功解救被困群众 3000 余人;队员们克服天气闷热、身体不适等影响,持续奋战在转移被困群众、运送物资的抗灾一线上。①

天津社会组织第一时间集结专业救灾队伍、募集救灾物资、筹集救灾资金,向灾区受困群众伸出援助之手。天津市荣程普济公益基金会向郑州等灾区群众捐赠救援叉车、冲锋舟、食品等救援物资 2000 万元;天津市天士力公

① 中国新闻网网站,网址:http://www.tj.chinanews.com.cn/ms/2021 - 07 - 28/detail - ihaprehz9349261.shtml,最后访问日期:2022 年 9 月 28 日。

益基金会向郑州、新乡等地受困群众捐赠药品、营养水等物资300万元;天津市凯尔翎公益基金会向新乡等地受困群众捐赠140.5万元生活物资;天津市小爱公益基金会向新乡市受困群众捐赠食品、救援用品等物资100万元;天津市心羽公益基金会为新乡市牧野区北干道街受困群众捐助药品、食品等物资35万元;天津市河南南阳商会向新乡市受困群众捐赠食品、消毒品等物资30万元;天津市纯懿公益帮扶服务中心为赶赴灾区实施救援的部分天津社会组织救援队伍捐赠冲锋舟、航机、船用拖车等救援装备物资20余万元。①正威国际集团向河南省慈善总会捐赠现金1000万元和大批抗洪物资,用于抗洪抢险和受灾群众安置等工作。深之蓝(天津)水下智能科技紧急捐赠60台价值30万元的水下救援装备。②

　　河南洪灾发生后,天津市社会组织纷纷筹集资金援助河南,用于受灾地区救助受困群众与灾后重建。天津市融创公益基金会向郑州慈善总会捐赠2000万元;天津市红十字会向河南省红十字会捐赠1577.1万元;天津市慈善协会向河南省慈善协会捐赠200万元;天津市源初公益基金会向河南省慈善总会捐款100万元;天津市青少年发展基金会向河南省青少年发展基金会捐赠60万元;天津市妇女儿童发展基金会向河南省妇女儿童发展基金会捐赠30万元。③

二、防汛救灾,支援山西

　　2021年10月份以来,山西多地普降暴雨,汾河、沁河等多条河流发生险情,造成局部地区严重雨涝灾害,几万名群众紧急转移。

　　天津多支救援队伍随时准备开赴山西救灾一线。灾情发生后,天津蓟州、宝坻蓝天救援队紧急响应。2021年10月8日下午,天津宝坻蓝天救援队

---

　　①　天津文明网网站,网址:http://wenming. enorth. com. cn/system/2021/09/06/051800501. shtml,最后访问日期:2022年9月28日。
　　②　天津文明网网站,网址:http://wenming. enorth. com. cn/system/2021/07/23/051639916. shtml,最后访问日期:2022年9月28日。
　　③　中国新闻网网站,网址:http://www. tj. chinanews. com. cn/ms/2021-07-28/detail-ihaprehz9349261. shtml,最后访问日期:2022年9月28日。

一共 5 名队员火速启程,奔赴山西晋中介休市。从天津出发后,救援队直奔灾区,9 日早 6 点左右到达灾区现场,队员们立即投入到紧张救援中。对宝坻蓝天救援队来说,2021 年是一个不同寻常的年份,长距离跨省救援,成为队伍的关键词。7 月末,河南暴雨成灾,和其他天津救援队一起,宝坻蓝天救援队 6 名队员奔赴灾情严重的卫辉等地疏散群众,在河南灾区救援工作整整 10 天。队伍返回宝坻之后,又在当地以及邻近的河北省参加各种应急防护防灾避险活动。①

对于蓟州蓝天救援队来说,此次是跨地区执行救援任务时间最长、作业强度最大的一次。2021 年 10 月 8 日下午,天津蓟州蓝天救援队启程奔赴山西晋中介休,9 日早上抵达灾区后立即投入救援中,在当地连续奋战 13 天,从晋中介休,到运城新绛、稷山等地,负责转移被困群众、排水、灾后防疫消杀等工作。天津蓟州蓝天救援队 3 车 14 人在介休市宋古乡下站村、洪相村、宋安村;义安镇桑柳树村共计排水约 74.6 万立方米;新绛县汾河大市场、龙兴镇南庄村共计排水约 32 万立方米;稷山县稷峰镇荆平村约排水 67 万立方米,共计排水约 173.6 万立方米。②

三、抗震救灾,支援震区

抗震救灾精神同中华文明的基因禀赋一脉相承,是中华民族精神的生动写照。在历次地震灾害面前,天津积极参与各地抗震救灾的捐赠和支援活动。

2008 年 5 月 12 日,四川省汶川县发生的 8.0 级特大地震灾害。按照卫生部紧急命令,天津 120 急救队共派出 20 辆救护车,一辆指挥车和 28 名救援队员,于 5 月 14 日上午出发,历经 48 个小时到达目的地,先后在广元、成都、青川、绵阳等地冒着道路塌方、巨石滚落,随时可能车毁人亡的危险,救

---

① 《天津多支救援队星夜驰援 山西急需这些物资》,网址:http://tj. sina. com. cn/news/2021-10-10/detail-iktzscyx8797727. shtml,最后访问日期:2022 年 9 月 28 日。

② 《天津蓟州蓝天救援队山西抗洪 13 天后返津》,网址:http://wenming. enorth. com. cn/system/2021/10/22/051955237. shtml,最后访问日期:2022 年 9 月 28 日。

治、巡诊、转运伤员。截至 6 月 2 日,共巡诊、转诊、救治伤员 3826 人,其中重伤 592 人,轻伤 3234 人。由于当地急救和伤员转运任务已基本完成,按照灾区医疗救援的需要,随急救队赴灾区执行任务的急救指挥车和救护车中,有 7 辆救护车继续在灾区执行任务,其中 6 辆车在青川进行巡诊,一辆车在天津市援建灾区建设工地进行巡诊,其余 14 辆车已由成都托运回津。①

2010 年 4 月 14 日,青海省玉树藏族自治州玉树市发生 6 次地震。据国家卫生部通知精神,按照市委、市政府部署,14 日晚天津市紧急组织医疗专家组成的抗震救灾医疗队一行 33 人,15 日清晨 7 时 30 分由天津站启程奔赴青海省地震灾区第一线。医疗队中,有来自全市 13 所医院的 4 名主任医师、16 名副主任医师和 6 名护士,涉及骨科、神经外科、胸外科、肾内科、重症医学科、感染科等 13 个学科,均为经验丰富的医疗护理专家,从下达通知到集结出发只用了 7 个小时。同时,还配备了止血、麻醉、消毒杀菌等药品器械和帐篷、发电机等必备物资。② 为支援青海省红十字会开展抗震救灾,4 月 15 日下午,天津市红十字会从已收到的募捐款和备灾基金中紧急向青海省玉树地震灾区援助 50 万元救灾款。③

2014 年 8 月 3 日 16 时 30 分许,8 月 3 日 16 时 30 分,云南省昭通市鲁甸县发生 6.5 级地震,截至 7 日 19 时,地震已造成昭通市鲁甸县、巧家县、昭阳区、永善县和曲靖市会泽县 108.84 万人受灾,大量民房倒塌或损毁,交通、通信等基础设施不同程度受损。灾情发生后,设在天津鹤童老年公益基金会的长期照护全国联盟秘书处第一时间启动“长照联盟紧急救灾应急联合照护模式”预案。长期照护全国联盟与中华慈善总会、汇丰银行共同组成“汇丰中华慈善长期照护全国联盟志愿服务团”,先遣团于 8 月 5 日凌晨 4 点奔赴震灾现场,随后,联盟各省区志愿团亦将陆续出发。从 8 月 4 日起,便不断有爱心市民前往天津市慈善协会捐款。截至 8 月 5 日下午,天津市慈善协会就

---

① 《天津市首批赴川抗震救灾 120 急救队完成任务返津》,凤凰网网站,网址:https://news.ifeng.com/c/7fYobic5RKp,最后访问日期:2022 年 9 月 28 日。

② 中央人民政府网站,网址:http://www.gov.cn/gzdt/2010-04/16/content_1583157.htm,最后访问日期:2022 年 9 月 28 日。

③ 《天津首批 50 万元救灾款紧急汇往地震灾区》,新浪网,网址:http://news.sina.com.cn/c/2010-04-16/083120086534.shtml? source=1,最后访问日期:2022 年 9 月 28 日。

已经接收社会各界捐款 63700 元。

2014 年 8 月 5 日,天津市慈善协会按照中华慈善总会要求,开展鲁甸地震救灾捐赠活动。天津市慈善协会启动云南鲁甸地震救灾,开通来会捐款、邮局汇款、银行转账三条渠道为震区捐款献爱心。①

2021 年 5 月 22 日凌晨,青海、云南两省发生地震灾害后,天津市红十字会高度关注,立即启动应急响应,密切关注地震灾情,全力做好对接救援工作。市红十字会一方面与青海省、云南省红十字会联系,了解受灾情况,对接赈灾需求,另一方面迅速盘点市红十字会备灾库棉帐篷、棉服、家庭箱等生活物资,随时做好调运准备。根据青海省红十字会的需求,经市红十字会领导班子研究,于 2021 年 5 月 23 日上午向青海省红十字会紧急捐赠 20 万元地震救灾款,用于玛多县灾民临时安置及生活保障,助力民族地区抗震救灾工作。②

(本资料主要来源于主要网站公布的材料)

---

① 天津文明网,网站:http://www.tjwenming.cn/system/2014/08/09/012072917.shtml,最后访问日期:2022 年 9 月 28 日。

② 天津市红十字会网站,网址:http://www.tjredcross.org/#/detail/2915? itemId=2015,最后访问日期:2022 年 9 月 28 日。

6

天津开展全国助残日系列活动典型做法

2021 年 5 月 16 日是第三十一次全国助残日。中国残联 4 月 30 日公布，本次助残日主题为"巩固残疾人脱贫成果，提高残疾人生活质量"，并呼吁社会各界共同关心、支持、帮助残疾人，促进残疾人稳定脱贫增收，为残疾人办实事、解难事。全国助残日前后，天津市推出多项助残活动，为残疾群众提供招聘服务、就业指导、免费体检、志愿助残等公共服务，形成了一系列典型做法。

一、宣传残疾人保障政策，为残疾人提供便捷和关爱

为进一步提高残疾人生活质量，让残疾人感受到便捷与关爱，天津市残联专门梳理了本市残疾人目前享有的全部社保政策，列明补贴标准，方便查看领取。

三项惠残补贴：包括困难残疾人家庭冬季取暖补贴，对低保低收入重度残疾人家庭，低保低收入精神、智力三级残疾人家庭，一户多残家庭，给予每年 400 元冬季取暖补贴；视力、听力、言语残疾人通讯信息消费补贴，每人每月发放 30 元通讯信息消费补贴；困难残疾人生活用水、电、燃气补贴，对低保低收入残疾人按照每年每人 24 立方米生活用水、180 千瓦时生活用电、24 立方米生活用气标准，按月核定按年发放水电气补贴。

基本养老保险补贴：对符合参加城乡居民基本养老保险条件的低保、重度残疾人按 900 元档次参加城乡居民基本养老保险参保缴费给予补贴，符合

低保或重度残疾人条件的补贴50%,符合低保且重度条件的全额补贴。

医疗保险参保缴费补贴:重度残疾人个人不缴费,由政府全额补贴;不享受低保低收入的成年重度残疾人按照最低缴费档次给予全额补助。截至目前,今年免费参加城乡居民基本医疗保险的其他重度残疾人已超过10万人。

医疗救助:重度残疾人员在我市医疗救助定点医疗机构住院(含门诊特定疾病)治疗期间的符合疾病医疗保险药品目录、诊疗项目目录和医疗服务设施目录的医疗费用,在疾病医疗保险、城乡居民大病保险报销后政策范围内个人负担部分的救助标准为2万元以下部分救助60%,2万元(含)以上部分救助80%。到目前为止,为超过10万名其他重度残疾人添加了医疗救助标识,重度残疾人到我市医疗救助定点医疗机构可以按规定享受医疗救助。

重特大疾病救助:患重特大疾病的重度残疾人,一个自然年度内因住院或治疗门诊特殊病发生医疗费用,对经基本医疗保险、大病保险和医疗救助报销后个人承担部分进行救助,救助报销比例为50%,全年累计救助金额不超过10万元。

残疾人两项补贴:享受最低生活保障待遇残疾人,每月可以领取生活补贴300元(重度)、160元(非重度);重度残疾人每月可以领取重度护理补贴200元。

残疾人居家托养服务补贴:托养服务工作被列为天津市2021年20项民心工程项目。我市户口,持有有效残疾人证,60周岁以下未就业、未入学,智力、精神和其他重度残疾人发放残疾人居家托养服务补贴,每人每月200元。[①]

二、激发社会组织活力,发挥社会组织作用

多年来,在天津市委、市政府对脱贫攻坚工作的高度重视下,天津市采集人福利基金会积极响应市残联、市社管局的动员和号召,充分发挥社会组织的自身优势,用实际行动践行初心使命,积极投身东西部扶贫协作和对口支

---

① 天津市人民政府网站,网址:http://www.tj.gov.cn/zmhd/hygqx/202105/t20210517_5451799.html,最后访问日期:2022年9月28日。

援地及我市结对帮扶村的精准帮扶工作中,以功成不必在我,功成必定有我的奉献精神,进一步改善百姓民生福祉、助推脱贫攻坚目标的完成。

基金会以爱心搭建桥梁,秉承"多方助力、携手脱贫"的理念,探索"1+1+X"的扶贫模式,基金会、政府部门和多家爱心单位共同帮助对口支援地区,建立扶贫对接关系,实施捐赠款物、消费扶贫等帮扶举措,结合地方需求开展文化助学、医疗帮扶等项目,累计投入 1000 余万元,受益群体覆盖残障人士、孤寡老人、困难群众等数万人,促进多地脱贫攻坚工作取得显著成效。在助力乡村振兴专项行动中,为新疆、甘肃、西藏等脱贫地区援建 10 个爱心站、2 个康复站,为当地残疾人、老年人提供助行器等残疾人辅具服务与提供运动、认知、语言等康复训练服务,并发放生活物资 500 余万元;在津门奥密克戎疫情防控阻击战中,向津南区等一线防护人员捐助口罩、防护服、隔离衣、暖宝宝、消毒液、消毒湿巾、手套、洗手液等疫情防控物资 300 余万元;在春节期间,向生活困难残疾人、孤独症儿童发放慰问金 54.75 万元。[①] 同时,基金会以党建引领,与市残联、市委政法委、天津海关、市农委等驻村工作组结对帮扶 12 个困难村,以发放生活物资为托底,在搭建文化助残平台、帮助残疾人就业脱贫、促进助学志愿服务、危房改造送温暖等方面开展共建帮扶活动,推动乡村振兴工作开展。[②]

三、满足残疾人就业需求,提供全方位求职帮扶

2021 年 5 月 14 日,在第 31 个全国助残日即将到来之际,由市残疾人社会保障和就业服务中心、中国北方人才市场主办,创美就业助残基地协办,以"就业帮扶、同心圆梦"为主题的 2021 年天津市残疾人专场招聘会暨高校残疾人毕业生就业推介会,在中国(天津)人力资源发展促进中心举行。这是市残联连续第 13 年联合市人社局、市税务局、市国资委、市教委、市总工会、

---

① 天津市民政局网站,网址:http://mz.tj.gov.cn/XWZX289/MZXW1235/202202/t20220211_5802031.html,最后访问日期:2022 年 9 月 28 日。

② 天津市残疾人联合会网站,网址:http://www.tjdpf.org.cn/system/2021/06/04/030040513.shtml,最后访问日期:2022 年 9 月 28 日。

市妇联、市工商联等部门共同举办残疾人专场招聘会,也是政府各部门关心、关注特殊困难群体、"为群众办实事"的具体举措。与往年相比,此次招聘会规模更大、招聘单位更多、提供的岗位更全面,更好满足了不同学历、不同专业、不同技能、不同残疾类别残疾人的求职需求。

第一,招聘专区:1800 余个岗位供选择。为给残疾人提供更多就业机会,来自我市的 208 家用人单位,共带来了包括机械制图、机械设计、软件工程师、办公文员、行政助理等在内的 350 余个工种、1800 余个就业岗位供残疾人求职者选择。其中,在高校残疾人毕业生招聘专区,更有施密特(天津)工业、海格欧义艾姆(天津)电子、渣打环球商业等 20 余家知名企业,为高校残疾人毕业生提供了 200 余个高层次就业岗位,让大家惊喜不已。此外,现场还设立了国有企业招聘专区,20 余家国有企业为残疾人求职者提供了 100 余个岗位,也是大家扎堆咨询的重点。一位陪着肢体残疾女儿来求职的母亲告诉记者,孩子学的是行政管理专业,相对比较内向,就想给孩子找个国企稳定的文职,"我们已经投了 3 份简历,跟招聘人员沟通得也不错,估计能成。"

第二,辅助专区:提供全方位求职帮扶。在招聘大厅里,有一群穿着红色马甲的志愿者格外亮眼,他们有的为听障残疾人做着手语翻译,有的为求职者做着区域指引,他们每个人身上都挂着一个二维码牌,求职者只需轻轻一扫,就能把求职信息和培训需求输入进去,为更好实现就业打下了坚实基础。为给求职残疾人提供全方位就业帮扶,现场还安排了心理咨询师坐镇,帮助残疾人解决职场心理问题,安排专业人员为残疾人提供职业能力测评、职场心理调适、心理辅导、面试技巧咨询等。同时,市人社局、市税务局、市妇联、市残联也开展了困难群众就业政策咨询、残疾人就业税收优惠政策咨询、妇女就业创业政策咨询、法律援助咨询等活动。此外,现场还搭建了障碍生活体验馆,不少用人单位工作人员现场进行了体验,感受障碍生活的不易,进一步提升了尊重、理解、关心、帮助残疾人的社会意识。①

---

① 新华网,网址:http://www.tj.xinhuanet.com/news/2021-05/15/c_1127448391.htm,最后访问日期:2022 年 9 月 28 日。

四、各区陆续举办助残主题活动，提高残疾人
　　生活质量

残疾人作为社会主义大家庭的一员，既是社会主义的建设者和创造者，也是和谐社会幸福生活的拥有者和享受者。连日来，天津市各区陆续举办了数百场大大小小的助残主题活动。

和平区：2021 年 5 月 14 日，由百货大楼社区主办，和平区残联协办"喜迎建党百年　感恩祖国母亲——残疾人趣味活动"拉开帷幕，40 余名残疾人相聚在百货大楼社区，共同迎接全国第 31 个助残日的到来。

河西区：活动现场，河西区残联组织法律工作者为社区居民和残疾人进行了《中华人民共和国民法典》《残疾人保障法》等普法知识咨询与宣传；天津河西圣安医院的医生开展了心理健康咨询服务；残疾人理发师、盲人按摩师为居民进行了义务理发与按摩服务；区残联党员干部开展了残疾预防、肢体早期康复、残疾儿童救助等扶残助残政策介绍，对大家关心关注的问题进行了一一解答。

河北区：在第三十一次全国助残日来临之际，河北区残联围绕"巩固残疾人脱贫成果，提高残疾人生活质量"这一助残日主题，开展多样的助残活动其中包括"童心向党、温情助残"校园义卖活动、组织残疾人参加线上和线下专场招聘会、组织残疾人、残疾人专职委员健康体检等。

河东区：2021 年 5 月 10 日至 25 日，河东区将为具有河东区户籍、持有《中华人民共和国残疾人证》的残疾人（以近几年未曾参加过免费体检的残疾人为主）进行免费体检。[①] 此外河东区政府还在当年发布了《河东区人民政府 2021 年为残疾人办十件实事的安排意见》，提升残疾人的生活质量。[②]

红桥区：2021 年 5 月 15 日上午在天津市民族文化宫，与红桥区政协联合

---

① 新浪网，网址：http://tj. sina. com. cn/news/zhuazhan/2021 – 05 – 13/detail – ik-mxzfmm2136607. shtml，最后访问日期：2022 年 9 月 28 日。

② 天津市河东区人民政府网站，网址：http://www. tjhd. gov. cn/zwgk/zcwj/bdwwj/qzf-bgs1/202104/t20210429_5439346. html，最后访问日期：2022 年 9 月 28 日。

举办"关注残疾人精神需求 提高文化自信与生活质量"——红桥区第三十一次全国助残日活动,进一步丰富全区 2.6 万残疾群众精神文化生活,不断增强精神力量,筑牢思想根基和价值根基,凝心聚力听党话、感党恩、跟党走。

西青区:西青区残联围绕"巩固残疾人脱贫成果,提高残疾人生活质量"主题开展一系列活动:一是与区体育局、区启智学校及李宁运动中心等单位联合举办 16 家助残单位代表、200 多个义卖亲子家庭 500 人参加的助残日活动启动仪暨大型义卖活动;二是举办辅助器具发放仪式,为全区 2000 余名持证残疾群众配发护理床、轮椅、助行器、助视器等 2300 余件辅具;三是免费为 65 名听力残疾人适配助听器;四是举办孤独症及心理健康知识讲座活动;五是举办孤独症儿童亲子运动会;六是上街开展残疾人政策保障、残疾预防等的宣传活动;七是举办 80 人参加的残疾人工作者培训班。

宁河区:宁河区残联集中开展困难残疾人家庭走访探视专项行动、心系残疾群众康复辅具发放进家庭、残疾人免费体检、打造残疾人辅助性就业阳光工厂、畅通盲道便利残疾人的宣传等系列活动,真正为残疾群众办实事解难题。与爱心企业联合开展"真心一路、爱心帮扶"守护健康助残行动,积极倡导扶残助残的良好社会风尚。

武清区:在第 31 次全国助残日来临之际,开展形式多样系列扶残助残活动。一是举办"就业帮扶 司心筑梦"残疾人招聘专场。二是组织"唱响新时代 昂首新征程"主题歌唱比赛。三是组织部分盲协骨干参观武清区红色党史展览。四是开展助残日、惠残政策、普法宣传和机关干部志愿者服务。五是依据残疾人需求调查结果,向残疾人免费发放辅具。①

五、相关部门共同发力,启动系列助残活动

第一,天津市司法局持续推动残疾人法律援助宣传活动。第 31 个全国助残日,为进一步加强残疾人法律援助工作,扎实为残疾人办好事、解难事,助残日前夕,天津市多家法律援助机构组织开展形式多样、内容丰富的残疾

---

① 《全国助残日暨天津市助残月期间全市助残活动体现"天津温度"》,网址:https://mp.weixin.qq.com/s/vVLxb_EFX6CQZlrX-DFljg,最后访问日期:2022 年 10 月 16 日。

人法律援助宣传活动,共发放各类宣传资料近 2100 份,现场解答咨询近 70 人次。近年来,天津市司法局高度重视残疾人法律援助工作,不断扩大残疾人法律援助范围,畅通申请渠道,创新服务模式,提升服务质量,以"全覆盖""主动式"的暖心服务,持续推动"法援惠民生·关爱残疾人"品牌建设。一是精准服务解民忧。鉴于去年以来残疾证逐步更换新证,证件上不再显示"监护人"相关信息,精神残疾等限制民事行为能力人、无民事行为能力人确定监护人的需求明显增长,河西区司法局组织开展有针对性的法律讲座,详细介绍精神残疾群众申请确定监护人的流程及相关法律规定。二是资源整合纾民困。红桥区法律援助中心依托公共法律服务中心,利用现有资源,以案释法,讲解扶残惠残法律援助政策及法律知识,引导残疾群众依法理性维权。南开区、津南区、西青区、北辰区、宝坻区法律援助中心充分发挥司法所贴近群众优势,共同深入社区、村镇进行法律知识宣讲,现场解答群众法律咨询。三是横向联动护民利。河东区、武清区、西青区、静海区、宁河区、蓟州区法律援助中心联合区残疾人联合会,在残疾人创业基地、劳动力市场、特殊教育学校等开展爱心助残活动。①

第二,滨海新区结对共建送温暖,拉开全国助残日系列活动序幕。按照滨海新区委关于党建引领共同缔造美丽"滨城"的指导意见及市残联的工作要求,区残联制定了助残日系列活动方案,积极为残疾人办实事、解难事,大力倡导人道主义思想和扶残助残美德。2021 年 5 月 10 日上午,区残联维权室党支部联合共建单位区检察院第六检察部党支部共 16 名党员自发捐款2800 元慰问 7 户困难残疾人家庭,为每户残疾人家庭送去米、面、油等慰问品。走访慰问过程中,党员同志们和残疾人及其家属亲切交谈,了解他们的生活情况,耐心讲解相关惠残政策,鼓励他们树立生活信心,同时认真倾听残疾人关于残疾人证换领、康复、社会保障等各方面的困难和建议,把残疾人的需求和建议作为今后工作的重点,认真研究尽力解决。此次活动标志着滨海

---

① 天津市残疾人联合会网站,网址:http://www.tjdpf.org.cn/system/2021/08/06/030042791.shtml,最后访问日期:2022 年 10 月 16 日。

新区第三十一次全国助残日系列活动正式拉开帷幕。[①]

第三,市残联联合多部门在河北区开展校园义卖活动。第31个"全国助残日"之际,由天津市残疾人联合会、天津市残疾人福利基金会、河北区残联、河北区教育局共同举办的"童心向党,温情助残"校园义卖活动分别在河北区宁园小学、天津外国语学校南普小学举行。活动中,来自河北区启智学校的师生代表和南普小学师生代表将共同制作的一艘南湖红船模型赠送给参加活动的相关部门。参加活动主要是三年级到六年级的学生,以班级为单位,每个班级的摊位上都堆满了琳琅满目的物品,包括各式各样的文具、书籍、玩具、小饰品等等;每个班级邀请了2名志愿者家长参加现场售卖。本次义卖所得将通过市残疾人福利基金会全部捐赠给河北区,用于残疾人事业的发展和对困难残疾人的救助。[②]

(本资料主要来源于公开的材料)

---

① 天津市滨海新区残疾人联合会,网址:http://www.tjbhdpf.org.cn/system/2021/05/13/030039835.shtml,最后访问日期:2022年10月16日。

② 天津文明网,网址:http://wenming.enorth.com.cn/system/2021/05/21/051406008.shtml,最后访问日期:2022年10月16日。

7

天津"寸草心""手足情"志愿助老行动

一、"寸草心""手足情"志愿助老行动的基本概况

根据《关于加快养老服务发展的实施意见》《天津市促进养老服务发展三年行动方案》有关部署,天津市民政局、市教委、团市委、市少工委联合发起并组织实施"寸草心""手足情"支援助老行动。2021年4月9日,天津市"寸草心""手足情"志愿助老行动正式启动。该项行动旨在通过搭平台、建机制,进一步擦亮志愿品牌、促进代际和谐、支持居家养老,健全志愿助老服务体系。"寸草心""手足情"志愿助老行动以养老机构、居家养老服务机构入住老人和居家经济困难、高龄、失能老人为重点,按照"自愿结对、就近就便"原则,健全志愿助老服务体系,实现常态化、全覆盖。通过开展志愿助老服务,培育青少年孝老爱亲、向善向上的传统美德,营造全社会尊老、敬老、孝老浓厚氛围。采取政府购买服务形式,鼓励慈善组织、爱心企业赞助支持,坚持市、区、街乡镇联动,精心设计三级"寸草心""手足情"公益项目。①

"寸草心"行动核心内涵是"少助老",即以青少年为重点,从感恩、回报长辈角度各展其长,志愿为老服务;"手足情"行动核心内涵是"老助老",即健康、有活力的低龄老人,志愿帮助经济困难、高龄、失能、空巢、独居老人。这一活动的目标任务主要有如下几方面:第一,弘扬主旋律。大力弘扬社会

---

① 天津文明网,网址:http://wenming.enorth.com.cn/system/2021/12/08/052121391.shtml,最后访问日期:2022年10月16日。

主义核心价值观,讲好天津志愿助老故事,进一步提升社会主义现代化大都市城市温度。第二,助老全覆盖。以养老机构、居家养老服务机构入住老人和居家经济困难、高龄、失能老人为重点,按照"自愿结对、就近就便"原则,健全志愿助老服务体系,实现常态化、全覆盖。第三,增强教育性。通过开展志愿助老服务,培育青少年孝老爱亲、向善向上的传统美德,营造全社会尊老、敬老、孝老浓厚氛围。第四,促进项目化。采取政府购买服务形式,鼓励慈善组织、爱心企业赞助支持,坚持市、区、街乡镇联动,鼓励基层创造,精心设计三级"寸草心""手足情"公益项目,逐年安排、打造精品。[①]

二、"寸草心""手足情"志愿助老行动的主要成果总结

(一)"寸草心":老少携手 青春之光暖夕阳

天津积极组织开展青少年"寸草心"志愿助老行动,对大中小学生进行慈善与志愿服务精神、理念、服务技能及安全知识等教育;对志愿助老服务带队教师、志愿服务团队负责人进行专题培训。依托"志愿汇"App,指导10周岁以上学生进行志愿者注册,18周岁以下的学生注册应在家长或其他监护人的协助下进行实名注册。

学校团组织、少先队组织,对专项行动的志愿者的管理、项目的发布和活动的开展进行直接指导,结合项目需求和学生实际情况,组织大中小学生走进养老机构和社区宣传习近平新时代中国特色社会主义思想,开展心理抚慰、养生保健、文体娱乐等志愿服务,推动养老服务机构和社区成为共青团和少先队重要的实践活动阵地。各养老机构、社区要开发、提供适合大中小学生的志愿服务项目和岗位,并认真做好志愿服务记录工作,相关记录可纳入学生综合素质评价体系。经过市民政局、市教委、团市委、少工委各负其责、动员协商,在自愿参与、基层推荐基础上进行认真遴选,天津大学、南开大学、

---

① 天津市民政局网站,网址:http://mz.tj.gov.cn/ZWGK5878/ZCFG9602/zcwj/202103/t20210323_5392534.html,最后访问日期:2022年10月16日。

天津医科大学、天津中医药大学、天津科技大学、天津理工大学、天津音乐学院等 14 所大学、13 所中学、14 所小学通过"一对一"或"一对多"与 51 个养老机构结成"寸草心"志愿助老试点"对子",具体合作内容由结对双方议定。

同时,巩固和发扬区、街乡镇、社区(村)志愿助老服务实践成果,继续创新实践、有机融入。鼓励机关、企事业单位干部职工、社会组织和各系统志愿者、居(村)民结合自身特长和职业特点,就近与经济困难、高龄、空巢、独居老人结帮扶对子,重点做好日常探访问需、迅速应急救助和信息及时反馈等志愿服务。

此外,天津市积极实施"寸草心"志愿助老公益创投项目。着眼增强家庭照护能力,在全市普遍开展失能老年人家庭照护者技能培训。支持品牌养老机构和专业社会组织深入社区或采取线上线下相结合方式,组织举办失能老年人家庭照护者技能等居家社区养老培训班,普及居家护理知识和基本技能;优先支持青年志愿者等各类服务团队主动落实国家和天津市明确要求,开拓体现时代特点、符合老人急需的创新项目。

(二)"手足情":夕阳相伴　互助共享心相连

全市各社区招募有志愿服务精神的低龄老年人,使其成为"手足情"行动的主要力量。建立健全经济困难、高龄、失能老人档案;根据实际情况,精准确定接受志愿服务的老人并建立结对档案。低龄老年人与高龄老人结志愿助老对子,遵循就近相邻、便于应急原则,倡导同社区、同楼门结对,定期为高龄独居老人提供包括电话问候、上门问需、聊天慰藉、送餐代购、意外防范、应急救援以及通过社区养老服务设施等平台反馈需求,协助社区开展一系列互助服务活动。

围绕低龄老人与高龄老人结志愿服务对子设计项目。开展应急救助须知等居家养老赋能培训;发挥社会组织优势,凝聚科技工作者、医务工作者等专业人才,组织开展社区居家康复指导、普及膳食营养技能等公益活动;结合乡村振兴战略实施,面向农村活力老人开展科技种植养殖技术培训等,提高增收本领。

探索利用商业保险形式,对送餐志愿者进行风险保障。各区民政局指导试点街乡镇,发动各社区(村)委会建立健全居家经济困难、高龄、失能、空巢、独居老人家庭档案,做到底数清楚、即时更新;使上述每位老人都与志愿助老的低龄老人就近结上"手足情"对子并签订网格员、低龄助老志愿者联动助老协议。

(三)"尊老育幼":互助对子 志愿服务全覆盖

天津市根据各区需求,为养老机构、居家社区养老服务机构对接邻近的大中小学校结成"志愿助老对子",开展"寸草心"助老结对。根据需要,由各学校统一组织学生为本校老教师、老专家学者提供志愿服务,结成"尊老育幼"互助对子;就近与街乡镇、社区建立联系,为老年人开展智能手机功能讲解等"智慧助老"志愿服务。各区民政局组织各街乡镇,推广试点街乡镇"手足情"结对助老经验,实现普遍建档、即时更新;即时结对、普签协议。跟踪指导推动首批纳入"寸草心""手足情"志愿助老公益创投项目的实施。经过多方动员协商,在自愿参与、基层推荐基础上进行认真遴选,形成天津大学、南开大学、天津医科大学、天津中医药大学、天津科技大学、天津理工大学、天津音乐学院等14所大学、13所中学、14所小学通过"一对一"或"一对多"与51个养老机构结成"寸草心"志愿助老对子。

同时,天津市积极落实《天津市养老服务促进条例》要求,建立养老志愿服务激励机制。组织第三方评估"寸草心""手足情"志愿助老行动成效,总结基层好做法、好经验,直面问题短板、研究深化措施。宣传一批先进典型,讲好天津志愿助老感人故事。推出新一轮"寸草心""手足情"志愿助老公益创投项目。研究制定居家社区志愿助老工作规范,实现志愿助老常态化、全覆盖。

三、"寸草心""手足情"志愿助老行动的主要经验分析

(一)强化政府主导下的多方协作机制

天津市民政局负责牵头制定活动方案,制定全市养老服务机构、有关社会组织清单目录,通过政府购买服务设计、实施市级"寸草心""手足情"公益创投项目,统筹协调各区民政局组织实施各阶段性工作,加强日常指导和监督管理,组织第三方评估,协调解决实施过程中出现的问题,统计汇总主要数据,总结交流推广先进经验。

各区民政局牵头组织本辖区内志愿助老活动,负责选择优秀养老服务机构、街乡镇、社区(村)作为试点单位,组织指导试点单位和街乡镇、养老服务机构开展志愿助老结对子活动;设计、实施区级"寸草心""手足情"志愿助老公益创投项目,做好志愿服务项目运营管理和志愿者激励保障工作。加强街乡镇社会工作服务站建设,推进养老服务机构专业社会工作岗位设置。通过政府购买服务,委托专业社会组织承接相关辅助性工作。

与此同时,天津市建立了市、区两级民政、教育、共青团组织联席会制度,强化部门协同,完善工作机制,形成工作合力。市教委负责统筹指导教育系统志愿服务工作,加强政策研究和工作推动,将学生志愿服务纳入学生综合素质评价体系,确保活动落到实处。团市委负责具体组织指导学校团组织、少先队通过学校与机构结对服务、学生与老人结对互助,扎实开展为老志愿服务。推动青年社会组织建设,加强青年志愿者骨干培养和培训。

加强调查研究,制定和落实本系统、本辖区志愿助老服务计划,细化工作措施,分步骤、有重点地推进阶段性工作。加强宣传引导,广泛调动社区居民和多方主体参与,推进共建共治共享的基层社会治理格局。

(二)总结推广结对的试点经验

天津市民政局会同市教委、团市委、市少工委制定了《"寸草心"志愿助

老行动结对协议》高校版和中小学校版样本和服务指南,以青少年为重点搞好"寸草心"志愿助老行动,既能丰富老年人生活、增强亲情互动,更能培养青少年孝老爱亲、向善向上的传统美德,促进代际和谐。大学生志愿者与养老机构结对后,在严格落实疫情防控措施的基础上,将和老人们一起开展"学党史、知巨变、感党恩"等活动。

天津市将总结推广结对试点经验,并在全市逐步推开,逐步签约结成两类"对子":一是坚持"自愿结对、就近就便"原则,全市387家养老机构与全市各大中、小学校结上"寸草心"志愿助老"对子",面向入住机构的老人开展志愿服务,鼓励机关、企事业单位干部职工、社会组织和各系统志愿者、居(村)民积极参与、自愿结对;二是遵循"就近相邻、便于应急"原则,使低龄活力老人与经济困难、高龄、空巢、独居老人结上"手足情"志愿帮扶对子,面向居家老人开展志愿服务。不久前,市卫健委与市民政局共同印发了医疗卫生机构与养老机构就近一对一签约合作服务的文件;通过"寸草心""手足情"志愿助老行动,将构建起以养老机构为圆心,以医疗机构、大中小学校就近签约结对服务为支撑的为老服务生态圈和以居家经济困难、高龄、失能、空巢、独居老人为重点服务对象的志愿助老服务网。[①]

(三) 探索公益模式,拓展志愿助老服务

市民政局充分发挥市级社会组织公益创投专项资金、社区公益事业专项补助经费及其他为老服务经费的引导作用,鼓励慈善组织、企业和爱心人士开展慈善捐助,支持助老志愿服务项目运营管理。会同相关金融机构,探索"保险+公益+志愿服务"保险模式,为志愿者提供保障。

天津市民政局与人保财险天津分公司签订了战略合作协议,双方在深度参与民生兜底保障工作,深化编织为民服务网,全面推进民政现代化建设等方面探索多样化的合作模式和合作领域。在为老助餐服务领域,开展首个合作项目,推出"商业保险+公益+志愿服务"的创新模式。人保财险天津分公司开发了志愿者送餐意外保险新产品,今年开展试点,试点工作覆盖全市各

---

① 《擦亮志愿品牌 助老爱老暖夕阳 我市"寸草心""手足情"志愿助老行动扎实推进》,《天津日报》2021年4月21日第8版。

区。试点期间的保费由人保财险公益出资,已确定为首批参保的799名志愿者上送餐意外险,为每位送餐志愿者提供总保额103.8万元的风险保障。

在启动仪式上,天津市民政局发布了"寸草心""手足情"志愿助老行动社会组织公益创投项目征集重点,2021年拟征集40个项目,突出聚焦居家养老赋能,明确要采取政府购买服务与鼓励慈善组织、爱心企业赞助相结合的方式,坚持市、区、街道(乡镇)三级联动,精心设计、公开征集"寸草心""手足情"公益项目,吸引养老机构、社会组织认领,支持居家养老、突出按需赋能,逐年安排、打造精品。①

（本资料主要来源于天津市民政局、天津市文明办等部门对外公布的材料）

---

① 　民政部网站,网址:http://mzzt. mca. gov. cn/article/zt＿jd100n/dsxxjy/wqzbss/galr/202111/20211100037768. shtml,最后访问日期:2022年10月16日。

8

"津企陇上行":携手打造东西部协作津甘样板

一、强化机制,持续高层推动强站位

2021 年,时任天津市委书记李鸿忠同志率党政代表团赴甘肃省学习考察,并在津会见甘肃省党政代表团,先后组织召开 16 次专题会议,部署推动东西部协作工作。完善顶层设计重引领,印发助力实现巩固拓展脱贫攻坚成果同乡村振兴有效衔接实施方案等政策性文件 22 个,签署津甘"十四五"东西部协作框架协议及产业、港口等"1+6"协作协议,会同甘肃省联合印发实施"十四五"深化东西部协作规划、东西部协作资金管理办法等文件,实现政策协调、规范统一。健全推进机制抓落实,及时调整市东西部协作和支援合作工作领导小组成员,健全 12 个专项工作组架构,修订工作规则细则,压实各区主体责任,推动各项帮扶举措落地见效。树立用人导向浓氛围,援甘干部 95 人次获得国家、津甘两省市脱贫攻坚表彰,122 人得到提拔重用,以榜样力量激发全市拼搏奋进的动力,营造干事创业的氛围。①

2021 年,经天津市东西部协作和支援合作工作领导小组、甘肃省委农村工作领导小组(甘肃省实施乡村振兴战略领导小组)批准,《天津市·甘肃省"十四五"深化东西部协作规划》已正式印发实施。预计 5 年内,资金投入将超过 80 亿元、人才选派超过 4500 人次,助力甘肃省 34 个结对脱贫县(市、

---

① 天津市人民政府合作交流办公室,网址:http://hzjl. tj. gov. cn/XXFB9871/ZHXX6703/202203/t20220311_5827506.html,最后访问日期:2022 年 10 月 16 日。

区)建立健全巩固拓展脱贫攻坚成果长效机制,接续推进脱贫地区经济社会发展和群众生活改善。① "十四五"期间,两地把《规划》作为统揽东西部协作工作的重要抓手,通过高层联席会议等制度协调推进东西部协作的重大事项,充分挖掘双方资源优势,建立健全组织领导、衔接推动、考核督导、宣传引导等机制,为津甘深化东西部协作提供坚强有力的机制保障,全力构建津甘区域协调发展、协同发展、共同发展的良好局面。②

二、产业为基,打造东西协作新品牌

甘肃脱贫攻坚艰苦卓绝的奋斗,是全省上下负重前行、苦干实干的结果,也是天津等东部协作省市和中央定点扶贫单位及社会各界倾力帮扶的结果。脱贫攻坚目标任务完成后,"三农"工作重心历史性地转移到全面推进乡村振兴,东西部协作也进入了新阶段。

津甘协作发展的局面下,作为东西部协作的品牌项目,"津企陇上行"活动得到了空前的发展。2021 年 7 月 5 日下午,2021 年"津企陇上行"暨产业合作座谈会在甘肃平凉举行,双方举行了合作项目签约仪式,签约成果丰硕。天津企业与甘肃省在前期咨询了解、精准对接的基础上,100 余家企业进行实地考察,50 个项目现场签约,签约金额约 128.44 亿元。③ 作为东西部协作的亮丽品牌,"津企陇上行"自 2019 年启动以来,累计签约项目 168 个,签约总额达 441.09 亿元。截至 2022 年 2 月底,已完成和实施中的项目有 145 个,项目履约率为 86%,实际到位资金 118.22 亿元。④

---

① 天津市人民政府网站,网址:http://www.tj.gov.cn/sy/tjxw/202110/t20211029_5668110.html,最后访问日期:2022 年 10 月 16 日。

② 中华人民共和国农业农村部网站,网址:https://www.moa.gov.cn/xw/qg/202110/t20211028_6380715.htm,最后访问日期:2022 年 10 月 16 日。

③ 《百余津企陇上行:"合作一经握手,就是今生的朋友"》,光明网,网址:https://difang.gmw.cn/gs/2021-07/06/content_34975445.htm,最后访问日期:2022 年 10 月 16 日。

④ 《"津企陇上行"已完成和实施项目 145 个》,新华网,网址:http://tj.news.cn/news/2022-03/21/c_1128488458.htm,最后访问日期:2022 年 10 月 16 日。

三、东西协作,助力当地产业发展

巩固拓展脱贫攻坚成果、全面推进乡村振兴、实现经济高质量发展,核心在产业、关键在产业、难点也在产业。甘肃农业产业基础良好、特色鲜明、优势明显。在脱贫攻坚过程中,全省构建完善生产组织、产销对接、投入保障、风险防范"四大体系",形成以"牛羊菜果薯药"六大产业为主导的特色农业发展格局,走上了现代丝路寒旱农业这一甘肃农业现代化发展路子。甘肃推介大力实施现代丝路寒旱农业优势特色产业三年倍增行动的情况,将重点支持发展 16 个优势特色产业,力争用三年左右时间实现农业优势特色产业质量提升、规模扩大、效益倍增,加快从传统农业大省向特色农业强省迈进。

津甘合作,渊源深厚,历史悠久。其中最精彩的篇章,莫过于双方携手脱贫的难忘岁月。党的十九大拉开了打赢精准脱贫攻坚战的序幕,两省市认真贯彻落实党中央的部署要求,精诚团结,连年获得全国考核"好"的成绩,在两省市交流交往史上写出了浓墨重彩的一笔。构建了以"六大体系"为主要特色的天津扶贫协作模式,打造了陇上行、云签约、结对认亲、"互联网+"健康扶贫等津甘协作品牌。2021 年,天津、甘肃主动立足新发展阶段、贯彻新发展理念、构建新发展格局,连续创造东西部协作领域的四个"第一":第一个召开了省市主要负责同志参加的高层联席会议,第一个印发了助力甘肃省巩固拓展脱贫攻坚成果推进乡村振兴工作方案及配套文件,第一个下达2021 年东西部协作财政援助资金计划,第一时间拨付到位资金 16.1 亿元。津甘东西部协作走在了全国前列,实现了良好开局。

2021 年,津甘签订"十四五"《东西部协作框架协议》,规划了今后五年的协作目标、重点任务和保障措施。推动帮扶工作从支持扶贫向支持发展转变、从集中解决贫困人口"两不愁三保障"向推进乡村全面振兴转变、从对口帮扶到协同发展转变、从定点定向向全面协作转变,推进思维观念、路径模式、机制办法等方面的拓展转型和探索创新。

四、互利共赢,推动东西部产业协作

建立对口帮扶关系以来,天津市累计落实财政援助资金8.23亿元,捐款捐物6403万元,实施帮扶项目579个,完成消费扶贫4.66亿元,帮助2万多贫困人口实现就业,双方互派150名党政干部和2277名专技人才挂职锻炼、交流学习。2021年上半年,天津市陆续组织金三农、奥群牧业、百利种苗等74家企业来甘肃考察对接,达成一大批合作意向,签约额近10亿元,引导新增、扩建企业41家,共建产业园18个,吸纳带动脱贫人口3800余人实现就业。

2021年"津企陇上行"的活动得到了广大企业的热烈响应,100余家企业前期已进行了实地考察对接,50个项目现场签约,投资额超过了100亿元。天津滨海光热发电公司投资12亿元在阿克塞县建成光热发电基地,榆中县与天津泛亚远华新能源有限公司签订计划总投资8亿元的200MW农光互补光伏项目,已注资落地;天津市金三农农业科技开发有限公司3万头种牛项目已落地景泰生态循环现代农业示范产业园。这些项目的落地实施,对脱贫地区发展和农民持续增收发挥了较大的促进和带动作用。2021年"津企陇上行"活动中,甘肃大力推介实施现代丝路寒旱农业优势特色产业三年倍增行动的相关情况,推动两省市持续深化以产业合作为重点的全面协作。"津企陇上行"活动不仅为津甘两地深化交流、合作发展搭建良好平台,也进一步扩大和提升了平凉农特产品知名度和市场影响力,拓宽了销售渠道。①

（本资料主要来源网络公开的资料）

---

① 甘肃日报,网址:http://szb.gansudaily.com.cn/gsrb/202107/06/c258447.html,最后访问日期:2022年10月16日。

9

"津企承德行":对口帮扶活动实施

2020 年 9 月 9 日,2020 年津企承德行暨津承东西部扶贫协作产业合作推进会在河北省承德市召开。此次活动是一次重大产业扶贫活动,是贯彻落实习近平总书记关于决战决胜脱贫攻坚的重要指示精神、高质量推进东西部扶贫协作的具体举措。在承德举办津企承德行活动,复制推广"津企陇上行"活动成功经验做法,深化津承两地产业合作,助力承德打赢打好脱贫攻坚收官战、巩固脱贫攻坚成果意义重大。

一、制度先行,确立对口帮扶合作机制

2016 年 11 月 8 日,天津市与河北省签署《对口帮扶承德市贫困县框架协议》。津冀两地携手开展精准帮扶,推动两省市协作向纵深发展。天津市东丽、西青、津南、北辰、武清 5 个区分别与承德市承德县、平泉市、隆化县、兴隆县、围场满族蒙古族自治县建立结对帮扶关系。几年来,天津市共向承德投入财政帮扶资金 16.43 亿元,谋划实施帮扶项目 380 个,为承德的基础设施建设、产业发展发挥了重要作用。

几年来,在天津市的大力帮扶下,承德聚焦贫困群众持续增收,实施产业帮扶攻坚战;聚焦水源涵养,实施生态帮扶攻坚战;聚焦科技人才支援,实施智志双扶攻坚战;聚焦携手奔小康,实施社会帮扶攻坚战,加速了脱贫攻坚步伐,促进了扶贫产业提档升级,创新了帮扶工作模式,使津承扶贫协作结出了丰硕成果。2016 年以来,天津市共向承德投入财政帮扶资金 16.43 亿元,谋

划实施帮扶项目 380 个,在基础设施建设、产业发展等方面发挥了重要作用。[①]

二、产业引领,大力推动受援地产业发展

"津企承德行"的活动旨在加大津承产业合作力度,推动津承合作向常态化、高水平、多领域共同发展,引导更多的津企津商履行社会责任,把承德特色资源优势、市场空间优势与天津科技、人才、资本、管理等优势精准对接,建立更加稳定的利益联结机制,确保贫困群众持续稳定增收。

这次活动的举办正值全市上下深入学习贯彻习近平总书记在企业家座谈会重要讲话精神之际,得到了广大津企的积极响应,经过前期充分洽谈对接,此次活动邀请了渤海轻工投资集团、天津食品投资集团等 86 家企业参加,将签约 33 个项目。本次签约的 33 个项目中,产业帮扶项目 17 个,合作金额 32.9 亿元;文化旅游项目 4 个,投资金额 11.42 亿元;消费扶贫项目 3 个,合作金额 1.2 亿元;资产重组项目 1 个,投资金额 4 亿元;先进制造项目 2 个,投资金额 2.6 亿元;其他项目 6 个,合作金额 1.78 亿元。[②] 其中,不仅有现代农业项目,还有信息技术项目和文旅项目,将为承德发展提供更持久的动能。

三、形成框架协议,推动教育合作

在推进会上,天津师范大学与河北省承德市教育局、河北省承德市围场满族蒙古族自治县教育和体育局签订共建河北承德围场教师教育改革实验区框架协议;南开区教育局与承德市教育局签订教育合作协议。根据协议,今后三年,天津师范大学与河北省承德市教育局、河北省承德市围场满族蒙

---

① 新浪网,网址:https://k. sina. com. cn/article_1784473157_6a5ce64502001zh9l. html#/,最后访问日期:2022 年 10 月 16 日。

② 河北日报,https://m. gmw. cn/baijia/2020-09/10/1301545680. html,最后访问日期:2022 年 10 月 16 日。

古族自治县教育和体育局将依托国家教师发展协同创新实验基地,通过教师教育改革实验区平台,实现教师培养培训协同发展,提升教师培养与培训质量,促进教师教育研究成果产出,发挥高校服务区域教育发展能力。将互联网技术融入教师教育人才培养,建立现代教师教育实践基地,以人工智能助推教师队伍建设,提升教师教育信息化水平。①

三方将在特岗教师、教育干部、名师与骨干教师、高中教师、培训者研修等方面开展培训任务。天津师范大学将提供必要的技术和资金支持,在实验区建立远程教学网络视频互动平台,充分发挥教师教育集群作用,通过"教育+""心理+""智能+""国际+",与各基础学科相结合,为当地基础教育全面实施素质教育提供支持,初步实现高校与中小学的有效互动和深度融合;组织基础教育专家调研当地基础教育发展现状,对其整体发展规划、教师队伍建设等方面给予咨询指导,协助制定教育现代化实施方案;建立天津师范大学教师教育教学实践基地,打造教师教育改革成果实践平台,采取联合科研攻关,共同申报科研课题等方式开展教育科学研究,提升教师的科研能力;选派高年级优秀师范专业学生到河北省承德市教育局、河北省承德市围场满族蒙古族自治县教育和体育局所辖区域实习基地学校教育实习或顶岗实习。

(本资料主要来源于网络公开的资料)

---

① 承德市人民政府网站,网址:http://www.chengde.gov.cn/art/2020/9/10/art_360_644597.html,最后访问日期:2022 年 10 月 16 日。

10

"慈善光明行"：老年白内障患者援助

随着年龄的增长,天津市每年都会有近万名老年人患上白内障,严重影响到他们的生活质量。为帮助更多的白内障患者摆脱疾病带来的困扰,实现天津市建立白内障无障碍区的目标,天津市慈善协会联合天津爱尔眼科医院共同设立了老年白内障患者援助项目。对天津市享受基本医疗保险,年龄在50岁以上,患有白内障且符合手术条件,个人支付手术费用有困难的患者,全额或部分资助个人应付的手术和进口晶体费用,帮助老人实现复明,提高晚年生活质量。

一、坚守十年,推动白内障援助复明项目

"慈善光明行"白内障援助复明项目于2012年4月份启动,已连续开展10年,在社会上产生了重大影响,使广大的老年白内障患者受益。从2021年开始,"慈善光明行"将在往年的基础上,扩展了援助病种的范围、扩大了援助对象的群体、扩张了筛查对象的地区,实现了对全天津市全年龄段患有眼部疾病困难群体的全部覆盖。援助的地区在辐射我市环城四区和涉农区的同时,更多延伸向市内六区,实现全市范围覆盖。

2021年,白内障项目全额援助对象由原来的70周岁以上调整为60周岁以上以及不满60岁的低保、低收入家庭、特困供养患者,并为患者提供指定进口折叠晶体。该项目援助患者数量为3000名,享受天津市医保且年龄在50至60周岁之间的低保、低收入、特困供养等政府救助对象,以及60周岁以

上生活困难的患者,将全额援助手术自付部分;其余家庭生活困难患者,由患者承担自付费用 900 元,其余部分由本项目援助。

近些年,天津爱尔眼科医院不断扩大项目援助,强化白内障援助复明项目的实施。截至 2018 年底,"慈善光明行"行动已为近万名白内障患者实施手术 15000 余例。援助资金总额超过 1000 万元。患者的手术质量满意度高,援助行动受到广大患者的好评。2019 年,天津爱尔眼科医院通过湖南爱眼公益基金会向天津市慈善协会捐赠 2019 年项目援助款 200 万元,为个人支付手术费用有困难的 2000 位患有白内障老人减免手术费用。① 2021 年 7 月,在天津市关爱退役军人协会的指导下,天津爱尔眼科医院启动了"关爱退役军人白内障复明工程",为患有白内障眼病的退役军人及家属实施白内障手术医疗援助。②

该项目在社会上产生了重大影响,广大老年白内障患者从中受益。共为万余名患者成功实施手术 17000 余例,手术成功率达到 100%。援助资金总额超过 1800 万元。③

二、援助拓展,眼健康守护全面行动

"慈善光明行"救助了万余名贫困白内障患者,使成千上万家庭摆脱了眼病的困扰。2021 年以来,这一项目不断拓展援助的范围,援助的病种从白内障延伸至糖尿病视网膜病变、儿童先天性眼病、儿童发育性眼病等。援助对象从困难家庭的中老年人扩展至青少年儿童和中青年,实现对全年龄段困难群众的眼病救助。

糖尿病眼病救助行动,对符合援助条件且需要微创玻切手术治疗的城镇

---

① 《天津"慈善光明行"项目获捐 200 万元》,网址:http://gongyi. china. com. cn/2019-03/19/content_40692547. htm,最后访问日期:2022 年 10 月 16 日。

② 李文博:《天津大学爱尔眼科医院 坚持诚信医疗 用心服务患者》,网址:http://epaper. tianjinwe. com/mrxb/html/2022-03/15/content_19065_5859514. htm,最后访问日期:2022 年 10 月 16 日。

③ 《2021 年"慈善光明行"眼健康守护行动工作会议召开》,网址:http://www. tjcharity. org. cn/News/202103/202103261617586. htm,最后访问日期:2022 年 10 月 16 日。

职工医保患者,手术费用对自付部分给予 1000 元的定额援助;城乡居民医保患者,手术费用对自付部分给予 2000 元的定额援助(每位患者每年援助一次)。援助对象是享受本市医保的低保、低收入、优抚、特困供养等政府救助对象以及能够提供居委会或街办事处开具的家庭困难证明的糖尿病眼病(包括糖尿病视网膜病变、老年黄斑变性、高度近视视网膜病变、视网膜脱离等眼底病)需要微创玻切手术治疗的患者。援助方式,通过"慈善光明行"项目专项资金援助在天津爱尔眼科医院实施治疗且符合资助条件的患者,对自付费用进行定额援助。

天津市 2021 年 20 项民心工程,特别强调关爱妇女儿童健康,为尽快推动今年民心工程任务的落实,关注青少年儿童眼健康发展,本着"做实功、办实事、求实效"原则,不让一个孩子因贫困失明,该项目开展青少年儿童眼病援助行动。援助对象是年龄在 18 周岁以下,享受本市低保、低收入、特困供养家庭儿童、残疾儿童以及能够提供居委会或街办事处开具的家庭困难证明的先天性及发育性眼病(包括屈光不正、斜弱视、先天性白内障、先天性晶状体脱位等儿童眼病)的儿童。援助方式,通过"慈善光明行"项目资金用于援助在天津爱尔眼科医院实施治疗的眼病儿童。

三、点滴行动,积极参加慈善公益活动

天津爱尔眼科医院与天津市慈善协会和其他相关部门的点点滴滴的助困行动,开展一系列眼健康科普活,最大程度满足更多贫困眼病患者的实际需求。

天津爱尔眼科医院也在南开区科学技术协会指导下,加入了南开区科普教育基地,依托广大医生科技工作者组建了眼健康科技志愿服务队,并成功开展了南开区百场眼健康科普志愿服务活动,旨在为居民提供丰富多彩的眼健康科普知识,切实提高全民眼健康水平,把人民健康放在首位。

天津爱尔眼科医院的医护人员与眼健康科普志愿者组成讲师团,陆续走进南开区 12 个街道、165 个社区,为全区 87.31 万群众科普眼健康知识,切实提高南开区居民眼健康水平,为促进全区健康建设发挥积极作用。活动现

场,南开区各街道负责同志直接爱尔眼科医院就具体工作进行了具体对接。

　　眼健康科普活动的启动与科普教育基地的开放,为市民提供了免费学习眼健康知识的途径,强化科技战略支撑,使全社会形成良好的崇尚科学、热爱科学的学习氛围。①

(本资料主要来源于网络公开的资料)

---

　　① 网址:http://www. tast. org. cn/qjkx/system/2021/04/29/030012896. shtml,最后访问日期:2022 年 10 月 16 日。

附录
天津慈善事业发展大事记

2018 年

天津市慈善协会选举产生第五届理事会

2018 年 6 月 28 日,天津市慈善协会第五次会员大会暨慈善表彰大会在天津大礼堂召开。天津市人民政府副市长康义、中华慈善总会会长李本公出席并讲话。天津市慈善协会第四届理事会会长曹秀荣主持会议。大会期间召开了五届一次理事会,选举产生了新一届理事会领导集体。市人大常委会原党组副书记、常务副主任散襄军当选为天津市慈善协会第五届理事会会长。选举王树生、付玉刚、兰国樑、李占通、李金元、吴酒峰、沈家燊、妙贤、侯云昌为副会长,兰国樑兼任秘书长;聘任韩春霞为副秘书长。选举高德高为新一届监事会监事长。

2018 年"爱心成就梦想"慈善助学主题活动举行

"助梦十五载,爱点燃希望"2018 年"爱心成就梦想"慈善助学主题活动于 8 月 24 日下午在天津大学逸夫楼二楼报告厅举行。天津市慈善协会会长散襄军,原会长曹秀荣,天津市民政局副局长刘丽红,天津日报总编辑王立文,天津大学副校长胡文平出席,捐赠单位和个人以及受助学生代表参加活动。"爱心成就梦想"慈善助学活动是天津市慈善协会、各区慈善协会与天津日报集团联合发起的品牌助学项目。今年是第十五次开展活动,自 2004 年启动以来,募集资金 2435 万元,4868 名优秀学生得到资助。

天津市对口扶贫公益慈善书画展暨爱心捐赠活动举行

2018 年 10 月 14 日,"盛世情暖 与爱同行"天津市对口扶贫公益慈善书画展暨爱心捐赠活动在天津西洋美术馆举行。天津市人民政府副市长李树起,天津市慈善协会会长散襄军,天津市美术家协会主席王书平,天津市书法家协会主席张建会等相关单位领导出席活动。各有关单位及爱心书画家、爱心企业代表共计 300 余人参加。活动上,来自市美术家协会、市书法家协会、市书画艺术研究会、市法学会法治文化研究会的 300 余位书画家捐赠书画作品 317 幅,10 家爱心企业捐赠善款共计 100 万元。所募集善款将全部专项用于对口地区公益扶贫项目和在我市高校就读的对口地区贫困大学生助学项目。

"九九重阳·慈善助老"——慈善老人表彰暨重阳系列活动启动

2018 年 10 月 17 日,"九九重阳·慈善助老"——慈善老人表彰暨重阳系列活动启动仪式在南开区养老中心举行。天津市慈善协会会长散襄军,原会长曹秀荣,天津市卫生和计划生育委员会党委书记、主任王建国,南开区区委书记杨兵,市民政局局领导张宝甫,天津中医药大学党委书记李庆和,天津中医药大学第一附属医院党委书记吴宝新等相关单位领导出席。仪式上,与会领导宣读了表彰决定,对全市 219 位慈善老人进行了表彰,为老人代表颁发了证书和纪念品,并发放了药品和书籍。同期,名中医志愿服务队和中医药大学青年志愿者服务队成立。

天津召开区级慈善协会组织建设工作推动会

2018 年 12 月 11 日,天津市区级慈善协会组织建设工作推动会在宝坻宾馆召开。天津市慈善协会会长散襄军,原会长曹秀荣,天津市民政局副局长朱峰,宝坻区副区长陈秀华等有关方面领导出席。各区民政局、慈善协会有关领导参加会议。天津市慈善协会从加强区级慈善协会组织建设入手,通过深入各区走访调研,认真分析研究,制定了《关于推动天津市区级慈善协会组织建设的指导意见》,并在本次会上公布。宝坻、河西、津南、滨海新区等四个区慈善协会的负责人分别做了经验介绍。

天津市慈善协会设立首个慈善协办处

2018年12月26日,天津市慈善协会在天津市河北商会设立首个协办处揭牌仪式在万丽天津宾馆举行。天津市慈善协会原会长曹秀荣,天津市河北商会会长赵永良等有关方面领导参加活动。活动中,市慈善协会的领导为天津市河北商会协办处揭牌。协办处的设立,天津市慈善协会联合外省驻津商会组织动员会员单位共同参与慈善捐赠和志愿服务,为在津企业搭建慈善公益平台。这一举措在全国慈善会系统具有创新意义。

2019 年

天津市慈善协会走访困难家庭

2019年1月23日至24日,市人大常委会原副主任、市慈善协会会长散襄军,市政协原副主席、市慈善协会原会长曹秀荣,副会长赵伟,党支部书记佟树海,副会长兼秘书长兰国樑,顾问石岩等主要领导分别带队深入西青区、南开区、河西区走访慰问了见义勇为、低保、低保边缘户、低收入、散居孤儿、特困供养等十户困难家庭。

天津市慈善协会召开第五届理事会第二次会议

2019年2月25日,天津市慈善协会第五届理事会第二次会议在赛象酒店召开。全国人大常委会委员、天津市人大常委会原主任肖怀远出席并讲话,天津市慈善协会会长散襄军主持会议并作总结讲话,市慈善协会原会长曹秀荣出席,天津市民政局局长吴松林、副局长朱峰,天津市卫生健康委员会副主任韩晓芬,天津中医药大学党委常委、副校长孟昭鹏,天津市红十字会党组书记、常务副会长张红，天津市总工会一级巡视员程树海，天津市残疾人联合会二级巡视员施春林，中国书协副主席、天津市文联副主席、天津市书协常务副主席张建会出席。市慈善协会副会长、副会长单位、顾问、监事、法律顾问、理事，部分特邀社会慈善组织、商会、协会和公益慈善志愿团队的领导共86人参加会议。会上，副会长兼秘书长兰国樑作《天津市慈善协会2018年度工作报告》，党支部书记佟树海作《天津市慈善协会2018年度财务收支情况报告》，副会长王树生作《天津市慈善协会章程》(草案)说明，副秘书长韩春霞作《有关人事事项的说明》。聘请肖怀远、曹秀荣为高级顾问，史建国、李家森为顾问。新增赵伟、赵永良为副会长，并新增崔兆臣等6位个人理事，新增天津圆和通物流有限公司等2家理事单位。

天津市慈善协会确立十大慈善品牌项目

2019年2月25日，在天津市慈善协会第五届理事会第二次会议上发布了天津市慈善协会2019年开始重点实施的十大品牌项目，分别是：1. 情暖万家·慈善助困项目；2. 爱心成就梦想·慈善助学项目；3. 守护希望·贫困家庭儿童大病救助项目；4. 生命之光·重特大疾病、罕见病药品援助项目；5. 有爱不再孤单·慈善助孤项目；6. 为了明天·关爱留守、困境儿童项目；7. 九九重阳·慈善助老项目；8. 爱心助飞梦想·慈善助残项目；9. 关爱金色童年·血友病患儿援助项目；10. 慈善光明行·老年白内障患者援助项目。

第九届"津门女书画家佳作邀请展"举行 义卖善款用于扶贫帮困

2019年3月7日，"祖国颂——第九届津门女书画家佳作邀请展"在六号院创意产业园正式开展，庆祝第109个国际劳动妇女节。天津市慈善协会原会长曹秀荣，天津市美术家协会副主席史振岭，天津市书法家协会原主席唐云来，天津画院原院长王峰，天津美术学院原书记陆福林等有关方面领导出席。17位女书画家向天津市慈善协会捐赠书画作品37幅，义卖活动共筹得善款12300元，资金将全部用于扶贫帮困。她们创作的作品，一方面展示出当今女书画家探索的主要趋向，另一方面也展示出新世纪女性在创造未来文化中所付出的努力,以及她们愿以自己的专长服务于国家,服务于社会,服务于人民的足迹。

2019 年度"慈善光明行"白内障援助复明项目推动会议召开

2019 年 3 月 13 日,天津市慈善协会十大品牌项目之一——"慈善光明行"老年白内障患者援助项目正式启动,并在天津爱尔眼科医院召开了 2019 年度项目工作会议。天津市慈善协会会长散襄军,南开区副区长罗进飞,天津爱尔眼科医院首席顾问李捷等医院领导,16 个区民政局和慈善协会等相关领导出席,天津爱尔眼科医院的相关医护人员,受助患者代表参加会议。天津爱尔眼科医院通过湖南爱眼公益基金会向天津市慈善协会捐赠 2019 年项目援助款 200 万元。该项目于 2012 年 4 月份启动,已连续开展 7 年,在社会上产生了重大影响,使广大的老年白内障患者受益。截至 2018 年底,"慈善光明行"行动已为近万名白内障患者实施手术 15000 余例。援助资金总额超过 1000 万元。患者的手术质量满意度高,援助行动受到广大患者的好评。

天津市慈善协会组织召开第五届理事会会长扩大会议

2019 年 4 月 16 日,市慈善协会组织召开第五届理事会会长扩大会议,副会长、副会长单位主要负责同志、高级顾问、顾问、各区慈善协会主要领导和部分理事代表等出席会议。会议传达了市委书记李鸿忠同志讲话精神和市委常委、市委统战部部长冀国强同志提出的工作要求,部署了《积极开展东西部扶贫协作和支援合作的实施方案》,发出了"东西部扶贫协作——天津慈善在行动"倡议书,散襄军会长做了工作动员。

天津市第六个"关爱儿童之家"启动

2019 年 4 月 23 日,由天津市民政局和天津市慈善协会联合主办的天津市第六所"关爱儿童之家"启动仪式在武清区黄花店镇八里桥中心小学举行。天津市慈善协会会长散襄军,武清区区委常委、常务副区长洪世聪,市民政局副局长朱峰等有关方面负责同志,以及有关社会组织、公益机构、爱心企业代表和学校师生等 200 余人参加本次启动仪式。关爱留守、困境儿童项目是市慈善协会今年重点实施的十大品牌项目之一。

2019 年度慈善助孤及优秀孤儿表彰大会举行

2019 年 5 月 25 日,有爱·不再孤单——2019 年度慈善助孤及优秀孤儿表彰大会在南开大学举行。市人大常委会原副主任、市慈善协会会长散襄军出席,市政协原副主席、市慈善协会高级顾问曹秀荣出席并讲话,南开大学党委书记杨庆山出席并致辞。市慈善协会党支部书记佟树海、副会长兼秘书长兰国樑、顾问周利,华夏未来文化艺术基金会副理事长赵骞,市工商联副主席、天津阳光义工爱心社社长张秀燕,市民政局社会福利与慈善事业处副处长李克俭,市民政局福利办副主任皮建云,天津广播电视台广播新闻中心副总监王栋,今晚报总编室主任杨晓慧,本市著名青年歌唱家张鹤以及捐赠单位、爱心人士代表和义工志愿者参加活动。

百岁老人捐款 10 万元助力脱贫攻坚

2019 年 6 月,天津市慈善协会收到了一笔 10 万元的脱贫攻坚善款,捐赠者是年近百岁的天津市民胡淑香。本次捐赠使其成为本市年龄最大的扶贫捐赠者。同年,老人荣获由天津市慈善协会等单位评选的"东西部扶贫爱心捐赠奖"。

老共产党员魏丰捐款 20 万元助力脱贫攻坚

2019 年 7 月 15 日,市委常委、市委统战部部长、市社会动员专项工作组组长冀国强,市慈善协会会长散襄军在宁河区政府领导的陪同下看望并慰问了 97 岁高龄的老共产党员魏丰。魏丰通过天津市慈善协会向本市脱贫攻坚行动捐赠善款 20 万元。冀国强部长和散襄军会长向魏丰同志颁发了捐赠纪念牌和捐赠证书。魏丰于 1922 年出生于河北省任丘。"七七事变"后,15 岁的他参加了任丘抗日人民自卫军。后被编入八路军冀中军区野战第 16 团,随军转战晋察冀、冀鲁豫各抗日根据地,参加过南征讨逆、百团大战等重大战役。他 17 岁因表现英勇在战斗中火线入党。新中国成立后,魏丰转业到地方从事经济工作,直到离休。

2019 年"爱心成就梦想"慈善助学主题活动举行

2019 年 8 月 22 日，奋进新时代 共筑强国梦——2019 年"爱心成就梦想"慈善助学主题活动在河西区举行。市政协原副主席、市慈善协会高级顾问曹秀荣出席并讲话。河西区区委书记李学义，南开大学副校长、知名院士陈军，市民政局副局长刘丽红，天津海河传媒中心天津日报事业部副总编辑刘晓津，市教委学生思想教育与管理处处长赵鸣，河西区民政局党委书记、局长李晓柏，市民政局社会福利与慈善事业处副处长李克俭，市慈善协会党支部书记佟树海、副会长兼秘书长兰国樑、顾问周利，河西区慈善协会会长韩玉泉，天津建材集团董事胡景山、副总经理毛玥，环渤海金岸集团老领导李庆云、党委书记兼董事长吕清青、总经理孙世国出席，受助学生代表、各区慈善协会相关负责人、爱心企业和爱心个人代表参加活动。活动中，爱心企业、爱心个人代表向市慈善协会捐赠助学款，与会领导向受助学生代表发放助学金，每位学生 5000 元。

天津市慈善协会举行"天津慈善奖"评选表彰活动

2019 年 9 月 8 日，庆祝中华人民共和国成立 70 周年"天津慈善奖"评选表彰活动举行表彰大会。此项评选表彰活动由市慈善协会、市红十字会、市青少年发展基金会、市残疾人福利基金会、市妇女儿童发展基金会、市光彩事业促进会、天津广播电视事业部共同主办。市慈善协会高级顾问肖怀远，市人民政府副市长李树起、康义，中华慈善总会副会长刘伟，市慈善协会会长散襄军，高级顾问曹秀荣，中共天津市委统战部副部长唐瑞生，市民政局局长吴松林，市卫生健康委主任王建国，市人民政府合作交流办公室主任、党组书记张庆恩，共青团天津市委书记王峰，市妇女联合会党组书记、主席戴蕴，市残疾人联合会党组书记雷颖君，天津海河传媒中心总裁王奕，天津市总工会常务副主席林引，市红十字会党组书记、常务副会长吴庆云，海河传媒中心广电事业部总编辑印永清，市民政局副局长刘丽红出席，受表彰单位和个人以及各主办单位和其他出席活动人员共计 800 余人参加大会。授予 57 名个人、59 个单位"天津慈善奖"，对其中做出突出贡献的 10 名个人、10 个单位授予

"慈善之星"称号;授予64名个人、78个单位"东西部扶贫爱心捐赠奖";授予14名个人、20个单位"天津慈善奖"提名奖。

天津甘肃东西部扶贫协作社会动员组签约仪式举行

2019年9月3日,天津甘肃东西部扶贫协作社会动员组签约仪式在兰州举行。天津市委常委、市委统战部部长冀国强,甘肃省委常委、省委统战部部长马廷礼出席签约仪式。本次签约由两省市社会动员组牵头,组织天津市慈善协会与甘肃省慈善总会签订了全面战略合作协议,双方将围绕"两不愁三保障"特别是"助困、助学、助医、助老、助孤、助残"进一步加大合作力度,动员天津方面社会力量支援甘肃省款物规模超亿元。天津市慈善协会对17个扶贫项目进行实地考察调研,这些项目涉及甘肃省的5个市州、14个县区,项目内容包括助学、助医、助老、助残及乡村道路、农村书屋、"点亮乡村"、留守儿童之家等方面。

天津市慈善协会赴甘肃省对扶贫项目进行实地考察调研

2019年9月19日至22日,市人大常委会原副主任、市慈善协会会长散襄军,市慈善协会顾问张勉,市政府合作交流办副主任张雷光,市挂职甘肃省扶贫办副主任陈世忠,市慈善协会副会长兼秘书长兰国樑,市支援合作三处调研员裴风亮、任江海,市慈善协会相关部门负责人和爱心企业单位代表一行14人赴甘肃省对17个扶贫项目进行实地考察调研。天津市慈善协会与甘肃省慈善总会签订了第一批总额为614.9万元、共计14个援助项目的协议书。

九九重阳·名医公益行大型义诊活动启动暨天津市卫生健康系统慈善医疗志愿服务团成立仪式举行

2019年9月29日上午,庆祝新中国成立70周年——九九重阳·名医公益行大型义诊活动启动暨天津市卫生健康系统慈善医疗志愿服务团成立仪式在津南区举行。市人大常委会原副主任、市慈善协会会长散襄军出席并宣布义诊活动启动。市卫生健康委员会党委委员、副主任王浩,市慈善协会党支部书记佟树海、副会长兼秘书长兰国樑、顾问石岩,津南区人大常委会主任孙长顺,津南区政府副区长罗家均,市卫健委统战处处长程淼,津南区卫健委党委书记、主任程俊敏出席,津南区卫健委、区民政局、区慈善协会、北闸口镇的相关领导出席。活动上,市慈善协会领导向市卫健委统战处授志愿服务团标识。仪式后,各位专家、名医为到场的老年人进行了义诊。

大型义诊活动暨名中医志愿服务定点服务基地揭牌仪式举行

2019 年 9 月 29 日下午,大型义诊活动暨名中医志愿服务定点服务基地揭牌仪式在南开区养老中心举行。市政协原副主席、市慈善协会高级顾问曹秀荣出席并讲话。天津中医药大学党委书记李庆和,南开区政府副区长罗进飞,天津中医药大学党委副书记刘革生、副校长孟昭鹏,市慈善协会副会长赵伟、副会长兼秘书长兰国樑,南开区民政局副局长张文革,南开区养老中心院长常冠山,副院长金晔、王丽出席。活动上,与会领导共同为志愿服务队定点服务基地揭牌。

"慈善情·暖万家"2020 年迎新春慈善助困项目启动

2019 年 12 月 12 日,"慈善情·暖万家"2020 年迎新春慈善助困项目启动仪式在天津市慈善服务中心举行。全国人大常委会委员、全国人大民族委员会副主任委员、市慈善协会高级顾问肖怀远出席,市人大常委会原副主任、市慈善协会会长散襄军出席并讲话。市政协原副主席、市慈善协会高级顾问曹秀荣出席。市卫生健康委员会、天津中医药大学的相关领导,市慈善协会副会长、顾问、监事长,部分副会长单位代表,部分理事,各区慈善协会领导以及爱心企业、爱心人士、慈善志愿服务团队、慈善协办处的代表参加。仪式上,爱心单位和个人捐赠了助困款物。本市书画家捐赠了书画作品。福建商会、国际商会、湖南商会、三胞联谊会成立协办处,市慈善协会会长散襄军同志为协办处授牌。市慈善协会高级顾问肖怀远同志、曹秀荣同志为中国银行天津南开支行志愿服务队等 12 家志愿服务团队授旗。

2020 年

天津市慈善协会开展走访慰问行动

2020 年 1 月 13 日-16 日,市人大常委会原副主任、市慈善协会会长散襄军、高级顾问曹秀荣,及协会领导、顾问分别带队深入河西区、南开区、河北区、河东区、宁河区走访慰问了劳模志愿者、慈善老人、大重病、重残等十三户家庭。

天津市慈善协会率先启动疫情防控捐助行动

2020 年 1 月 25 日,天津市慈善协会发起"抗击疫情 众志成城"——战胜新型冠状病毒感染的肺炎疫情公共募捐行动。次日,协会召开会长办公会议,传达贯彻中央政治局常委会和天津市委会议精神,研究部署参与疫情防控的工作,并通过官方网站和主流媒体发出《呼吁书》,号召天津市社会各界和个人、各级慈善组织和会员,全力以赴参与疫情防控。

天津市红十字会到市慈善协会交流座谈

2020 年 2 月 6 日,市红十字会党组书记、常务副会长吴庆云,副会长张彤,项目部长吴军一行三人到市慈善协会交流座谈。市人大常委会原副主任、市慈善协会会长散襄军出席,副会长赵伟、副会长兼秘书长兰国樑、党支部书记王晓林参加座谈会。

天津市委统战部与市慈善协会开展座谈

2020 年 2 月 20 日,市委常委、市委统战部部长冀国强,市委统战部副部长高树彬到市慈善协会检查指导工作并慰问协会工作人员和现场捐款的企业家。市人大常委会原副主任、市慈善协会会长散襄军与市委统战部领导座谈。市慈善协会副会长兰国樑就协会在新型冠状病毒感染的肺炎疫情发生以来的工作情况进行了汇报。

天津市慈善协会和爱心企业慰问交通环卫系统疫情期间坚守一线的人员

2020年3月11日,天津市慈善协会和天津光明梦得乳品有限公司到市交通运输委员会、河西区环卫局九连山机扫中心、体育中心公交站,慰问在抗击疫情期间坚守一线的人员。天津市慈善协会会长散襄军,天津光明梦得乳品有限公司董事长于静参加,天津交通集团党委书记、董事长杨洪峰,天津市城市管理委二级巡视员吴光亮,天津公交集团党委书记、董事长张军参加相关活动。为了让在抗击疫情期间坚守一线的人员能够及时补充营养物质,增强免疫力,天津光明梦得乳品有限公司通过天津市慈善协会捐赠价值524.84万元的乳品。本次活动向天津交通集团抗疫应急车队捐赠价值9.64万元乳品、向一线环卫工人捐赠价值96.4万元乳品、向公交集团一线驾驶员捐赠价值100.8万元乳品,共计价值206.84万元。天津光明梦得乳品有限公司董事长于静代表公司向天津市慈善协会进行捐赠,散襄军会长接收捐赠。

天津市慈善协会与天津市商务经济研究会、天津市振兴餐饮文化促进会合作签约

2020年4月30日,"为爱出发·情暖一线"天津市慈善协会与天津市商务经济研究会、天津市振兴餐饮文化促进会合作签约仪式在天津市慈善服务中心举行。市人大常委会原副主任王述祖,市人大常委会原副主任、市慈善协会会长散襄军,市人大常委会原副主任李泉山出席并讲话。市商务经济研究会会长钱伟荣、副会长蔡南山,市振兴餐饮文化促进会会长李宏、副会长卢庆勇、张彦、秘书长于仲鸣,市慈善协会顾问周利、副会长兰国樑、秘书长常金发参加活动。

第十七次"有爱,不再孤单—慈善助孤活动"举行

2020年6月1日,在由市区两级慈善协会联合主办,今晚报社、天津广播电视台广播新闻中心、津云、华夏未来少儿艺术中心共同协办的第十七次"有爱,不再孤单—慈善助孤活动"中,本市245名散居孤儿每人获得了1000

元资助款,全市 41 名自强自立的优秀孤儿最高获得了 2000 元的奖励。

天津市慈善协会项目入选"中华慈善品牌"项目宣传推荐活动

2020 年 7 月,由中华慈善总会组织开展的 2019 年度"全国慈善会基层慈善先进工作者、爱心企业、爱心企业家、中华慈善品牌项目"先进事迹推选宣传活动揭晓。经全国各省、自治区、直辖市等地方慈善会自主推荐、评审委员会严格审核,共评出 32 个"全国慈善会基层慈善先进工作者",48 个"全国慈善会爱心企业",33 个"全国慈善会爱心企业家",37 个"中华慈善品牌项目"。天津市慈善协会开展的"盛世情暖 与爱同行"东西部对口扶贫项目入选"中华慈善品牌"项目宣传名单。

2020 年"爱心成就梦想"慈善助学金颁发仪式及座谈会举行

2020 年 8 月 27 日,由天津市慈善协会、各区慈善协会与天津日报联合发起的助学、筑梦、铸人——2020 年"爱心成就梦想"慈善助学金颁发仪式及座谈会在市慈善协会服务中心举行。市人大常委会原副主任、市慈善协会会长散襄军出席并讲话,天津医科大学副校长、天津医科大学总医院党委副书记、院长雷平出席并讲话。天津海河传媒中心天津日报事业部副总编辑刘晓津,市教育委员会学生处副处长刘文辉,市民政局慈善事业促进和社会工作处副处长李克俭,市慈善协会顾问周利、韩宏范,副会长兼秘书长兰国樑,天津鑫裕建设发展股份有限公司董事总经理齐义乐,中天建设集团有限公司天津公司办公室主任朱小勇出席。各区慈善协会负责人,爱心企业、爱心个人的代表,受资助的优秀学生代表参加。194 名受助学子每人收到助学金 5000 元。

天津市慈善协会召开第五届会员代表大会第二次会议
暨第五届理事会第三次会议

2020 年 9 月 5 日,天津市慈善协会第五届理事会第四次会议在天津市慈善服务中心召开。天津市慈善协会高级顾问肖怀远出席并讲话,会长散襄军主持会议并作总结讲话,高级顾问曹秀荣、天津市民政局局长吴松林出席并讲话。市慈善协会副会长、副会长单位、顾问、监事、法律顾问、理事及部分特邀社会慈善组织、商会、协会和公益慈善志愿团队的负责人共 169 人参加会议。会上,副会长赵伟作《天津市慈善协会工作报告》,副会长吴廼峰作《天津市慈善协会 2019 年度财务收支情况报告》,党支部书记王晓林作《天津市慈善协会章程》的修改说明,副会长兰国樑作《有关人事事项的说明》。新增天津医科大学总医院、天津中医药大学为副会长单位。聘请佟树海、韩宏范为顾问。23 家理事单位调整为个人理事。新增丁玉海等 47 位个人理事,新增天津海河传媒中心等 7 家理事单位。副会长兰国樑同志不再兼任秘书长职务,党支部书记王晓林任秘书长。由秘书长提名,周莲娣任副秘书长。

天津市慈善协会向天津人艺转拨捐赠款用于抗疫演出

2020 年 9 月,天津市慈善协会根据《中华人民共和国慈善法》,向天津市人民艺术剧院转拨了中国建筑第六工程有限公司的定向捐赠 70 万元善款,帮助企业实现了通过慈善的渠道,促进文化事业的发展的愿望。根据捐赠方的定向捐赠意愿,此款将用于天津人民艺术剧院剧真实呈现津沽抗疫史诗——大型大话剧《生死 24 小时》的演出需要。

天津市表彰扶贫协作和支援合作工作先进集体和先进个人

2020 年 10 月 13 日,在第七个"国家扶贫日"即将到来之际,天津市 2020 年扶贫协作和支援合作工作先进集体先进个人颁奖仪式举行。中共天津市委办公厅、天津市人民政府办公厅发布《关于表彰天津市扶贫协作和支援合作工作先进集体和先进个人的决定》,决定对在东西部扶贫协作和支援合作工作中表现突出的 52 个先进集体和 71 名先进个人予以表彰,分别授予"天津市扶贫协作和支援合作工作先进集体"和"天津市扶贫协作和支援合作工作先进个人"荣誉称号。天津市慈善协会被评选为先进集体。

天津市慈善协会召开协办处首次工作座谈会

2020 年 10 月 20 日上午,天津市慈善协会召开协办处首次工作座谈会。天津市慈善协会会长散襄军出席并讲话。来自天津市慈善协会 19 家商、协会协办处的相关领导出席。天津市慈善协会创新慈善工作格局,自 2019 年以来,在各省市驻津商会陆续设立慈善协办处,为在津企业搭建慈善公益平台。截至座谈会,已经成立了20家协办处。

天津市慈善协会联合各区慈善协会及有关单位表彰慈善老人

2020年10月25日重阳节,市慈善协会联合各区慈善协会及有关单位表彰慈善老人,对在脱贫攻坚战、疫情防控阻击战以及为本市慈善事业发展做出积极贡献的60位老年人进行表彰。

天津市慈善协会首个律师事务所协办处正式成立

2020年11月25日,天津市慈善协会与天津融汇律师事务所正式签署合作协议,标志着市慈善协会首个律师事务所协办处正式成立。在律师事务所建立慈善协办处,是市慈善协会的一次创新实践,也是落实习近平总书记"以人民为中心"发展思想的具体行动。因为有专业律师事务所支持慈善公益事业,可以更好地发挥社会公益组织的作用,更好地为有困难群众服务。

天津市慈善协会获得湖北省慈善总会"新冠肺炎疫情防控捐赠突出贡献奖"

2020年12月,湖北省慈善总会向天津市慈善协会颁发了"新冠肺炎疫情防控捐赠突出贡献奖"荣誉证牌,以表达天津市慈善协会积极支援湖北省慈善总会抗击新冠肺炎疫情的感谢。新冠肺炎疫情发生后,天津市慈善协会全面落实党中央、国务院决策部署,按照天津市委市政府的工作要求,全体动员、全力以赴投入新冠肺炎疫情防控的人民战争。截至2020年12月31日,接收全市社会各界捐赠的抗疫款物5542.65万元,其中资金3609.43万元,物资价值1933.21万元(包括评估后价值380万元)。向湖北省、天津市等地区拨付社会捐赠资金3583.17万元,拨款率达到99.27%,物资全部拨付用于疫情防控工作。

天津市慈善协会获评5A评估等级结果

2020年12月7日,天津市民政局发布《天津市民政局关于公布2019年度市属社会组织评估等级结果的通告》。根据《社会组织评估管理办法》（国家民政部令第 39 号）和《天津市社会组织评估管理办法》（津民发〔2012〕50 号），经初评、终评、公示，已全部完成 2019 年度天津市社会团体、社会服务机构（民办非企业单位）、基金会的评估工作。天津市慈善协会获得 5A 级公益类社会团体评估等级。

天津慈善与社会救助法治研究中心成立

2020 年 12 月 14 日，天津工业大学与天津市慈善协会共同创立的天津慈善与社会救助法治研究中心签约与揭牌仪式在天津工业大学举行。中华慈善总会副会长刘伟、天津市慈善协会会长散襄军、天津工业大学党委书记俞绍平等领导出席。新创建的天津慈善与社会救助法治研究中心，将以习近平新时代中国特色社会主义思想为指导，深入贯彻习近平总书记关于慈善事业全面论述的具体举措。将依托天津工业大学法学院教学科研队伍，立足天津、面向全国、着眼世界，从理论和实践两方面，为慈善与社会救助法治的发展建设贡献力量。

2021 年

天津市社会力量助力挂牌督战总结会召开

2021 年 1 月 14 日，天津市社会力量助力挂牌督战总结会在天津市慈善服务中心召开。市政府副市长李树起出席并讲话，市人大常委会原副主任、市慈善协会会长散襄军出席并讲话，全市受表彰的社会组织、企业的相关负责人参加。总结会上，向 180 家社会组织、146 家企业颁发了荣誉证书。

天津市慈善协会首次召开志愿团队代表交流座谈会

2021 年 1 月 15 日，天津市慈善协会首次召开志愿服务团队代表交流会。天津市慈善协会会长散襄军出席。天津藏十年志愿服务队、华润天津医药志愿服务队、北房建微慈善志愿服务队、西青区妙妙公益服务队、公交志愿服务队等 14 支志愿服务团队代表参加。座谈会上,散襄军会长代表市慈善协会向大家表示感谢,希望大家今后团结协作,牢记习近平总书记的教导,做人人心怀慈善的宣传者,人人参与的领军者,为把天津建成慈善之都贡献力量。

2021 年迎新春慈善助困活动慰问物资发放仪式举行

2021 年 1 月 22 日,慈善情·暖万家 2021 年迎新春慈善助困活动慰问物资发放仪式举行。市人大常委会原副主任、市慈善协会会长散襄军出席并宣布慰问物资发放启动。今年迎新春慈善助困活动,有 20 余家企业,近千名个人参与捐赠,募集款物合计近 300 万元。市、区两级慈善协会共计慰问困难家庭 7842 户。

天津市首个慈善养老项目落地西青区

2021 年 1 月,天津市首个慈善养老项目在西青区颐瑞养老中心落地,84 张慈善养老床位将成为我市低保、低收入及特困供养老人的安全保障归宿,可以从根本上解决这些老人"老有所养"的问题。这是天津市慈善协会慈善助老的一种探索与创新。该项目由市慈善协会与西青区颐瑞养老中心共同创办,旨在帮助我市困难老人减轻机构养老的经济负担。承担该项目的颐瑞养老中心首期开设的 84 张慈善养老床位,供自理老人和失能老人使用。对所有入院老人只收取一日三餐、护理员成本费用,其他所需费用,由颐瑞养老中心在市慈善协会设立的专项基金补充支持。

天津市慈善协会走访慰问劳模志愿者、慈善老人代表

2021 年 2 月 4 日,市人大常委会原副主任、市慈善协会会长散襄军及协会领导班子成员,分三路走访慰问,深入河西区、西青区、宁河区、南开区、河北区慰问劳模志愿者、慈善老人代表。散襄军会长一行先后看望并慰问了全国劳动模范孙丽华和张士珍。韩宏范顾问一行到宁河区爱心人士魏丰、王恩浦和获得天津市十大孝亲之星的高三学生赵子良家中走访慰问。党支部书记兰国樑一行到爱心市民王燕玺、宫英杰家中走访慰问。

天津市慈善协会获得全国脱贫攻坚先进集体荣誉称号

2021年2月25日上午,全国脱贫攻坚总结表彰大会在北京人民大会堂隆重举行。大会对全国脱贫攻坚先进个人以及全国脱贫攻坚先进集体进行了表彰,其中,天津23名个人和18个集体上榜。其中,天津市慈善协会获评全国脱贫攻坚先进集体。自2018年以来,天津市慈善协会已接收接转全市社会各界5600余个单位和个人捐赠的扶贫款物8387.33万元(其中物资844.35万元)。与甘肃省、河北省承德市、新疆维吾尔自治区对接了60个项目,为受援地区脱贫攻坚作出了积极贡献,受到了对口支援地区省市县领导的高度赞誉和本市领导的充分肯定。

天津市西青区领导到市慈善协会交流座谈

2021年3月4日,西青区委书记李清,区长白凤祥到访市慈善协会,双方举行座谈就慈善公益等方面工作进行交流。市人大常委会原副主任、市慈善协会会长散襄军,著名艺术家、天津美术学院原院长邓国源,西青区慈善协会会长郭宝印,市慈善协会顾问韩宏范,秘书长王晓林,市慈善服务中心副主任兼秘书长郭新臣等参加座谈会。

2021年"慈善光明行"眼健康守护行动工作会议召开

2021年3月25日,2021年"慈善光明行"眼健康守护行动工作会议在天津爱尔眼科医院召开。市人大常委会原副主任、市慈善协会会长散襄军出席并讲话。会议上,天津爱尔眼科医院通过湖南爱眼公益基金会向天津市慈善协会捐赠2021年项目援助款500万元。会议对项目2020年工作进行总结并部署2021年工作。

天津市慈善协会荣获拜科奇/科跃奇 Co-pay 慈善援助项目荣誉

2021年3月26日上午,中华慈善总会召开了拜科奇/科跃奇 Co-pay 慈善援助项目年度工作会议(线上视频会议)。会议对2020年度中华慈善总会拜科奇/科跃奇患者援助项目表现优异的单位、捐赠方和个人进行了评选表彰。天津市慈善协会获得年度突出贡献奖和年度优秀标杆奖、天津市社会救助基金会获得慈善奉献奖、天津市慈善协会项目负责人李欣谕获得年度血友关爱之星金奖。天津市在全国各省市中是唯一获得四个奖项。天津市慈善协会作为地方慈善会代表发言,介绍了工作经验,对2021年工作进行了展望。

天津市慈善协会召开第五次会长(扩大)会召开

2021年3月31日,市慈善协会召开第五次会长(扩大)会,部署接续推进全面脱贫与乡村振兴有效衔接工作安排。市人大常委会原副主任、市慈善协会会长散襄军主持会议。此次部署的工作安排,是市慈善协会通过认真学习习近平总书记在中央农村工作会议和全国脱贫攻坚总结表彰大会上的重要讲话精神,全面领会了市委有关乡村振兴的方针、政策,结合慈善组织的特点认真研讨确定的,以确保全面落实党中央、国务院和市委、市政府关于巩固拓展脱贫攻坚成果同乡村振兴有效衔接的部署要求,充分发挥慈善组织在第三次分配中的作用。会上,审议了市慈善协会第五届理事会第四次会议议程,有关主持人、报告人人员安排。副会长赵伟作《天津市慈善协会工作报告》起草说明,副会长兰国樑作《天津市慈善协会2020年度财务收支情况报告》财务报告起草说明,秘书长王晓林作人事事项说明。会议以鼓掌和举手表决的方式通过了上述有关文件及事项。

天津市慈善协会召开协办处乡村振兴工作动员推动会

2021年4月13日,市慈善协会召开协办处乡村振兴工作动员推动会。秘书长王晓林传达学习市委、市政府关于巩固拓展脱贫攻坚成果同乡村振兴有效衔接工作会议精神,顾问韩宏范宣读市慈善协会关于巩固拓展脱贫攻坚成果 积极投身乡村振兴战略工作安排意见。副会长兰国樑作总结发言。

天津市慈善协会召开志愿服务队乡村振兴工作动员推动会

2021年4月14日,市慈善协会召开志愿服务队乡村振兴工作动员推动会。秘书长王晓林传达学习市委、市政府关于巩固拓展脱贫攻坚成果同乡村振兴有效衔接工作会议精神,顾问韩宏范宣读市慈善协会关于巩固拓展脱贫攻坚成果 积极投身乡村振兴战略工作安排意见。副会长兰国樑作总结发言。

2021 年天津血友病患者援助项目启动

2021 年 4 月 17 日,共青团天津市委员会、天津市慈善协会共同举行了"世界跃变 友爱不变"——迎建党百年暨 2021 年世界血友病日主题活动,这也标志着 2021 年天津血友病患者援助项目正式启动。天津市慈善协会会长散襄军,共青团天津市委员会书记李龙,中华慈善总会副秘书长叶家兴出席,市卫生健康委、市民政局、天津广播电视台交通广播、市少年儿童活动中心、拜耳医药保健有限公司、市慈善协会、市社会救助基金会的相关负责同志参加。2021 年该项目援助对象是具有天津市户籍,家庭生活困难,参与中华慈善总会"拜科奇/科跃奇 Co-pay 慈善援助项目",符合相关医学标准的 18 岁以下(含 18 岁以上仍在学)血友病患儿。为了进一步减轻患者家庭的经济负担,天津市慈善协会早在 2012 年就已经启动了"关爱金色童年"血友病患儿援助项目,对全市血友病患儿给予补充性救助。

天津市慈善协会回访对口支援承德地区扶贫项目

2021 年 5 月 13 日,天津市慈善协会会长散襄军带队,协会相关领导和工作人员以及爱心企业家,前往河北省承德市兴隆县、平泉市两地回访脱贫攻坚战役中对口支持的项目单位。希望通过回访总结积累经验,做到以实干促振兴,遵循乡村发展规律,推动乡村振兴不断取得新成效。自 2019 年起,两年里天津市慈善协会共向承德市提供的包括接转在内的款物总计近 2500 万元,其中市慈善协会自身捐助的款物近 1500 万元。

天津市眼科医院光明慈善基金启动座谈会举行

2021 年 5 月 17 日,天津市眼科医院光明慈善基金启动座谈会在市慈善服务中心举行。天津市慈善协会会长散襄军,天津市眼科医院党委书记王春革,眼科医院视光中心法人代表李丽华等相关领导出席。座谈会上,天津市眼科医院总计捐款 600 万元支持公益,并将在天津市慈善协会设立光明慈善基金,现已确定其中 400 万元将定向用于支援乡村振兴战略工作。

天津市慈善协会赴甘肃省对乡村振兴项目进行实地考察

2021 年 5 月 17 日至 20 日,市慈善协会顾问韩宏范、副会长兰国樑和工作人员一行 4 人,赴甘肃省对乡村振兴项目进行实地考察。走访甘南州合作市、夏河县;白银市会宁县、靖远县;兰州市皋兰县项目点位 17 个。天津市慈善协会与甘肃省慈善总会举行座谈,就下一步项目援助方向达成基本意向。甘肃省慈善总会朱志良会长,副会长梁国安、张忠健,天津援甘前方指挥部总指挥袁新河,前方指挥部相关处室负责同志花俊刚、侯立群等参加相关座谈会或陪同考察。

天津市首届慈善公益摄影展开幕

为庆祝中国共产党成立 100 周年,由天津市慈善协会联合天津市摄影家协会、天津美术馆共同主办的"弘扬慈善文化 永远跟党走"天津市首届慈善公益摄影展于 5 月 29 日在天津美术馆隆重开幕。天津市人民政府副市长周德睿向首届慈善公益摄影展的开幕表示祝贺。天津市慈善协会会长散襄军,高级顾问曹秀荣,市委统战部副部长高树彬,市人大常委会社会建设委员会副主任委员戴蕴,市民政副局长刘丽红,市卫健委党委副书记、副主任韩晓芬,市委政法委政治部主任叶浩兵,市合作交流办副主任王东,市总工会党组成员、副主席张秀强,团市委副书记成子金,市妇联副主席贾雪娜,市归国华侨联合会副主席、党组副书记陈钟林,市红十字会党组成员、副会长张彤,中国侨商联合会常务副会长、市慈善协会副会长沈家燊,中国侨商联合会副会长沈毅,天津市摄影家协会主席李锦河,中国美术家协会副主席、天津市美术家协会主席王书平,天津市荐福观音寺住持、市佛教慈善功德基金会理事长妙贤出席,市慈善协会副会长、副会长单位和顾问,理事及理事单位相关领导,部分慈善公益组织,各区慈善协会,市慈善协会协办处和志愿服务队相关人员参加。主办单位从社会各界投稿的近万幅作品中精心筛选出照片 350

幅。展出作品以图文并茂的形式生动反映了慈善组织在东西部扶贫协作和对口支援、抗击新冠肺炎疫情和民计民生事业中的精神风貌，充分彰显了在党和政府的领导和推动下本市慈善事业发展的丰硕成果，展现了广大人民群众的大爱情怀。本次慈善公益摄影展从即日起到 6 月 6 日。

第 18 届"有爱，不再孤单"慈善助孤活动圆满结束

2021 年 5 月 30 日，由天津市、区两级慈善协会联合主办，天津广播电视台广播新闻中心、今晚报、华夏未来少儿艺术中心、天津教育出版社共同协办的第 18 届"有爱，不再孤单"慈善助孤活动圆满结束。此次助孤活动，天津市慈善协会收到社会各界捐赠助孤款 30 余万元，天津市 220 名散居孤儿每人得到 1000 元资助。27 名自强自立的孤儿被评为优秀孤儿。

"喜庆建党百年，树立时代榜样少年"主题活动举行

2021 年 7 月 4 日，值此中国共产党百年华诞之际，"喜庆建党百年，树立时代榜样少年"主题活动在天津市第七中学举行。市人大常委会原副主任、市慈善协会会长散襄军出席。活动上，百名榜样少年获得了由主办方颁发的荣誉证书、春晖孝慈公益基金会提供的奖学金，以及由清华经管 EMBA 天津校友会赠送的文具套装、津东·嘉诚集团赠送的国学经典光盘和书籍。

天津市慈善协会赴甘肃开展"津陇慈善情·助力乡村振兴"项目选址调研

2021 年 7 月 19 日至 23 日，协会顾问韩宏范、副会长兰国樑、肖栋带领协会工作人员及爱心企业代表一行 8 人赴甘肃省庆阳市进行"津陇慈善情·助力乡村振兴"项目选址调研。抵甘后，与甘肃省慈善总会组成联合考察组，分为两队在庆阳地区 7 个天津帮扶协作县展开为期 5 天的考察工作。津、陇慈善会联合考察组共走访庆阳地区环县、华池县、庆城县、合水县、正宁县、宁县、镇原县共 7 个县 17 个示范村，8 所中小学校，1 所医院，1 家养老中心，总行程 1680 公里，召开各类座谈会、工作会 20 余场，两支考察队于 7 月 22 日傍晚在庆阳市汇合，经会议合议，综合各村、各校对项目的实际需求、硬件条

件、管理状态、运营能力等因素考虑,选定 12 个村,6 所学校为"津陇慈善情·助力乡村振兴"系列项目首批实施点。

天津市慈善协会驰援河南等地防汛救灾

2021 年 7 月 20 日,河南郑州等地遭遇极端强降雨,部分地区受灾,社会各界十分关注并踊跃参与抢险救灾。天津市慈善协会召开会议布署驰援河南等地防汛救灾募捐工作,并发出"津沽有爱·驰援河南等地防汛救灾"的倡议书。多种方式开设募集捐赠通道,以方便爱心企业与爱心人士的捐赠,并通过河南省慈善总会尽快将天津人民对河南等受灾地区的援助资金、物资送抵最需要的地方。天津市爱心企业和市民通过天津市慈善协会捐款、银行转账、微信和支付宝捐赠等方式,为河南受灾地区奉献爱心,充分展现了天津人民对受灾地区的大爱。截至 7 月底,天津市慈善协会已经收到社会各界捐款近 300 万元。其中 200 万元善款拨付给河南省慈善总会,定向用于郑州和新乡受灾地区。

天津市慈善协会开展 2021 年"爱心成就梦想"慈善助学活动

2021 年 8 月 19 日,由天津市慈善协会、天津各区慈善协会与天津日报联合发起的庆祝中国共产党成立 100 周年系列活动之 2021 年"爱心成就梦想"慈善助学活动,在天津市慈善服务中心举行。天津市慈善协会会长散襄军,天津中医药大学副校长孟昭鹏,天津市教育委员会、天津海河传媒中心天津日报等相关单位领导出席,捐赠单位和个人代表以及受助学生参加活动。2021 年资助的 157 名自强学子中,来自低保家庭的有 150 人,低收入家庭有 7 人。活动开展过程中,社会各界积极奉献爱心。一批新的爱心单位和爱心人士加入到助学行列,并得到了高校天津校友会的大力支持。

天津市慈善协会召开第五届理事会第四次会议

2021 年 9 月 3 日,天津市慈善协会第五届理事会第四次会议在天津市慈善服务中心召开。天津市慈善协会会长散襄军主持会议并作总结讲话,高级顾问曹秀荣出席。市慈善协会副会长、副会长单位、顾问、监事、法律顾问、理

事及部分特邀社会慈善组织、商会、协会和公益慈善志愿团队的负责人共
113 人参加会议。会上，副会长赵伟作《天津市慈善协会工作报告》，副会长
兰国樑作《天津市慈善协会 2020 年度财务收支情况报告》，秘书长王晓林作
《有关人事事项的说明》。新增肖栋为副会长，天津市眼科医院为副会长单
位。天津大学爱尔眼科医院、天津市侯台商贸集团有限公司从理事单位调整
为副会长单位。新增王殿禄等 12 位理事。新增易生支付有限公司等 5 家理
事单位。

"乡村振兴我助力 同心共筑中国梦"社会动员项目签约仪式暨"中华慈善日"活动举行

2021 年 9 月 5 日，天津市社会动员专项工作领导小组办公室、天津市慈
善协会举行"乡村振兴我助力 同心共筑中国梦"社会动员项目签约仪式暨
"中华慈善日"活动。天津市委常委、市委统战部部长、专项工作领导小组组
长冀国强，天津市慈善协会会长散襄军出席，并为 12 支市慈善协会志愿服务
队授旗。按照天津市委、市政府部署要求，2021 年，天津市慈善协会研究制
订了"津陇慈善情 助力乡村振兴"慈善项目总体规划，计划用三年时间为我
市对口帮扶的甘肃省 34 个县、80 个示范村建立老人活动站、电子阅览室和
关爱儿童之家。仪式上，天津市慈善协会分别与多家爱心企业、社会组织签
署协议。

天津市慈善协会项目获得第十一届"中华慈善奖"表彰

2021 年 9 月 5 日，在第六个"中华慈善日"，由民政部举办的第十一届
"中华慈善奖"表彰大会在北京举行。全国 182 个爱心个人、爱心团队、捐赠
企业分别获奖。天津市三家单位榜上有名。天津市慈善协会的"津沽慈善
情"东西部对口扶贫项目荣获"中华慈善奖"中的"慈善项目和慈善信托"奖。
天津市慈善协会副会长肖栋在天津市分会场介绍了天津市慈善协会的工作
经验。

天津市慈善协会再赴甘肃开展"津陇慈善情·助力乡村振兴"项目选址调研

2021 年 9 月 6 日,天津市慈善协会派考察组再赴甘肃省开展"津陇慈善情·助力乡村振兴"项目选址调研,并对第一批部分项目进行回访。11 日上午,津陇慈善助力乡村振兴项目推进座谈会在兰州召开。座谈会上,天津市慈善协会与甘肃省慈善总会进行项目签约,共签订项目共计 82 个,其中老年活动站 25 个,电子阅览室 26 个,关爱儿童之家 19 个,光明小屋 12 个。天津市慈善协会向武威市天祝县捐赠衣服 1003 件。

天津市慈善协会荣获"全国农村留守儿童关爱保护和困境儿童保障工作先进集体"

2021 年 9 月 17 日,国家民政部公布了表彰"全国农村留守儿童关爱保护和困境儿童保障工作先进集体和先进个人"的决定,全国 199 个集体、400 名个人受到表彰。天津市 3 个集体、6 名个人榜上有名。天津市慈善协会荣获"全国农村留守儿童关爱保护和困境儿童保障工作先进集体"。

协会根据国务院印发的《关于加强农村留守儿童关爱保护工作的意见》,结合本市实际,先后制订"关爱儿童之家"项目方案和实施指导意见,并于 2016 年 3 月份在蓟州区进行试点。在各级党委、政府和市民政局的指导和帮助下,协会已在本市留守、困境儿童较为集中的蓟州、宝坻、宁河、武清、静海共 5 个涉农区建立"关爱儿童之家"七所。截至 2020 年 12 月底,"关爱儿童之家"累计使用资金 103 万元,开展活动 243 次,受助儿童 14350 人次。

天津市慈善协会开展 2021 年"九九重阳·慈善助老"活动

2021 年 10 月 14 日,天津市慈善协会以"关爱相伴重阳 助力共同富裕"为主题、组织的"九九重阳·慈善助老"活动,为本市老年人送去了温暖与欢乐。重阳节期间,天津市慈善协会组织三支慰问小组,走进 100 名热心公益的慈善老人和慈善之家,为老人们送上节日的祝福;我市 500 名低保、低收入困难老人收到了市慈善协会精心准备的健康食品礼盒;曾为国家发展建设作出过贡献的 260 名低保、低收入退休老人，收到了保险公司提供的"意外保险"。此外，在各区民政局、区慈善协会通力组织下，多家热心公益的医院深入社区，为广大老年人提供义诊服务，宣传健康保健知识。

天津市慈善协会举行"汇聚慈善力量 助力共同富裕"专题培训会

2021 年 11 月 4 日，市慈善协会举行了"汇聚慈善力量 助力共同富裕"专题培训会。天津工业大学人文社科学部主任、法学院/知识产权学院院长肖强，北京中伦文德（天津）律师事务所创始合伙人温志胜分别围绕在促进共同富裕的历史进程中发挥慈善事业应有作用以及慈善事业在助力共同富裕进程中的创新发展的主题，充分发挥慈善组织在第三次分配中的作用，扎实推动"共同富裕"的政策背景和时代深意等内容，从理论和社会实践方面进行解读和阐述。

天津市慈善协会举行"汇聚慈善力量 助力共同富裕"第二场专题培训会

2021 年 11 月 11 日，市慈善协会举行了"汇聚慈善力量 助力共同富裕"第二场专题培训会。南开大学法学院教师、天津慈善与社会救助法治研究中心研究员阎愚，天津工业大学法学院教师、天津慈善与社会救助法治研究中心研究员高建东分别围绕"提高专业素养，弘扬慈善精神"的主题，就共同富裕视野下《中华人民共和国慈善法》的功能、以法治力量引领慈善事业健康发展以及通过相关热点解读《中华人民共和国慈善法》等内容进行了详细阐述。

慈善情暖万家 2022 年"迎新春慈善助困"项目启动

2021 年 12 月 7 日，天津市慈善协会联合有关部门单位在 2022 年元旦春节期间共同开展"慈善情暖万家·助力共同富裕"——第二十六次"迎新春慈善助困"系列活动，为我市困难家庭、孤老、孤儿、孤残及因病致贫、因病返贫的困难家庭送温暖。天津市慈善协会会长散襄军，高级顾问曹秀荣出席，各区慈善协会的领导及相关负责人、爱心单位、爱心个人的代表以及协会协办处、志愿服务队的负责人参加。此活动也是"筑基"工程的重要组成部分,对于夯实党的长期执政基础,让困难群众感受到党和政府的温暖,具有重要作用。今年的活动延续了往年的与本市其他爱心单位横向联合、与各区慈善协会纵向联动,形成合力的多触角全覆盖式帮扶慰问,在对全市万余户困难家庭进行慰问的基础上,拓展救助维度、丰富活动形式,增加为失能老人上保险送健康;根据疫情防控的要求以适当的形式对困难养老机构进行慰问;看望长期支持参与慈善事业的普通百姓。

2022 年

天津市慈善协会发布疫情防控倡议书

2022 年 1 月 9 日,天津市慈善协会在奥密克戎变异毒株疫情发生之后,第一时间发布《关于做好疫情防控工作的倡议书》,全体工作人员全身心投入到社会募捐和善款善物对接转运工作中。天津市慈善协会向全市各级慈善组织、各位理事、会员、慈善协办处、志愿服务队及广大爱心市民发出倡议:提高政治站位,积极参与核酸检测;增强防控意识,严格执行各项防疫规定;发挥服务群众作用,参与志愿服务工作;极响应号召,非必要不离津。同时,协会在倡议书中公布了捐赠热线、银行账号和地址。

天津新宇彩板公司捐款 1000 万元 支持抗击新冠肺炎疫情

2022 年 1 月 13 日,天津市慈善协会理事、天津市新宇彩板有限公司总经理杜宝新向天津市慈善协会捐款 1000 万元支持本市抗击新冠肺炎疫情。天津市慈善协会会长散襄军接受捐赠,向杜宝新总经理颁发捐赠证书和纪念牌。天津市慈善协会、西青区人大、西青区民政局和区慈善协会的相关领导出席。

2020 年新冠肺炎疫情暴发后,在杜宝新总经理的带领下,公司第一时间通过市慈善协会向湖北武汉捐款 200 万元。与此同时,杜宝新又向本市抗疫一线捐款 100 万元,用于疫情防控。之后,他又以个人名义为疫情防控捐款 230 万元。公司还捐赠了价值几百万的彩板,彩板全部用于当时正急需彩板的方舱医院建设。2021 年,公司向乡村振兴捐款 100 万元。河南发生暴雨灾害后,公司向受灾地区捐款 100 万元和价值 200 万元的彩钢板。同年 12 月下旬,西青区中北镇发生新冠肺炎疫情,天津市新宇彩板有限公司为抗击疫情捐款 200 万元。

仁爱控股集团公司捐款 1000 万元 支持抗击新冠肺炎疫情

2022 年 1 月 14 日,仁爱控股集团有限公司通过天津市仁爱教育基金会向市慈善协会捐款 1000 万元,用于支持天津疫情防控工作。公司相关负责人介绍,天津市发生"奥密克戎"疫情,为了满足抗击疫情一线急需、实际的筛查工作需求,为保障各区筛查工作顺利推进及津门抗疫胜利,公司贡献一份力量。

天津九安医疗公司捐款 2000 万元 支持抗击新冠肺炎疫情

2022 年 1 月 17 日,天津九安医疗电子股份有限公司向市慈善协会捐款 2000 万元,用于本市一线疫情防控工作,为天津市公共卫生防疫工作贡献力量,积极履行企业的社会责任。天津市慈善协会会长散襄军接受公司董事长刘毅的捐赠,并向公司颁发了捐赠证书。散襄军会长对九安医疗电子股份有限公司为抗击疫情捐款表示衷心的感谢,给予了高度评价。

天津市河北区领导向市慈善协会赠送锦旗和感谢信

2022 年 2 月 22 日,为了对市慈善协会在疫情期间的援助表示感谢,河北区委副书记、区长罗进飞,副区长李晓霞等一行到协会赠送锦旗和感谢信。双方举行座谈就慈善公益等方面工作进行交流。市人大常委会原副主任、市慈善协会会长散襄军,副会长兰国樑、肖栋等参加座谈会。

天津市慈善协会到宁河区开展座谈调研活动

2022 年 3 月 11 日,市人大常委会原副主任、市慈善协会会长散襄军到宁河区调研指导慈善工作,先后考察了玖龙纸业(天津)有限公司,与区委区政府领导进行了座谈。宁河区委书记白凤祥,副书记马波,副区长仵海燕,市慈善协会顾问韩宏范,秘书长王晓林参加了调研活动。

天津市慈善协会到天津九安医疗电子股份有限公司走访座谈

2022 年 3 月 30 日,市人大常委会原副主任、市慈善协会会长散襄军,顾问韩宏范,副会长兰国樑等一行到天津九安医疗电子股份有限公司走访座谈,九安医疗董事长刘毅接待了协会领导一行。双方举行了座谈会,就企业发展、抗击疫情以及深化双方合作等进行了交流。

天津市民政局到市慈善协会指导工作

2022 年 4 月 18 日,市民政局党组书记、局长朱峰与有关处室负责同志到市慈善协会指导工作,双方举行座谈会。市人大常委会原副主任、市慈善协会会长散襄军,市慈善协会协会顾问韩宏范,副会长赵伟、兰国樑、肖栋,市慈善服务中心秘书长郭新臣等参加座谈会。

全市慈善协会系统动员部署会召开

2022 年 4 月 27 日,市慈善协会召开全市慈善协会系统动员部署会,号召各区慈善协会助力共同富裕、积极投身乡村振兴。市慈善协会驻会领导,16 个区慈善协会相关负责人,协会各部门负责同志参加会议。会上,副会长肖栋传达《天津市 2022 年广泛动员社会力量助力高质量推进东西部协作和支援合作实施方案》,副会长兰国樑就实施方案以及市慈善协会今年助力乡村振兴工作的安排意见进行解读和工作部署。

天津市慈善协会召开慈善协办处、志愿服务队座谈会

2022 年 4 月 28 日,市慈善协会召开慈善协办处、志愿服务队座谈会,号召各慈善协办处、志愿服务队助力共同富裕、积极投身乡村振兴。市慈善协会驻会领导,市慈善协会慈善协办处、志愿服务队相关负责人,协会各部门负责同志参加会议。会上,副会长肖栋传达《天津市 2022 年广泛动员社会力量

助力高质量推进东西部协作和支援合作实施方案》，副会长兰国樑就实施方案以及市慈善协会今年助力乡村振兴工作的安排意见进行解读和工作部署。

天津市慈善协会召开第五届理事会第五次会议

2022 年 5 月 12 日，天津市慈善协会第五届理事会第二次会议在天津市慈善服务中心召开。天津市慈善协会会长散襄军主持会议并作总结讲话，高级顾问曹秀荣，共青团天津市委员会书记李龙，天津市民政局副局长刘丽红，天津市归国华侨联合会党组副书记、常务副主席、一级巡视员陈钟林，天津市残疾人联合会党组书记、理事长刘钊，天津市妇女联合会一级巡视员苑向者，天津市红十字会党组成员、副会长张彤，天津市总工会二级巡视员申静涛出席。市慈善协会副会长、副会长单位、顾问、监事、法律顾问、理事及部分特邀社会慈善组织、商会、协会和公益慈善志愿团队的负责人共 142 人参加会议。会上，副会长赵伟作《天津市慈善协会工作报告》，副会长兰国樑作《天津市慈善协会 2021 年度财务收支情况报告》，副会长肖栋作《调整和新增副会长、新增理事、调整秘书长和法定代表人的建议说明》并宣读名单。新增丁立国、杨晖、胡玉林为副会长。新增周围等 7 位理事。副会长妙贤因身体原因，辞去副会长职务。

"关爱革命老区民生福祉"基金签约仪式举行

2022 年 5 月 26 日，市慈善协会与市老区建设促进会战略合作和设立"关爱革命老区民生福祉"基金签约仪式在市慈善服务中心举行。市人大常委会原副主任、市慈善协会会长散襄军出席并讲话，市政协原副主席、市老区建设促进会会长刘长喜出席并讲话。市老区建设促进会常务副会长赵玉石，副会长孙太利、张雁、付秋萍，市慈善协会顾问韩宏范，副会长兰国樑、王晓林，秘书长李燕以及双方相关部门负责同志参加。仪式上，双方举行了座谈，进行了战略合作协议和基金协议签约，共同开展本市及我市帮扶协作、对口支援地区革命老区建设、服务、关爱等公益项目。市老区建设促进会在市慈善协会设立"关爱革命老区民生福祉"专项基金，用于革命老区建设、服务、关爱等公益项目。

第 19 届"有爱,不再孤单"慈善助孤活动圆满结束

在六一儿童节到来之际,由天津市慈善协会与各区慈善协会联合主办,天津海河传媒中心广播新闻部、今晚报、华夏未来少儿艺术中心共同协办的第 19 届"有爱,不再孤单"慈善助孤活动圆满结束。本次助孤活动,天津市慈善协会向全市 223 名散居孤儿发放社会各界捐赠的助孤款 22.3 万元,每个孩子得到 1000 元资助。17 名孤儿获表彰。

魏丰老人逝世一周年追思会暨魏丰助学助困基金捐赠仪式举行

2022 年 6 月 29 日,天津市宁河区慈善协会举行"魏丰老人逝世一周年追思会暨魏丰助学助困基金捐赠仪式"。天津市慈善协会有关领导参加。仪式上,魏丰老人的女儿魏泽梅按照老人生前遗嘱,捐赠 5 万元作为魏丰助学助困基金。魏丰出生于 1922 年,是宁河区工信局离休干部,15 岁参军,17 岁火线入党,27 岁转业地方,60 岁撰写回忆录,80 岁成为天津市老年健康之星,95 岁写下遗体捐赠遗嘱,98 岁捐款 20 万元扶贫助困,在党 82 年,2021 年 7 月 18 日去世,享年 99 岁。2022 年 7 月 21 日按他生前意愿将遗体捐献,实现了一名老共产党员为党和人民奉献终身的誓言。他曾荣获全国道德模范提名奖、全国脱贫攻坚先进个人、2020 年度中国好人、全国基层优秀慈善工作者、第七届天津市道德模范、天津市慈善之星等称号,2022 年被评为 2020—2021 年度天津市慈善行为楷模奖。

津陇慈善情·助力乡村振兴专项行动座谈会暨联合党日活动召开

2022 年 6 月 29 日,天津市慈善协会与甘肃省慈善总会在甘肃庆阳召开"铸忠诚 迎盛会 强担当 创业绩"——津陇慈善情·助力乡村振兴专项行动座谈会暨联合党日活动。天津市人大常委会原副主任、市慈善协会会长散襄军主持会议,甘肃省人大常委会原副主任、省慈善总会会长朱志良,甘肃省政府副秘书长、天津援甘前方指挥部总指挥陈世忠出席并讲话。天津市委统战

部三级调研员林琳,天津市慈善协会和甘肃省慈善总会的相关领导、工作人员参加。活动中,天津市慈善协会和甘肃省慈善总会的相关领导分别就"津陇慈善情·助力乡村振兴"系列项目的总体情况,去年项目的落实情况及今年项目前期选址工作进行了介绍。大家对在项目建设和管理过程中取得的经验和做法,以及需要改进的地方,进行了深入细致的交流。为了纪念此次联合党日活动,津陇两地慈善会分别向对方赠送了纪念牌。

"津陇慈善情·助力乡村振兴"系列项目专题工作会议举行

2022 年 6 月 30 日,天津市慈善协会、甘肃省慈善总会在甘肃庆阳合水县举行"津陇慈善情·助力乡村振兴"系列项目专题工作会议,总结交流去年开展项目建设的经验,安排部署今年的项目建设工作。天津市人大常委会原副主任、市慈善协会会长散襄军,甘肃省人大常委会原副主任、省慈善总会会长朱志良,甘肃省政府副秘书长、天津援甘前方指挥部总指挥陈世忠出席并讲话,天津市委统战部三级调研员林琳,庆阳市委常委、组织部部长王向阳出席,天津市慈善协会、甘肃省慈善总会相关负责同志,受援 7 个市州慈善会会长、秘书长,部分县区慈善会负责同志,部分天津援甘挂职干部参加。会上,天津市慈善协会和甘肃省慈善总会签订 2022 年度"津陇慈善情·助力乡村振兴"系列项目协议书。双方共签订项目 100 个,其中老年活动站 25 个,电子阅览室 25 个,关爱儿童之家 30 个,光明小屋 20 个。天津市慈善协会向甘肃省慈善总会捐赠首期资金 675 万元、物资价值 753 余万元。

天津市慈善协会参观甘肃省南梁革命烈士纪念馆

2022 年 7 月 1 日,市慈善协会部分党员集体参观甘肃省南梁革命烈士纪念馆,并向烈士纪念碑敬献花篮,以此表达对革命先烈的怀念与崇敬。

天津市慈善协会考察"津陇慈善情·助力乡村振兴"2021 年建成项目

2022 年 6 月 29 日—7 月 1 日,天津市人大常委会原副主任、天津市慈善协会会长散襄军一行在甘肃省人大常委会原副主任、省慈善总会会长朱志良等总会领导陪同下,在甘肃省庆阳市考察"津陇慈善情·助力乡村振兴"2021 年建成项目。天津市慈善协会领导先后到镇原县开边镇解放村、合水县乐蟠小学、合水县吉岘乡黄寨子村、庆城县玄马镇孔桥村、华池县列宁小学考察"老年活动站""电子阅览室""关爱儿童之家"和"光明小屋"的建设成果。

天津市慈善协会赴市第一中心医院水西院区考察交流

2022 年 7 月 11 日,市人大常委会原副主任、市慈善协会会长散襄军,顾问韩宏范,副会长兰国樑、王晓林,秘书长李燕等,赴市第一中心医院水西院区参观考察学习。市第一中心医院党委书记况丹,院长沈中阳,副院长彭林、蒋文涛接待了市慈善协会领导一行,市慈善协会相关部门负责同志和医院相关部门负责人参加。双方举行交流座谈并签署了战略合作协议。市慈善协会向市第一中心医院捐赠抗击疫情善款 120 万元,定向用于医院购买车辆,用于开展抗击疫情人员调动、场所消杀、核酸筛查等应急保障工作和其他应急保障工作。在协会指导下,医院根据自身情况建立慈善公益志愿服务队,积极开展和参与相关慈善公益和志愿服务活动。

天津市慈善协会、天津市眼科医院举行"2022 年慈善公益项目计划"签约仪式

2022 年 7 月,天津市慈善协会副会长王晓林、秘书长李燕和工作人员一行四人到天津市眼科医院祝光中心走访座谈并举行"2022 年慈善公益项目计划"签约仪式。天津市眼科医院捐赠善款 500 万元,用于支持乡村振兴战略。2021 年天津市慈善协会积极投身乡村振兴战略,实施"津陇慈善情·助力乡村振兴"系列项目,天津市眼科医院主动作为,全额出资在甘肃省庆阳市建立首批"光明小屋"12 个,为庆阳市 1.3 万余名中小学生进行视力筛查并建立专属成长档案,为其中百余名患有近视的留守儿童免费验配了近视眼镜。

"第十一届感动津门十大孝亲爱心学子颁奖典礼举行

2022 年 7 月 14 日,"喜迎二十大-筑梦新时代"十一届感动津门十大孝

亲爱心学子颁奖典礼在天津市慈善服务中心举行。该活动由共青团天津市委员会、天津市慈善协会、中国农工民主党天津市委员会、天津市学生联合会联合主办,天津市青少年发展基金会、天津市春晖孝慈公益基金会承办,清华经管 EMBA 天津校友会、河东区工商业联合会、天津市联商创新发展促进会、天津津东·嘉诚集团、天津春藤幼儿园共同协办。市人大常委会原副主任、天津市慈善协会会长散襄军出席并讲话,宁河区委书记白凤祥,共青团天津市委员会副书记王凤,市政协副秘书长王毅斋等出席,本市各区团干部、孝亲学子、清华经管 EMBA 天津校友会、天津市联商创新发展促进会、社会爱心人士参加。典礼上,与会领导向获得第十一届"感动津门十大孝亲爱心学子"荣誉称号和"感动津门十大孝亲爱心学子"提名奖的学子颁发了荣誉证书和奖金。

2022 年"爱心成就梦想"慈善助学主题活动举行

2022 年 8 月 18 日,由天津市慈善协会、各区慈善协会与天津日报联合发起的"喜迎二十大,青春正当时"2022 年"爱心成就梦想"慈善助学主题活动在市慈善服务中心举行。市人大常委会原副主任、市慈善协会会长散襄军出席并讲话。中国工程院院士、"人民英雄"国家荣誉称号获得者张伯礼通过视频向学子发来祝福。天津中医药大学、天津海河传媒中心等单位相关领导出席,市慈善协会、各区慈善协会负责同志,部分高校天津校友会负责同志出席,爱心企业、爱心个人代表,受资助优秀学生代表参加。会上,即将迈入大学校门的 148 名寒门学子,每人获得助学金 5000 元。

天津市慈善协会与新天钢集团开展座谈交流

2022 年 9 月 1 日,市人大常委会原副主任、市慈善协会会长散襄军,顾问韩宏范,副会长兰国樑、王晓林一行到访新天钢集团。德龙钢铁集团、新天钢集团董事长丁立国,新天钢集团党委书记景悦,执行总裁阚永海,党委副书记、纪委书记、副总裁赵斌热情接待散襄军会长一行。双方举行了座谈交流。集团向市慈善协会开展的"津陇慈善情·助力乡村振兴"系列项目捐款 100 万元,散襄军会长向丁立国董事长颁发捐赠证书。

天津市慈善协会举行"个人万元基金"设立者交流会

2022 年 9 月 14 日，天津市慈善协会举行"个人万元基金"设立者交流会。天津市慈善协会副会长王晓林、天津市慈善协会秘书长李燕、天津市慈善协会副秘书长周莲娣、天津市慈善服务中心秘书长郭新臣等出席。部分"个人万元基金"设立者同与会者分享了设立基金的心路历程。市慈善协会向"个人万元基金"设立者颁发了捐赠纪念牌。这次活动是天津市慈善协会九月"慈善月"系列活动之一。

天津市慈善协会召开"携手做慈善 传播真善美"交流表彰会

2022 年 9 月 15 日，天津市慈善协会召开"携手做慈善，传播真善美"协会协办处、志愿服务队交流表彰会。市人大常委会原副主任、市慈善协会会长散襄军出席并讲话，市慈善协会相关领导，市慈善协会慈善协办处和志愿服务队 40 余位负责人参加。会上，对十家协办处、十位捐赠者和十支志愿服务队进行了表彰。相关慈善协办处、志愿服务队负责人先后围绕弘扬慈善精神，宣传大慈善理念，开展志愿服务活动，抗击疫情，助力脱贫攻坚和乡村振兴，帮扶困难群体等作了交流发言。

首届天津慈善户外摄影展举办

2022 年 10 月 1 日，天津市慈善协会与弘仁普济文化旅游发展有限公司在生态六埠景区，联合举办首届天津慈善户外摄影展，宣传慈善文化，普及大慈善理念。市人大常委会原副主任、市慈善协会会长散襄军，副会长王晓林，市慈善服务中心秘书长郭新臣，弘仁普济文化旅游发展有限公司总经理、市慈善协会理事杜紫汐等参加活动。现场展示了协会设立制作的 35 块展板共 210 幅作品。

天津市慈善协会开展重阳节助老活动

2022 年 10 月 4 日，重阳节期间，市慈善协会募集 46 万余元物资开展三项助老活动：向本市困难老人赠送"惠民保"和"津惠保"合计 660 份。联合天津市眼科医院视光中心，为本市慈善公益事业做出积极贡献的百位 65 周岁以上老人，免费验配价值 500 元的花镜一副。通过市民政局向本市养老机构捐赠口罩 1 万只和由爱心企业九安医疗捐赠的电子额温计，助力养老机构抗击疫情。

天津首家"慈善园"落成

2022 年 10 月 17 日，为庆祝党的二十大胜利召开，由天津市慈善协会和南开区慈善协会共同主办的长虹公园"慈善园"揭幕暨"天津慈善宣传展览"巡回展出仪式在长虹公园举行。市人大常委会原副主任、市慈善协会会长散襄军出席，市民政局，南开区政府、区民政局等单位的领导出席。仪式上，本市首家"慈善园"揭幕。与会领导为在"慈善园"建设过程中作出贡献的单位和个人颁发了奖牌。揭幕式后，与会领导参观了"天津慈善宣传展览"巡回展。

天津市南开区相关领导与市慈善协会进行工作交流

2022 年 10 月 28 日，南开区委书记马珊珊，副区长李静，区民政局相关领导到访市慈善协会，双方举行座谈就慈善公益等方面工作进行交流。市人大常委会原副主任、市慈善协会会长散襄军，市慈善协会协会顾问韩宏范，副会长兰国樑、王晓林，市慈善服务中心秘书长郭新臣等参加座谈会。

2023 年

"共同富裕·慈善拼多多"2023 年迎新春慈善助困座谈会举行

2023 年 1 月 9 日，天津市慈善协会举行助力共同富裕·慈善拼多多 2023 年迎新春慈善助困座谈会。市人大常委会原副主任、市慈善协会会长散襄军出席并讲话。副会长兰国樑、秘书长李燕、慈服中心秘书长郭新臣，捐赠单位、团体、个人代表参加。座谈会上，散襄军会长等协会领导接受捐赠，并向捐赠单位、团体、个人颁发捐赠纪念牌。

天津市河北区相关领导与市慈善协会进行工作交流

2023 年 1 月 9 日,河北区副区长王林,区民政局局长张国晗、副局长辛永江等到访市慈善协会。双方围绕慈善工作进行交流。市人大常委会原副主任、市慈善协会会长散襄军,副会长兰国樑、王晓林,市慈善服务中心秘书长郭新臣等参加座谈会。

天津市慈善协会慰问劳模

2023 年 1 月 12 日,市人大常委会原副主任、市慈善协会会长散襄军,副会长王晓林一行,到全国劳动模范张士珍和孙丽华的家中,看望并慰问老劳模,给她们送去慰问品,并致以新春的祝福。

天津市慈善协会慰问慈善老人

2023 年 1 月 13 日,市慈善协会顾问韩宏范,河北区民政局、区慈善协会相关部门负责同志,看望并慰问慈善老人宫英杰,困难群众米鸿柱家庭、王慧家庭,送去慰问款物。

同日,市慈善协会副会长兰国樑和市慈善服务中心秘书长郭新臣,看望并慰问慈善老人王维敏、李凤兰,为她们送去慰问品和证牌。

天津市合作交流办、和平区领导到市慈善协会进行工作交流

2023 年 1 月 30 日,市合作交流办一级巡视员、副主任陈世忠,和平区政府副区长邵将分别带队到访市慈善协会。市人大常委会原副主任、市慈善协会会长散襄军和协会各位领导热情接待了市合作交流办、和平区政府领导一行。市合交办二级巡视员、支援合作三处处长杨毅东,支援合作一处处长李欣,支援合作四处处长丁广安,支援合作二处副处长张金友,支援合作三处主任科员刘百川,和平区合作交流办主任刘玫,副主任牛力,舟曲县委常委、副县长王昕(挂职),市慈善协会副会长赵伟,顾问韩宏范,副会长兰国樑、王晓林,秘书长李燕,市慈善服务中心秘书长郭新臣参加。与会领导就今年东西部协作和支援合作工作进行了深入交流。

天津市慈善协会与中国银行天津市分行联合开展交流会暨"党建共建"主题党日活动

2023 年 2 月 2 日,市慈善协会与中国银行天津市分行联合开展交流会暨"党建共建"主题党日活动。市人大常委会原副主任、市慈善协会会长散襄军,中国银行天津市分行党委书记、行长马明俊,中国银行天津南开支行党委书记、行长陈大川等参加。双方领导围绕"强化金融服务职能,助力慈善事业发展,践行共同富裕目标"主题进行深入交流。市慈善协会向中国银行天津市分行赠送"携手助力共同富裕,共促慈善事业发展"奖牌。散襄军会长一行在中行天津市分行领导的陪同下参观了中国银行博物馆天津分馆。在双方领导见证下,市慈善协会党支部书记兰国樑与中国银行南开支行党支部书记陈大川共同签订 2023 年党建共建协议。

天津市慈善协会、南开大学校友会和李叔同故居纪念馆共同举行慈善公益捐赠仪式

2023 年 2 月 11 日,市慈善协会、南开大学校友会和李叔同故居纪念馆共同举行慈善公益捐赠仪式。南开大学党委书记杨庆山,市人大常委会原副主任、市慈善协会会长散襄军,南开大学教育基金会秘书长闫彪,天津市博物馆副馆长、李叔同故居纪念馆馆长沈岩,李叔同先生嫡孙女李莉娟,思源堂(天津)商业管理有限公司总经理张禹,南开大学天津校友会、市慈善协会的相关领导出席。仪式上,举行了"天津慈善数字公益系统"捐赠活动,建立了备济社慈善基金、慈善文化宣传基地和备济社慈善志愿服务队。

天津市南开区相关领导与市慈善协会进行工作交流

2023 年 2 月 16 日,南开区委副书记、区长聂伟迅,副区长李静,区民政局党委书记张伟杰、副局长李国平到访市慈善协会,双方举行座谈就慈善公益等方面工作进行交流。市人大常委会原副主任、市慈善协会会长散襄军,市慈善协会顾问韩宏范,副会长兰国樑,秘书长李燕,市慈善服务中心秘书长郭新臣等参加座谈会。

"争当少年楷模 践行强国使命"第二届新时代榜样少年主题活动举行

2023 年 2 月 26 日,"争当少年楷模 践行强国使命"第二届新时代榜样少年主题活动举行。市人大常委会原副主任、市慈善协会会长散襄军,市政协原副主席、市慈善协会高级顾问曹秀荣,天津市春晖孝慈公益基金会理事长、天津津东·嘉诚集团董事长付敏英等出席,百名榜样少年和老师家长,清华经管 EMBA 天津 20 余名校友,天津市联商创新发展促进会代表,天津津东·嘉诚公司员工以及春藤幼儿园的小朋友和家长参加活动。百名榜样少年每人获得由主办方颁发的荣誉证书和 1000 元奖学金,清华经管 EMBA 天津校友赠送的书包,法耀高中赠送的精美文具,天津津东·嘉诚集团赠送的国学经典光盘和书籍。五名榜样少年进行了事迹宣讲,五名榜样少年进行了才艺展示。

"最美志愿红 奋进新征程"慈善表彰会暨公益汇演举行

2023 年 3 月 5 日,"最美志愿红 奋进新征程"慈善表彰会暨张鹤和她的朋友们公益汇演在中华剧院举行。市人大常委会原副主任、市慈善协会会长散襄军,市政协原副主席、市慈善协会高级顾问曹秀荣出席。会上,张鹤捐款 10 万元,用于助力慈善公益事业。市慈善协会对王书平等 24 名爱心书画家、丁涵等 17 名慈善文化优秀志愿者、渤海银行总行志愿服务队等 20 个志愿服务优秀团队进行表彰。散襄军会长、曹秀荣高级顾问向获得中华慈善总会表彰的郭宝印、孙轶、胡玉林、张君婷、王燕玺、张鹤,天津市新宇彩板有限公司等颁发了奖牌、证书。市慈善协会等单位向海南大学书画作品展捐赠书画作品 81 幅。

天津市慈善协会与甘肃省慈善总会联合开展考察

2023 年 3 月 6 日至 11 日,市慈善协会顾问韩宏范、副会长兰国樑、项目部部长李萌一行与甘肃省慈善总会副会长梁国安、副会长张忠建等 3 人组成津甘慈善会联合考察小组,赴甘肃庆阳市、平凉市、甘南州、兰州市 4 个市州

10 个县区，进行为期六天的考察。甘肃省慈善总会会长朱志良，天津援甘总指挥何继飞接待考察组一行并参加相关活动。

天津市慈善协会举行"投身乡村振兴 助力共同富裕"工作动员部署会

2023 年 3 月 16 日，市慈善协会举行"投身乡村振兴 助力共同富裕"工作动员部署会，广泛动员爱心单位、团体和个人，持续推进对口帮扶地区乡村振兴工作。市人大常委会原副主任、市慈善协会会长散襄军出席并讲话。中国国际商会天津商会会长姜德志等领导干部出席。天津市慈善协会副会长兰国樑传达市社会动员专项组文件精神，总结汇报近几年协会开展"津陇慈善情·助力乡村振兴"工作情况。天津市慈善协会顾问韩宏范就投身乡村振兴、助力共同富裕今年工作做了动员部署。

天津市慈善协会与海河传媒中心李家森工作室战略合作启动仪式举行

2023 年 3 月 23 日，市慈善协会与海河传媒中心李家森工作室战略合作启动仪式暨李家森主任专题讲座在市慈善服务中心举行。市人大常委会原副主任、市慈善协会会长散襄军，市慈善协会顾问、海河传媒中心李家森工作室主任李家森出席，电视台四位编导，市慈善服务中心秘书长郭新臣，项目部、宣传部和慈服中心办公室的负责同志参加。散襄军会长向李家森顾问及团队成员授牌。会上播放了由协会工作人员制作的抖音视频，专家对视频进行了点评。

传统文化慈善基金启动仪式举行

2023 年 3 月 31 日，传统文化慈善基金启动仪式在天津市慈善协会举行。市传统文化产业发展协会会长许芙蓉带队参加签约仪式。市慈善协会副会长兰国樑、王晓林，秘书长李燕参加。会上举行了捐款仪式，双方围绕慈善项目合作、支部共建等方面进行了深入沟通和探讨。市传统文化产业发展协会在市慈善协会设立"传统文化慈善基金"，首期捐款 8 万余元，基金将用于助困、助学和其他慈善项目。

"慈善园·光明行"大型义诊活动暨2023年白内障复明工程启动会举行

2023年4月7日,最美四月天 浓浓慈善情——"慈善园·光明行"大型义诊活动暨2023年白内障复明工程启动会在天津首个慈善园长虹慈善园举行。来自天津大学爱尔眼科医院的专家及医护人员为群众免费进行眼健康检查,对符合"慈善光明行"项目援助条件的眼病患者按照项目方案给予援助;天津大学津南医院和天津大学新城医院的专家对常见老年病及春夏保健常识进行医疗咨询及知识普及。市人大常委会原副主任、市慈善协会会长散襄军,南开区委书记马珊珊看望并慰问医护人员和义诊群众。在慈善园,与会领导参观了市慈善协会慈善展。

甘肃舟曲县领导到访天津市慈善协会

2023年4月9日,甘肃省甘南州舟曲县委书记才项当智、副书记何学智一行14人到访天津市慈善协会。市人大常委会原副主任、市慈善协会会长散襄军等会领导与舟曲县党政代表团举行座谈,双方就助力乡村振兴进行了深入交流探讨。

"世界跃变 友爱不变"2023年世界血友病日主题活动举行

4月15日,"世界跃变 友爱不变"2023年世界血友病日主题活动在天津市少年宫举行。市人大常委会原副主任、市慈善协会会长散襄军出席并讲话。共青团市委副书记、市少工委常务副主任席一政,相关单位领导,血友病患者及监护人参加活动。活动中,中华慈善总会项目部部长陈媛媛向在中华慈善总会科跃奇Co-pay项目年度工作会议荣获"年度突出贡献奖""年度优秀标杆奖""年度血友关爱之星金奖""年度项目奉献奖"的单位和个人颁发奖牌和荣誉证书。市慈善协会副会长单位、天津鑫裕房屋智能制造股份有限公司捐款5万元。

天津市慈善协会组织万元基金设立者举行联谊会

4月22日,在天津交通客运有限公司、南开大学天津校友会和天津博物馆李叔同故居纪念馆的大力支持下,市慈善协会组织万元基金设立者举行联谊会,大家同乘观光巴士,欣赏海河两岸美景;在李叔同故居纪念馆共话慈善公益事业。市慈善协会领导分别向万元基金设立者代表授牌。副会长兰国樑、王晓林,秘书长李燕,慈服中心秘书长郭新臣,天津交通客运有限公司党委副书记赵泽民,南开大学天津校友会、天津博物馆李叔同故居纪念馆有关领导参加。

天津市滨海新区相关领导到访市慈善协会

2023年5月9日,滨海新区人民政府党组成员、副区长梁益铭,区慈善协会会长张传捷,区民政局副局长李全红,区慈善协会秘书长杨英等一行5人到访市慈善协会,市人大常委会原副主任、市慈善协会会长散襄军与副区长梁益铭一行座谈交流,双方就天津慈善事业发展等方面进行了深入细致的交流。市慈善协会副会长兰国樑,秘书长李燕,市慈善服务中心秘书长郭新臣等参加座谈会。

天津市慈善协会与云账户(天津)共享经济信息咨询有限公司联合开展党建活动

2023年5月12日,市慈善协会与云账户(天津)共享经济信息咨询有限公司联合开展"学习贯彻习近平新时代中国特色社会主义思想主题教育"交流会暨"党建共建"主题党日活动。市慈善协会党支部书记兰国樑、秘书长李燕,云账户甘新支部书记王瑞普、市场部及公共事务部相关人员,协会全体工作人员参加。活动中,市慈善协会和云账户共同签署了2023年党建共建协议。市慈善协会全体人员参观了公司荣誉墙、环形数字展厅、工区等。

2023年"津陇慈善情·助力乡村振兴"援助项目座谈会暨签约仪式举行

2023年5月23日至26日,由散襄军会长、韩宏范顾问、兰国樑副会长带队,天津市慈善协会调研组一行 6 人到甘肃省考察调研,与甘肃省慈善总会共同举行 2023 年"津陇慈善情·助力乡村振兴"援助项目座谈会暨签约仪式,津甘两地慈善会领导共同签署 2023 年帮扶协议,市慈善协会继续开展"津陇慈善情·助力乡村振兴"系列帮扶,捐赠帮扶款物 1180.27 万元,建设老年活动站、电子阅览室、关爱儿童之家、光明小屋"四小"系列项目 88 个;支持甘南州舟曲县购置救护车;帮扶舟曲县部分移民搬迁困难家庭购置家具;捐赠速感宁等常用药品、新冠肺炎抗原检测试剂盒和儿童用品等。调研组一行赴舟曲县走访慰问孤残儿童家庭,参观验收"关爱儿童之家",与舟曲县党政领导座谈并举行捐赠活动。期间,调研组一行专程到舟曲特大山洪泥石流灾害纪念馆了解灾情。甘肃省政府原秘书长李志勋,甘肃省人民政府副秘书长、天津援甘前指总指挥何继飞参加活动。

2023 年"有爱,不再孤单"慈善助孤项目主题活动举行

2023 年 5 月 28 日,2023 年"有爱,不再孤单"慈善助孤项目主题活动举行。活动中,天津市慈善协会向全市 198 名散居孤儿发放助孤款 19.8 万元,每个孩子得到 1000 元资助,30 名孤儿获表彰。主办单位组织散居孤儿、优秀孤儿和 SOS 儿童村学生代表观看影片《北京 2022》。市慈善协会副会长兰国樑、秘书长李燕、著名女高音歌唱家、市慈善协会理事、爱心大使张鹤,协会部分理事、会员和爱心人士参加活动。

天津市慈善协会与天津市律师协会举行战略合作座谈会暨签约仪式

2023 年 6 月 13 日,天津市慈善协会与市律师协会举行战略合作座谈会暨签约仪式。市人大常委会原副主任、市慈善协会会长散襄军出席并讲话,市司法局党委副书记、副局长王洪,律师处处长商增杰,市律师协会会长才华出席。在双方领导的见证下,市慈善协会副会长王晓林与市律师协会会长才华代表双方单位签署了合作协议。协议的签署标志着双方将进一步密切合作,整合各自优势资源,搭建爱心奉献的桥梁,为依法治国、建设社会主义法治国家,促进我市慈善公益事业的繁荣发展及社会的文明进步,助力共同富

裕做出贡献。

"爱心助力乡村振兴 携手共建美好家园"主题活动举行

2023 年 6 月 20 日,市人大常委会机关"爱心助力乡村振兴 携手共建美好家园"主题活动在宁河区苗庄镇举行。市人大常委会副主任张庆恩,市人大常委会原副主任、市慈善协会会长散襄军出席并讲话。活动中,市慈善协会副会长兰国樑代表协会向宁河区捐赠助力乡村振兴资金 225 万元,用于市人大对口帮扶苗庄镇的乡村振兴工作,宁河区慈善协会会长李振亮接受捐赠。

天津市慈善协会与天津市联商创新发展促进会举行座谈并签署合作协议

2023 年 6 月 27 日,天津市慈善协会与天津市联商创新发展促进会座谈签约仪式在市慈善服务中心举行。市人大常委会原副主任、市慈善协会会长散襄军,市中小企业协会会长、联商创新发展促进会会长、长江商学院天津校友会名誉会长、津兰集团公司董事长郭宝印,市中小企业协会副会长、联商创新发展促进会常务副会长、清华经管 EMBA 天津校友会会长、津东·嘉诚集团董事长付敏英出席。市慈善协会副会长王晓林与联商创新发展促进会常务副会长付敏英代表两家协会签订合作协议书。会上,天津市慈善协会中小企业协会协办处成立。

爱心企业助力宝坻区口东镇乡村振兴捐赠仪式举行

2023 年 6 月 29 日,爱心企业助力宝坻区口东镇乡村振兴捐赠仪式举行。市人大常委会原副主任、市慈善协会会长散襄军出席并讲话,市政府驻京办主任袁新河、副主任邱振刚,市政府办公厅驻村工作队队长邵元嵩,市慈善协会副会长兰国樑,秘书长李燕,四家捐赠企业的负责人,宝坻区口东镇相关领导出席。仪式上,四家捐赠企业向口东镇捐赠资金合计 36 万元,助力宝坻区乡村振兴。散襄军会长向四家捐赠企业颁发捐赠纪念牌。口东镇领导向四家捐赠企业和市慈善协会赠送了锦旗。

天津市慈善协会发起"津门抗洪 闻汛而动"公开募捐行动

2023 年 7 月底 8 月初,海河流域发生特大洪水灾害,市慈善协会深入贯彻落实习近平总书记关于防汛救灾的重要指示精神,认真落实市委、市政府的部署要求,主动站位,积极作为,充分发挥社会保障体系中的补充作用,按照市民政局统一部署,发起"津门抗洪 闻汛而动"公开募捐行动,社会各界积极响应,爱心单位、个人纷纷捐款捐物,仅一周的时间接收款物 3000 多万元。与天津北方演艺集团联合组织募捐义演,凝聚防汛抗洪救灾的精神力量。与此同时,市直机关各级党组织广泛开展"携手并肩战洪灾 同心合力复家园"防汛抗洪救灾专项捐款活动。截至目前,协会已接收款物 4200 多万元,为防汛抗洪救灾和灾后恢复重建工作提供了有力支持。

天津市慈善协会与天津北方演艺集团战略合作签约仪式举行

2023 年 8 月 21 日,市慈善协会与天津北方演艺集团战略合作签约仪式在市慈善服务中心举行。市人大常委会原副主任、市慈善协会会长散襄军,北方演艺集团党委书记、董事长杨红杰,党委副书记、工会主席吴艳洪出席。会上,市慈善协会与北方演艺集团签订合作协议书。会后,市慈善协会、北方演艺集团领导,集团所属各院团负责人为本市防汛抗洪救灾捐款。

2023 年"爱心成就梦想"慈善助学活动圆满结束

2023 年 8 月 25 日,由市、区两级慈善协会联合天津海河传媒中心共同举办的 2023 年"爱心成就梦想"慈善助学活动圆满结束。172 名优秀困难学子每人获得助学金 5000 元。

天津市慈善协会第六次会员大会召开

2023 年 8 月 29 日,天津市慈善协会第六次会员大会在天津大礼堂中剧场隆重召开。中华慈善总会副会长孙少华,市政府副市长张玲出席并讲话。市人大常委会原副主任、市慈善协会第五届理事会会长散襄军主持会议。市政协原副主席、市慈善协会第四届理事会会长曹秀荣,市民政局局长朱峰,中华慈善总会新闻界志愿者慈善促进工作委员会副总干事刘润然出席，天津工业大学原党委书记、市慈善协会第六届理事会会长张宏伟讲话。市委统战部、市政府合作交流办、市总工会、共青团天津市委员会、市妇联、市侨联、市红十字会、市残联等单位领导，第五届理事会副会长、副会长单位、秘书长、监事长、市慈善协会顾问、本届会员出席大会，受到表彰的集体及个人等参加大会。大会审议通过了《天津市慈善协会第五届理事会工作报告》《天津市慈善协会第五届理事会财务报告》，选举产生了市慈善协会第六届理事会、监事会和新一届领导成员，聘任了理事单位和副会长单位，聘请了法律顾问。天津工业大学原党委书记、校长张宏伟当选为天津市慈善协会第六届理事会会长。为了鼓励慈善先进，宣传慈善典型，弘扬慈善精神，在全社会形成"人人心怀慈善、人人参与慈善、人人投身慈善"的社会氛围，市慈善协会对 137 个集体及个人进行表彰。

首届"天津慈善奖"表彰大会举行

2023 年 9 月 6 日，首届"天津慈善奖"表彰大会举行。天津市民政局授予 89 个个人、单位和项目首届"天津慈善奖"。天津市慈善协会荣获三项荣誉，分别是：天津市慈善协会荣获"优秀慈善组织奖"；"津陇慈善情 助力乡村振兴"项目和"众志成城 抗击疫情"项目分别荣获"优秀慈善项目奖"。市慈善协会党支部书记兰国樑、副会长李燕、项目部部长李萌代表协会领奖。

后 记

本书由天津工业大学法学院肖强教授主持编写,高建东、石林任副主编。本书的成稿,离不开广大作者们的支持,他们是毕子豪、常圣源、陈莹、陈志新、付大学、郭明龙、郭澎、黄卓、焦麦青、李文洁、刘晓梅、吕姝洁、马立民、倪仁君、潘宇婷、沙世珹、尚绪芝、石林、宋佳宁、向朝霞、向阳蓓蕾、肖如月、高书宇、徐靓、阎愚、杨鸿雁、张建雯、朱涛、宗朋(按姓名拼音排序)。天津工业大学焦麦青特别承担了本书第一编中《天津市慈善法治建设状况》部分的撰稿工作。此外,天津工业大学法学院研究生向阳蓓蕾、徐铭萱、徐强强、张磊等人有志于从事慈善法治探索,加入了本书的研究和写作,他们承担了第一编和第三编相关内容的撰写工作。

2023 年 12 月 20 日